U0482420

中國社會科學院老學者文庫

殷墟甲骨斷代標準評議

常玉芝◎著

中国社会科学出版社

圖書在版編目（CIP）數據

殷墟甲骨斷代標準評議／常玉芝著．—北京：中國社會科學出版社，2020.12

（中國社會科學院老學者文庫）

ISBN 978－7－5203－6638－0

Ⅰ.①殷…　Ⅱ.①常…　Ⅲ.①甲骨文—斷代學—研究—中國—商代

Ⅳ.①K877.14

中國版本圖書館 CIP 數據核字(2020)第 099402 號

出 版 人　趙劍英
責任編輯　安　芳
責任校對　張愛華
責任印製　戴　寬

出　　版　中國社會科學出版社
社　　址　北京鼓樓西大街甲 158 號
郵　　編　100720
網　　址　http://www.csspw.cn
發 行 部　010－84083685
門 市 部　010－84029450
經　　銷　新華書店及其他書店

印刷裝訂　北京君昇印刷有限公司
版　　次　2020 年 12 月第 1 版
印　　次　2020 年 12 月第 1 次印刷

開　　本　710×1000　1/16
印　　張　26
插　　頁　2
字　　數　339 千字
定　　價　148.00 元

谨以此书纪念殷墟甲骨文发现一百二十周年

目　　录

插圖目錄

第一章

1899年至1933年，甲骨斷代研究初始階段

這一時期的甲骨，在1928年之前，均爲非科學發掘所得。1903年，劉鶚編著了第一部甲骨著録書《鐵雲藏龜》，他在“自序”中說，從甲骨上刻的“祖乙、祖辛、母庚，以天干爲名”，認定甲骨是殷人遺物。[①] 1914年，羅振玉在《殷虚書契考釋》“自序”中說，卜辭中有“康祖丁”“武祖乙”“文武丁”稱謂，“今證之卜辭，則是‘徙於武乙，去於帝乙’”，[②] 即認定甲骨是殷王武乙至帝乙時遺物。1917年，王國維發表《殷卜辭中所見先公先王考》，[③] 舉《後·上》

圖1—1 《後·上》19·14（《合集》23187）

① 劉鶚：《鐵雲藏龜·自序》，抱殘守缺齋石印本，1903年。

② 羅振玉：《殷虚書契考釋·自序》，1914年。增訂本，1927年。

③ 王國維：《殷卜辭中所見先公先王考》，1917年；《觀堂集林》卷九，中華書局1984年版。

19·14 的“癸酉卜，行貞：王〔賓〕父丁歲三牛及兄己一牛、兄庚〔一牛〕，亡尤”[①]（圖 1—1），《後·上》7·7 的“癸亥〔卜〕，貞：兄庚歲……及兄己亩……”[②]《後·上》7·9 的“貞：兄庚歲及兄己其牛”[③] 說：“考商時諸帝中，凡丁之子，無己庚二人相繼在位者，惟武丁之子有孝己，有祖庚，有祖甲，則此條乃祖甲時所卜，父丁即武丁，兄己兄庚即孝己及祖庚也。”即王國維根據上述三版卜辭中的“父丁”“兄己”“兄庚”的親屬稱謂和世系關係，確定這些卜辭是商時“祖甲時所卜”。他又舉《後·上》25·9 的“父甲一牡、父庚一牡、父辛一牡”[④] 說：“此當爲武丁時所卜。父甲父庚父辛即陽甲盤庚小辛，皆小乙之兄，而武丁之諸父也。（羅参事說）”，即王氏根據此片上的“父甲”“父庚”“父辛”親屬稱謂和世系關係，確定該片卜辭是“武丁時所卜”，而注明“羅参事說”，是言羅振玉也持此種看法。1925 年，王國維在《古史新證·殷》中說：“盤庚以後，帝乙以前，皆宅殷虛。”[⑤] 至此，羅、王二氏都認定甲骨文包含的時代是從武丁到帝乙時。羅振玉、王國維開闢了以稱謂兼世系推定甲骨卜辭時代的先河。

這一階段中，需要提及的還有加拿大學者明義士。1924 年，小屯村民在築牆取土時發現了一坑甲骨，約 300 餘片，後爲明義

---

① 該辭王氏漏釋“行”“尤”二字。該片即《合集》23187。

② 該片王氏未釋“歲”“亩”二字，而且該片在《後編·上》第 7 頁，不是王氏所說在第 8 頁。該片與《後·上》7·9 是一骨之折，《合集》已拼合，著錄號是《合集》23477。

③ 該片王氏未釋“歲”字，該片也是在《後編·上》第 7 頁，不是王氏所說第 8 頁。原辭是“庚己其牛”，當是“兄己其牛”的誤刻。該片與《後·上》7·7 是一骨之折，《合集》已拼合，著錄號是《合集》23477。

④ 原片“牡”作“𤘘”。該片即《合集》2131。上述王國維所引《後·上》各片都只是指出它們在《後編》的頁碼，並未舉出片號，各片號是筆者查閱卜辭内容後補上的。

⑤ 王國維：《古史新證》，清華研究院講義，1925 年；又，清華大學出版社 1996 年版。

士所得。1928 年，明氏將其編入《殷虛卜辭後編》，在未完成的“序”言中，他利用親屬稱謂“父乙”“父丁”，再結合字體進行斷代。認爲“父乙”是指小乙，“父丁”是指武丁，遂定這部分甲骨的時代是在武丁、祖庚之世。[①] 對於明氏的斷代，董作賓、陳夢家反對，他們認爲“父丁”是指康丁，“父乙”是指武乙，這部分甲骨的時代是在武乙、文丁之世。陳夢家說：“1928 年明義士將其未收於《殷虛卜辭》的甲骨一千餘版拓成墨本，名为《殷虛卜辭後編》（未印）。其未完成的叙言，曾將 1924 年冬小屯村中一坑所出三百餘片加以分類，企圖以稱謂與字體決定甲骨年代。此坑所出我定爲康丁、武乙、文丁三王卜辭，而明氏誤認‘父丁’爲武丁（其實是武乙稱康丁），‘父乙’爲小乙（其實是文丁稱武乙），因此他的斷代不免全錯了”[②]。李學勤則贊同明義士的意見，1977 年以後，他提出所謂“歷組”卜辭的時代問題，就是採用明義士的做法，用稱謂與字體論述“歷組”卜辭的時代是在武丁至祖庚時期[③]（詳見後文）。明義士以稱謂進行甲骨斷代無疑是受了羅振玉、王國維的啟發，但他是首位注意運用字體進行斷代的學者。

總之，第一階段的甲骨斷代研究，由於當時所見甲骨均爲非科學發掘所得，所以學者衹能根據卜辭中的稱謂、世系，連帶字體來推斷卜辭的時代。當時還不能够提出係統的甲骨斷代標準，但已引出以稱謂、世系及字體定時代的端緒。羅振玉、王國維對甲骨斷代研究具有開山之功。

---

① 見許進雄《〈殷墟卜辭後編〉·編者的話》，藝文印書館 1972 年版。

② 陳夢家：《殷虛卜辭綜述》，科學出版社 1956 年版，第 135—136 頁。又，中華書局 1988 年版。

③ 李學勤：《小屯南地甲骨與甲骨分期》，《文物》1981 年第 5 期。

第二章

1933年至1956年，結合考古發掘，係統提出甲骨斷代標準

1928年秋至1937年春，中央研究院歷史語言研究所在殷墟進行了十五次科學發掘。董作賓在1928年至1934年間，8次主持或參加了殷墟的發掘，他是第一、五、九次發掘的主持人，第二、三、四、六、七次發掘的參加者，又受中央古物保管委員會委托，監察了第十一、十三兩次發掘。

在1929年10月進行殷墟第三次發掘時，發現了四版大龜甲，董作賓對這四版龜甲上的卜辭進行了研究，於1931年6月發表了《大龜四版考釋》[①] 一文。在該文中，他指出卜辭中長期不明的“卜”下“貞”上一字實是“貞人”的名字，指出利用“貞人”可以推斷卜辭的時代，這就是“貞人斷代説”；同時，他還提出了八項甲骨斷代標準：（1）坑層；（2）同出器物；（3）貞卜事類；（4）所祀帝王；（5）貞人；（6）文體；（7）用字；（8）書法。1933年1月，董先生又通過對前五次發掘所得卜辭材料的研究，發表了著名的論文《甲骨文斷代研究例》[②]，把甲骨斷代標準修改、完善爲十項：（1）世系；（2）稱謂；（3）貞人；（4）坑位；（5）方

---

① 董作賓：《大龜四版考釋》，《安陽發掘報告》1931年第3期。

② 董作賓：《甲骨文斷代研究例》，中央研究院歷史語言研究所集刊外編第一種《慶祝蔡元培先生六十五歲論文集》上冊，1933年。

國;(6)人物;(7)事類;(8)文法;(9)字形;(10)書體。根據十項斷代標準,他將殷墟甲骨“粗略地分爲五期”:

第一期:武丁及其以前(盤庚、小辛、小乙)

第二期:祖庚、祖甲

第三期:廩辛、康丁

第四期:武乙、文丁

第五期:帝乙、帝辛

董作賓的甲骨分期研究比羅振玉、王國維進了一步,將甲骨的時代上推到武丁之前的盤庚、小辛、小乙,下延到帝辛。證實了“自盤庚徙殷,至紂之滅,二百七十三年,更不徙都”①。

對於自己“粗略”的分期,董先生説:“分卜辭的時期爲五,這是粗疏的,暫時的,將來必要求精細。”他“本着五個時期的畫分,就十種標準一一舉例論述之”。這裏對董先生論述十項標準時,對卜辭和商史的詳細論證及其貢獻暫且不錄,衹對他就各項斷代標準的論述作簡要評介。1. 關於“世系”。他説:“斷代研究的第一步工作,即是定殷人的世系;世系定了,然後纔有分畫時期的可言。”2. 關於“稱謂”。他説:“由各種稱謂定此卜辭應在某王時代,這是斷代研究的絕好標準。”3. 關於“貞人”。他説:“貞人説的成立,爲斷代研究的主要動機,由許多貞人定每一卜辭的時代,更由所祀先祖等的稱謂,而定此許多貞人是屬於某帝王的時代,這樣,我們就可以指出某貞人是某王的史官。如果我們把同在一版上的貞人聯絡起來,他們就可以成爲一個團體。”即“貞人集團”。“貞人”的發現是“在斷代研究上,添了一個最確實而有力的憑證”。4. 關於“坑位”。董先生在該文中論述的是前五次發掘的“坑位”情況,他説:“就出土甲骨文字的坑位,分爲五區”,“‘坑位’是出土甲骨的地點”,而且“衹限於民國十七

① 見陳逢衡《竹書紀年集證》,卷 49。轉引自方詩銘、王修齡《古本竹書紀年輯證》,上海古籍出版社 1981 年版,第 30 頁。

年至廿六年中央研究院發掘的材料，不能概括全部甲骨文”。這裏，董先生明確地指出他所說的“坑位”是指出土甲骨的地點，即是指灰坑所在發掘區的區位，區位是在發掘時人爲畫分的，這與後來考古學所說的“坑位”是指灰坑在地層中的縱向位置不同。董先生說，由各區出土的甲骨文字證明，殷墟包含的時間是從盤庚到帝辛。他列出了一個前五次發掘在五個區裏發現的甲骨文的期屬表，即一區村北出一、二、五期，二區村北出一、二期，三區村中、南出三、四期，四區村北出一、二、三、五期，五區村北出一、二期。1956 年，陳夢家指出董作賓對各區所出甲骨的分期是有錯誤的①（詳見後文）。李學勤在八十年代提出的殷墟甲骨發展的“兩系說”，就是以董作賓的這個前五次發掘的所謂“坑位”爲根據的。② 5. 關於方國。董先生說，各時期與各國的關係有所不同，“從方國的關係上，也可以看出每一時期的特異之點”，因此，研究方國變化可有助於推斷時代。6. 關於人物。董先生說，與“方國”一樣，“各時期的人物如史官、諸侯、臣僚，也都有所隸屬”，即各個時期的人物有所不同，因此，由人物的相互關係，可以推定時代。7. 關於事類。董先生說：“由貞卜事類可以分時期的，無如祭祀。每一時代的祭法和所祭的祖先神祇，都有不同。”“其次如征伐，如卜旬，如帚矛的記載，皆可爲分期研究的標準。”8. 關於文法。董先生說：“由文法的隨時變易上，也可爲畫定時期的標準。”9. 關於字形。董先生說：“殷虛文字經過了二百餘年的長期，許多字都有他由簡而繁的演變過程，這在分期整理完竣之後，自然可以找出一個係統來。”這裏值得注意的是，董先生說的字形斷代是“在分期整理完竣之後”的事。10. 關於

① 陳夢家：《殷虚卜辭綜述》，第四章，科學出版社 1956 年版。又，中華書局 1988 年版。

② 李學勤：《殷墟甲骨兩系說與歷組卜辭》，《李學勤集》，黑龍江教育出版社 1989 年版。《殷墟甲骨分期的兩系說》，《古文字研究》第十八輯，中華書局 1992 年版。

書體。董先生說："從各時期文字書法的不同上，可以看出殷代二百餘年間文風的盛衰。"董先生還特别强調了運用十項斷代標準進行斷代時的主次，他說："斷代的十個標準，主要的法寶不過是'稱謂'同'貞人'，其餘八項，除了'世系'之外，都是由稱謂、貞人推演出来的。"① "世系、稱謂、貞人三位一體，都是斷代的基礎。'坑位'是出土甲骨的地點，只限於民國十七年至廿六年中央研究院發掘的材料，不能概括全部甲骨文。'方國'、'事類'、'文法'、'字形'、'書體'都是根據有貞人的基本片子推演出來的，也可以說是間接的標準。因爲如果有一片卜辭衹殘餘幾個干支字，或者沒有貞人的'卜夕'、'卜旬'片子，那就只好在'字形'和'書體'或其他標準上找時代了。"②

1933年之後，董作賓將主要精力投入對殷代曆法的研究，耗費十年時間，於1945年出版了《殷曆譜》一書。在該書中，他稱又發現了殷代的禮制有新、舊兩派的不同，說："由本書分期分類整理卜辭之結果，乃得一更新之方法，即所謂分派之研究。此一方法須打破余舊日分爲五期之說，即别分殷代禮制爲新舊兩派，以武丁祖庚上世，及文武丁爲舊派，以祖甲至武乙、帝乙、帝辛爲新派也"③，即他定武丁、祖庚、文武丁爲舊派，祖甲、廩辛、康丁、武乙、帝乙、帝辛爲新派，在分期研究法之外又提出了分派研究法。分派研究法在學術界一直存在争議，如陳夢家說："字體文例如一切制度是逐漸向前演化的，不能機械的武斷的用朝代來分割。因此董氏《殷曆譜》所標的新派舊派不但是不需要的，

① 董作賓：《殷虛文字乙編·序》上輯，中央研究院歷史語言研究所，1948年。

② 董作賓：《甲骨學五十年》，藝文印書館1955年版。（此處轉引自劉夢溪主編：《董作賓卷》之《甲骨學六十年》，河北教育出版社1996年版。下同）

③ 董作賓：《殷曆譜·自序》，中央研究院歷史語言研究所，1945年。董氏後來將武乙改爲舊派，見《殷曆譜的自我檢討》，《大陸雜誌》第九卷第四期。

也是不正確的。”（155 頁①）

1948 年《殷虛文字乙编》出版，該書收入“殷墟發掘第十三次至第十五次所採獲的甲骨文字”，三次發掘主要“集中在村北的BC 兩區”。董先生在《乙編·序》中説，他在寫《殷曆譜》做新、舊兩派研究時，就已發現文武丁“從紀日法、月名、祀典各方面看，他都恢復了舊派的制度，衹有一個唐的名稱没有復活，仍然叫大乙，這是一個堅强的、惟一的證據”。即“由於稱唐爲大乙，可以斷定絕對不是武丁”的。由此，他認爲自己在 1933 年的《甲骨文斷代研究例》中，將有貞人𠂤、狄、勺、余、我、子、㣺、帚、卣等卜辭畫歸在第一期武丁時是不對的。現在經過十八年的研究，乃認定貞人狄、勺、𠂤、匧、余、我、子、㣺、帚、車、史、万、幸、㣺、卣、取、叶 17 人的卜辭都應屬於文武丁時期。文武丁卜辭集中在第十三次發掘村北 B 區的兩個坑：119 坑（共 298 版②，其中 1 版屬武丁）、YH006 坑（207 版，其中 6 版屬武丁），以及“散見别的坑中的共 13 版”，即總共 511 版全屬於文武丁卜辭。董先生對比文武丁與武丁在文字、曆法、祀典、文例、事類等方面的異同，得出文武丁絕大部分恢復了武丁時的舊制，即“文武丁復古”了，稱是“揭穿了文武丁時代卜辭的謎”。總之，1948 年，董作賓將 1933 年畫歸到第一期武丁的一部分卜辭，即後來被陳夢家稱作“𠂤組”“子組”“午組”的卜辭，移到了第四期文武丁時。這是繼明義士之後，對第四期卜辭發表的第二個意見。對董先生的這個改定，陳夢家在二十世紀五十年代初，就指出其是錯誤的，陳先生認爲這幾組卜辭仍應是武丁時代的（詳見後文）。李學勤則是肯定董先生的改定的，並提出這幾組卜辭是

① 陳夢家：《殷虛卜辭綜述》，中華書局 1988 年版，第 155 頁。下文凡引該書，都只在文後用括號標出頁碼（以 1988 年中華書局本爲準），不再另作注明。

② 董先生在《殷虛文字乙編·序》中對 B119 坑出土的甲骨片數有 296、298 版兩説。

“非王卜辭”“婦女卜辭”[①]。陳夢家的意見被後來不斷發現的新材料證明是正確的，目前學術界對此已基本達成共識。

1955 年，董作賓在《甲骨學五十年》中說，“第一期應包括祖庚，不能只限於武丁”[②]。董先生說《甲》3553 的“何”是第三期貞人，可以早到第二期。[③] 這些表明他已認識到不能機械地用王世來畫分卜辭的時代。

綜觀第二階段的甲骨斷代研究，是利用比較科學的考古學方法發掘所得的材料進行的。董作賓先是發現了卜辭中的“貞人”，指出利用貞人可以推斷卜辭的時代，“貞人說”是個重大的發現。繼而他又係統地提出了甲骨斷代的十項標準，並利用十項斷代標準將殷墟甲骨卜辭按王世畫分爲五期。這些成果開創了甲骨斷代研究的新局面，提升了甲骨文的史料價值，其意義是十分深遠的。但他的十項斷代標準中的“坑位”標準，所指是不够科學的；“人物”作爲斷代標準也是不合適的；特別是後來他提出的“新派”“舊派”說，基本上是不被學界接受的；而所謂“揭穿了文武丁卜辭的謎”，更是被學界指出是錯誤的（詳見後文）。

---

① 李學勤:《評陳夢家〈殷虛卜辭綜述〉》,《考古學報》1957 年第 3 期。

② 董作賓:《甲骨學五十年》, 藝文印書館 1955 年版。

③ 陳夢家:《殷虛卜辭綜述》, 中華書局 1988 年版, 第 155 頁。

第三章

1956年至1977年，甲骨斷代研究進一步深化

陳夢家從1951年到1954年，陸續發表了《甲骨斷代學》系列文章①，後彙總並更加詳論於1956年出版的《殷虛卜辭綜述》一書的第四章、第五章中②。陳夢家的甲骨斷代研究，繼承和發展了董作賓的甲骨斷代學說。他的主要貢獻有：對董氏十項斷代標準進行了歸納整理，濃縮成甲骨斷代三大標準，論述了各大標準的運作程序和必須遵循的規則；指出董氏一些斷代標準具有局限性；指出董氏五期斷代法的缺陷，另外創立了"卜人組"的斷代方法；詳細論證了武丁至帝辛各組卜辭的時代，論述中蘊含着一個王世不是衹有一種類型的卜辭，一種類型的卜辭也不衹限於一個王世的觀念；論證了董氏所謂"文武丁卜辭"的斷代錯誤；等等。

一　歸納出甲骨斷代三大標準

陳夢家對董作賓的甲骨斷代十項標準逐一做了分析、研究，剔除了具有局限性的"坑位""人物"標準，在董氏"貞人說"

① 分別刊於《燕京學報》1951年第40期；《考古學報》1951—1954年第5、6、8期。

② 陳夢家：《殷虛卜辭綜述》，科學出版社1956年版。又，中華書局1988年版。

的基礎上創立了“卜人組”的斷代標準，將董氏的各項斷代標準整理成以下三大標準，論述了運用各大標準斷代所必須遵循的規則。

第一標準：董作賓斷代十項標準中的前三項標準分别是世系、稱謂、貞人（陳氏稱作“占卜者”或“卜人”），對此，陳夢家給予認同。他説：“此三者（世系、稱謂、占卜者）乃是甲骨斷代的首先條件，我们姑名之爲第一標準。”即陳先生將董先生的前三項標準歸納爲第一標準。但他强調：“三者之中，占卜者尤爲重要”，“占卜者之所以重要，因爲僅僅依靠稱謂斷代，其材料究屬有限。並且，單獨的稱謂不足以爲斷代的標準，如‘父乙’可以是武丁稱小乙，也可以是文丁稱武乙。占卜者是最好的斷代標準，因爲：（1）同一卜人可以在不同卜辭中記載若干稱謂（下略）；（2）在同一版甲骨上往往載有若干卜人，他們是同時的人，因此將同時卜人見於不同版的諸種稱謂彙聚起來，可以得到某一時代整個的稱謂係統”（137 頁）。這裏，陳先生指出被董先生稱爲“斷代基礎”的三項標準：世系、稱謂、貞人（占卜者），“乃是甲骨斷代的首先條件”，他將其歸結爲斷代的第一標準。但他强調：“三者之中，占卜者尤爲重要”，“因爲僅僅依靠稱謂斷代，其材料究屬有限”，並且“單獨的稱謂不足以爲斷代的標準”，如“父乙”稱謂，在第一期中指武丁之父小乙，在第四期中指文丁之父武乙。而因“同一卜人可以在不同卜辭中記載若干稱謂”，而將“同時卜人見於不同版的諸種稱謂彙聚起來，可以得到某一時代整個的稱謂係統”，因此，“占卜者是最好的斷代標準”。

第二標準：陳先生説：“根據第一標準，我們可以有兩種標準片：一種是不具卜人名而可由稱謂決定年代者，屬於此者不很多；一種是具有可定年代的卜人名字者，屬於此者爲數甚多。從上述兩種標準片，我們便有足够數量的斷代材料來研究不同時代的甲．字體，包括字形的構造和書法、風格等；
乙．詞彙，包括常用詞、術語、合文等；
丙．文例，包括行款、卜辭形式、文法等。

如此排列爲表，可知某一時代字體、詞彙與文例的特徵，用此特徵可以判定不具卜人的卜辭的年代。我們姑名之爲第二標準。”（137 頁）即字體、詞彙、文例是斷代的第二標準。這裏，陳先生強調第二標準的字體、詞彙、文例等特徵，是從第一標準提供的可定年代的標準片中總結出來的，衹有在掌握了某一確定時代的字體、詞彙、文例特徵後，纔可以用此特徵去判定那些不具卜人的卜辭的時代。陳先生的第二標準含有董先生斷代標準的第八項文法、第九項字形、第十項書體，但其所包含的内容更加豐富，並且指出了運用這些斷代標準的前提。

第三標準：陳夢家説：“利用上述兩標準，可將所有的甲骨刻辭按其内容分别爲不同的事類而加以研究。卜辭内容大别爲六：

一．祭祀　對祖先與自然神祇的祭祀與求告等；
二．天象　風，雨，啟，水及天變等；
三．年成　年成與農業等；
四．征伐　對外戰争與邊鄙的侵犯等；
五．王事　王之田獵、遊止、疾、夢、生子等；
六．卜旬　來旬今夕的卜問。

此各類如以分期之法研究，即可綜合成某一時期的祀典、曆法、史實以及其它制度。各種制度的不同，也可作爲判别時代的一種用處，姑名之爲第三標準。”（138 頁）即事類是斷代的第三標準。這裏，陳先生指出，事類是根據第一、第二標準給出的具有確切時代的卜辭分析、總結出來的，將各類“以分期之法研究，即可綜合成某一時期的祀典、曆法、史實以及其它制度”，而“各種制度的不同，也可作爲判别時代的一種用處”。陳夢家的第三標準含有董作賓斷代標準的第五項方國、第七項事類，而且所包含的内容更爲廣泛，並且指出了運用事類進行斷代的程序。

陳先生歸納的三大標準，給我們繪製了一幅清晰的甲骨斷代路綫圖。他把董作賓十項斷代標準中，除第四項“坑位”、第六項“人物”之外的八項，進行了科學的分類、整理、歸納，濃縮成三大標準。闡述了三大標準之間相互依附的關係，構成了一個環環相扣、條理分明的整體，改變了董氏十項斷代標準的分散狀況。陳先生並告誡説：“上述的三種標準，必須要依照先後次序逐步進行，必須要根據了材料作歸納的工作，必須要在嚴格的管制下尋求條例。”（138頁）這裏的三個“必须”、一個“次序”、一個“歸納”、一個“管制”，就是強調在運用三大標準進行甲骨斷代時，必須遵守的程序和規則。

陳先生説根據三大斷代標準，可以將已出土於安陽小屯的殷代卜辭並少數的記事刻辭分爲九期：武丁、祖庚、祖甲、廩辛、康丁、武乙、文丁、帝乙、帝辛卜辭，剔出了董作賓的盤庚、小辛、小乙卜辭。他並説在“實際分辨時，常有困難”，所以在可以細分時，儘量用九期分法，在不容易細分時則採用董作賓的五期分法，甚或他提出的早、中、晚三期的大概的分法。（138頁）

在陳先生的三大斷代標準中，沒有收入董作賓斷代的第四項標準“坑位”、第六項標準“人物”。之所以如此，是因爲董氏提供的“甲骨出土的坑位，在斷代上衹能作有限的指示”（137頁）。董作賓在1931年《大龜四版考釋》一文中，首次提出“坑層”可作爲斷代的方法。1933年在《甲骨文斷代研究例》中，將“坑層”改爲“坑位”，列入第四項斷代標準（緊接在“世系”“稱謂”“貞人”之後），並列出前五次發掘在五個發掘區裏的灰坑中出土的甲骨文的時代，他“以爲某區某些坑衹出某幾期卜辭”

（139 頁）。1956 年，陳夢家在《殷虛卜辭綜述》第四章“斷代上”中專門列出一節（第二節）討論董氏的“坑位”標準。他說：截至 1956 年，“中央研究院”對十五次發掘的坑位資料公佈的還十分有限，“因爲坑位對於甲骨斷代有相當重要的關係，所以不得不暫就有限的資料加以研究”（139 頁）。陳先生首先對董氏的“坑位”概念提出疑議，他說：“所謂坑位應該和‘區’分別，A、B、C、D、E 等區是爲發掘與記錄方便起見在地面上所作人爲的分界，並非根據了地下遺物的構成年代而畫分的。”這是說，董氏將灰坑所在的人爲畫分的發掘區的區位當成了斷代的“坑位”，而人爲畫分的發掘區不是根據地下遺物的構成年代而畫分的，因此“區位”不能表示灰坑的時代。考察灰坑的時代，“必須是某些獨立的儲積甲骨的穴窖纔有可能定這個坑包含某個或某些朝代的卜辭”，“某坑出土的甲骨屬於某某期，必須根據了卜辭本身的斷代標準，如卜人、稱謂、字體、文例等等，這些斷代標準必須嚴格而準確，纔能定出某坑甲骨的時期”。因此，董氏的所謂“坑位”，“祇能供給我們以有限度的斷代啟示，而在應用它斷代時需要十分的謹慎”（140—141 頁）。陳夢家還特別告誡說“坑以外我們自得注意層次”（第 140 頁）。陳先生沒有參加過田野考古發掘[①]，卻能够提示斷代應注意灰坑所在的“層次”即地層，這是非常難能可貴的。再一個是陳先生也沒有將董氏斷代標準的第六項“人物”列入專項斷代標準，其原因：一個是人物的活動是包含在各種“事類”之中的；第二個是古代存在“異代同名”的社會現象，各代之間同名者衆，單獨地依靠某個人物進行斷代必定是不準確的，所以“人物”不能作爲獨立的斷代標準來使用。陳夢家在斷代標準中，沒有將董作賓的“坑位”和“人

① 近讀王世民文《陳夢家的學術貢獻》（《亞洲考古》2019 年 12 月 5 日發佈，來源《中國史學家評傳》下冊，中州古籍出版社 1985 年版）言陳先生 1937 年參觀過殷墟第十五次發掘。到考古所後，多次到考古發掘工地參觀。

物”兩項列入其中，實在是有先見之明。君不見，自二十世紀七十年代後半段起，就有學者利用被陳夢家批評過的董氏的所謂“坑位”（區位），提出殷墟甲骨發展的“兩系說”；利用被陳夢家抽出不單列的董氏斷代標準中的“人物”（“婦好”等），作爲所謂“歷組”卜辭提前的主要根據；利用被陳夢家（還有董作賓）提醒不能靠單獨的稱謂（“父丁”“父乙”）斷代，來論證“歷組”卜辭的時代。由此造成了至今長達四十年之久的甲骨斷代的混亂局面。

總之，陳夢家的三項甲骨斷代標準是對董作賓十項甲骨斷代標準的繼承、發展和修訂，他提出的甲骨斷代標準是科學的、適用的。當然有的地方還需要今後做進一步的完善。

二　建立“卜人組”，並推斷各組卜辭的時代

1931 年，董作賓發表《大龜四版考釋》一文，指出卜辭中“卜”下“貞”上一字是“貞人”的名字，並且利用“貞人”可以推定卜辭的時代。其後他在 1933 年發表的《甲骨文斷代研究例》中，將“貞人”列入十項斷代標準的第三項，還指出武丁在位時間有五十九年之久，其時“貞人也特別的多，可以成立一個集團”。他列出了第一期武丁，第二期祖庚、祖甲，第三期廩辛、康丁的貞人集團（材料多出土於村北的大連坑）。在此後的十年中，董先生忙於《殷曆譜》的寫作，再沒有對貞人做出徹底的整理。到了五十年代初，陳夢家開始研究甲骨的斷代問題，1956 年他在《殷虛卜辭綜述》中，將董作賓的十項斷代標準整理歸納成三大標準，其第一大標準就是董氏前三項標準世系、稱謂、貞人（陳氏稱作“占卜者”“卜人”）的總合。陳先生認爲“三者之中，占卜者尤爲重要”，“占卜者是最好的斷代標準，因爲：（1）同一卜人可以在不同卜辭中記載若干稱謂，如卜人行於某片稱‘兄己兄庚’，於另片稱‘父丁’，則行必須是祖甲時人；（2）在同一版

甲骨上往往載有若干卜人，他们是同時的人，因此將同時卜人見於不同版的諸種稱謂彙聚起來，可以得到某一時代整個的稱謂係統”（137 頁）。基於這種認識，他對卜人進行了全面、係統的整理，提出了建立“卜人組”斷代方法。不過，陳先生也指出：“有些王朝並不記卜人，有些王朝的卜人不容易與上下朝代分别”，“就全部九朝的卜辭而言，武丁到廩辛的卜辭記卜人名的最多；廩辛以後卜人不記名，到了乙、辛又出現了少數記名的。因此用卜人斷代，也是有一定的限度的”。

陳先生說：“決定卜人的時代可有四種方法：（1）由同組卜人的稱謂定其時代；（2）由特殊刻辭的簽署定其時代；（3）由卜辭内所記述的人物事類定其時代；（4）由字體文例等定其時代”，“四法之中，自然以第一種最爲周密。所謂同組卜人者，是指某些卜人在兩種情形之下一同出現乃可定其爲同時代的人：一是同版卜人，即同一甲或骨之上有若干條卜辭在不同卜辭内有幾個不同的卜人名，此諸人是同時代的；二是並卜卜人，即在同一版同一卜辭内兩個卜人同卜一件事，這樣的例子不很多。另有一種‘異卜同辭’的情形，即是在不同版上不同的卜人在同一日同卜一事，可推定此諸卜人乃屬於同時代的，這樣的例子也不多”，“由以上各法組成了某些組卜人，彙合某一組卜人見於不同版的稱謂便成爲某組卜人的稱謂係統，由此係統可決定其時代”（173—174 頁）。他還指出：“有些卜人，與任何一組都沒有聯繫，則我們只可用其他三法來個别解決他們。”（174 頁）他特别强調對“不繫聯的卜人，需要等待各組卜辭的字形、文例、制度整理出係統後，方可以着手分别確定那些不繫聯卜人應列於那個時代”（202 頁）。

陳先生根據上述建立“卜人組”的原則，建立了“賓組”“𠂤組”“子組”“午組”“出組”“何組”六個卜人組，各組以一個常見的卜人名作爲組名。他說：“武乙、文丁兩世的卜辭，很少有記卜人的。我們衹找到一個卜人歷，他的字體似當屬於武乙。”（202 頁）

“我們現在尚無法分别帝乙、帝辛的卜辭。這時期的卜辭也有一些卜人，並無見於同版的。此期共有六個卜人。”即對於只有一個卜人“歷”的武乙卜辭，沒有同版繫聯的帝乙、帝辛卜人，以及沒有卜人的康丁卜辭，陳先生都是沒有建立“卜人組”的。統觀在商末九王中，武丁、祖庚、祖甲、廩辛四王的卜人成“組”，康丁、武乙、文丁、帝乙、帝辛五王的卜辭沒有成“組”，對於沒有成“組”的卜辭，陳先生是以王世相稱的，即稱某某王卜辭，即分别稱作康丁、武乙、文丁、帝乙、帝辛卜辭。他根據斷代的三大標準詳細論證了各卜人組及各王世卜辭所屬的時代。本書限於篇幅，只做簡單介紹。

（一）關於賓組、出組、何組卜辭的時代

1936 年春季，第十三次發掘在 C 區發現了“一個未經擾亂滿儲龜甲的圓坑，就是 YH127”，該坑出龜甲 17088 片，牛骨 8 片，共出甲骨 17096 片。“這一大批龜甲，十分之九是賓組卜辭，十分之一是子組、午組和其他”，陳先生“根據這批材料，來研究賓、子、午三組和其它少數一群龜甲，並論其時代”（156 頁）。陳先生“把互見同版而可繫聯的一群武丁卜人稱之爲賓組，其他一些少見的卜人而其字體文例事物同於賓組者附屬於賓組”。他統計賓組有“同版卜人”和“並卜卜人”16 人，其中㱿、賓、争、亘各出現了一百次以上；他根據人物、事類、出土坑位、字體、文例推定“武丁不繫聯的卜人”有 31 人，這些卜人或屬武丁時，或屬武丁晚期，或屬武丁晚期至祖庚時。他找出賓組主要稱謂祖、妣、父、母、兄、子，以及其他人名共 57 個，“武丁卜辭的斷代是以所稱諸父甲、庚、辛、乙①爲上代的四王爲基礎的”（158 頁）。他根據卜人同版、異卜同辭、稱謂、制度等定“出組”卜人有 17 人，論證“出組”卜辭是祖庚、祖甲時代的。他說：“武丁晚期卜人有可能延伸至祖庚時；同樣的，出組中的祖庚卜人亦有可能

① 武丁諸父依次爲：陽甲、盤庚、小辛、小乙，該處將“乙”誤為“丁”，當是排版錯誤造成的。

上及武丁晚期”。他把“出組”卜人“由其聯繫的親疏關係”分成兄、大、尹三群：兄群3人，大群6人，尹群8人。“尹群及其附屬者當屬於祖甲時代”；“兄群的兄、出當屬於祖庚時代並上及武丁晚期”；“大群可分爲二”：早期的“當屬於祖庚時代，並上及武丁晚期”，晚期的“當屬於祖庚晚期與祖甲早期”（192頁）。對於幾個沒有稱謂，也不繫聯的卜人，暫據字形定其爲祖甲時代的。他統計“何組”卜人有18人，其中有繫聯的13人，因該組卜辭稱“祖庚、祖甲、祖己爲父，稱武丁爲祖丁”，“不出現‘兄辛’的稱謂，並由其字體文例之上承祖甲”，所以定“何組爲廩辛卜人”（196頁）；他根據字體、卜辭文例、祭法等分辨出何組及附屬卜人有早、晚期的分別。

由以上陳先生採用分“卜人組”的斷代方法對賓組、出組、何組卜辭的斷代可以看到，“卜人組”的斷代方法確實比董先生的“五期”斷代法更加科學，它突破了“五期”分法一個王世只能有一種卜辭的框架，也證明了一種卜辭可以分屬於幾個王世。如論證賓組卜人或屬武丁時，或屬武丁晚期，或屬武丁晚期至祖庚時。論證“出組中的祖庚卜人亦有可能上及武丁晚期”；“兄群的兄、出當屬於祖庚時代並上及武丁晚期”；“大群可分爲二”：早期的“當屬於祖庚時代，並上及武丁晚期”，晚期的“當屬於祖庚晚期與祖甲早期”（192頁）。

（二）關於𠂤組、子組、午組卜辭的時代

1933年，董作賓在《甲骨文斷代研究例》中，將有貞人狄、勹、𠂤、㕣、余、我、子、⿰彳川、㱃、車、史、万、幸、⿰彳出、卣、取、叶等的卜辭畫歸到第一期武丁時。但到1945年，他在《殷曆譜》中研究新、舊兩派祀典時，發現這類卜辭中稱“唐”爲“大乙”，僅憑此證據，他就懷疑這些卜辭不應該屬於舊派的武丁時。1948年，他在《殷虛文字乙编》“序”中說，經過十八年的研究，特别是對第十三次發掘B區的“幾乎完全是文武丁時的卜辭”的兩個坑，即119坑出土的298片、YH006坑出土的207片卜辭，“還有散見别的坑中的共13版”甲骨的研究，認定上述17個貞人的卜辭都應當屬於文武丁時期，即把原來畫歸到第一期武丁時的這部分卜辭整體地移到了第四期文武丁時期。同時從文字、曆法、祀典、事類等方面論證“文武丁復古了”，文武丁恢復了武丁時的舊制，自稱“揭穿了文武丁時代卜辭的謎”。董先生所説的這部分“文武丁卜辭”，就是後來被陳夢家分别稱爲“𠂤組”“子組”“午組”的那部分卜辭。這是繼明義士之後，對第四期卜辭發表的第二個意見，只不過明義士指的是後來被稱爲“歷組”的那部分卜辭。

1951年起，陳夢家陸續發表《甲骨斷代學》，以發掘坑位和卜辭繫聯等大量證據證明𠂤組、子組、午組卜辭屬於武丁時期，其成果收入1956年出版的《殷虚卜辭綜述》（簡稱《綜述》）一書中。

陳先生在《綜述》中説：“1949年我初步整理𠂤、子兩組卜辭，曾據兩組卜辭本身定其爲武丁卜辭。後來《乙編》出版，我們更得到這樣的現象：（1）B119和YH006兩坑是𠂤組和子組的混合，且有少數的賓組；（2）E16是𠂤組與賓組的混合，YH127是子組與賓組的混合；（3）E16和B119都有㣥的卜辭，他是和𠂤組同時代的卜人。既然YH127大多數都是賓組卜辭，摻合在這坑之中的子組午組和其它少數卜辭是否也屬於武丁時代的？我們認爲子組𠂤組和賓組常常出於一坑，而同坑中很少武丁以後（可能有祖庚）的卜辭，則子組𠂤組應該是武丁時代的，YH127坑中的午組及其它少數卜辭也是屬於這一時代的。”（158頁）YH127坑出土17088片龜甲和8片牛骨，“這一大批龜甲，十分之九是賓組卜辭，十分之一是子組、午組和其它”（156頁）。這是從出土坑位情況證明𠂤組、子組、午組與賓組同屬於武丁時代。

1. 𠂤組卜辭的時代

陳先生説："𠂤組的卜人，在第一，二，三，四，五，八，十三等次發掘中都有出土的。這一組的主要卜人有三：𠂤、扶、勺"，"這三個卜人往往見於同版"。他從七個方面論證𠂤組卜辭的時代：

一是稱謂。他從有𠂤組卜人的卜辭中歸納出𠂤組有 26 個稱謂，這些稱謂可分爲數類：（1）同於賓组的有 18 個；（2）同於子組的有 7 個；（3）同於午組的有 6 個；（4）𠂤組獨有的有 6 個。他説："比較𠂤與賓組，則知兩者相同之多。兩組所同的父甲、父庚、父辛、父乙實即武丁所以稱其父輩陽甲、般庚、小辛、小乙者，所以兩組都是武丁時代的卜辭"（147 頁）。

二是出土情況。"𠂤組卜辭的出土，可分爲兩類，第一類是零碎出土於某些坑中而記載不詳者……第二類是一坑出大量的𠂤組卜辭而坑位有記載者。"（147 頁）

第一類。共有七次發掘。第一次發掘在村北 A 區 26 坑，"出𠂤組卜人扶（《甲》145）和少數的𠂤組卜辭（《甲》168，169）；其它多是賓組卜辭和少數的祖庚卜辭"。第二次發掘在村北村南村中三地，"出𠂤組卜人扶（《甲》454）和勺（《甲》488）。此次所獲甲骨除了少數乙辛卜辭（《甲》477—481）外，其餘多是𠂤組卜辭"，"𠂤組的龜甲，或者出於村南 36 坑以西沿大道的諸坑"。第三次發掘在 A 區、B 區、E 區，三個區全在村北。以在大連坑所獲廩辛卜辭占多數，衹有一片龜甲（《甲》955）是扶所卜。在卜骨中有一大批用𠂤組的扶作範本的習契之作，其上的稱謂還保持扶當時的稱謂，除"母甲"外，其他都見於賓組卜辭。第四次發掘，除 E16 坑外，其他在村北 A、B、E 三區所獲的有兩片是𠂤所卜（《甲》3281、3304）。第五次發掘，在村北的 E 區和村南的 F1—4 發掘，獲卜人𠂤（《甲》3483）和其他𠂤體卜辭（《甲》3371、3372、3576）。第八次發掘，在村北 D 區，出𠂤組卜人扶（《甲》3763）。第十三次發掘，在 YH036，衹出了一片（《乙》

474）扶所卜。（148頁）

第二類。第一次發掘在村南F區36坑，這一坑全是𠂤組卜甲，卜人是扶、𧗟。“此坑不出賓組卜辭，由《下》9・13，10・1知𧗟不能晚於祖庚。”（148頁）（筆者按：筆者查閱了《後・下》9・13和10・1兩版，知每版都是有兩條卜人兄和出的同文出組卜辭，兩條辭中都有“品司，甶癸”等字；再查36坑中屬於𠂤組的有卜人𧗟的《甲》241，在卜人𧗟的卜辭中也有“品司，癸”等字）。這裏陳先生是根據𠂤組與出組卜問事類相同來斷定𠂤組卜辭的時代不能晚於祖庚時期。第四次發掘在村北E區16坑，“這一坑是𠂤組與賓組的混合，同坑所出牛骨都是賓組的”（148頁）。第十三次發掘在村北B區119坑，“這一坑是𠂤組爲主，亦有賓組和子組的卜人”（149頁）。第十三次發掘，在村北B區YH006，“這一坑和B119，YH044是相聯繫的，都出背甲……所出卜人和B119相似”，也是有賓組、𠂤組、子組卜人。第十三次發掘，在村北B區YH044，“這一坑都是𠂤組卜辭，沒有附卜人的”（150頁）。

陳先生說：“以上兩類，其出土的集中地可歸併爲五：一，村南36坑及其附近；二，E16坑；三，B119坑；四，A區26坑；五，D區。第三、四次在A、B、E發掘所得的，可以包括在以上五處之中。如此可知𠂤組卜辭並不限定出於一地。”（150頁）總之，𠂤組卜辭在小屯村南村北都有出土，而且村北出土的數量大大地多於村南，村北的A、B、D、E區都有𠂤組卜辭出土，村南只有F區的36坑出土𠂤組卜辭。

三是字體特徵。陳先生說：“根據以上所述附有𠂤組卜人的卜辭以及一坑之中以𠂤組占多數的卜辭，可以研究𠂤組的字體、文例等等。”他說：“E16所出《甲》3013，3045＋3047各片，是𠂤組卜辭而其字體實近於賓組卜辭。兩組的‘不’字都是一個寫法，沒有上面的一平畫，和後來的寫法不同。但是，𠂤組的寫法和賓組確乎有些差異的地方。𠂤組的干支字有和賓組相同的，有接近晚期的，後者實爲𠂤組的新形式。”（150 頁）他舉了“子”“午”“于”三字爲例。還舉了“辛”“丁”字，詳述了“貞”字在賓組、子組、𠂤組、午組中的十種寫法。總之，从字體上看，“𠂤組一方面遵守賓組的舊法，一方面已產生了新形式”（153 頁）。

四是紀時法。“𠂤組的紀時法和賓組相似而有小異。兩組都稱‘一月’而無祖甲卜辭的‘正月’。兩組在某月之前通常不加‘在’字”，只是偶爾加“在”字。賓組計日“以所卜之日爲第一日，𠂤組以所卜之次日爲第一日計算”等。即“𠂤組的紀時法和賓組也是大同而小異”（153 頁）。

五是卜辭形式。“𠂤組和賓組的最通常的前辭形式有二：（甲）甲子卜某貞，（乙）甲子卜某。”“𠂤組某種卜辭形式，或同於賓組，或爲𠂤組所特有，或下接祖甲卜辭，與字體的情形一樣，足以表示𠂤組當武丁之晚葉，開下代的新式。”（153 頁）

六是祭法。“𠂤組常用的祭法是‘㞢’和‘御’，又有‘寮’‘彡’‘歲’等，都是賓組所常用的，但是賓組的祭法更多。𠂤組的‘㞢’和‘又’是通用的。”（153 頁）即“𠂤組祭法見於賓組，而‘㞢’‘又’通用亦顯示交替之跡”（153 頁）。

七是稱號。“武丁卜辭稱成湯爲成、唐，然亦稱大乙：𠂤組稱大乙者如《甲》187，223，248，253，266（以上出 36 坑）《下》42・15 勺卜，賓組稱大乙者如《前》1・3・4……”因此“董氏《乙編》序說武丁、祖庚稱唐，祖甲改稱大乙，以後各王稱大乙不稱唐。這個說法是與事實不合的。《甲》1556 和《續》1・7・5 都是廩辛卜辭而稱唐”。總之，“武丁時代通常稱唐，但到了晚期已有大乙之稱；祖甲時代的周祭通常稱大乙，但即在祖甲以後唐的稱謂並未全棄”。即在𠂤組的“稱號中，或守武丁舊制，或開新例如大乙、上甲諸例”（153 頁）。這就把董氏所說“大乙”一稱衹出現在武丁以後，並以此斷定𠂤組等組卜辭屬於文武丁的說法給否定了。

總之，陳先生通過對𠂤組、賓組兩組卜辭在稱謂、出土情況、字體特徵、紀時法、卜辭形式、祭法、稱號七個方面的比較，得出結論說："凡此可見𠂤組大部分和賓組發生重疊的關係，小部與下一代重疊，它正是武丁和祖庚卜辭的過渡"（153頁），"𠂤組在它本來的地位（武丁之晚葉），上承早期的武丁（賓組卜辭），下接祖庚卜辭"（155頁）。也即𠂤組卜辭是武丁晚期至祖庚時期的卜辭，而不是董作賓所說的是第四期文武丁卜辭。

陳夢家對董作賓E16坑甲骨的斷代提出批評。他說E16坑所出甲骨是賓組與𠂤組的混合，董作賓在定該坑甲骨的時代時，是"據貞人定E16坑所出甲骨全是第一期的"，但他"所舉的是賓組卜人而沒有列𠂤組卜人"（155頁）。董氏一方面說E16坑"衹出一、二期卜辭，一方面又以E16所出𠂤組卜辭與甲尾刻辭定爲文武丁的。要是根據後說，那末E16坑應該遲到文武丁時代；要是根據前說，𠂤組卜辭和甲尾刻辭應該屬於一、二期了"（155頁），因此董氏對E16坑甲骨的斷代是矛盾的。陳先生說："𠂤組卜辭按其内在所表示的時代性乃是屬於武丁的，所以像E16和B119等坑都是一坑之中𠂤組卜辭與賓組卜辭並見。在這些坑中，可能有祖庚卜辭，沒有祖甲以及其後的卜辭。"（155頁）

陳夢家還指出，董作賓定𠂤組卜辭爲文武丁卜辭，除了根據𠂤組稱"唐"爲"大乙"外，還有一個就是根據出土地區，也即董氏的所謂"坑位"定時代，陳先生說："𠂤組卜辭在村南大道旁（36坑一帶）出土不少，他把村南和村中廟前混合爲一區，認爲衹出三、四期卜辭，因此定𠂤組卜人爲文武丁的"（155頁）。這就指明了董作賓以甲骨出土地點推斷卜辭的時代是錯誤的。

陳夢家指出："賓組似乎是王室正統的卜辭；𠂤組卜人也常和時王並卜，所以也是王室的。而其内容稍異。"（166頁）

2. 子組卜辭的時代

陳先生總結子組卜辭相繫聯的卜人有：子、余、我、𢓊、𢓊，

“後二者可能是一個名字的兩種寫法，就是後來的巡字”。他從四個方面論證子組卜辭的時代：

一是出土情況。陳先生說：“1949 年我初步整理𠂤、子兩組卜辭，曾據兩組卜辭本身定其爲武丁卜辭。”後來《乙編》出版，得知：B119 和 YH006 兩坑是𠂤組和子組的混合，且有少量的賓組；YH127 大多數是賓組卜辭，還有少量的子組、午組卜辭。因爲子組常常和𠂤組、賓組出於一坑，則子組應是武丁時代的。（158 頁）這裏，陳先生是根據子組、𠂤組、午組卜辭與賓組卜辭同出一坑的關係來論證這幾組卜辭當是武丁卜辭。

二是字體、文例特色。陳先生指出，子組有些字如“于”“丁”的寫法同於𠂤組。干支如子、丑、未、午、庚等同於𠂤組。子組的前辭形式有四類：（甲）甲子卜某貞，（乙）甲子卜某，（丙）甲子某卜貞，（丁）甲子某卜。他說：“（甲）（乙）兩式是賓、𠂤兩組所同，但賓組以（甲）式居多，子組同之；（丙）（丁）兩式是子組所獨有的。”（160 頁）

三是稱謂。陳先生總結子組共有 27 個稱謂，可將其分成數類：同於賓組的 7 個，同於𠂤組的 2 個，同於賓組、𠂤組的 5 個，同於午組的 6 個，同於子丁群的 2 個，獨有的 5 個。“由此可見子組稱謂主要的同於賓、𠂤兩組，然而和午組子丁群所獨有的幾種稱謂也相同。”（161 頁）

四是卜人同版。陳先生指出，卜人吏的卜辭和賓組相同。“《燕》436 吏與史同版，可能延伸到祖庚時代”，“吏雖附屬於賓組，但他曾和子組的史同版，是子組與賓組的聯繫”（182 頁）。

總之，陳先生從子組與賓組、𠂤組、午組常常同坑而出；子組字體文例、前辭形式、稱謂等都有與賓組、𠂤組、午組相同之處；賓組卜人有與子組卜人同版等。認爲子組卜辭當屬於武丁晚期，可能已延伸到祖庚時期。

此外，陳先生還指出子組卜辭有個特點：“子組卜人㱿和巡

（或與‘婦巡’是一人）很像是婦人，該組的字體也是纖細的。第十五次發掘出土的（《乙》8691—9052）字體近子、𠂤、午組的，内容多述婦人之事，可能是嬪妃所作。這些卜人不一定皆是卜官，時王自卜，大卜以外很可能有王室貴官之參與卜事的。”（166—167 頁）

3. 午組卜辭的時代

陳先生說午組只有兩個不繫聯的卜人：午、𠁣[①]。“所以稱它們爲午組者，一則它們字體自成一系，不與賓、𠂤、子三組相同；二則其稱謂也自成一系。所謂稱謂自成一系者，指若干特殊的稱謂互見於若干版。”（162 頁）除了前舉 YH127 坑午組與賓組、子組同坑外，陳先生還從以下幾個方面論證午組卜辭的時代：

一是字體。陳先生說：午組的“干支和‘于’字寫法接近賓組”；“不”字上面有一横，與子組相同；“子”字中筆是斜的，與𠂤組字體近似；“貞”字有兩種：一種同於𠂤組，一種是它獨有的。

二是祭法。陳先生說：“午組最常用的祭法是‘㞢歲’，偶爾亦作‘又歲’（《乙》3748）；其次是‘御’，‘㞢’‘帝’‘興’‘新’‘羽日’（《乙》5394）‘桒生’（《乙》4678）。就祭法說，它們是武丁的，‘羽日’在武丁已有，見《乙》3274 㱿卜和《乙》7766。”（162 頁）

三是稱謂。陳先生總結午組的稱謂有 37 個，可分爲數類：（1）同於賓組的有 11 個；（2）同於𠂤組的有 7 個；（3）同於子組的有 6 個；（4）獨有的有 18 個。陳先生說：“此組的稱謂約有半數與賓、𠂤、子三組相同，而其中‘下乙’一稱尤足證午組屬於武丁時代。”（164 頁）

綜合上述，陳夢家運用卜人、稱謂、出土穴窖（坑位）、字

---

① 蕭楠指出，《屯南》4177 版午組卜辭有貞人“𠆢”。見蕭楠《略論“午組卜辭”》，《考古》1979 年第 6 期。

體、文法、卜辭内容等詳細考察了賓組、𠂤組、子組、午組卜辭的時代，認爲這四組卜辭“雖都是武丁時代的，然而也有早晚之不同，𠂤、子兩組大約較晚”（166 頁），“這四組卜人，賓組和午組是約略同時的，子組和𠂤組屬於武丁晚期”（174 頁）。糾正了董作賓的所謂“文武丁復古”的錯誤說法。他明確指出：“《殷曆譜》中所有稱爲文武丁的都是武丁卜辭，只有《交食譜·日食一》所舉‘日月又食’兩片牛骨卻是真正的武、文卜辭。”（155 頁）他的研究成果得到國内外學者的普遍認同，並爲後來的考古發掘所證實。[①] 目前學界尚存在兩點分歧：一是對𠂤組卜辭究屬武丁早期還是晚期的認識不同；二是對李學勤提出的子組、午組是非王卜辭意見不同。

前已引述陳先生的話：“賓組似乎是王室正統的卜辭；𠂤組卜人也常和時王並卜，所以也是王室的。而其内容稍異。”（166 頁）“我們稱賓組爲正統派的王室卜辭，因它所祭的親屬稱謂多限於即王位的父祖母妣，此在𠂤、子、午等組則擴張至未即王位的諸父諸祖諸兄諸子。”（158 頁）很顯然，這裏，陳先生是認定𠂤、子、午三組卜辭都是王室卜辭，它們所祭祀的對象仍有王室成員（詳見後文），只不過是“擴張至未即王位的諸父諸祖諸兄諸子”罷了。但在陳先生《綜述》發表後的第三年、也即李先生發表《評

① ［日］貝塚茂樹、伊藤道治：《甲骨文斷代研究的再檢討》，《東方學報（京都）》第 23 號，1953 年；貝塚茂樹：《京都大學人文科學研究所藏甲骨文字》（本文篇）“序論”，1959 年。姚孝遂：《吉林大學所藏甲骨選釋》，《吉林大學社會科學學報》1963 年第 3 期。鄒衡：《試論殷墟文化分期》，《北京大學學報》（人文科學）1964 年第 4、5 期。蕭楠：《安陽小屯南地發現的“𠂤組卜甲”——兼論“𠂤組卜辭”的時代及其相關問題》，《考古》1976 年第 4 期。中國社會科學院考古研究所：《小屯南地甲骨》上冊《前言》，中華書局 1980 年版。鄭振香、陳志達：《論婦好墓對殷墟文化和卜辭斷代的意義》，《考古》1981 年第 6 期。謝濟：《武丁時代另種類型卜辭分期研究》，《古文字研究》第六輯，中華書局 1981 年版。中國社會科學院考古研究所：《殷墟的發現與研究》，科學出版社 1994 年版，第 169—170 頁。

陳夢家〈殷虚卜辭綜述〉》[①] 的第二年即 1958 年，李先生又發表了《帝乙時代的非王卜辭》一文[②]，該文將與𠂤組同是“擴張至未即王位的諸父諸祖諸兄諸子”的子組、午組卜辭，剔除於王室之外，稱其爲非王卜辭。他這樣做很容易使人想到他是鑽了陳先生上述話的空子，即陳先生只説“𠂤組卜人也常和時王並卜”，沒有説子組、午組卜人也有此種現象；又“忽略”掉陳先生説的子組、午組與𠂤組一樣，同是將所祭親屬稱謂“擴張至未即王位的諸父諸祖諸兄諸子”。故而他將𠂤組放在王室卜辭之内，而將子組、午組定名爲“非王卜辭”，以顯示自己的“獨到”見解。還有一點值得一提，即李先生文中的“子組”“午組”稱呼使用的是陳先生的“卜人組”的名稱，這就與他前一年即 1957 年在《評〈綜述〉》一文中，反對“卜人組”的斷代方法是相矛盾的。

陳夢家證明了武丁時期有賓組、𠂤組、子組、午組四種卜辭，就證明了一個王世可以同時存在多種類型的卜辭。陳先生指出：如果《尚書·無逸》言武丁“享國五十有九年”可信，“則五十九年之久，其間字體文例制度的有所變異，乃是必然的事。因此，四組卜辭字體間的差異，同一稱謂的先後形式，或由於時有早晚，或由於卜者身份之不同，我們似不可執賓組卜辭爲武丁惟一的卜辭”（167 頁）。這個觀點董作賓早在《甲骨文斷代研究例》中就有指出，董氏在將𠂤、子、午組畫歸爲武丁時就説：“不能不承認武丁時代有各種不同的書體、字形、文法、事類、方國與人物了”[③]；而後來他把上述三組卜辭改畫到文武丁後，仍然是承認這

① 李學勤：《評陳夢家〈殷虚卜辭綜述〉》，《考古學報》1957 年第 3 期。該文在《李學勤早期文集》有收錄，河北教育出版社 2008 年版。但在收錄該文時沒有忠實於原作將文章全部錄出，而是將最後一段刪掉了，用“（下略）”示之。對照原文，其原因當不難推測。

② 李學勤：《帝乙時代的非王卜辭》，《考古學報》1958 年第 2 期。

③ 董作賓：《殷虚文字乙編·序》，引自《中國現代學術經典·董作賓卷》，河北教育出版社 1996 年版。

個觀點的。因此，董作賓、陳夢家纔是首先提出一個王世不是只有一種類型卜辭的學者。而一種類型的卜辭也不只屬於一個王世，也是由董作賓、陳夢家最先提出的。董作賓在1955年發表的《甲骨學五十年》中[①]，就説賓組卜辭中也含有祖庚卜辭，第三期貞人何的卜辭也可早到第二期[②]。陳夢家的論述則更多、更具體，前文所述的他對賓、𠂤、子、午四組卜辭時代的論證就都藴含着這個觀點。如他説："武丁晚期卜人有可能延伸至祖庚時；同樣的，出組中的祖庚卜人亦有可能上及武丁晚期的。"（190頁）"兄群的兄、出當屬於祖庚時代並上及武丁晚期。""大群可分爲二：一是大群早期的見於武丁記事刻辭的中、㞢（以及㞷、冎）與兄群早期的兄、出同時，當屬於祖庚時代，並上及武丁晚期；二是大群晚期的大、矢、喜與兄群晚期的逐當屬於祖庚晚期與祖甲早期。"（192頁）"吏屬於武丁晚期而延伸祖甲（筆者按："甲"當是"庚"之誤）時代。""吏的卜辭多是卜旬卜夕的，所以沒有世系稱謂；他的卜辭和賓組的相同，但如《元》211一辭有'王賓夕'之語則近乎祖庚卜辭；《燕》436吏與史同版，可能延伸到祖庚時代。""《金》622㞢的卜辭是子組形式的，與《綴》330子所卜的同文。子組既屬於武丁晚期，所以㞢也是武丁晚期卜人。《河》519有一卜辭云'丙寅卜矢貞卜㞢曰（下略）'是祖庚卜辭，可知㞢一直延伸到祖庚時代。"（182頁）他指出𠂤組、子組卜辭是武丁晚期至祖庚時期的。出組"許多卜人兼事祖庚、祖甲兩朝"，有些卜人"自武丁晚期至祖庚，亦有延至祖甲的"（186頁）。卜人陟、定、屰、㝥、𡧊、疋、専的"時代約當武丁晚期，甚或延至祖庚時代"（185頁），等等。這裏，陳先生是以卜人組代表卜辭類型來叙述一種類型的卜辭也不只屬於一個王世的。陳夢家建立的"卜人組"所收録的卜人計有120位，比董作賓在《甲骨文斷

① 董作賓：《甲骨學五十年》，《大陸雜誌》社，1955年。

② 見陳夢家《殷虛卜辭綜述》，中華書局1988年版，第155頁。

代研究例》中所錄的增加了四倍，比陳先生自己在《殷代文化概論》中所錄的幾乎增加了一倍。

三　區分出廩辛、康丁和武乙、文丁卜辭

1933 年，董作賓在《甲骨文斷代研究例》中，將廩辛、康丁卜辭分在第三期，但不能將這兩王的卜辭區分開。1956 年，陳夢家説："五個時期的卜辭，由字體文例及制度可大別爲早中晚三類：早期是武丁、祖庚、祖甲和廩辛，中期是康丁、武乙和文丁，晚期是帝乙和帝辛。中期的康、武、文自成一系。因此所謂第三期正爲早中兩期所平分，'三上'廩辛屬於早期，'三下'康丁屬於中期。"（142 頁）陳先生通過以下六個方面將廩辛和康丁、武乙、文丁卜辭加以區分：

一是字體。"廩辛沿襲祖甲謹嚴的作風（晚期亦然），但刻畫粗而不平勻，每一筆勢首尾尖而中部粗；康丁和武、文比之早晚兩期較爲散逸，康丁卜辭刻畫纖細而勻……武乙初期亦同……武乙、文丁卜辭漸發展而爲剛勁的直筆與鋭利的轉折，字也刻得大起來。"

二是卜人。"廩辛和其它早期卜辭都有卜人，康、武、文沒有卜人（除武乙卜旬之辭有卜人厤數見），晚期也有一些卜人。"

三是龜骨。"早晚期占卜龜甲（腹甲與背甲）與牛胛骨並用，康、武、文多用牛骨，罕用龜甲。"

四是前辭形式。"廩辛及其它早期卜辭以作'甲子卜某貞''甲子卜貞''甲子卜某'爲常例，康丁卜辭常作'甲子卜'，武乙卜辭作'甲子卜'，'甲子貞'，到晚期又恢復早期形式。又廩辛、康丁附刻占辭'吉''大吉'於卜辭之旁，康丁尤爲普遍。康丁卜辭往往省去'甲子卜'這前辭；亦有作'甲子卜貞'的。"

五是稱謂。"廩康卜辭都可以有父甲、父庚（稱其父祖甲、祖庚）的稱謂，但是屬於粗筆常有卜人的廩辛卜辭絕沒有兄辛（即

康丁所以稱廩辛者）的稱謂，只有屬於細筆的康丁卜辭纔有‘兄辛’的稱謂。”

六是周祭與記月。“康、武、文卜辭沒有記月名的；也極少有周祭；在此以前以後則皆有之。”

總之，“就卜辭本身而言，廩辛字體粗，康丁细；廩辛有卜人，康丁無；廩辛無‘兄辛’，康丁有；廩辛偶有周祭並記月[①]，康丁更少；廩辛前辭作‘甲子卜某貞’‘甲子卜貞’‘甲子卜某’，康丁常作‘甲子卜’。就卜用的材料而言，廩辛甲與骨並用，康丁多用骨”（193 頁）。

四　關於帝乙、帝辛卜辭

陳先生說：“我們現在尚無法分別帝乙、帝辛卜辭。這時期的卜辭也有一些卜人，並無見於同版的。此期共有六個卜人：黄、派、[illegible]、[illegible]、立、[illegible]《甲》27——此字補刻在‘己亥卜貞’的左旁，僅一見。以上六人中，黄和派同有‘正人方’的卜辭，第二至第四人都有周祭卜辭。”（201 頁）

綜合上述，可以看到，陳夢家在甲骨斷代學研究上做出了巨大貢獻。在二十世紀五十年代上半葉，他憑藉殷墟十五次發掘公佈的有限資料，係統地對殷墟甲骨進行了全方位的整理、研究，批判地繼承和發展了董作賓的甲骨斷代學說。首先，他全面疏理了董先生的甲骨斷代十項標準，對其進行了科學地歸納、整理，糾正了其中某些不合理的部分。經過整合，再係統地歸納出甲骨斷代的三大標準。三大標準囊括了董先生十項標準中的九項。對董先生的所謂“坑位”標準提出質疑，指出董先生的“坑位”實際是灰坑所在人爲畫分的發掘區裏的“區位”，用“區位”代替灰坑所在的層位進行斷代是有局限性的。他提出“坑位”是指有

① 陳夢家這裏說的“周祭”，是指有周祭中的某種祀典，並不是指有係統的周祭祭祀。

“獨立的儲積甲骨的穴窖”，並具有先見之明地指出“坑以外我們自得注意層次”。陳先生的重要貢獻還在於指出單獨利用每項斷代標準都有局限性，特别强調要綜合利用各項標準進行斷代。他詳盡地指明了利用三大標準斷代必須嚴格遵守的規則、步驟和程序，以及應注意的事項。其次，他在董作賓“貞人”斷代説的基礎上，係統地、全面地整理了殷墟甲骨卜辭中的“貞人”（卜人），統計出殷墟卜辭中共有卜人120位之多；他詳盡地考察了各位卜人的同版繫聯關係及其附屬關係，將其畫分爲六個“卜人組”。他還利用三大標準對各卜人組進行斷代，證明了各卜人組的卜辭幾乎都有跨越王世存在的現象，即一個王世的卜辭可存在於上一王世的晚期，或可延續到下一王世的早期，這藴含着一個王世並不是只有一種類型的卜辭，一種類型的卜辭也不只屬於一個王世的觀點，這就突破了董先生五期斷代法的局限。比董先生的五期斷代法更加準確、更加精密、更加科學。“卜人組”的斷代方法是陳夢家對甲骨斷代學的重要貢獻。他詳細論證了被董作賓分在第四期文武丁的𠂤組、子組、午組卜辭，實際上都是武丁（至祖庚）時期的卜辭；第一次區分出了廩辛、康丁卜辭。他還特别意味深長地强調單純地利用字體進行斷代是很靠不住的，等等。這些研究成果都極大地推動了甲骨學與商代史的研究，在甲骨斷代學史上具有里程碑式的意義。

陳夢家、董作賓提出的甲骨斷代學説，陳夢家的“卜人組”斷代方法，以及董作賓的五期分法框架，經過七十多年的實踐證明，儘管有個别地方需要補充、修正、完善，但在整體上被證明是科學的、適用的，至今仍然具有强大的生命力。

五 李學勤對《綜述》斷代標準的批判

這一階段有件值得一提的事，就是李學勤對陳夢家甲骨斷代標準的批判。李先生在陳先生《殷虚卜辭綜述》出版後的第二年即 1957 年，發表了《評陳夢家〈殷虛卜辭綜述〉》一文。[1] 該文開頭對《綜述》總的評説是："作者沒有完全採取實事求是的態度"，書中"有很大部分衹是復述了前人、近人的學説，這些轉引的理論也有些是不妥的"。該文對《綜述》二十章内容逐章進行了批判，不但對凡是"陳夢家自己提出的主張"，基本上都給予了否定，而且對陳先生轉引的"前人、近人的學説"，也認爲"這些轉引的理論也有些是不妥的"。下面僅就李先生對《綜述》第四章、第五章"斷代"（上、下）的批判情況做些評判。

李先生對《綜述》"斷代"部分主要提出三點異見：一是"卜辭的分類"，二是"斷代標準和卜人"，三是"卜辭的斷代"。

（一）對"卜辭的分類"的批判

李先生開頭即説："卜辭的分類與斷代是兩個不同的步驟，我們應先根據字體、字形等特徵分卜辭爲若干類，然後分別判定各類所屬時代。同一王世不見得衹有一類卜辭，同一類卜辭也不見得屬於一個王世。《綜述》沒有分別這兩個步驟，就造成一些錯誤。例如《綜述》所謂'康丁卜辭'，便是用一個斷代上的名稱代替分類上的名稱。這種卜辭不用龜甲，而兆辭有'習龜卜'（《明》715）、'習靁一卜'（《粹》1550），故應與用龜甲的其他類同時存在。後者應即《綜述》所稱'廩辛卜辭'。"

李先生的這段話有兩層意思：

首先，李先生表明他不同意董作賓、陳夢家的世系、稱謂、卜人爲首要的斷代標準，特別是不同意陳夢家的分"卜人組"的斷代方法。他主張要先用字體分類，再進行斷代，即將字體視爲斷代的首要標準。他把董作賓十項斷代標準中的第 9 項"字形"、第 10 項"書體"，陳夢家三大斷代標準中的第二大標準裹的"字體，包括字形的構造和書法、風格等"，提前到首要標準。

① 李學勤：《評陳夢家〈殷虛卜辭綜述〉》，《考古學報》1957 年第 3 期。

在董作賓、陳夢家的斷代學說中，字體、字形在斷代中的作用是有前提的。董先生說："斷代的十個標準，主要的法寶不過是'稱謂'同'貞人'，其餘八項，除了'世系'之外，都是由稱謂、貞人推演出来的"[①]，又説："'字形'、'書體'都是根據有貞人的基本片子推演出來的，也可以說是間接的標準"，"如果有一片卜辭衹殘餘幾個干支字，或者沒有貞人的'卜夕'、'卜旬'片子，那就衹好在'字形'和'書體'或其他標準上找時代了。"[②] 陳夢家說，根據第一斷代標準即世系、稱謂、卜人，研究出可以定年代的標準片，從這些標準片中歸納總結出各個時代字體的特徵，然後根據這些字體特徵（包括詞彙、文例等）判定那些不具卜人的卜辭的時代，因此，字體是斷代的第二標準。顯然，李先生的先用字體分類再進行斷代的理念，顛覆了董作賓、陳夢家的甲骨斷代學說。至於李先生說衹有用他的先用字體分類再進行斷代的方法，纔能證明"同一王世不見得衹有一類卜辭，同一類卜辭也不見得屬於一個王世"，這是武斷的說法。前文在敘述陳夢家的斷代成就時，已簡略地介紹了陳先生利用分"卜人組"斷代方法已證明了上述現象。

其次，李先生指責"《綜述》沒有分別這兩個步驟，就造成一些錯誤"，即指《綜述》沒有先用字體分類再進行斷代兩個步驟，就造成了一些錯誤。即"《綜述》所謂'康丁卜辭'，便是用一個斷代上的名稱代替分類上的名稱。這種卜辭不用龜甲，而兆辭有'習龜卜'（《明》715）、'習靈一卜'（《粹》1550），故應與用龜甲的其他類同時存在。後者應即《綜述》所稱'廩辛卜辭'"。這段話表明，李先生根本就沒有弄懂陳夢家的斷代標準和內容。

---

① 董作賓：《殷虛文字乙編・序》上輯，中央研究院歷史語言研究所，1948 年。

② 董作賓：《甲骨學五十年》，藝文印書館 1955 年版。（此處轉引自劉夢溪主編《董作賓卷》之《甲骨學六十年》，河北教育出版社 1996 年版。下同）

陳先生分“卜人組”（李先生說是分類）的原則是：對沒有卜人的康丁卜辭，對衹有一個卜人歷的武乙、文丁卜辭，對雖有六個卜人，但沒有同版繫聯關係的帝乙、帝辛卜辭，都是不稱“組”的，也即都是不分“類”的，而是直接用王名（廟號）稱呼上述卜辭。特别是陳先生已經分清了康丁卜辭和廩辛卜辭（見上文），直接用“康丁卜辭”稱呼屬於康丁的那部分卜辭難道有錯嗎？將卜辭歸屬於各王不正是學者們研究甲骨斷代的終極目標嗎？李先生不明此點，卻還試圖用康丁卜辭的兆辭有“習龜卜”“習黿一卜”，來指責陳先生沒有將康丁卜辭與用龜甲的廩辛卜辭放在一個類中。如果真如此做了，就又出現一個問題：李先生剛說完要用字體分類，這裏卻又主張用骨料來分類了。此外，李先生還舉出三條廩辛卜辭和兩條康丁卜辭，說它們都有伐羌方、伐微方之事，也證明康丁卜辭與廩辛卜辭是同時的，即是同類的。這又是提出以事類進行分類了。李先生批陳先生，以卜辭用料和事類爲標準來說明廩辛卜辭與康丁卜辭屬同類，這不但違背了他自己提出的以字體分類，而且將陳先生已從字體、卜人、稱謂（“兄辛”）、祭祀、曆法、卜辭文例、卜用材料（廩辛龜骨並用，康丁多用骨，少用龜）等方面（193 頁）區分出來的廩辛卜辭和康丁卜辭的研究成果給打回去了，重新將廩辛卜辭與康丁卜辭混同起來，這實在是斷代研究的倒退。經過二十餘年，到了七十年代末期，李先生在用字體分類時，將康丁卜辭定爲“無名組”卜辭，將廩辛卜辭定爲“何組”卜辭，即康丁卜辭與廩辛卜辭是被分在兩個類中的，這就等於承認了他二十年前對陳夢家的批判是錯誤的。

此外，李先生試圖從稱謂上證明“同一王世不見得衹有一類卜辭，同一類卜辭也不見得屬於一個王世”。他舉的例子是：“在所謂‘康丁卜辭’中有父丁（《甲》413）等，又有連稱的兄己、兄庚（《南》明 639、640，《寧》1. 213 + 1. 268），它的時代應上延至祖甲晚世。”筆者檢查了《甲》413（即《合集》32689），這是一版第四期武乙卜辭，不是康丁卜辭，辭爲“祝于父丁”，該“父丁”應是武乙對康丁的稱呼，不是祖甲對武丁的稱呼。筆者又檢查了《南明》639、640（分别是《合集》27617、27616）、《寧》1·213+1·268（即《合集》27615），這三片中都有“兄己”、“兄庚”的稱謂，但再檢查同樣字體的卜辭還有“兄辛”（《合集》27622—27633）、“兄癸”（《合集》27634、27635）、“三兄”（《合集》27636）、“多兄”（《合集》27637、27638）等稱謂，而祖甲衹有“兄己”“兄庚”兩兄，所以李先生所舉上述三片卜辭都不能作爲康丁卜辭上延至祖甲晚世的證據。前已指明，一個王世不是衹有一種類型的卜辭，一種類型的卜辭也不衹屬於一個王世，是由陳夢家首先做出論證的（董作賓也有指出），衹是陳先生没有用一句話將其概括而已。因此，我們有理由認爲，李先生的這句話是根據陳先生的斷代成果悟出來的。同樣的，陳先生在論述各“卜人組”卜辭的構成和對其進行斷代時，都已指明了各組卜辭的字體、字形、文例等方面的特徵，李先生提出以字體作爲分類的標準，無疑也是受到陳先生研究成果的啟發。衹不過，他爲了反對陳先生的“卜人組”的斷代標準，而將字體抬高到了首要的標準。

李先生還説，他“依卜辭的字體、字形等，至少可把小屯所出卜辭分爲二十四類”。這就是説，李先生的分類是打破陳先生“卜人組”的斷代成果，當然也是不承認董先生的五期分法，是要將小屯出土的全部甲骨卜辭重新按字體進行分類，然後再重新進行斷代。但到了近四十年之後的 1996 年，他改變了字體的分類范圍，改字體分類僅限於在陳夢家的“卜人組”内進行了。[①]

這裏，有必要再提一下李先生的“卜辭的分類與斷代是兩個

---

① 見李學勤、彭裕商《殷墟甲骨分期研究》，上海古籍出版社 1996 年版，第 21—22 頁。

不同的步驟，我們應先根據字體、字形等特徵分卜辭爲若干類，然後分别判定各類所屬時代”。李先生這個斷代的方法與羅振玉、王國維的以稱謂定甲骨時代，與董作賓的以貞人或貞人集團斷代，與陳夢家的以“卜人組”的斷代方法都不相同。羅、王、董、陳斷代重視的是以卜辭中的“人”分類，李先生重視的是以字分類，他把董作賓十項斷代標準中的第 9 項字形、第 10 項書體提高到了首要的地位，對陳夢家先以第一標準“卜人、世系、稱謂”定出卜辭時代，在此基礎上，“掌握了某一時代的字體、詞彙、文例特徵後，纔可以用此特徵去判定那些不具卜人的卜辭的時代”的做法，也不認同，他是撇開“人”的因素，直接用字分類（當然字也是人刻的。但我們所指的“人”是指卜辭中的卜人、世系、稱謂等）。這種斷代方法是否科學，留待後文再做分析。

（二）對“斷代標準和卜人”的批判

李先生説：“卜辭斷代標準應以稱謂係統爲主，祖先世系則係其根據。卜人雖是一個有效的標準，但因很多類卜辭不記卜人，所以並非通用的標準。《綜述》以祖先世系與卜人爲斷代的第一標準，是不恰當的。”這段話説明李先生根本就沒有弄懂陳先生强調的運用各斷代標準的步驟和程序。

關於稱謂在斷代中的局限性，卜人在斷代中的重要性，陳先生在《綜述》中都已做了詳盡的論述，我們在前文中也都已做過引録。如陳先生説：“僅僅依靠稱謂斷代，其材料究屬有限。並且，單獨的稱謂不足以爲斷代的標準，如‘父乙’可以是武丁稱小乙，也可以是文丁稱武乙。”（137 頁）此話實乃真知灼見！君不見現在學界對所謂“歷組”卜辭時代的争論，很大一部分就是糾纏在單獨的“父乙”“父丁”稱謂的所指上。早在 1928 年，明義士就是根據“父乙”“父丁”的單獨稱謂，認爲第四期卜辭也即現在所稱的“歷組”卜辭應該屬於第一期，遭到了董作賓、陳夢家的反對。由於單獨地依據“稱謂”

斷代具有局限性，所以稱謂不能作爲斷代的首要標準。而對於卜人在斷代中的重要性，前文已引錄了陳夢家的諸多論述，如他說："占卜者是最好的斷代標準，因爲：（1）同一卜人可以在不同卜辭中記載若干稱謂，如卜人行於某片稱'兄己兄庚'，於另片稱'父丁'，則行必須是祖甲時人；（2）在同一版甲骨上往往載有若干卜人，他们是同時的人，因此將同時卜人見於不同版的諸種稱謂彙聚起来，可以得到某一時代整個的稱謂係統。"（137頁）因此，陳夢家以卜人與祖先世系、稱謂的相互作用，將其列爲斷代的第一大標準是科學的、合理的。至於對不記卜人卜辭的斷代問題，陳夢家在論述斷代第二大標準時已說得很明確了，他說：根據第一大標準即卜人、世系、稱謂，可以選擇兩種標準片："一種是不具卜人名而可由稱謂決定年代者"，"一種是具有可定年代的卜人名字者"，從這兩種標準片中研究不同時代的字體、詞彙、文例的特徵，將其排列成表，就可以得知某一時代字體、詞彙與文例的特徵，利用這些特徵就可以判定那些不具卜人名卜辭的時代了。

李先生還說《綜述》"第五章關於卜人的敘述頗多錯誤"。查陳先生在《綜述》第五章末列有"卜人斷代總表"，列出武丁、武丁晚期、祖庚、祖甲、廩辛、武乙、帝乙帝辛時的卜人。武丁："賓組"16人，"附屬"24人；"午組"2人。共42人。武丁晚期："𠂤組"3人，"附屬"9人；"子組"7人，"附屬"3人；"不附屬"9人。共31人。祖庚："出組兄群"3人；"出組大群"3人。共6人。祖甲："出組大群"3人；"出組尹群"4人；"附屬"4人；"不附屬"5人。共16人。廩辛："何組"13人；"不附屬"5人。共18人。武乙：1人。帝乙帝辛：6人。總計120人。李先生說該表"武丁卜人中有一些誤認的"等，認爲全表"應刪去21人，移動19人，增補5人"。李先生的意見在這裏不能也沒有必要細述。陳、李二人孰對孰錯有待學者們進一步逐一甄別。但有一點可以肯定的是，李先生從董作賓之說，認爲被陳夢家分在武丁或武丁晚期的“所謂‘午組’、‘𠂤組’、‘子組’及其附屬卜人也屬於文丁時或其前後”，F36 坑“純係文丁的‘𠂤組卜辭’”，以及移動“𠂤組”“午組”“子組”卜人到文武丁時代的意見肯定是全錯了。

（三）對“卜辭的斷代”的批判

李先生說陳夢家的甲骨斷代有四個錯誤：一是前面已説的“所謂‘康丁卜辭’實是祖甲晚期至康丁的，可能還延至武乙初年”；二是“《綜述》以爲侯家莊 HS57 坑所出卜骨近於‘午組’，我們曾在别處指出它們屬於廩辛時代”；三是“有舊所謂‘文武丁卜辭’”；四是帝辛卜辭。

關於所謂第一個錯誤。前面筆者已指出李先生列出的四條例證都不能證明康丁卜辭上延至祖甲晚期。此處又説“可能還延至武乙初年”，因爲李先生沒有給出例證，故不論。

關於所謂第二個錯誤。安陽侯家莊 HS57 坑所出卜骨的時代，李先生在同是 1956 年發表的《談安陽小屯以外出土的有字甲骨》[①] 一文中説，HS57 坑出土的字骨中有二片，即“《侯》10、12 有‘父己’，當是廩辛對祖己的稱呼，所以它們都是廩辛時代的卜辭”，不是陳夢家所認爲的“近於‘午組’”。筆者檢查了安陽侯家莊出土的甲骨，這是在 1934 年第九次發掘時所得的，這批甲骨著錄於《殷虛文字甲編》[②]。陳夢家在《綜述》第四章第八節“午組卜辭”中，所舉全部午組卜辭辭例均爲《殷虛文字乙編》所收（只有一例是《前》3・23・4），不見有《甲編》的辭例（162—165 頁），故筆者起初不明白李先生根據什麽説陳先生將侯家莊出土的卜辭認作“近於午組”。後來，筆者再查李先生所説的

① 李學勤：《談安陽小屯以外出土的有字甲骨》，《文物參考資料》1956 年第 11 期。

② 董作賓：《殷虛文字甲編・自序》，中央研究院歷史語言研究所，1948 年。

“我們曾在别處指出它們屬於廩辛時代”，這個“别處”就是《談安陽小屯以外出土的有字甲骨》一文，在該文中李先生說在安陽侯家莊“HS12A大圓坑出土的是六個完整腹甲、一個完整背甲和一塊腹甲殘片，上面有貞人狄，和小屯所出廩辛卜辭並無二致”。原來，李先生是將貞人狄的卜辭認定爲廩辛卜辭的，難怪他指責《綜述》斷代是錯誤的了。

關於所謂第三個錯誤。李先生說：“‘文武丁卜辭’一名是董作賓在《殷虚文字乙編》序中提出的。陳夢家則認爲董作賓的‘文武丁卜辭’都是武丁晚期的。”所謂“文武丁卜辭”，就是陳夢家稱作𠂤組、子組、午組的卜辭。陳先生論證這幾組卜辭不是文武丁時期的，而應是武丁晚期的。李先生則認爲：“所謂‘午組’、‘𠂤組’、‘子組’及其附屬卜人也屬於文丁時或其前後”，“這些卜辭中的王卜辭仍是文武丁時代的”。他提出了四點理由：“（1）其字體、字形都是晚期的。（2）與公認的武乙至文丁初的大字卜辭（有卜人㞢）和另一類有‘自上甲廿示’的卜辭聯繫。（3）沒有武丁至祖庚初與𢀛方戰爭的記載。（4）‘𠂤組’的稱謂係統不同於武丁，而近於文丁初的大字卜辭。關於（1）至（3）在此不能詳論，僅把‘𠂤組’稱謂係統開列於下，以資比較（略）。”查李先生列出的“𠂤組”稱謂中，稱“祖”的有8個（其中有“四祖丁”），稱“妣”的有6個，稱“父”的有5個，稱“母”的有11個，稱“兄”的有3個，還有“小王”，共34個稱謂。而陳夢家列的𠂤組卜辭的稱謂有26個（146—147頁），與李先生所列的很不相同：沒有稱“祖”的，稱“妣”的有2個，稱“父”的有6個，稱“母”的有4個，稱“兄”的有4個，稱“子”的有5個，有“小王”，另有“象甲”“丁示”“咸戊”“侯㫚”。李先生稱謂表中賴以斷𠂤組爲文武丁的“祖己”“祖庚”“祖甲”“四祖丁”，在陳先生稱謂表中皆不存在。李先生說：“‘𠂤組’最主要的父是父乙，母是母庚，兄中有兄丁，此三人也見於文丁初大字卜辭。”（也即他後來稱作“歷組”的卜辭）看來李先生是根據這幾個單獨的稱謂將𠂤組與“大字”卜辭（“歷組”卜辭）的時代等同起來，定其時代爲晚期的文丁初卜辭了，這種靠單獨的稱謂斷代的局限性再一次顯現出來。陳夢家則是將𠂤組的稱謂係統與其他組的稱謂係統進行比較來定𠂤組的時代的，他説，𠂤組的稱謂係統可分爲數類：（1）是同於賓組的（略）；（2）是同於子組的（略）；（3）是同於午組的（略）；（4）是獨有的（略）。他得出結論説：“比較𠂤組與賓組，則知兩者相同之多。兩組所同的父甲、父庚、父辛、父乙實即武丁所以稱其父輩陽甲、般庚、小辛、小乙者，所以兩組都是武丁時代的卜辭。”（147 頁）這纔是令人信服的結論。前文已介紹了陳夢家對𠂤組、子組、午組卜辭屬於武丁時代的精闢論證，此處不再重復。陳先生論證這幾組卜辭屬於早期的武丁時期，已爲國内外學者的研究和考古發掘證明是正確的。如 1953 年，日本學者貝塚茂樹、伊藤道治發表《甲骨文斷代研究的再檢討》，得出了和陳先生相同的結論。1959 年，貝塚茂樹在《京都大學人文科學研究所藏甲骨文字》（本文篇）“序論”裏，再次談這幾組卜辭的時代當屬早期。1963 年，姚孝遂在《吉林大學所藏甲骨選釋》一文中，舉出一片賓組與子組兩種字體合刻於一版胛骨的例子。1964 年，鄒衡發表《試論殷墟文化分期》一文，從考古發掘材料上證明“𠂤組”等組卜辭的時代在早期武丁時代。① 此後，這幾組卜辭屬於早期的觀點又被殷墟小屯南地發掘所證實，發掘者劉一曼、曹定雲等相繼以

① ［日］貝塚茂樹、伊藤道治：《甲骨文斷代研究的再檢討》，《東方學報（京都）》第 23 號，1953 年。［日］貝塚茂樹：《京都大學人文科學研究所藏甲骨文字》（本文篇）“序論”，1959 年。姚孝遂：《吉林大學所藏甲骨選釋》，《吉林大學社會科學學報》1963 年第 3 期。鄒衡：《試論殷墟文化分期》，《北京大學學報》（人文科學）1964 年第 4、5 期。

“蕭楠”的筆名發表文章給予論證。[①] 此外，還有一些學者也做了這幾組卜辭屬於早期的論證。[②] 目前學者們對這幾組卜辭的時代問題已基本上取得了一致的意見。六十餘年的研究證明，陳夢家對“𠂤組”“子組”“午組”卜辭的斷代是正確的。

關於第四個錯誤。李先生指出陳先生所舉帝辛卜辭的兩個證據都不正確。他說：“小屯所出卜辭有帝辛時代的，董作賓在《殷曆譜》中曾舉出一些證據。陳夢家在《綜述》中補充了兩個證據，不幸都是不妥的。第一個證據是‘文丁配妣癸’，實則他所引衣祭文丁配妣癸的卜辭（《寧》2·125）衹記‘妣癸’，無法判定是何王之配。第二個證據是‘文武帝’即帝乙，這也是錯誤的。有‘文武帝乙’的𠨘其卣是僞器。他所引乙日祭文武帝的例子，《續》2·7·1‘來乙丑’是‘來丁丑’的誤讀，《前》1.22.2‘大乙日’是‘翌日’的誤讀。文武帝仍應是文武丁。”筆者同意李先生的這個意見。[③] 不過需要指出的是，稱文武丁爲文武帝的卜辭不一定都是帝辛卜辭，帝乙也可以稱其父文武丁爲文武帝。再者，現在已證明“𠨘其卣”不是僞器。[④]

還需要指出的是，李先生在評陳夢家所謂斷代錯誤的同時，還說：“‘午組’、‘子組’等是晚殷的非王卜辭。”他提出“非王卜辭”“婦女卜辭”的概念[⑤]，我們已指出他的這些提法是從陳夢

① 蕭楠:《安陽小屯南地發現的“𠂤組卜甲”——兼論“𠂤組卜辭”的時代及其相關問題》,《考古》1976年第4期。中國社會科學院考古研究所:《小屯南地甲骨》上冊“前言”，中華書局1980年版。中國社會科學院考古研究所:《殷墟的發現與研究》，科學出版社1994年版，第169—170頁。

② 鄭振香、陳志達:《論婦好墓對殷墟文化和卜辭斷代的意義》,《考古》1981年第6期。謝濟:《武丁時代另種類型卜辭分期研究》,《古文字研究》第六輯，中華書局1981年版。

③ 見常玉芝《說文武帝——兼略述商末祭祀制度的變化》,《古文字研究》第四輯，中華書局1980年版。

④ 故宫博物院曾對“四祀𠨘其卣”“二祀𠨘其卣”做過檢測，證明兩器銘文皆不僞。見《故宫博物院院刊》1998年第4期，1999年第1期中的有關文章。

⑤ 李學勤:《帝乙時代的非王卜辭》,《考古學報》1958年第1期。

家的話語中得到的啟示，如陳先生說："賓組似乎是王室正統的卜辭，𠂤組卜人也常和時王並卜，所以也是王室的。而其内容稍異"（166 頁）；"子組所記的内容也與它組不同，子組卜人𠨘和巡（或與婦巡是一人）很像是婦人，該組的字體也是纖細的。第十五次發掘出土的（《乙》8691—9052）字體近子、𠂤、午組的，内容多述婦人之事，可能是嬪妃所作。這些卜人不一定皆是卜官，時王自卜，大卜以外很可能有王室貴官之參與卜事的"（166—167 頁）。李學勤的"非王卜辭""婦女卜辭"的提法，無疑當是從陳夢家的這些話語中得到的啟示。

綜觀李學勤對陳夢家《綜述》斷代部分（第四章、第五章）的批判，可以看到，字數雖然不多，但對陳夢家的三大斷代成就都給予了否定：一個是關於卜辭的斷代標準，李先生否定了陳先生（包括董先生）的世系、卜人是斷代的首要標準，認爲"以祖先世系與卜人爲斷代的第一標準，是不恰當的"。他將董作賓放在斷代標準裏第 10 位、第 11 位，陳夢家放在由第一大標準爲基礎研究出的第二大標準裏的字體，提高到了首要標準，主張以字體分類。二是對陳先生"卜人組"的斷代方法，提出反對意見。陳先生認爲斷代標準中"占卜者尤爲重要"，李先生則認爲卜人"並非通用的標準"。三是對陳先生的某些斷代提出反對意見。特別是反對𠂤組、子組、午組卜辭是早期武丁卜辭的意見，主張這些卜辭仍應是董作賓所說的文武丁卜辭；對陳先生分出的廩辛、康丁卜辭李先生認爲二者是同時的，不能區分開。總之，透過李先生對陳先生的批判，我們可以看到：一是他對卜辭材料不熟悉。二是對陳夢家的諸多論述都沒有讀懂就妄加批判。三是對卜辭斷代的方法不知如何掌握。四是靠引述片斷材料進行抽樣論證，犯了學術研究的大忌。此外，很懷疑他的一些所謂"新觀點"有掠陳夢家之美的嫌疑。

六　董作賓對《綜述》的評價

對陳夢家及其《綜述》做出評價的還有董作賓。1959年，董先生在《最近十年之甲骨學》一文中[①]，兩次談到陳夢家《殷虛卜辭綜述》這部“大書”。第一次是介紹該書的印數、二十個章節的標題，引述該書的“内容提要”。董先生說，該書“一口吞下了我們估計的十萬片甲骨，而且完全消化乾凈了。”又說：“他發表了這一部六百七十四面的大書之後，剛到一年，一九五七年五月的《考古通訊》遭受到考古界的集體大清算，題目是斥右派分子陳夢家。開頭就罵道：‘……’”（筆者按：因屬人身攻擊，故不錄），董先生抄了幾句罵陳夢家的話後就說：“抄不下去了”。他說：“我和陳夢家相當熟識，他有他的智慧，天資很好，所以他幼年便作‘新詩’人。年長後，又作了‘考古家’、‘古文字學家’。罵他的人，也不免太過火了。他所謂研究方法，在我看是可以參考商討的，罵他的人說不定還不及他有專門學問的。”第二次是說董氏自己“曾把發現以來這六十年内分成四個階段：第一，是字句的考釋；第二，是篇章的通讀；第三，是分期的整理；第四，是分派的研究”。他說，最近十年，“大陸的陳夢家氏，他曾寫了《殷虛卜辭綜述》一大本書，雖然有些人攻擊他，但是平心論，他是在第一、二、三階段上下過大工夫。他承認了殷代曆法的一部分，他利用了斷代方法，祭祀典禮也瞭解一部分”。這裏，董先生是說，陳夢家對甲骨的研究，除了分派研究外，在“字句的考釋”“篇章的通讀”“分期的整理”上都是“下過大工夫”的，也即陳夢家在甲骨學的這幾個領域中都做出了巨大成就。這個評價是很高的。

---

① 董作賓：《最近十年之甲骨學》，《大陸雜誌》第21卷1期。又見《甲骨學六十年》，藝文印書館1965年版。本文引錄於劉夢溪主編《董作賓卷·甲骨學六十年》，河北教育出版社1996年版。

李學勤對《綜述》（當然包括“斷代”部分）的批判意見，在很長一段時間内並沒有引起學界的重視。相反，從1956年《綜述》發表至今的六十餘年間，絕大多數甲骨學者仍是以陳夢家的斷代理論爲圭臬，以董作賓的五期分法爲框架，結合新的考古發現，詮釋和發展了某些甲骨斷代標準，進一步論證了某些卜辭的時代，在甲骨學和商代史研究中取得了巨大的成就。六十餘年來再未見到有超越《綜述》的綜合性甲骨著作。六十餘年的實踐證明，《綜述》縱然有這樣那樣的不足甚至錯誤，有需要改進和加強的地方，但瑕不掩瑜，《綜述》的諸多觀點至今仍是顛撲不破的。它在甲骨學史上占有無可匹敵的重要地位。迄今仍被海内外學界稱爲“經典之作”“開創性的著作”“曠世之作”[①]。

---

① 何偉：《陳夢家的絕路與漢字的生路》，微信公衆號《文獻學與思想史》2015年4月26日。

第四章

1977年至今，新觀點的提出，引發了甲骨斷代問題大論戰

1976年，中國社會科學院考古研究所安陽工作隊在小屯村西北發掘出一座保存完整的中型墓M5，即安陽小屯五號墓，也稱作“婦好墓”。[①] 1973年，中國社會科學院考古研究所安陽工作隊在小屯村南發掘，出土甲骨7150片。[②] 由1977年始，李學勤藉“婦好墓”的發掘和小屯南地甲骨的出土，陸續發表了《論“婦好”墓的年代及有關問題》《小屯南地甲骨與甲骨分期》等文[③]，提出了第四期卜辭[④]，也即他稱作“歷組”卜辭的時代問題；繼而又提出殷墟甲骨發展的“兩系說”；爲詮釋“兩系說”又重提“字體”是斷代的首要標準。[⑤] 他的這些觀點引發了甲骨斷代問題的

---

① 中國社會科學院考古研究所安陽工作隊：《安陽殷墟五號墓的發掘》，《考古學報》1977年第2期。

② 中國社會科學院考古研究所安陽工作隊：《1973年安陽小屯南地發掘簡報》，《考古》1975年第1期。

③ 李學勤：《論“婦好”墓的年代及有關問題》，《文物》1977年第11期；《小屯南地甲骨與甲骨分期》，《文物》1981年第5期。

④ 董作賓分殷墟甲骨卜辭爲五期，這裏說的“第四期”卜辭是指剔除被他錯誤地分在第四期的“𠂤組”“子組”“午組”卜辭後剩餘的那部分卜辭。李學勤稱這部分卜辭爲“歷組”卜辭。

⑤ 李學勤的一些觀點，即“歷組”卜辭的時代問題、“兩系說”“先用字體分類再進行斷代”等，諸說往往交織在一起，非常繁雜。這些論說散見於他幾十年來發表的多篇論作中，而且論述的多不係統，又多有重復，有的觀點前後又有變化，因此總結起來頗費心力。

大論戰，至今已延續四十多年了。

一　“婦好墓”的發掘引出“歷組”卜辭斷代的新觀點

“婦好墓”未經盜掘，出土物極爲豐富，單是青銅禮器就有210件，其中有“婦好”銘文的達109件，占有銘文銅器的半數以上[①]，因此該墓又被稱作“婦好墓”。對於“婦好墓”的年代，發掘者根據該墓出土的青銅器、骨笄、陶爵的形製特點，定其屬於殷墟文化分期第二期；又由於諸多青銅器有武丁卜辭的“婦好”銘文；以及在該墓附近發掘的兩座小墓出土的青銅器、陶器特徵也屬於殷墟第二期，並且銅器銘文中有武丁時的人物“子漁”。因此，發掘者定該墓年代屬於武丁至祖庚、祖甲時期。[②]

（一）“歷組”卜辭時代問題的提出

1977年，李學勤發表《論“婦好”墓的年代及有關問題》一文[③]，該文内容主要有三部分：

第一部分：從出土青銅器的花紋看，“婦好墓”屬於殷墟早期。

李先生説：“婦好”墓出土的不少青銅器上飾有晚期複層花紋，並襯以地紋的所謂“三層花”。他例舉殷墟早期墓M331出土的一對青銅方爵、一件方卣都是複層花紋。1001大墓出土的三件一組的青銅方盉也是複層花紋。“H21窖穴所出鑄方彝用的泥模”，“所代表的青銅器也是複層花紋”。這些材料證明“在武丁、祖庚、祖甲的殷墟早期，已經存在飾有華麗的複層花紋

① 見鄭振香《殷墟婦好墓與殷商禮制》，收入中國社會科學院考古研究所、首都博物館、河南博物院編《王后母親女將》（紀念殷墟婦好墓考古發掘四十周年），科學出版社2015年版。

② 見《安陽殷墟五號墓座談紀要》，《考古》1977年第5期。中國社會科學院考古研究所編：《殷墟的發現與研究》，科學出版社1994年版，第38頁。

③ 李學勤：《論“婦好”墓的年代及有關問題》，《文物》1977年第11期。本書引自《當代學者自選文庫·李學勤卷》，安徽教育出版社1999年版。

的青銅器”。他的結論是:“從青銅器總的特徵考察,‘婦好’墓的年代大致可推定爲武丁晚年至祖庚、祖甲的時期。”

但有幾位考古學家對該墓的時代有不同意見,如鄒衡説:“婦好”墓的青銅禮器“無論從其形製、花紋、銘文各方面來看,都是比較複雜的”,有數量較多的青銅器“約相當於殷墟文化第三期第 4 組”,也有少數“約相當於殷墟文化第二期第 3 組”和“約相當於殷墟文化第三期第 5 組”,“大致估計其絕對年代,最早的可到武丁時代(晚期),最晚的可到武乙、文丁時代。若僅以其銅禮器來定,則此墓下葬的年代不會早到武丁時代,但也不會晚於武乙、文丁時代”。[①] 1979 年,李伯謙發表《殷墟五號墓的年代問題》一文[②],提出五號墓“除去一部分青銅器可早到武丁至祖甲時代,有相當數量的青銅器是晚於該時代的”,“五號墓決不能早到殷墟文化第二期”,“應屬殷墟文化第三期,即相當於廩辛、康丁、武乙、文丁之時”。因此,從青銅器的形製花紋看,對“婦好”墓的年代問題存在不同意見。

第二部分:從出土器物上的三種銘文看,“婦好墓”是武丁晚期的王室墓葬。

李先生説該墓出土物上有三種銘文,一個是“婦好”,一個是“后㚸母”,一個是“后母辛”[③],他説這三種銘文“實際上是指同一個人”。關於“婦好”一稱的含義,他説:“‘婦’是親屬稱謂,其本義是子婦,與‘姑’對稱”,“‘婦’字的引伸義則是妻

① 見《安陽殷墟五號墓座談紀要》,《考古》1977 年第 5 期。

② 李伯謙:《殷墟五號墓的年代問題》,《考古》1979 年第 2 期。

③ “后”應釋爲“司”。見曹定雲《“司母戊鼎”不可改名爲“后母戊鼎”》,《中國社會科學報》2012 年 2 月 27 日(A－07)。葛英會:《商代大鼎的“司”、“后”之争》,《殷都學刊》2012 年第 1 期。常玉芝:《是“司母戊鼎”還是“后母戊鼎”》,《中原文化研究》2013 年第 1 期。杜迺松:《司母戊鼎銘文形音義研究》,《中國文物報》2016 年 8 月 12 日。張鵬:《青銅大師杜迺松深入考證古鼎之名——司母戊鼎名稱不容置疑》,《北京晚報》2016 年 11 月 1 日。參看李維明《司母戊鼎還有多少待解之謎》,四川人民出版社 2017 年版。

子（這和現代有些地方把妻子稱爲媳婦是一樣的）”，妻子“所以稱婦，是對其夫之母而言”，“婦”不是“一種身份”；“‘好’是名，不是姓”。即李先生的意見是：“婦”是親屬稱謂，“好”是名，“婦好”之義就是指名爲“好”的（兒）媳婦。對此他還特别强調了兩點：“第一，‘婦好’既是冠以稱謂的名，它只能是指具體的個人，而不能像許多商代一兩個字的銘文那樣理解爲族氏。我國古代有以‘子某’爲氏的，即所謂以王父之字爲氏，沒有以‘婦某’爲氏的。第二，‘婦好’是王的妃偶的稱謂，所以銘有‘婦好’的青銅器應該是她生前使用的器物，多數大約是她所使用的祭器。”對“后粤母”銘，李先生説：“‘粤母’是婦好的字”，“后，即王后”。對“后母辛”銘，李先生説：“是武丁的子輩對婦好的稱謂。”總之，他的意見是：“‘婦好’墓銘文中的‘婦好’、‘后粤母’、‘后母辛’實際上都是指同一個人”①，“婦好”是一個名叫“好”的（兒）媳婦，她是武丁的妻子。李先生對自己的上述觀點只舉了幾個例子做碎片化説明，沒有做係統論證。

第三部分：“婦好墓”證明“歷組”卜辭（即第四期卜辭）的時代應該提前。

李先生説：“殷墟甲骨不止是武丁時期的賓組卜辭有婦好這個人物，多出自小屯村中南的一種卜骨也有婦好。這種卜骨字較大而細勁，只有一個卜人秝（歷），我們稱之爲歷組卜辭。按照舊的五期分法，歷組卜辭被認爲屬於武乙、文丁時的第四期。”而“新出土的各墓青銅器及玉石器上的文字，其字體更接近於歷組卜辭。但是，如果把墓的時代後移到武乙、文丁，又是和所出陶器、青銅器的早期特徵無法相容的”。他説：“這個矛盾應當怎樣解決呢？我們認爲，症結在於傳統的五期分法把歷組卜辭的時代斷錯了。”“1933 年董作賓先生提出的卜辭五期分法，早已陳舊了。”又説：

① 對“后粤母”稱謂的所指學者有不同意見。見曹定雲《殷墟婦好墓銘文研究》，第柒篇，文津出版社 1993 年版。

“過去，我們由於看到其第四期中𠂤組、子組、𠂤組（筆者按：即午組）等卜辭有與歷組聯繫的證據[1]，也把它們列爲晚期的。從近年發表的各種材料看，𠂤組等必須列於早期。‘婦好’墓的發現，進一步告訴我們，歷組卜辭的時代也非移前不可。”

李先生的這段話有四層意思：第一，武丁時的賓組卜辭和第四期的武乙、文丁卜辭都有“婦好”這個人物。第二，根據第四期卜辭有卜人“歷”，將其改稱作“歷組”卜辭。第三，新出土的各墓青銅器及玉器上的文字，更接近“歷組”卜辭，如果把墓的時代後移到武乙、文丁時，就會和所出陶器、青銅器的早期特徵相矛盾。造成這種情況的“症結”是：“五期分法把歷組卜辭的時代斷錯了”，因此，董作賓的五期分法“早已陳舊了”。第四，鑒於過去他認爲“歷組”與第四期的“𠂤組”“子組”“𠂤組”卜辭有聯繫，現在因爲“𠂤組”“子組”“𠂤組”卜辭都已提前到早期的武丁時代了，所以“歷組”卜辭也應與“𠂤組”“子組”“𠂤組”卜辭一樣“非移前不可”。

第三部分可說是對前兩部分的引申。前兩部分，一部分力證“婦好”墓出土的青銅器形製花紋屬於殷墟早期，一部分力主“婦好”只是一個人的名。而第三部分則以此兩點爲理由，斷定董作賓的“五期分法把歷組卜辭的時代斷錯了”，“歷組”卜辭應該屬於早期的武丁時期，並以此認定董作賓的五期分法“早已陳舊了”。至於說，因原來屬於第四期的“𠂤組”“子組”“午組”卜辭已被提前，所以同屬於第四期的“歷組”卜辭也應該提前，則不能成爲必然的理由。

接着，李先生從“字體的演變”“卜辭的文例”“人名”“事項”“稱謂”五個方面舉出例證，來“拆穿”“歷組卜辭的謎團”，

① 李學勤：《殷代地理簡論》，第三章第六節，科學出版社 1959 年版。

即證明“歷組”卜辭的時代屬於早期。[①]

關於“婦好墓”出土的青銅器屬於殷墟文化的第幾期，也即關於“婦好”墓的年代，目前學界尚有不同意見，這有待於專家們做進一步探討。不過，李先生將“婦好”墓的年代與“歷組”卜辭的時代問題等同起來，則是不對的，二者沒有必然的聯繫。

在對李先生提出的各項例證進行分析之前，有必要先就“歷組”卜辭的命名問題談些看法。

首先，李先生在文中引稱“𠂤組”“子組”“𠂤組”（午組）卜辭的名稱，無疑是採納的陳夢家對這幾組卜辭的稱呼（李祇是將“午組”用另一個卜人名“𠂤”改稱爲“𠂤組”）。他給“歷組”卜辭的命名是根據該組“祇有一個卜人𠩵（歷）”，也顯然是採納的陳夢家分“卜人組”的方法。這些在客觀上等於承認了他在1957年對陳先生分“卜人組”方法的批評是錯誤的。[②] 不過，李先生對“歷組”卜辭的命名又是違背陳先生分“卜人組”的原則的。陳先生分“卜人組”是將有繫聯關係的卜人連綴成“組”，而李先生的“歷組”卜辭卻只有一個卜人“歷”，一個卜人顯然是不能組成“組”的。因此，“歷組卜辭”的名稱甫一提出，就遭到學術界的質疑。如1985年，陳煒湛在《“歷組卜辭”的討論與甲骨文斷代研究》一文[③]中說：“嚴格說起來，‘歷組卜辭’這一名稱是不够科學的。在甲骨斷代研究中，所謂某組卜辭是有特定含義的，實際上是指根據貞人同版關係歸納出來的同時期的貞人集團，不過以某貞人之名命名罷了，如陳夢家《殷虛卜辭綜述》所定的賓組、出組、何組等等便是。即便午組人數最少，也有二人

① 1981年，裘錫圭發表《論“歷組卜辭”的時代》，從材料上對李文提出的人名、占卜事項、親屬稱謂三個方面做了補充論證。

② 但在1996年，李先生又明確說他的“組”是以字體分的組。見李學勤、彭裕商《殷墟甲骨分期研究》，第一章第三節，上海古籍出版社1996年版。

③ 陳煒湛：《“歷組卜辭”的討論與甲骨文斷代研究》，《出土文獻研究》，文物出版社1985年版。

(凡、午)。目前所謂的‘歷組卜辭’，卻衹有一個貞人歷，與其他貞人毫無同版關係。一人如何稱‘組’?”這個意見是非常正確的。陳夢家建立“卜人組”的原則是，有繫聯關係的若干卜人纔能成“組”，他對衹有一個卜人“歷”的卜辭就沒有立“組”，而是稱作武乙、文丁卜辭。不僅如此，陳先生還對雖有若干卜人，但因卜人之間沒有繫聯關係的第五期卜辭，也沒有建立“卜人組”，而是稱作帝乙、帝辛卜辭。由此可知，李先生對衹有一個卜人“歷”的卜辭稱“組”，顯然是不科學的。其次，對所謂“歷組”卜辭，不僅有個命名問題，還有一個是它所包含的范圍問題。據陳煒湛當年統計，十萬片甲骨中，有“歷貞或與歷有關的卜辭，迄今共見二十三片”[①]，再加上近年出土的小屯南地甲骨中有卜人“歷”的四片[②]，總共也就二十七片。但從後來李先生等人的著述可以看到，他們所說的“歷組”卜辭，不僅不限於這二十幾片有卜人“歷”的卜骨，而且也不限於李先生所說的“字較大而細勁”的那些卜辭，而是包括了除“𠂤組”“子組”“午組”外，董作賓分期中剩下的所有第四期卜辭，這是與“歷組”卜辭的名稱不相符的。

(二) 關於“婦好”一稱的含義及“異代同名”問題

前文已指出，李先生認爲賓組卜辭和“歷組”卜辭中的“婦好”是指同一個人，這是他提出“歷組”卜辭的時代應該提前的重要根據。他還舉出一些“歷組”與賓組、出組相同的其他人名，來加強“歷組”屬於早期的觀點。他說:“歷組卜辭出現的人名，許多與武丁、祖庚卜辭相同”;“歷組中不僅有婦好，還有子漁、子畫、子戠、婦井、婦女，都見於武丁卜辭”;“歷組中的重要人

---

① 陳煒湛:《“歷組卜辭”的討論與甲骨文斷代研究》,《出土文獻研究》,文物出版社 1985 年版。

② 據劉一曼於 2016 年 3 月 24 日告知:“小屯南地出貞人歷的卜辭(有)4 片,1 片出在晚期地層,2 片出在中期二組地層,1 片出在隋唐墓道中。該墓打破了一個出甲骨的晚期灰坑。”

物望乘、沚戓，應該就是武丁賓組卜辭中的望乘、沚戫”。他又列出“歷組與祖庚時期的出組共同”的人名：𠂤、夫、并、由、㠯般、犬征，説“這些人物大都也見於武丁甲骨”。由此可見，“婦好”和上述人名是李先生證明“歷組”卜辭屬於武丁至祖庚時期的重要證據。

查殷墟甲骨卜辭中，不止賓組、出組與“歷組”有相同的人名，賓組與其他組，出組與其他組，“歷組”與其他組，以及其他組之間也都存在有相同人名的現象。對此種現象該如何解釋？如果按照李先生的説法，各組卜辭中出現的相同人名都是指同一個人，那麽，殷墟甲骨卜辭該如何斷代？前已指出，當年陳夢家就將董作賓十項斷代標準中的第6項“人物”，剔出他的三大斷代標準之外，不作爲單獨的標準列出，就是因爲各代之間同名者衆，也即指出商代有“異代同名”的社會現象。如果單用人名斷代，必定會造成斷代的錯誤。

在李先生提出“歷組”與賓組的“婦好”是指同一個人，“歷組”與賓組、出組有相同的人名，以此作爲“歷組”卜辭應該提前的證據後，就有多位學者對之進行了否定的論證。[①] 特别是張政烺先生對“婦好”一稱，尤其是對“婦”字含義的考證，精辟、透徹。下面介紹一下張先生和其他學者對各代同名現象的論證。

1. 張政烺的論説

1983 年，張政烺專門就“婦好”一稱的含義連續發表了《帚

① 張政烺：《帚好略説》，《考古》1983 年第 6 期。《〈帚好略説〉補記》，《考古》1983 年第 8 期。兩文均收入《張政烺文集·甲骨金文與商周史研究》，中華書局 2012 年版。蕭楠：《論武乙、文丁卜辭》，《古文字研究》第三輯，中華書局 1980 年版。蕭楠：《再論武乙、文丁卜辭》，《古文字研究》第九輯，中華書局 1984 年版。羅琨、張永山：《論歷組卜辭的年代》，《古文字研究》第三輯，中華書局 1980 年版。林小安：《武乙、文丁卜辭補證》，《古文字研究》第十三輯，中華書局 1986 年版。林小安：《武丁晚期卜辭考證》，《中原文物》1990 年第 3 期。林小安：《再論“歷組卜辭”的年代》，《故宫博物院院刊》2001 年第 1 期。

好略説》《〈帚好略説〉補記》兩文。[1] 在《帚好略説》的開篇，張先生就説，在殷墟五號墓出土的銅器上有“帚好”銘文，在殷墟甲骨卜辭中有關“帚好”的卜辭估計有一二百條，絶大部分屬於第一期武丁時期，一小部分屬於第四期武乙、文丁時期。“兩者中隔祖庚、祖甲、廩辛、康丁兩代四王，約數十年至一百年。這種情況怎麽解釋，帚好究竟是一人還是二人，銅器銘文的帚好屬於哪個王。”

張先生首先論證“婦好”之“好”的意義。他説：“甲骨文帚即婦字，郭沫若、唐蘭已作出很好的説明。”[2] “帚好之好从女，子聲，不讀好惡之好。”他以卜辭中衆多的“婦某”爲例，説：“卜辭中帚 × 之稱有數十個，其字多有女旁，本來極普通的字也加女旁，如帚井寫成帚妌，帚良寫成帚娘，其例不可勝舉。”他舉卜辭《續存》407、《合集》2833 上的“御帚子”，證明“帚子即帚好，故知好當讀子”。

接着張先生明確指出：“帚好是女人的稱呼，卜辭一期、四期分别出現，不是一個人。”這是因爲當時有“異代同名”的社會現象。他聯繫各期卜辭中出現的相同人名給以證明。如：𠈍、雀、𡨦、𢀛、𠂤、竝、望乘、𠂤般、犬征、帚好、帚井、子㠯、子𦘒、子𡧊、子漁、子效，這些人物在第一期、第四期都存在，其中子㠯在第一、第二期，子𦘒在第一、第二、第四期都存在。“其它人物異代同名的還多。”他指出：“有的學者想把一期、四期的帚好説成一個人，看來不難（四期材料内容簡單），但是要把卜辭中所有的異代同名的人物都併成一個人，似不可能。”他舉“犬征”族、“𡨦”族、“箙旋”族爲例：“犬征”，一期卜辭《卜》53 有“令

① 張政烺：《帚好略説》，《考古》1983 年第 6 期。《〈帚好略説〉補記》，《考古》1983 年第 8 期。

② 郭沫若：《骨臼刻辭之一考察》，見《古代銘刻彙考續編》，日本東京文求堂書石印本，1934 年。唐蘭：《殷虚文字記》，北京大學講義石印本，1934 年。中華書局影印本，1981 年。

犬征田于京”，《京人》281 有“令犬征族裒田于虞”；二期卜辭《錄》152 有“犬征”（辭殘）；四期卜辭《續存》1852 有“令犬征田京”，“據此可見犬征是族名，自一期至四期連續存在，不僅世禄而且世官”。“𢀛”，一期卜辭《卜》417、四期卜辭《佚》250 都有“𢀛裒田于京”，“𢀛的情況和犬征一樣，也是族名，也是世官”。“箙旋”（“也可稱作官氏”），在四期（《屯南》917）、一期（《後·上》28·4、《佚》543）卜辭中都存在。他還指出“卜辭所載的各期卜人名，也有不少異代同名的實例”，如：“永”在一期（《菁華》7）、五期（《前》1·19·5）都存在；“㚇”在一期（《錄》82）、三期（《林》1·30·14）都存在；“口”在一期（《卜》692）、二期（《錄》726）、三期（《甲》3398）都存在；“大”在一期𠂤組（《合集》19875）、一期（《珠》1055）、二期（《珠》395）、三期（《甲》1647）都存在；“黄”在二期（《林》1·5·13）、五期（《甲》3355）都存在。“根據這些材料可以說永、㚇、口、大、黄等都是龜卜世家，子孫繼續擔任占卜工作，爲殷王室服務。”筆者再爲張先生補卜人“亽”，該卜人在一期（《屯南》4177）“午組”卜辭①、五期（《合集》38945、41709）都存在。以上張先生利用甲骨卜辭證明，殷商時期確有“異代同名”的社會現象。他說如果對異代同名者進一步考查，就可知“它們有族衆、有物產，實皆‘國氏土地之號’，世代綿長，有的還保留到西周銅器銘文中。”他舉“古代學者對這種現象的解釋，如《史記·五帝本紀》：‘黄帝者，少典之子’，《索隱》曰：‘少典者，諸侯國號，非人名也’……《秦本紀》云：……‘大業娶少典氏而生柏翳’。明少典是國號，非人名也”。張先生說“其所謂國號我們以爲是氏族”。總之，張先生論證了卜辭和銅器銘文中

---

① 過去學界認爲“午組”卜辭的貞人只有“午”“㐱”兩個人，1973 年小屯南地甲骨出土的《屯南》4177 午組卜辭有卜人“亽”，由“蕭楠”發現。見蕭楠《略論“午組卜辭”》，《考古》1979 年第 6 期。

的“帚好”即“帚子”，“好”當讀“子”；“子”是國號、氏名、族名。因此，“婦好”不是李先生所說是一個人的名，即第一期、第四期的“婦好”不是同一個人。

對於“婦”字的含義。張先生首先論證了古代的世官之制。他說：“世官之制史不絕書，《國語・周語》：‘昔我先王世后稷以服事虞夏。’《史記・太史公自序》：‘重、黎氏世序天地。……司馬氏世典周史。’《周禮》中以氏爲官者很多，像馮相氏、伊耆氏等約四十個。《世本・氏姓篇》：‘彭祖氏，大彭支孫以號爲氏，在商爲守藏史，在周爲柱下史，年八百歲。’這裏八百歲是取其成數，有的書上寫着‘至殷末七百六十七歲’，則不僅族名承襲，其壽數也是累計的。”這些古書記載證明族名是世襲的。張先生說“卜辭中常見大方，是當時的重要方國之一，杨樹達《積微居甲文說》謂即大彭氏，彭祖氏或其支裔，世爲商周史官”。“通過這些現象知道殷代存在許多氏族，世代供奉王職，女官當亦如此，有了這點認識，以下說帚好就比較容易了。”

張先生舉一期卜辭：“丙午貞：多帚亡疾。丙午貞：多臣亡疾。”（《乙》8816）他說該辭“以多帚與多臣對貞，說明帚和臣是同類事物，在殷王心目中地位相等”。他又舉三期卜辭：“叀多母酬。叀辟（嬖）臣酬”（《綴合》101），說：“母是古代成年女子的美稱，嬖臣即近臣，以多母與嬖臣對貞，和上舉卜辭相似，兩相比照，知道殷王周圍有些擔任職務的婦女。”“多帚和多臣相似……在統治者的支持下既辦公事，也任私役”，即“帚（婦）”是指女官。張先生對“多帚”與“多母”的精辟論證，横掃了過去絕大多數人簡單地將武丁時的“多帚”都一律看作武丁的配偶，將“多母”一律看作武丁的母輩祖先的錯誤認識。張先生又進一步論述了殷王多帚的來源：“推測其中有些便是被征服者或歸順者世代貢納的。”說：“殷周的世婦，文獻有記載，《禮記・曲禮下》：‘天子有后，有夫人，有世婦，有嬪，有妻，有妾。天子建天官，先六大，曰大宰、大宗、大史、大祝、大士、大卜，典司六典。’鄭玄《注》：‘此蓋殷時制也。’孔穎達《疏》：‘此一節總論立男官女官之事……記者之言不可一依周禮，或可雜夏殷而言之。”又引《孟子・梁惠王下》：“所謂故國者，非謂有喬木之謂也，有世臣之謂也”，“趙岐《注》世臣是‘累世修德之臣’，這和《孟子》講世禄、世官是一致的。世婦之義與世臣同，當是累世常有之婦。”證明殷代有累世之婦，即有世婦，有女官。對世婦女官的職責，張先生引《周禮・天官・冢宰》：“世婦掌祭祀、賓客、喪紀之事，帥女宮而濯摡，爲齍盛”，又引《春官・宗伯》：“世婦，掌女宮之宿戒，及祭祀，比其具。”他說“兩處職掌基本相同，可見世婦是女官，住在宮中，管祭祀、賓客及喪禮等”。他指出，諸世婦的地位有所不同，而且前後還會有變化：“《天官・冢宰》的世婦無員數，不說組織情況，厠於九嬪、女御之間，已經列入天子的眷屬了。推測周代的世婦先是官員，在宮中工作遂變成天子嬪御。”“《周禮・春官・宗伯》叙官，在世婦之後是：‘内宗，凡内女之有爵者。外宗，凡外女之有爵者。’内女是王同姓之女，外女是異姓之女，世婦的來源也不外乎此，大約都是由一定的宗族產生的。”商族因“‘契爲子姓’，則殷之帚好也可能是内女。世婦接近王，如果年歲容貌或某些條件不相當，也不會被寵愛變成嬪御，所以《周禮》分成兩官”。“帚對殷王不是固定的夫妻名義，其發生男女關係者纔是事實上的夫妻。”

論證了“帚（婦）”是女官，對比“婦好”一稱，張先生說，卜辭中關於帚好的記載有一二百條，“其中有很多條是關於祭祀的，這和《周禮》的世婦相合”。卜辭中還有“關於帚好生子的，占卜特別詳細，分娩日期，是男是女，是否順利，貞問不休。有關於帚好生病的，也極爲關切，連牙痛小病也不放鬆。從這些細膩的小節看，帚好、武丁是夫妻，她不可能是兒媳，更不可能是一般的君臣關係。”他指出，諸婦在宫中的地位是不一樣的，他舉一期卜辭：“貞：乎帚好見多帚于㦰。”（《合集》2658）說：“大約帚好本來就在多帚之中，後被武丁賞識遂躍居多帚上，她有很大的兵權，這一點與《周禮》世婦不合，應當是得到武丁特殊寵幸的結果，同時有多帚不是每個帚都如此，前後兩個帚好也不是每個帚好都如此。”“帚好是世婦，每王都會有過，而不衹武丁時期的一個帚好。”張先生的這個論斷是正確的，我們還可以舉出三件鑄有“婦好”銘的青銅器作進一步地證明：一件是鄒衡先生曾提到過的：“甲骨文第一期（武丁）和第四期（武乙，大字）均見所謂‘婦好’；在金文中也有此類銅器，《婦好卣》（《錄遺》256）即其例。因爲小屯五號墓未被盗掘，該卣決非出自此墓。可見所謂‘婦好’至少也不是一人。總之，此墓的發現，對於研究婦（?）、子（?）、女（?）族的興衰史是很重要的資料。”[①] 即鄒衡先生也認爲商代有“異代同名”的社會現象，“婦好”之“好”是族名。此器《錄遺》256稱作“婦好正壺”，傳是日本東京程琦氏舊藏，現著錄於《集成》9509（1）、（2）（圖4—1、圖4—2）。第二件是“婦好觚”，是美國巴拉德氏所藏，現著錄於《集成》6867（圖4—3）。第三件是“婦好簋”，現藏於山東省博物館（圖4—4），著錄於鍾柏生、陳昭容、黄銘崇、袁國華編《新收殷周青銅器銘文暨器影彙編（一）》第1503號器。[②] 正如鄒衡先生所說，小屯五號墓未曾被盗掘過，因此這三件有“婦好”銘的青銅器絕非出自五號墓，它們有力地證明了殷代的“婦好”絕非只有一個人，而是在某些王世都會有的。

① 見《安陽殷墟五號墓座談紀要》，《考古》1977年第5期。

② 鍾柏生、陳昭容、黄銘崇、袁國華：《新收殷周青銅器銘文暨器影彙編（一）》，藝文印書館2006年版。

圖 4—1　《集成》9509（1）

圖 4—2　《集成》9509（2）

圖 4—3　《集成》6867

圖 4—4　《彙編》1503

總之，張政烺先生利用卜辭和古籍材料證明了殷代有“異代同名”的社會現象。“帚（婦）好”之“帚”指女官；“好”即“子”，是氏名、族名或國名。“婦好”就是指子氏，或子族，或子國累世相承的世婦，也即世官。卜辭中的“婦好”絕對不是指一個人。他的論證非常令人信服。證明了李學勤所說“婦”是親屬稱謂，指妻子，是對其夫之母而言的兒媳婦；“好”是名，“婦好”只是指一個人的名，是沒有根據的臆說，不可信。張先生對“婦好”一稱的精辟論證，拔掉了李學勤“歷組”卜辭提前論的根基。

張先生在文末還就五號墓的年代提出了自己的意見，他說：“殷墟五號墓有帚好銘文的銅器從形製花紋看有早有晚，銘文的字體也很不一致，這種演變不一定是一代人的時間所能形成的。那麽，這些帚好銅器的主人是否都是武丁時期的一個帚好呢？如果同意帚好是累世相承的世婦，也許問題就好回答了。”即李學勤說五號墓的銘文字體接近於“歷組”字體與事實不符。筆者認爲，關於五號墓的年代，當由該墓出土的青銅器及其他出土物的形製、特點、銘文及某些相關證據來確定。五號墓的年代與“婦好”稱謂的意義是兩個不同性質的問題，二者不能混爲一談。

2. 其他學者的論述

除了張政烺先生，還有一些學者也曾通過論述殷代有“異代同名”的現象，反駁李學勤以“歷組”與賓組、出組有相同人名作論據，證明“歷組”卜辭時代屬於武丁至祖庚時期。下面一一做簡要介紹。

1980年，蕭楠發表《論武乙、文丁卜辭》一文[①]，舉例證明“異代同名”的現象在卜辭中普遍存在。查在他們的“卜辭異代同名舉例表”中，列舉了㐭、祉、妥、般、𠂤、口六個人的異代同名情況：“㐭”在武丁（《甲》2956）、康丁（《摭續》1）、武乙（《屯南》935）、文丁（《屯南》340）卜辭中都存在。“祉”在武丁（《續存》2·24·4、《甲》3510）、祖庚（《文》152）、康丁

① 蕭楠：《論武乙、文丁卜辭》，《古文字研究》第三輯，中華書局1980年版。

（《屯南》728）、武乙（《屯南》539）卜辭中都存在。“妥”在武丁（《乙》6273、《屯南》4514）、康丁（《粹》1275）卜辭中都存在。“般”在武丁（《續存》2・442、《佚》193）、祖庚（《續》6・21・10）、康丁（《鄴》3・44・4）、武乙（《後・下》24・1）、文丁（《屯南》340）卜辭中都存在。“卑”在武丁（《前》5・17・7、《鄴・二》下 38・7）、康丁（《掇》2・167）、武乙（《甲》3621、《粹》81）、帝乙、帝辛（《前》2・2・1）卜辭中都存在。“口”在武丁（《明》692）、廩辛（《粹》1444）、康丁（《南・明》760、《佚》81）卜辭中都存在。作者說：卜辭中的“異代同名，說明此名不是私名；人名與地名一致，說明此人名可能是氏”。關於氏，他們引《左傳・隱公八年》有“胙之土而命之氏”的說法，“孔疏則認爲：‘諸侯之氏，則國名是也。’也就是說，諸侯之氏與其所封國之國名是一致的。即以國爲氏”。又指出：“鄭樵在《通志》中列舉了 32 種命氏的形式，其中包括‘以國爲氏’和‘以邑爲氏’兩種。即諸侯是‘以國爲氏’，大夫是‘以邑爲氏’，與孔穎達的說法基本一致。”作者指出：“在卜辭中不少的方邦、侯國、地名與人名一致，說明商代也存在‘以國爲氏’、‘以邑爲氏’的情況。那麼，這些與方名、地名一致的人名，就不是私名，而是氏。”因此，“可以肯定卜辭中的異代同名實際上就是同氏。既是同氏，這些同名者衹能表明他們是出自同一個族氏，而不一定是同一個人”。

1984 年，蕭楠發表了《再論武乙、文丁卜辭》文[①]，再言“卜辭中出現的絕大多數人名都不是私名而是‘氏’，因爲這些人名往往同時又是國名、地名、族名。這是古代以國爲氏，以地爲氏的反映”。他們舉例說明了國名、地名、族名同時又是人名。舉國名爲人名者：“卜辭中不少的諸侯國名，如：[illegible]侯（《丙》

① 蕭楠：《再論武乙、文丁卜辭》，《古文字研究》第九輯，中華書局 1984 年版。

298）、[illegible]侯（《存》下463）、[illegible]侯（《明後》1683）、攸侯（《林》2·3·18）、犬侯（《續》5·2·2）、[illegible]侯（《乙》2000）、宄侯（《庫》1670）等，在卜辭中均可作爲‘人名’。又如𢀛方（《屯南》869）、[illegible]伯（《庫》1551）、[illegible]任（《天》87）等，也都可以作爲‘人名’。這些‘人名’，實質上都是‘氏’，是以國爲氏的反映。”舉地名爲人名者：“卜辭中不少的地名同時又是人名，如𠂤、[illegible]、[illegible]、羽、壴等等。這些人名亦是‘氏’，是古代以地爲氏的反映（此中有的亦可能是國名）。”舉人名爲族名者：“卜辭中有些人名，在另外的卜辭中可以確知爲族名者，如黄（《誠》356“貞：□亞以王族眔黄□?”）、疛（《續》6·14·6“貞：乎王族眔疛?”）。黄、疛與‘王族’並列，可知黄、疛是‘族名’。”作者舉的上述例證說明，有商一代的國名、地名、族名同時又是人名，論證了商代有“異代同名”的社會現象。作者又進一步指明：“卜辭中的婦名也不是私名，而是國名或族名。例如帚妕、帚周、帚鼠、帚妌等等，就是這些國家之女子嫁到殷王室爲妻者。至於帚好，則是子國（或子姓）之女嫁給殷王室爲妻者。”作者總結說：“由於卜辭中的人名基本上都是‘氏’，故在不同時期的卜辭裏會出現‘相同’的人名。這是‘異代同名’問題的由來，也是問題的實質。”

2011年，劉一曼、曹定雲發表《三論武乙、文丁卜辭》一文①，再次論述了商代“異代同名”的問題，强調“甲骨文中出現的絕大多數人名不是私名，而是氏名，因爲這些人名往往又是國名、地名、族名，這是古代以國爲氏、以邑（封地）爲氏的反映”。他們過去論述此問題，主要依據卜辭資料，“現在考慮到甲骨文中的不少人名，在商代後期（甚至西周早期）的銅器銘文中作爲族名出現”，故再“從商代銅器銘文的族名這一角度”，對此問題做

① 劉一曼、曹定雲：《三論武乙、文丁卜辭》，《考古學報》2011年第4期。

補充論證。因爲“商代銅器銘文的族名相當多”，故作者“祇選取十幾個既見於銅器又見於甲骨文的較重要的名號”進行分析。

作者製作了“商代銅器銘文中常見族名表”，表中列有十四個族名，列出這些族名在殷墟文化分期中的期别、在卜辭中出現的組别。十四個族名是：戈（𠂤組、午組、賓組），㠱（𠂤組、賓組、歷組），𠂤（賓組、出組、無名組、歷組、黄組），旛（賓組、何組、無名組、歷組），史（賓組、花東子卜辭），夭（出組、歷組），何（𠂤組、賓組、花東子卜辭、出組、何組、歷組），宁（花東子卜辭、無名組、何組），犬（𠂤組、賓組、何組、無名組、歷組、黄組），中（賓組、出組、無名組）、光（𠂤組、午組、賓組），并（𠂤組、賓組、出組、歷組），𡘋（賓組、花東子卜辭），屰（賓組、花東子卜辭、歷組）。作者説，以上“所舉的十四個族名，其中十三個均見於殷墟文化第二、三、四期的銅器上，祇有‘中’銘，見於三、四期，但由於在賓組卜辭（武丁中晚期）有其名號，故我們認爲，將來在殷墟二期的墓葬中可能會有此銘出土”。作者選取經考古發掘出土的旛與𡘋銘銅器，考察器主旛與𡘋在不同時期的情況。他們説：“旛銘銅器，見於郭家莊東南 95M26 與 06M5 二座墓葬，前者時代爲二期晚段，後者爲三期早段。”經對這兩個墓的隨葬品的研究，知“95M26 的墓主是位權力較大的指揮官，而 06M5 墓主則屬於中下級武官”。“𡘋銘銅器出於殷墟西區族墓地第八墓區的 M271 與 M1125”，前者時代屬殷墟三期，後者時代屬殷墟四期，兩墓的墓主爲小貴族，低級武官。作者説：“以上的例子表明，這兩組具有同一名號的墓主，生前均出自同一族氏。這反映出殷代的職官具有世襲性，即一些强宗大族的族長或重要人物世代爲官。”他們舉的這些考古實例，證明張政烺先生論證商代有世官制，族名也是世官，是完全正確的。作者説：“殷代銅器銘文中屢見異代同名現象，給我們以啟示，即甲骨文中的‘同名’，也應當如此解釋，特别是一些時代相隔較遠的卜辭組如賓組、出組與歷組，賓組與無名組，賓組、出組、何組與黄組中的同名者，應是出於同一個氏族中不同時代的人。”此說非常正確。作者又重引在《再論武乙、文丁卜辭》文中的一段話，來說明爲何一期、四期（賓組與“歷組”）“同名”現象較其他各期多：“這與卜辭内容有一定的聯繫：一、四期卜辭内容多、涉及面廣，故‘人名’也多，‘同名’現象自然就多；而二期以祭祀（特别是周祭）、卜旬、卜王爲主，三期以田獵卜辭爲主，五期以祭祀、田獵、卜旬爲主，另有一些征人方的材料，涉及的‘人名’相對少一些，故同名現象相對也少一些。”這個分析非常有道理。作者又進一步指出：“我們不能以同名現象在各期（或各組）出現多寡的不同而對異代同名産生懷疑或否定。因爲，如同表三（筆者按：“商代銅器銘文中常見族名表”）所示，一些重要的族氏，從武丁（甚至更早）直至帝乙、帝辛時期，一直活躍在商王朝的政治舞臺上，這昭示出在殷代各個時期，異代同名的確是一個非常普遍的現象。”總之，蕭楠、劉一曼、曹定雲等人列舉出大量甲骨卜辭和銅器銘文，論證殷代有“異代同名”的社會現象。商人以氏爲名、以國爲名，以地爲名、以族爲名。證據確鑿。

1980年，張永山、羅琨發表《論歷組卜辭的年代》一文[①]，對商代有“異代同名”的現象也做了論述。他們指出：“在甲骨文中相同名號的出現不是個别現象。”首先，“僅就所見貞人爲例：如庚甲的大、行、喜、洋、吴；廩康時的何、宁、卯、彭；武文時的歷；乙辛時的黄、泳等，他們的名號都見於武丁卜辭，衹不過絕大多數在武丁時不是貞人而已”。其次，在“不同時期的卜辭中，不僅有了名號相同，身份相近的人，還有與這些人名相同的地名”。作者舉“歷組”卜辭和武丁卜辭中，“在于、自、步、伐等詞後面的犬征、𠂤、[illegible]、𦣞、望是地名。而作爲以羌（氏羌）、

① 張永山、羅琨：《論歷組卜辭的年代》，《古文字研究》第三輯，中華書局1980年版。

𡆥田（或田）、省亩等行爲主語的是人名，他們在不同時代的卜辭中有大體相同的事類，說明他們世代對商王朝承擔同樣的義務”。如關於“𠂤”：“歷組”中的“王令𠂤田”（《安明》2771，原書誤爲2671）的𠂤是人名，而同屬“歷組”的“今日步𠂤”（《安明》2346）的𠂤就是地名；武丁卜辭的“勿令𠂤氏衆伐𠳋”（《粹》1082）的𠂤是人名，而“其自𠂤㞢來艱”的𠂤是地名。又如武丁卜辭的“用射𠂤氏羌自上甲”（《契》235）的𠂤是人名，而同屬武丁卜辭的“使人于𠂤”（《戩》26・9）的𠂤就是地名。作者又例舉卜辭中有的人名也是族名，如“犬征亡𡆥”（《粹》934），這個犬征應是指具體的個人；而武丁卜辭的“令犬征族𡆥田于虞”（《京人》281）的犬征，則是指族名。作者最後指出：“卜辭中的一些人名既然是族名，就不能把同一名號都看成是一個人，而把人名作爲重要的分期標準，勢必會導致分期的混亂。”這是十分正確的意見。陳夢家就沒有將董作賓的十項斷代標準中的第 6 項“人物”，單列爲斷代標準，實屬高見。

1986 年，林小安發表了《武乙、文丁卜辭補證》一文[①]，其中有“異代同名補證”一節，作者從殷周金文方面對“異代同名”現象做了進一步的補證。他說：“殷周青銅彝器銘文中，有不少與殷墟卜辭相同的名號，如：㱿、弜、亯、子韋、竝、各、戉、戈、𢦏、㚔、畀、箙、㠯、子弓、𠂤、𦣻、𠦪、𡧊、子畫、受等（筆者按：這裏省略名號出處）。以上這些名號均見於武丁卜辭。這些名號大多署在全篇銘辭之末，有的彝器則僅見此類署名，不見其它銘辭。”作者詳細論證說：“這些名號不是私名而是族名、氏名。”如對武丁、祖庚和歷組卜辭中都有的㚔名號，作者列出 15 件青銅器銘文（筆者按：著錄號略）中也有㚔名號，指出“其中除《錄遺》547、《三代》12・38・3、《三代》11・32・7 爲單銘外，

① 林小安：《武乙、文丁卜辭補證》，《古文字研究》第十三輯，中華書局 1986 年版。

其餘全都與‘𢍉’字同署於銘末”。他指出上述諸器（筆者按：著錄號略）中有“父乙”“父丙”“父丁”稱謂，“這些父名各異的銘‘𡿺’諸器顯非一人所作之器，‘𡿺’也絕非私名”。同時“上列諸器‘𡿺’字的不同寫法，也正體現了不同時期不同人的不同風格”。作者又詳舉了銅器銘文中的雀、𠂤、戉、箙、𠂇等名號，得出結論說：“殷遺彝銘告訴我們，大多數殷代銅器衹記族氏名，不記私名。在武丁卜辭和‘歷組卜辭’中最常見的雀、𡿺、𠂤、戉、箙、𠂇等，在殷遺彝銘中，確鑿無疑是作族氏之名出現的。”總之，殷代不同時期的青銅器銘中，出現的諸多與卜辭相同的名號，證明殷代確有“異代同名”的社會現象。

以上簡要介紹了張政烺、蕭楠、劉一曼、曹定雲、張永山、羅琨、林小安諸先生利用甲骨卜辭、殷周金文、先秦古文獻，詳細論證了殷代有“異代同名”的社會現象。匯集他們列出的殷代各個時期的同“名”者（很可能統計不完全）有：𡿺、雀、𠂤、𠂤、竝、望乘、𠂤般、犬祉、子𢀛、子𡜱、子𩫖、子漁、子效、箙旋、永、𠑹、口、大、黃、妥、戈、𦍩、旛、史、𠂤、何、宁、犬、中、光、并、𡥜、𢆶、行、喜、洋、卯、彭、歷、泳、㱿、弜、亯、子韋、各、戉、𢦏、畀、箙、𠂤、𠂤、𠂇、𠂤、𠬪，共達54個之多，這還不包括帚好、帚姘等。他們詳細論證了商人有以氏爲名、以國爲名、以地爲名、以族爲名的社會風俗，確鑿無疑地證明了殷代有“異代同名”的社會現象。這就拔除了李學勤等人利用“歷組”卜辭與賓組卜辭都有“婦好”及其他相同“人”名，來證明“歷組”卜辭屬於早期的根基。

這裏有必要提一下裘錫圭對“異代同名”現象的看法。1977年裘先生說：“甲骨卜辭裏所見的人名，絕大多數就是這個人的族氏，例如周族的人就叫‘周’，父、子、孫都叫‘周’。因此，在相隔一二百年甚至更久的卜辭裏，可以看到很多相同的人名。這個問題張政烺先生的《中國古代的十進制氏族組織》已經講得很清楚了（見《歷史教學》二卷三、四、六期）。婦的名字也同樣是族氏，例如周族的婦就稱婦周（乙 8854、鄴初下 46・15 等）。只是婦名常常加上‘女’旁，如井族的婦井在卜辭裏就常常寫作婦妌。卜辭的婦好，丁山認爲是與商王同姓的子姓女子（《甲骨文所見氏族及其制度》56 頁）李學勤同志認爲是保族女子（《文史哲》1957 年 11 期 34 頁。‘保’古作‘仔’，改‘人’爲‘女’，即成‘好’字）。我傾向李說。不管怎樣，婦好的‘好’總應該是一個族的氏姓而不是私名。衹要是這個族嫁給殷王的婦都可稱婦好。因此，不但第一期有婦好，其他期也可以有婦好。”① 但到 1981 年，他在《論“歷組卜辭”的時代》一文中，對商代“異代同名”現象卻有了新的解釋。他在該文中列出李學勤已提出過的和他自己新補充的，“既見於賓組、出組卜辭又見於歷組卜辭的人名”，總共有五十個之多（筆者按：對他提出的人名，筆者無暇一一核對）。他說：“主張歷組卜辭屬於武乙、文丁時代的甲骨學者，都用‘異代同名’說來解釋上述現象。他們指出甲骨卜辭中的人名往往同時又是地名、國族名，這些人名實際上是族氏而不是私名，所以相隔很遠的兩個時期可以有不少同樣的人名。這種說法雖然就甲骨卜辭的一般情況來看，大體上符合事實，但是卻不能用來解釋賓組出組卜辭和歷組卜辭之間的同名現象。”這就改變了他 1977 年所說人名是族氏，“在相隔一二百年甚至更久的卜辭裏，可以看到很多相同的人名”的說法。他的理由是：“歷組卜辭中所見的與賓組出組卜辭相同的人名，數量遠遠超過其他各個時期或其他各組卜辭；而且歷組卜辭中所見的這些人的情況，也與賓組出組卜辭中的同名者非常相似。”即他的理由有兩點：一是歷組卜辭中所見的與賓組出組卜辭相同的人名數量較多；二是“歷組卜辭中所見的這些人的情況，也與賓組出組卜辭中的同名者非常相

① 見《安陽殷墟五號墓座談紀要》,《考古》1977 年第 5 期。

似”。這就表明，他對“異代同名”問題採取了雙重標準，即異代同名不適用於賓組、出組、“歷組”卜辭。由此可以看出，爲了使“歷組”卜辭的時代能夠提前，李學勤改變了“婦好”之“好”是指“保”族女子的說法，變爲是指一個人的名；裘錫圭改變了“不管怎樣，婦好的‘好’總應該是一個族的氏姓而不是私名。衹要是這個族嫁給殷王的婦都可稱婦好。因此，不但第一期有婦好，其他期也可以有婦好”的說法。不過，綜觀裘先生提出的上述兩個“理由”，並沒有動摇商代有“異代同名”社會現象的實質。對他的兩個“理由”，蕭楠在《再論武乙、文丁卜辭》一文中①，已給出了很好的解答。對第一個“理由”，蕭楠說：“卜辭中的‘異代同名’，各期都有。不過，一、四期之間的‘同名’現象比其它各期‘同名’現象要多一些，此中的原因自可討論。我們覺得，這與卜辭内容有一定的聯繫：一、四期卜辭内容多、涉及面廣，故‘人名’也多，‘同名’現象自然就多；而二期以祭祀（特别是周祭）、卜旬、卜王爲主，三期以田獵卜辭爲主，五期以祭祀、田獵、卜旬辭爲主，另有一些征人方的材料，涉及的‘人名’相對少一些，故‘同名’現象相對也少一些。”關於第二個“理由”，裘先生舉出婦好、婦姘、沚戠、望乘、㠯、峀、師般、射𠂤（有的也見於出組），說這些都是“歷組”卜辭與賓組卜辭中出現的相同人名，說：“賓組出組卜辭和歷組卜辭裏所見的、與這些同名者有關的事項，也往往是相類或相同的。”對此，蕭楠予以辯駁説：“一、四期‘同名’現象雖多，但這些‘相同’的人名仍然是可以區别的。”他們舉例論證婦好與婦姘，沚戠、沚戉，㠯，望乘的情況給予說明。關於婦好與婦姘。他們說：武丁卜辭和武乙、文丁卜辭中的婦好、婦姘，情況是不相同的。如婦好：“武丁卜辭中，有關婦好的卜辭近200條，其主要内

① 蕭楠：《再論武乙、文丁卜辭》，《古文字研究》第九輯，中華書局1984年版。

容有征伐羌方、土方、巴方和夷的戰争，並在戰争中統率諸如沚戓等人，她征集過軍隊，主持過祭祀，還有一些是武丁爲她生育、疾病而占卜的卜辭。從這些情況看，武丁卜辭中的帚好是地位十分顯赫、權力非同一般、受到特殊寵幸的人物。”而“武乙、文丁卜辭中的帚好則不同：卜辭數量少（衹有幾條），内容簡單，多是卜帚好有無𡆥。此時之帚好沒有擔任什麽要職，地位亦不高。可見，此帚好與武丁卜辭中的帚好不是同一個人”。“帚姘的情況同帚好相類，武丁卜辭中有關帚姘的材料達 100 多條。此時之帚姘曾參與過對龍方的戰争，也曾主持過祭祀，也有不少關於她生育的卜辭，其地位僅次於婦好。而武、文卜辭中的帚姘（帚井），其卜辭材料少，雖然也有關於征伐的内容，但其地位遠不能與武丁時的帚姘相比。故此兩類卜辭中的‘帚姘’亦非同一個人。”關於沚戓、沚𢦔，蕭楠説：“沚戓，這是賓組卜辭常見的人名；另有沚𢦔，主要見於武乙、文丁卜辭。”“沚戓、沚𢦔、沚戈都不是私名，而可能是同一氏族下三個不同的分支家族。”“武丁卜辭中的沚戓同武、文卜辭中的沚𢦔雖然都是武將，但他們的主要事情並不相同。”“武丁卜辭中的沚戓主要參與對巴方、土方和𢀛方的戰争，有關這方面的卜辭達 200 多條（出組未見沚戓）；而武乙、文丁卜辭中的沚𢦔主要是參與對召方的戰争。在有關主要的戰事上，兩類卜辭是不同的。可見，沚戓、沚𢦔不是同一個人。”筆者認爲，沚戓與沚𢦔的“戓”與“𢦔”的寫法不同，已反映出這是屬於兩個不同時代的人。關於𠂤（𠂤），蕭楠説，武丁卜辭和武乙、文丁卜辭中的𠂤有點“相似”之處，但“在一些關鍵事類上，兩類卜辭並不相同”。如“賓組之𠂤，作戰的主要對象是𢀛方，其次是羌；而武、文卜辭之𠂤，作戰的主要對象是召方，其次是方”。關於望乘，蕭楠説：“賓組之‘望乘’同武、文卜辭之‘望乘’也是有區别的：賓組有關‘望乘’的卜辭約 100 多條，其中絕大多數是征伐下危的卜辭，其次是虎方；武、文卜辭的‘望乘’衹有十多條，衹有一條關於危方的卜辭。”蕭楠總結説：“上述所列一、四期同名例證向人們表明：這些相同的人名實質上都是不同的人。因此，這些‘相同’的人名，不能成爲賓組卜辭同歷組卜辭同時代的根據。”蕭楠的論證也證明了裘錫圭“歷組卜辭中所見的這些人的情況，也與賓組出組卜辭中的同名者非常相似”一説，是不能成立的。

（三）關於稱謂問題

李學勤在《論“婦好”墓的年代及有關問題》一文中，除了用“婦好”和其他相同人名作論據證明“歷組”卜辭屬於武丁至祖庚時期外，還以“歷組”卜辭的稱謂作根據。他説：“歷組卜辭中的稱謂，明確表示了它的時代”，“歷組”卜辭的“稱謂有兩套，一套以父乙爲中心，父乙與母庚同版（《南北》明613），與兄丁、子戠同版（《佚存》194、《甲編》611[①]）。子戠見於武丁卜辭（《續編》4·12·5、《乙編》4856），很明顯是武丁時稱謂。父乙指小乙，母庚爲小乙之妃。另一套以父丁爲中心，爲數較多，父丁指誰，在下列卜辭中可以看得很清楚”，他舉的兩辭是《綴合》15和《南北》明477，兩辭都有“父丁”和多位先王合祭。他説：“這兩片‘父丁’排在小乙之後，顯然是武丁。如把‘父丁’理解爲康丁，那麽在祀典中竟略去了稱爲高宗的武丁及祖甲兩位名王，那就很難想像了。”這個結論屬於推測。因爲李先生在以後的文章中又增補了幾條例證，所以我們將這兩條辭放在後文與其他例證一併進行討論。

李先生在所列的稱謂證據中，還舉出兩條有女性稱謂的卜辭：一條是“歷組”卜辭《京都》2297（即《合集》32753）：“癸亥貞，又（侑）于二母妫、象甲母庚？兹用。”一條是《粹

① 查《甲編》611無“子”字。

編》8 + 276[①]（圖 4—5）："……母娍小辛母三小宰。"筆者檢查《粹編》8 + 276 拼合版，發現兩片根本不是一個時期的卜辭，《粹編》8 是《合集》28240，是三期卜辭，《粹編》276 是《合集》32612，是四期卜辭，兩條辭字體不類，不能上下拼讀。查《粹》

圖 4—5　《粹》8 + 276（《合集》28240 + 32612）

---

① 據同事孫亞冰告知，該版是郭若愚拼合的，見《〈殷契粹編〉綴合例的勘誤及補充》，《古文字》1—2 期，上海青年古文字學社 1980 年版。該拼合版其後被多家甲骨著錄書所收。今查《粹編》8 爲《合集》28240，是三期卜辭，《粹編》276 爲《合集》32612，是四期卜辭，二者不能拼合。又《當代學者自選文庫・李學勤卷》收錄的《論"婦好"墓的年代及有關問題》文中將《粹編》276 誤爲 267，今改正。

8 上有兩殘辭，一是"……嫑受禾"，二是"……母三小宰"；《粹》276 也有兩殘辭，一是"☐子貞：桒……"，二是"……[illegible]小辛"。李先生採納該拼合版，將兩片的第二辭連讀成"母娍小辛母三小宰"，第一個"母"字不存在，是臆補的。他說："武丁時有稱謂'母⿰女卂'（《乙編》3363），（筆者按：即圖4—6），《京都》2297 所祭'二母：妓、䝉甲母庚'，就是母⿰女卂和陽甲（武丁的父輩）之妃庚，她們合稱'二母'，也顯然是武丁卜辭。"筆者檢查《乙編》3363，是賓組卜辭，只可見上部似有一"羗"字，並未見"母⿰女卂"二字，"母⿰女卂"是李先生臆補的。對此，嚴一萍也早

圖 4—6　《乙》3363

指出李先生對上述兩版卜辭有臆補“母”和“母[illegible]”三字的問題。[1] 總之，由於《粹編》8 + 276 不能綴合，李先生又臆補“母”字，同時武丁卜辭《乙編》3363 上的“母[illegible]”也是臆補的，所以這兩版卜辭都不能證明“歷組”與賓組的時代相同。

二　小屯南地甲骨的出土與“歷組”卜辭的斷代

1973 年，中國社會科學院考古研究所安陽工作隊在小屯村南發掘出一批甲骨，共七千多片[2]，1980 年，《小屯南地甲骨》上冊出版，收入甲骨圖版 4589 片。[3] 1981 年，李學勤發表《小屯南地甲骨與甲骨分期》一文[4]，進一步就“歷組”卜辭的時代問題提出證據。該文內容分四個部分：一是“甲骨斷代研究的回顧”，二是“歷組年代的新證據”，三是“什麽是武文時期甲骨”，四是“甲骨與小屯南地分期”。下面對各部分內容作詳細介評。

第一部分“甲骨斷代研究的回顧”。李先生首先說：“實踐證明，五期分法有其缺點，重要的一點是把甲骨本身的分組和王世的推定混在一起了。單純以王世來分期，實際是認爲一個王世祇能有一種類型的卜辭。一旦發現同一王世有不同種類的卜辭時，便很難納入五期的框架。”他以董作賓對 YH127 坑甲骨的斷代爲例，說 YH127 坑中𠂤組、子組、𠓛組（午組）卜辭與賓組卜辭共存，但這幾組卜辭的“字體文例及卜人與賓組不同”，這就使董氏

---

① 嚴一萍在《歷組如此》文中就《粹》8 + 276 版卜辭說：“祇見一個‘[illegible]’字，並不是‘母[illegible]’。‘母’字是李君臆補的。”對《乙編》3363 版卜辭，他在美國曾請胡厚宣看過，他說：“胡先生很仔細的端詳了好久，然後說：‘我也看不出是什麽？’”後來嚴氏回到臺灣，請石璋如、張秉權“檢出原甲來仔細核對，張秉權兄再三的審視，也不見‘母[illegible]’的痕跡。還恐怕眼力不濟，又請年富力強的劉淵臨君仔細觀察，也是看不出什麽文字”。見嚴一萍《歷組如此》，收入《萍廬文集》第二輯，藝文印書館 1989 年版。

② 中國社會科學院考古研究所安陽工作隊：《1973 年安陽小屯南地發掘簡報》，《考古》1975 年第 1 期。

③ 中國社會科學院考古研究所《小屯南地甲骨》上冊，中華書局 1980 年版。

④ 李學勤：《小屯南地甲骨與甲骨分期》，《文物》1981 年第 5 期。

在斷代上遇到難題。由於“這些卜辭有關人物、事項和所反映的制度風習，又是和賓組相接近的”，所以董氏後來在《乙編》序言中把它們排到文丁時期，稱“文武丁復古”了。這裏李先生是要證明，董氏對𠂤組、子組、𠂤組（午組）卜辭的斷代錯誤，是因爲五期分法“認爲一個王世只能有一種類型的卜辭”，於是纔將這幾組“字體文例及卜人與賓組不同”的卜辭，移到了文武丁時代；又因爲這幾組卜辭在“有關人物、事項和所反映的制度風習，又是和賓組相接近的”，所以董氏就說“文武丁復古”了。實際情況是否如李先生所說的那樣，我們還是用董先生自己的話來證明。董作賓最初在1933年《甲骨文斷代研究例》中，是把𠂤組、子組、午組卜辭放在第一期的，後來在1945年撰寫《殷曆譜》時，1948年在《乙編·序》中，纔將這幾組卜辭改畫到了第四期，其改畫的原因並不是“認爲一個王世衹能有一種類型的卜辭”，而是恰恰相反。如董氏在《乙編·序》中說：“斷代的十個標準，主要的法寶不過是‘稱謂’同‘貞人’，其餘八項，除了‘世系’之外，都是由稱謂、貞人推演出來的。貞人靠着稱謂、世系，例如一個貞人叫作扶的，他所卜的祭禮有父乙、母庚（《甲》2907①），於是我們就毫不遲疑的說扶是武丁時的史官。即如扶所寫的字不類第一期，可是我們無理由不承認母庚是小乙的配偶妣庚，而在武丁時稱母庚……因此把貞人扶列入第一期，許多他的同僚，也都馬馬虎虎提早了八九十年，同時也不能不承認武丁時代有各種不同的書體、字形、文法、事類、方國與人物了。”這裏，董先生是靠稱謂、世系來對那幾組卜辭進行斷代的，是承認武丁時是有多種類型的卜辭的，也即是認爲一個王世不是衹有一種類型的卜辭。而後來董氏將𠂤組、子組、午組卜辭改畫到第四期，仍然還是根據的稱謂。1945年，董先生在撰寫《殷曆譜》

---

① 查《甲》2907正、反（即《合集》19946正、反）兩面都有刻辭，但正反兩面都沒有“母庚”一稱。

時，研究新、舊兩派祀典，發現上述幾類卜辭中稱“唐”爲“大乙”，他僅憑此一證據，就懷疑這些卜辭不應該屬於舊派的武丁時。到 1948 年，他在《乙編・序》中再次談到這個問題，説：“寫《殷曆譜》時，因爲新舊派祀典不同，我曾理清楚一件事，就是在舊派中，武丁、祖庚時代，稱大乙爲唐，絕無例外（《前》1・3・4 祖乙、大甲或誤讀爲祖甲、大乙）。至祖甲時代，改革祀典（所謂新派），纔把唐定名爲大乙。以後各王便都稱大乙，不再稱唐。文武丁是主張復古的，從紀日法、月名、祀典各方面看，他都恢復了舊派的制度，衹有一個唐的名稱沒有復活，仍然叫大乙，這是一個堅強的、惟一的證據。”由此可知，董先生將𠂤組、子組、午組卜辭改畫到第四期，並不是因爲武丁時“一個王世衹能有一種類型的卜辭”，而是根據這幾組卜辭稱唐爲大乙的稱謂來定的。再說，董氏將𠂤組、子組、午組卜辭改畫到第四期後，這幾組卜辭的字體等和原來屬於第四期的卜辭，也即李先生稱作“歷組”的卜辭，在字體、文例等方面也是不相類的。董氏何以認爲“一個王世衹能有一種類型的卜辭”？再者，前文已引陳夢家言，指出促使董氏將𠂤組、子組、午組卜辭改畫到第四期的另一個原因，就是根據出土地區，也即董氏所說的“坑位”定時代。陳先生說：“𠂤組卜辭在村南大道旁（36 坑一帶）出土不少，他（筆者按：指董氏）把村南和村中廟前混合爲一區，認爲衹出三、四期卜辭，因此定𠂤組卜人爲文武丁的。”（155 頁）董先生自己在《乙編・序》中也說：“十八年前，我寫《甲骨文斷代研究例》的時候，曾把武乙、文武丁列爲第四期，那時以小屯村中出土的甲骨爲標準”，“當時注意的衹限於武乙時代的卜辭，所舉第四期卜辭，也衹限於武乙之世。其實，村中出土的，以前著錄的，都有文武丁時代之物，都被我們大部分送給武丁了”。董先生將𠂤組、子組、午組卜辭錯畫到第四期，證明以甲骨出土地區（村中）決定卜辭的時代是不妥的。

李先生隨後指出，董氏的“文武丁復古”的斷代錯誤，已先後被陳夢家、貝塚茂樹、伊藤道治、姚孝遂、鄒衡諸先生從各個方面給予了糾正。但他又説，這些糾正對“甲骨卜辭的‘復古’問題並沒有完全解決”，因爲“董作賓稱爲四期的卜辭，也就是我們現在叫做歷組的卜辭，從人名、事項到文字結構，也有着較早的特徵。”因此，他提出第四期卜辭，也即“歷組卜辭其實是武丁晚年到祖庚時期的卜辭”。[①]

至此，我們明白，李先生所説的“歷組”卜辭，並不衹是他原先在《論“婦好”墓的年代及有關問題》文中所説的“字較大而細勁”，有卜人“歷”的那部分卜辭，而是指董作賓分期中除去𠂤組、子組、午組外，剩餘的所有第四期卜辭。他並説明，最早提出“歷組”卜辭應該屬於早期的是加拿大學者明義士，“明義士 1928 年起草的《殷虚卜辭後編序》已有類似見解”，他將明氏未曾發表的序稿，附在該文之後。[②]

至此，對董作賓分期中的第四期卜辭，就先後有明義士、陳夢家、貝塚茂樹、伊藤道治、李學勤五位學者提出異議。不過，陳夢家、貝塚茂樹、伊藤道治是對第四期的𠂤組、子組、午組卜辭的時代提出疑議，論證這幾組卜辭是屬於早期的武丁（至祖庚）時。而明義士、李學勤則是對除上述三組之外，剩餘的那部分卜辭，也就是被李稱爲“歷組”的卜辭的時代提出疑議，認爲這些卜辭也是屬於早期的武丁至祖庚時期。

1928 年，明義士將 1924 年小屯村民在築牆取土時發現的一坑

---

① 李學勤：《論“婦好”墓的年代及有關問題》，《文物》1977 年第 11 期。

② 需要提及的是，李學勤在 1999 年發表《我和殷墟甲骨分期》一文（見張世林編《學林春秋》三編上册，朝華出版社 1999 年版）中説：“這種觀點他（筆者按：指明義士）大概在看到董作賓 1933 年的《甲骨文斷代研究例》之後便放棄了。”我認爲實際情況可能並非如此，因爲董作賓 1948 年在《殷虚文字甲編・自序》中説：“民國二十一年我發表《斷代研究例》一文，衹有少數學者贊成這種方法，當時我的老友明義士（James M. Menzies）就是反對者之一。”

甲骨 300 餘片，編入《殷虛卜辭後編》，他在未完成的“序”言中，利用親屬稱謂“父乙”“父丁”，並結合字體進行斷代，認為“父乙”是指小乙，“父丁”是指武丁，即定這部分甲骨的時代在武丁、祖庚之世。[①] 1933 年，董作賓《甲骨文斷代研究例》一文發表，將同類型的卜辭分在第四期武乙、文丁時期，對此明義士是反對的。董作賓說：“民國二十一年我發表《斷代研究例》一文，只有少數學者贊成這種方法，當時我的老友明義士（James M. Menzies）就是反對者之一。”[②] 陳夢家對明義士的斷代是反對的，他說：“1928 年明義士將其未收於《殷虛卜辭》的甲骨一千餘版拓成墨本，名為《殷虛卜辭後編》（未印）。其未完成的叙言，曾將 1924 年冬小屯村中一坑所出三百餘片加以分類，企圖以稱謂與字體決定甲骨年代。此坑所出我定爲康丁、武乙、文丁三王卜辭，而明氏誤認‘父丁’爲武丁（其實是武乙稱康丁），‘父乙’爲小乙（其實是文丁稱武乙），因此他的斷代不免全錯了。”[③]

該文第二部分是“歷組年代的新證據”。李先生首先肯定了陳夢家創立的“卜人組”斷代方法比董作賓的以王世畫分的五期分法要“詳密適用得多”。他也採用分組法將殷墟甲骨分成九個組：“每組借用其中一個卜人名作爲組名，有一組全無卜人就叫做無名組。”九個組是：賓組、𠂤組、子組、午組、出組、歷組、無名組、何組、黄組。用李先生的“組”對照陳夢家的“卜人組”，可以看到李沿襲了陳氏的“賓組”“𠂤組”“子組”“午組”“出組”“何組”六個組的組名，新增加了“歷組”“無名組”“黄組”三個組。增加的這三個“組”是陳夢家已分别論證過的武乙、文丁卜辭（“歷組”）、康丁卜辭（無名組）、帝乙、帝辛卜辭（黄組）。李先生在文中注解中說：“陳氏分組主要指卜人繫聯，與我

① 見許進雄《〈殷墟卜辭後編〉編者的話》，藝文印書館 1972 年版。

② 董作賓：《殷虛文字甲編・自序》，商務印書館 1948 年版。

③ 陳夢家：《殷虛卜辭綜述》，中華書局 1988 年版，第 135—136 頁。

們的觀念有别。"[①] "别"在哪裏？文中沒有説明。不過從他後來的著述可知，他是根據字體來畫分"組"的，因此他的"組"可稱作"字體組"，這就是李先生的"組"與陳先生的"卜人組"的"觀念"之别。因他的"字體組"也是用卜人名做組名的，所以極易與陳氏的"卜人組"混淆。不過，檢查李先生各"字體組"所指的卜辭，就是陳夢家的各"卜人組"所指的那些卜辭，二者並無本質區别。衹是李先生把陳夢家沒有建立"組"的康丁卜辭，武乙、文丁卜辭，帝乙、帝辛卜辭，分别用"無名組""歷組""黄組"指稱而已。

李先生在該部分所舉的"歷組年代的新證據"，除了重復在《論"婦好"墓的年代及有關問題》一文中所舉的《綴合》15（即《合集》32439）、《南·明》477（即《合集》32087）兩版帶稱謂的卜辭外，又舉出了小屯南地新出土的五版帶稱謂的"歷組"卜辭，一版"歷組"王出行的卜辭，並對"歷組"卜辭中的"自上甲二十示"卜辭做出了新的解釋。

該文的第三部分論述"什麽是武文時期甲骨"。第四部分"甲骨與小屯南地分期"，主要是從"坑位"上論述"歷組"卜辭屬早期。

下面對該文第二部分的"稱謂"斷代，第四部分的"坑位"斷代情況進行分析。

（一）"歷組"卜辭的稱謂

"稱謂"，對於甲骨斷代有着重要的意義。在董作賓的斷代十項標準中，"稱謂"排在第二項；陳夢家的三大斷代標準中，"稱謂"排在第一大標準中。李學勤在《論"婦好墓"的年代及有關問題》《小屯南地甲骨與甲骨分期》兩文中，論證"歷組"卜辭的時代應該提前，也是利用稱謂做爲重要的斷代依據的。

---

① 李學勤：《小屯南地甲骨與甲骨分期》，注⑧，《文物》1981年第5期。

前面已分析了李先生在《論“婦好墓”的年代及有關問題》一文中，舉出的兩條稱“母”的“歷組”卜辭的證據不能成立。下面分析他在《論“婦好墓”的年代及有關問題》和《小屯南地甲骨與甲骨分期》兩文中，列出的有稱謂的六條卜辭證據（李列出的是八條，但有兩條各自重復，故實爲六條）。這六條卜辭是：

（1）……大乙、大丁、大甲、祖乙、小乙、父丁。

《綴合》15（《合集》32439）（圖 4—7）

（2）甲午貞：乙未酌，高祖亥……大乙羌五牛三，祖乙羌……小乙羌三牛二，父丁羌五牛三，亡壱。丝〔用〕。

《南・明》[①] 477（《合集》32087）（圖 4—8）

（3）……乙丑，在八月酌，大乙牛三，祖乙牛三，小乙牛三，父丁牛三。[②]

《屯南》[③] 777（圖 4—9）

（4）庚午貞：王其[?]告自祖乙、后（毓）祖乙、父丁。于大乙告。[④]

《屯南》2366（圖 4—10）

（5）自祖乙告祖丁、小乙、父丁。

《屯南》4015（圖 4—11）

（6）□丑貞：王令[?]尹□取祖乙，鱼伐，告于父丁、小乙、祖丁、羌甲、祖辛。[⑤]

① 李學勤對《戰後南北所見甲骨錄》一書的簡稱作《南北》，下接甲骨藏單位簡稱，如該片李作“《南北》明”477。我們則改用通用簡稱，作《南・明》477。

② 李先生釋文在“乙丑”之前加一“用”字，查《屯南》777 片無此字。

③ 對《小屯南地甲骨》一書的簡稱，李學勤作《南地》，本書一律改成通用的《屯南》。

④ 查《屯南》2366 片，“于大乙告”是獨立的一辭，李先生將其列在上一辭的“父丁”之後，看成一辭，錯。

⑤ 對該辭，李先生釋作“□丑貞：王祝伊尹，取自魚伐，告于父丁、小乙、祖丁、羌甲、祖辛”。

《屯南》2342（圖4—12）

圖4—7 《合集》32439

圖4—8 《合集》32087

圖 4—9　《屯南》777

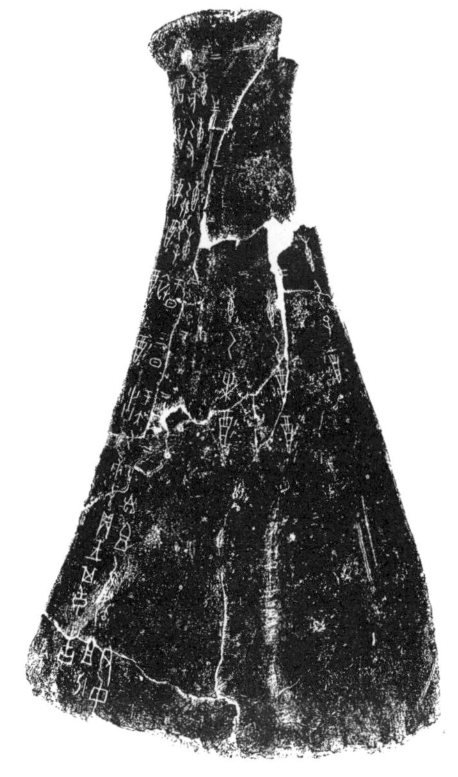

圖 4—10　《屯南》2366

圖 4—11　《屯南》4015

圖 4—12　《屯南》2342

這六條都是“歷組”合祭卜辭，卜問同時祭祀多位祖先。前五條是按祖先世系由遠世到近世排列的，可說是順祀；最後一條是按祖先世系由近世到遠世排列的，可說是逆祀。李先生先在《論“婦好”墓的年代及有關問題》一文中，舉出第（1）（2）兩條，說：“這兩片‘父丁’排在小乙之後，顯然是武丁。如把‘父丁’理解爲康丁，那麼在祀典中竟略去了稱爲高宗的武丁及祖甲兩位名王，那就很難想像了。”後来在《小屯南地甲骨與甲骨分期》一文中，又舉出第（3）、（4）、（5）、（6）四條。他說上述六條“歷組”卜辭中，接在“小乙”〔第（4）條稱“后祖乙”〕之後的“父丁”是指“武丁”，以此來證明“歷組”卜辭屬於祖庚時期。這裏，首先必須指出，在上述六條“歷組”卜辭中，李先生對第（3）、（4）、（6）三版卜辭的釋讀都違背原刻：他在第（3）條的“乙丑”之前多加了個“用”字；將第（4）版的兩辭合讀成一條辭；特別是對第（6）辭的釋讀錯誤更多，他將“王令𠆣尹”讀成“王祝伊尹”，將“□取祖乙，魚伐”釋成“取白魚伐”，即將“祖乙”讀成“白”。《屯南》作者指出：“𠆣尹：𠆣字不識，當爲國族名，𠆣尹爲𠆣族之尹”，正確。“𠆣”字絕不是“伊”字，李先生將其“誤”釋成一期卜辭中常見的“伊尹”，不確。

在討論上述六條有商王世系、稱謂的卜辭之前，有必要重提一下陳夢家曾告誡的，單獨利用稱謂斷代是有局限性的。前文曾引陳先生說：“1928 年明義士將其未收於《殷虛卜辭》的甲骨一千餘版拓成墨本，名爲《殷虛卜辭後編》（未印）。其未完成的敘言，曾將 1924 年冬小屯村中一坑所出三百餘片加以分類，企圖以稱謂與字體決定甲骨年代。此坑所出我定爲康丁、武乙、文丁三王卜辭，而明氏誤認‘父丁’爲武丁（其實是武乙稱康丁），‘父乙’爲小乙（其實是文丁稱武乙），因此他的斷代不免全錯了。”[1] 陳先生這裏指的明義士的這部分卜辭，就是李學勤現在所說的“歷組”卜辭。李先生對“歷組”卜辭的斷代與明義士一樣，也是根據單獨的稱謂，即認爲這些卜辭中的“父丁”是祖庚稱武丁，“父乙”是武丁稱小乙，以此證明“歷組”卜辭的時代應該在武丁至祖庚時期。陳夢家在強調卜人在斷代中的重要性時，曾進一步告誡：“占卜者之所以重要，因爲僅僅依靠稱謂斷代，其材料究屬有限。並且，單獨的稱謂不足以爲斷代的標準，如‘父乙’可以是武丁稱小乙，也可以是文丁稱武乙。”（137 頁）李先生定的“歷組”卜辭衹有一個卜人“歷”，缺乏同一個卜人在卜辭中有若干個親屬稱謂的記錄，如像出組卜人行，在同一版中有兄己、兄庚、父丁三個親屬稱謂（《後・上》19・14），則“行”必定是祖甲時人，該版卜辭必定是祖甲卜辭。而在李先生所列的上述六條“歷組”卜辭中，都是衹有一個單獨的“父丁”親屬稱謂，因此，這個單獨的親屬稱謂就不足以爲斷代的標準。這種有單獨的“父丁”，還有“父乙”親屬稱謂的卜辭，董作賓、陳夢家通過各種論證，認定“父丁”是武乙稱康丁，“父乙”是文丁稱武乙，與明義士的認定不同。現在李先生重拾明義士的意見，提出“歷組”卜辭的時代問題，實際上是舊說重提。

單憑上述六條有“父丁”稱謂的“歷組”卜辭，真的就能够確鑿無疑地證明它們是早期的祖庚卜辭嗎？筆者認爲未必。這六條“歷組”卜辭都是合祭卜辭，前五條合祭的最後兩位祖先都是“小乙、父丁”相接〔第（4）辭的“后（毓）祖乙”即小乙[2]〕，最後一辭合祭祖先最前面的兩位是“父丁、小乙”相接。李先生將這些卜辭中的小乙和父丁都看成世次緊相連接的父子關係，言如果不把“父丁”看

① 陳夢家：《殷虛卜辭綜述》，中華書局 1988 年版，第 135—136 頁。

② “后（毓）祖乙”是小乙，前人已有論證。見郭沫若《卜辭通纂》，第 40、41、42、43、44 片考釋，科學出版社 1982 年版。又見陳夢家《殷虛卜辭綜述》，中華書局 1988 年版，第 418 頁。

作武丁就不符合“卜辭慣例”，就“很難想象”，而且是“不可能的”。李先生的這些說法表明，他不明瞭各代商王在祭祀祖先時是存在着制度上的差異的。董作賓早已指出：“每一時代的祭法和所祭的祖先神祇都有不同。”① 是非常正確的。就以盛行於祖甲、帝乙、帝辛時期的“周祭”爲例，雖然各王周祭男性祖先都是始自上甲，無論直系、旁系甚至未及即位的大丁、祖己都被祭祀，周祭女性祖先都是祇祭直系先公先王的配偶，始自示壬之配，但是在終止何王、何妣上各王卻有不同。如祖甲時，周祭最後一位先王是祖庚，是祭到兄輩，祭祀先妣到小乙之配妣庚，是祭到祖輩，對母輩武丁之配不予祭祀。帝乙時，周祭先王到曾祖父康丁，對祖輩武乙、父輩文丁都不予祭祀，對康丁之兄廩辛也不予祭祀；對先妣是祭到康丁之配妣辛，也是祭到曾祖輩；對祖父武乙、父輩文丁的配偶都不予祭祀。② 帝辛時，周祭先王是到上四輩的高祖康丁，對曾祖父武乙、祖父文丁、父輩帝乙都不予祭祀，對康丁之兄廩辛也不予祭祀；对先妣也是祭到上四輩高祖康丁之配妣辛，對曾祖父武乙、祖父文丁、父輩帝乙之配都不予祭祀。這些說明，即使是以相同的祀典（周祭）祭祀祖先，各代商王的祭祀規則也是不相同的。

那麽，“歷組”卜辭時代祭祀祖先有什麽特徵和規則呢？筆者檢查《甲骨文合集》中的第四期卜辭也即“歷組”卜辭，可知其祭祀祖先有三個特點：最大的特點是盛行合祭，合祭的辭例形式有兩種：一種是直接列出參與合祭的各位祖先的廟號；另一種是祇列出打頭的祖先的廟號，其他則以“多少示”來表示，其中尤以“自（有時省“自”字）上甲多少示”占多數。第二個特點是單獨祭祀某位祖先的次數不多，尤其是對旁系先王祭祀的次數更

① 董作賓：《甲骨文斷代研究例》，中央研究院歷史語言研究所集刊外編第一種《慶祝蔡元培先生六十五歲論文集》上册，1933年。

② 武乙之配見於卜辭和銅器銘文。見常玉芝《祊祭卜辭時代的再辨析》，《甲骨文與殷商史》第二輯，上海古籍出版社1986年版。又見常玉芝《商代周祭制度》增訂本，附錄二，綫裝書局2009年版。文丁、帝乙之配卜辭、銘文中均未見。

少（羌甲除外）。第三個特點是祭祀祖先一般都是直呼其廟號，加親屬稱謂的很少，主要是加“父”這個親屬稱謂。

李先生列舉的上述六條辭都是“歷組”合祭卜辭。其中第（1）辭《綴合》15（即《合集》32439），是殷墟第二次發掘時在村中（第三區）出土的一塊刻於牛胛骨上的卜辭。[①] 董作賓曾對該辭作過解讀，他說：該辭“先王的次序，是由大甲起，隔去大庚、大戊、中丁三世而至祖乙，又隔了祖辛、祖丁兩世而至小丁（筆者按：‘小丁’是‘小乙’之誤），再隔了武丁、祖甲而至康丁（父丁），這父丁是康丁，卜辭屬於武乙”。即董先生說此辭的“父丁”是指康丁，卜辭爲武乙時的。董先生所說被祭先王不全，因爲在“大甲”之前還有大乙、大丁兩王被祭祀，即該辭是卜問對大乙、大丁、大甲、祖乙、小乙、父丁六位直系祖先的祭祀（在“大乙”之前還有殘掉的字）。大乙、大丁、大甲是直系相連的父子關係；在大甲之後被祭祀的是祖乙，正如董先生所說，中間尚有大庚、大戊、中丁三位直系先王未被祭祀；在祖乙之後被祭祀的是小乙，中間尚有祖辛、祖丁二位直系先王未被祭祀。這種情況說明在“歷組”卜辭的時代，合祭祖先是有選擇的，不但對旁系先王不予合祭，就是對直系先王也是進行選祭的。在這種情況下，李先生根據什麼就確定在小乙之後的“父丁”，一定就是與小乙直系相連的小乙之子武丁呢？再者，由後文論及的李先生提出殷墟甲骨發展的“兩系說”，他從董作賓以出土地點定卜辭時代，那麼該版出土於村中的“歷組”卜辭，應該從董先生之說是第四期武乙卜辭纔對，而他卻認“父丁”是武丁，該版是祖庚卜辭，這就與他的“兩系說”相矛盾了。正如董作賓對該版卜辭的分

① 殷墟第二次發掘的坑位區是三區、四區。三區在小屯村中，出土甲骨屬於三期、四期，即康丁、武乙、文丁卜辭。四區在小屯村北，出土甲骨屬於一期、二期、三期、五期，以第三期廩辛、康丁卜辭爲最多。見董作賓《甲骨文斷代研究例》，中央研究院歷史語言研究所集刊外編第一種《慶祝蔡元培先生六十五歲論文集》上冊，1933 年。

析："如果說父丁是武丁，便可在祖甲之世了。但村中無第三期以上的卜辭，而祖甲時又必有貞人，今此版出土村中，亦可見非祖甲的物。故以下的父丁即康丁。"（筆者按：將董氏的"祖甲"換成"祖庚"也可），即該版是武乙卜辭。第（2）辭《南·明》477（即《合集》32087），該辭多處有殘字，拋開殘掉的王名不算，僅就中間沒有殘字的大乙和祖乙兩王來看，中間略去不被祭祀的直系先王就更多了，計有大丁、大甲、大庚、大戊、中丁五位直系先王；與第（1）辭一樣，該辭在祖乙與小乙之間略去了祖辛、祖丁二位直系先王未予祭祀。這也證明了該辭後面的小乙與父丁不一定就是父子相連的直系關係。第（3）辭《屯南》777，前有殘字，合祭的祖先依次是大乙、祖乙、小乙、父丁，與第（2）辭一樣，在大乙與祖乙之間也是略去了大丁、大甲、大庚、大戊、中丁五位直系先王未祭；又與第（1）辭一樣，在祖乙與小乙之間略去了祖辛、祖丁二位直系先王未予祭祀。同樣，該辭也可證明後面的小乙與父丁不一定就是父子相連的直系關係。再者，該辭是於乙丑日卜問的，祭祀的先王除父丁外，都是乙名王，說明是注重對乙名王的祭祀，附帶祭祀父王父丁。第（4）辭《屯南》2366，是卜問祭祀祖乙、后（毓）祖乙、父丁的[①]，該辭問"告自祖乙"，是說告祭自祖乙開始，接下來祭的是"后（毓）祖乙"即小乙，兩王之間的祖辛、祖丁未予祭祀，這與第（1）、（2）、（3）辭是一樣的。同樣，該辭也可證明後面的小乙與父丁不一定就是父子相連的直系關係。第（5）辭《屯南》4015，祭祀的先王也是"自祖乙告"，下接的祖先依次是祖丁、小乙、父丁，在祖乙與祖丁之間的祖辛未被祭祀。由此看來，我們上面推測第（4）辭的"告自祖乙"不包括祖辛、祖丁是正確的。同樣，該辭也可證明後面的小乙與父丁不一定就是父子相連的直系關係。第（6）辭《屯南》2342，是被李先生

① 李先生將《屯南》2366 片的"于大乙告"列在"父丁"之後，讀成一辭，錯。

多次列爲“更能说明問題”的一个例證，他將該辭的先王逆祀排序父丁、小乙、祖丁、羌甲、祖辛，與出組卜辭“己丑卜，大貞：于五示告：丁、祖乙、祖丁、羌甲、祖辛”（《粹編》250）相比較，確證“歷組”的“父丁”就是指的武丁。並說出組的“祖乙和丁，就是《南地》2342〔筆者按：即第（6）辭〕的小乙和父丁”，還說：“有卜人大的出組卜辭是祖庚、祖甲時期的，丁即父丁顯然是武丁。若以《南地》一辭父丁理解爲康丁，則與《粹編》250的時代相背，況且祭羌甲（旁系先王沃甲）而不祭武丁，更是不合情理的事。”可惜，這也祇是推測。前面已用同是“歷組”的五條卜辭證明“小乙”之後的“父丁”不一定就是指武丁，因此第（6）辭《屯南》2342中小乙之前的父丁也不能肯定就是指武丁。因此出組《粹編》250卜辭也就不足爲據。以上，由李先生所舉的六條卜辭看，在“歷組”卜辭的時代，商王祭祀自己的祖先時，所祭先王的世次並不都是前後緊密相接的，而是在兩王之間大都存在着不被祭祀的直系先王，這就是選祭。選祭是選擇那些在商人歷史發展中有過重大貢獻的直系祖先進行祭祀，同時也將與自己關係最爲密切的父王與這些重要祖先進行合祭。在上述李先生舉的六條“歷組”合祭卜辭中，出現次數最多的是大乙、祖乙、小乙、父丁，這說明，“歷組”卜辭的時王最尊崇的先王是大乙、祖乙、小乙三位乙名王和父丁。由於大乙與祖乙相距六世，祖乙與小乙相距三世，即三王都不是世系緊相連接的直系祖先，所以小乙與父丁是否爲世系緊相連接的父子關係就是個需要探討的問題。

近年，劉一曼、曹定雲在《三論武乙、文丁卜辭》[①]（後文簡稱《三論》）中，舉出兩版“歷組”卜辭證明在小乙之後父丁之前還有“三祖”。

第一版：

① 劉一曼、曹定雲：《三論武乙、文丁卜辭》，《考古學報》2011年第4期。

甲辰貞：歲于小乙。①

弜又。

二牢。

三牢。二

弜至于三祖。二

《合集》32617（《綴合》336）（圖 4—13）

作者說：“在該片祭祀中，‘三祖’明顯排在‘小乙’之後。”第二版：

弜至三祖。

丙子貞：父丁彡。

不遘雨。

《合集》32690（《明後》B2526）（圖 4—14）

圖 4—13　《合集》32617（《綴合》336）

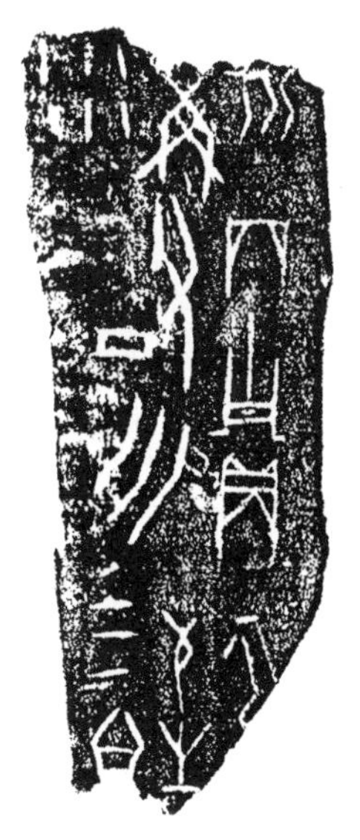

圖 4—14　《合集》32690

① 查原片“歲”字之前無殘字，可不必畫“□”。

作者説："在此片祭祀中，'父丁'明顯排在'三祖'之後。"

作者"以'三祖'作爲接合部（連結點），將兩版卜辭的内容繫聯如下：

甲辰貞：歲于小乙。
弜又。
二牢。
三牢。二
弜至于三祖。二
弜至三祖。
丙子貞：父丁彡。
不遘雨。"

作者説："上述兩版卜辭繫聯之後，大家可以看到，在小乙至父丁之間的祭祀過程中，明顯存在着'三祖'；致祭'三祖'的時間是在'小乙'之後，但卻在'父丁'之前。此中的致祭次序是小乙→三祖→父丁，這是小乙與父丁之間存有'三祖'先王的確證。歷組提前論學者所徵引的小乙、父丁卜辭，中間確實是略去了'三祖'。該祭祀過程清楚地證明，此中的'父丁'就是康丁。"筆者認爲這兩版卜辭確實證明了在李先生上舉的六版"歷組"合祭卜辭中，在小乙與父丁之間至少有"三祖"未被祭祀，這與我們分析上述六版"歷組"卜辭在小乙之前都有未被祭祀的祖先是一致的。這就是説，上述六版"歷組"卜辭所祭先王的世次，除了第（1）版的大乙、大丁、大甲，第（5）、（6）版的祖丁、小乙外，其他先王的世次都不是緊密相連的，都是有間隔數位先王的選祭。對於《三論》所舉卜辭中的"三祖"是誰，陳夢家早就有所指出，他說："三祖當是武乙稱祖己、祖庚、祖甲。"[①] 屈万里也如此認爲。[②] 因此，上述有"三祖"的"歷組"卜辭是武乙卜辭，"三祖"是武乙對其祖父祖己、祖庚、祖甲的稱呼。《三論》作者爲了加強武乙卜辭中"三祖"之所指，還舉出在康丁卜辭中有"三父"之稱與之對應，即《京人》1817 的"凡于▨三父又"，作者說："上述康丁卜辭中的'三父'當指父己、父庚、父甲，亦即孝己、祖庚、祖甲。此'三父'之稱與武乙卜辭中的'三祖'之稱完全吻合，證明歷組父丁類卜辭中的'父丁'確實是康丁。"總之，由"三祖"在卜辭中的祀序是前接小乙，後接"父丁"，證明在小乙之後的"父丁"絕對不是指武丁，而是指康丁。這也就證實了"歷組"卜辭在合祭某些祖先時，不但在小乙之前略去一些直系祖先不予祭祀，而且在小乙之後也會略去祖己、祖庚、祖甲三位祖先不予祭祀，此三王在商人歷史的發展中沒有什麽重要貢獻，特別是祖己未即位而亡，祖庚在位時間很短[③]，不選他們參加合祭是情理之中的事。上述"三祖""三父"的卜辭例證蓋過了李先生臆測的六條所謂證據。李先生用單獨的親屬稱謂"父丁"，來想當然地臆測其是指武丁，是經不起推敲的。

"歷組"卜辭不是武丁至祖庚時期的卜辭，筆者還可舉出下面十二版有世系、稱謂的卜辭給予證明：

(1)〔大〕丁〔牛〕，大甲〔牛〕，祖乙〔牛〕，父丁〔牛〕，即□上甲。

《合集》32467（圖 4—15）

(2) 癸巳貞：其……〔大〕丁，大甲，祖乙，父丁……

① 陳夢家：《殷虛卜辭綜述》，科學出版社 1956 年版，第 494 頁。

② 屈万里：《殷虛文字甲編考釋》，第 627 片，"中央研究院"歷史語言研究所，1961 年。

③ "夏商周斷代工程"專家組：《夏商周斷代工程 1996—2000 年階段成果報告（簡本）》，第 60 頁，祖庚平均在位 11 年，世界圖書出版公司。

《合集》32469（圖4—16）

(3) 甲戌貞：乙亥告其奠𢼸舟，自上甲［牛一］、大乙牛一、大丁牛一、大甲牛一、祖乙牛一、父丁［牛一］。

《合集》32389+32482+32440（圖4—17）[①]

(4) 叀夕畐𢦔，酒告于祖乙、父丁。

《合集》32578（圖4—18）

圖4—15　《合集》32467

這四條卜辭也屬李先生所説的“歷組”卜辭，均是合祭多位祖先的合祭卜辭。其中第（1）、（2）、（3）辭的“大丁、大甲、祖乙”的祭祀順序與李先生所舉的第（1）版“歷組”卜辭相同。這四辭在“祖乙”之後被祭的不是李先生所舉六條辭中第（1）、（2）、（3）、（4）辭的“小乙”，而是“父丁”，即在“祖乙”與“父丁”之間都沒有“小乙”被祭。這也可證明李先生所舉卜

① 本片由劉源與周忠兵合綴。見劉源《歷組卜辭新綴兩組》，《故宫博物院院刊》2008年第4期。

圖 4—16　《合集》32469

圖 4—17　《合集》32389 + 32482 + 32440

辭中的“父丁”與前王“小乙”不是緊相連接的父子關係。

再看下面兩版“歷組”卜辭：

（5）乙未卜：又升于大甲、父丁。

《合集》32483（圖 4—19）

（6）癸卯貞：叀[illegible]先于大甲、父丁。

《合集》32485

這兩條辭都是在“大甲”之後接的“父丁”，比第（1）、（2）、（3）、（4）四辭在“父丁”之前又都少了“祖乙”未予祭祀，這也說明了“父丁”與前王小乙不一定就是父子緊相連接的父子關係。

圖 4—18　《合集》32578

圖 4—19　《合集》32483

總之，以上六版卜辭證明，“歷組”卜辭時的時王（武乙）特別尊崇自己的父王“父丁”（即康丁），他在祭祀商人歷史上重要的先祖時，往往要將自己的父王“父丁”與他們合祭，而排在“父丁”之前的先王都不是與父丁緊相連接的父子關係。所以這些“歷組”合祭卜辭也可以證明，李先生將自己舉的例證中的小乙之後的“父丁”，看成是與小乙世系緊相連接的父子關係，只能是猜測而已。

再看下面六版“歷組”卜辭：

（7）辛亥卜：其又歲于三祖辛。

《合集》32658（圖 4—20）

（8）弜□于祖乙以祖〔辛〕、祖甲……

《合集》32577（圖 4—21）

（9）弜巳。

其桒于上甲其祝。

弜祝。

祝在父丁宓。

至于祖甲。

《合集》32654（圖 4—22）

（10）祖甲燎其至父丁。

《合集》32655（圖 4—23）

（11）甲辰卜：升伐祖甲歲二牢。用。

《合集》32198（圖 4—24）

（12）□辰卜：翌日其酒其祝自中宗祖丁、祖甲……于父辛。

《屯南》2281（圖 4—25）

圖 4—20 《合集》32658

圖 4—21 《合集》32577

圖 4—22　《合集》32654

圖 4—23　《合集》32655

第（7）辭於辛亥日卜問又歲祭“三祖辛”，按商王世系，以“辛”爲廟號的依次是祖辛、小辛、廩辛，帝辛，則“三祖辛”當指廩辛無疑，“歷組”卜辭祭祀“三祖辛”，絕不可能是武丁、祖庚卜辭，當是文丁卜辭無疑。第（8）辭卜問祭祀祖乙、祖辛、祖甲，祭祀祖甲的，當不會是武丁、祖庚，而應是祖甲的後人，則該“歷組”卜辭的時代必在祖甲之後，康丁應稱“父甲”，則此辭應是武乙、文丁卜辭。如果說此“祖甲”是指陽甲也不可能，一是祖乙、祖辛爲直系先王，“歷組”卜辭參與直系先王選祭的旁系先王只有“羌甲”一人〔可見李先生例證的第（6）辭，即《屯南》2342〕。二是“歷組”卜辭時期祭祀先王除父輩外一般都

圖 4—24　《合集》32198

圖 4—25　《屯南》2281

不加親屬稱謂，都是直呼其廟號，因此“祖甲”不會是指“陽甲”。三是筆者據《合集》材料統計，“歷組”卜辭記錄旁系先王“陽甲”的衹有兩次〔《合集》32611 和《合集》32753（此辭是卜“陽甲母庚”，見前文《京都》2297）〕。因此，該辭的“祖甲”必是武丁之子直系先王祖甲。第（9）版上有五條辭，第二、三辭卜問是否祝祭上甲，第四辭卜問祝祭可否在父丁的廟室裏舉行（“宓”爲“親廟”①），最後一辭說“至于祖甲”，即由上甲一

① “灵”字，陳夢家釋“升”，言“疑當爲禰，即親廟”，“是祭祀所在的建築物”（《殷虛卜辭綜述》，中華書局 1988 年版，第 470 頁）。于省吾釋“必”，謂“必是宓，謂神宮”，是“祀神之室”（《雙劍誃殷契駢枝三編·釋必》，1943 年。）今採于先生說釋宓，採陳先生說指親廟。

直祭到祖甲。整版卜辭是卜問在父丁的廟室裏舉行從上甲到祖甲的祝祭的。"歷組"卜辭多有自上甲起始祭祀多位直系祖先的，還有不少卜問祭祀"自上甲多少示"的[①]，這是"歷組"卜辭的特色。該版卜問祭祀上甲到祖甲，則此"歷組"卜辭必不是武丁、祖庚卜辭。第（10）版卜問燎祭祖甲至於父丁，則該"歷組"卜辭也不是武丁、祖庚卜辭。第（11）辭卜問"升伐祖甲歲二牢"，祭祖甲表明此"歷組"卜辭不是武丁、祖庚卜辭。第（12）辭卜問祝祭自中宗祖丁、祖甲至於父辛，"祖甲"是武丁之子，則該辭不會是武丁、祖庚卜辭；"父辛"是武乙之父廩辛，則該辭爲武乙卜辭。總之，第（7）版卜問祭祀"三祖辛"，第（8）、(9)、(10)、(11)、（12）五版卜問祭祀祖甲，都確鑿無疑地證明了"歷組"卜辭不是武丁、祖庚卜辭，而是武乙、文丁卜辭。

除"三祖""父丁"稱謂外，《三論》作者還舉出"歷組"父丁類卜辭中有"父辛"一稱，如《綴新》[②] 588，辭爲："☐又歲父辛〔八〕牢，易日。兹〔用〕。"作者說："該片中的'父辛'當是武乙稱其父廩辛，卜辭内容與卜辭時代完全吻合。這一稱謂也是出組卜辭所不見的。歷組父丁類卜辭中既有'父丁'稱謂，又有'父辛'稱謂，那麽，這類卜辭衹能是武乙卜辭，是武乙稱其父廩辛與康丁，沒有别的選擇。這是該類卜辭中'父丁'爲康丁的有力佐證。"其說完全正確。

此外，《三論》作者還通過分析武乙卜辭中集合廟主大示的"十示又三"（《後·上》28·8、《屯南》827、《屯南》4331），小示的"十示又四"（《屯南》601、《南明》655），證明"武乙卜辭中，無論是'大示'的'十示又三'，還是'小示'的'十示又四'，其所祭先王數與武乙時代的世系完全吻合，故此中的

---

① 筆者統計《合集》第四期卜辭，其中帶有上甲的卜問有 158 次，比祖乙的 125 次，父丁的 105 次都多，是次數最多的。

② 嚴一萍：《甲骨綴合新編》，藝文印書館 1975 年版。

‘父丁’確實是康丁”。《三論》作者還分析了文丁卜辭中的“父乙”“兄丁”“母庚”與武丁卜辭中的此三稱“是不相同的人，其時代自然也不相同”。又指出文丁卜辭中集合廟主“伊、廿示又三”（《京》4101、《佚》211），“與文丁卜辭的時代亦相吻合”。

“歷組”卜辭中還有“父乙”“母庚”的稱謂，提前論者認爲這兩個稱謂分别是武丁稱小乙和小乙之配。《三論》作者則指出，文丁卜辭即“歷組父乙類”卜辭中，“其父輩稱謂衹見‘父乙’；母輩稱謂衹見‘母庚’。此與武丁卜辭中衆多的父輩和母輩稱謂相比，真有天壤之别”。作者舉《粹》373的“將兄丁于父乙”、《甲》611的“將兄丁凡父乙”的“兄丁、父乙”連稱，舉武丁卜辭中存在母庚、母丁、母壬、母癸等多母的情況，指出“父乙”“兄丁”“母庚”三稱雖然在武丁和文丁卜辭中都存在，但是，“首先，此三稱在武丁卜辭中是同版關係，是分别祭祀的對象，而在文丁卜辭中，‘父乙’、‘兄丁’往往同辭，是‘合祭’的對象。其次，武丁卜辭中，此三稱所受祭祀種類比較多，除𢀛祭、㞢祭外，還有告祭、𠭁祭、酌祭等，而文丁卜辭中，此三稱所受祭祀種類少得多，主要是又祭，其次是告祭、將祭；而母庚衹受又祭，兄丁衹受將祭”。“此外，武丁卜辭中，此三稱所受犧牲比較多，以宰爲主，其次是牛、羊、伐等；而文丁卜辭中，此三稱所受犧牲比較少，主要是牛，次爲羊，沒有見到‘宰’。”由此作者得出結論：“以上情況表明，文丁卜辭中的‘父乙’、‘兄丁’、‘母庚’同武丁卜辭中的‘父乙’、‘兄丁’、‘母庚’是不相同的人，其時代自然也不相同。”這是從祭祀事類上區分出文丁和武丁卜辭中的“父乙”“兄丁”“母庚”之所指不同。無疑是正確的。

關於第一期賓組卜辭和第四期“歷組”卜辭中的“父乙”稱謂，是否都是指武丁之父小乙，還可由此稱謂在這兩組卜辭中出現的次數和祭祀禮儀的輕重得到解答。筆者查《合集》等書中的第一期賓組卜辭，有“父乙”稱謂的達330多條，而第四期“歷組”卜辭只有 20 餘條。兩組卜辭中“父乙”稱謂出現的次數相差如此懸殊，該作何解釋？其實這個問題不難回答。查古書中記載武丁、文丁的在位年數便可找到答案。《尚書・無逸》、今本《竹書紀年》、《太平御覽》卷八十三、《皇極經世》四書均記載武丁在位 59 年。文丁的在位年數，《尚書・無逸》沒有記錄，今本《竹書紀年》是 13 年，《太平御覽》卷八十三和《皇極經世》都是 3 年，說法不一，但古本《竹書紀年》有“文丁十一年，周伐翳徙戎”的記載，說明文丁在位至少 11 年。現據復原的周祭祀譜，知文丁在位年數是 22 年。[①] 武丁在位 59 年，文丁在位 22 年，二者相差近四十年，自然武丁卜問祭祀“父乙”即小乙的次數要多，文丁卜問祭祀“父乙”即武乙的次數要少。這就說明“歷組”卜辭的“父乙”與武丁卜辭的“父乙”不可能是指同一個人。再看第一期賓組卜辭和第四期“歷組”卜辭祭祀“父乙”時在禮儀上的差別。武丁時卜問祭祀“父乙”的祀典非常隆重，卜問的事類也較多樣。如《合集》886：“貞：钔于父乙，豈三牛、𠕋三十伐、三十宰”，是卜問要用三頭牛、砍殺三十個人，三十隻經過特殊飼養的羊御祭父乙。[②] 又如《合集》271 正：“己卯卜，㱿貞：钔帚好于父乙，豈羊、㞢豕、𠕋十宰”，這是卜問用羊、豕和經過特殊飼養的十隻羊祭祀父乙，以禦除婦好的災禍。再如《合集》130 正：“貞：翌乙未乎子漁㞢于父乙宰”，這是命令子漁用經過特殊飼養的羊祭祀父乙。但是在第四期卜辭中，祭祀父乙的祀典就要簡單多了，如《合集》32226：“己酉卜，子又伐父乙。”《屯南》751：“壬午卜：𢦏又伐父乙。”只問伐祭父乙，不記用何犧牲，也不記犧牲的數目。《合集》34240：“乙未卜，又升歲于父乙三牛。”只用三頭牛祭祀父乙。而且上述三條辭的侑祭不同于第一期卜辭寫作“㞢”，而是作

① 見常玉芝《商代周祭制度》(增訂本)，綫裝書局 2009 年版，第五章第六節。
② 姚孝遂：《牢、宰考辨》，《古文字研究》第九輯，中華書局 1984 年版。

“又”，這也表明第一期和“歷組”卜辭不屬於同一個時代。由上述第一期和第四期“歷組”卜辭祭祀父乙的不同，可以看到兩期的父乙絕對不是指同一個人。

再看第二期出組卜辭和第四期“歷組”卜辭中的“父丁”稱謂是否都是指祖庚（祖甲）之父武丁。這也可由此稱謂在這兩期卜辭中出現的次數和祭祀禮儀的輕重得到解答。查《合集》等書中第二期出組卜辭，加上周祭“父丁”的祖甲卜辭，共有“父丁”稱謂 165 條左右，第四期“歷組”卜辭（包括《屯南》）有 218 條左右，兩組卜辭中“父丁”稱謂出現的次數相差不太懸殊。究其原因，可由祖庚、祖甲和武乙的在位年數得到啟示。查古書中祖庚的在位年數，今本《竹書紀年》是 11 年，《太平御覽》卷八十三和《皇極經世》都記錄是 7 年，今採 11 年說。祖甲的在位年數，《尚書·無逸》、今本《竹書紀年》、《皇極經世》都是 33 年，《太平御覽》卷八十三記錄是 16 年，今採 33 年說。即祖庚、祖甲合計在位 44 年。關於武乙的在位年數，古本、今本《竹書紀年》都記錄是 35 年，《太平御覽》卷八十三是 34 年，《皇極經世》是 4 年，顯然不可靠，今採 35 年說。即祖庚、祖甲在位年數 44 年，祇比武乙在位年數 35 年多 9 年，所以第二期出組與第四期“歷組”卜辭的“父丁”稱謂出現的頻率相差不多，“歷組”中“父丁”與前輩祖先合祭的次數多一些。雖然因“父丁”稱謂在第二期出組卜辭與第四期“歷組”卜辭中出現的頻率相差不太多，不能直接反映兩組卜辭中的“父丁”是否指同一個王。但由第二期出組卜辭與第四期“歷組”卜辭在祭祀“父丁”的禮儀上的差別，可以明顯地看出兩組卜辭中的“父丁”絕不是指同一個人。第二期出組卜辭祭祀父丁，除了祖甲將其列入例行的周祭外，其他祭祀父丁的禮儀，具有代表性的辭例有：《合集》22549 的“伐羌三十卯五宰”，《合集》22550“伐羌十又八”、《合集》22555“五宰羌十”、《合集》22560“伐羌五”，這是卜問用羌人進行祭祀，數量有三十羌、十八羌、十羌，五羌，有兩辭還加用“五宰”。另有“歲五宰”（《合集》23197）、“歲三宰”（《合集》23191）、“歲二宰”（《合集》22701），用羊牲數量都不多。還有“歲十牛”（《合集》23190）、“歲三牛”（《合集》23187）、“歲二牛”（《合集》23188），用牛牲辭例和數量都不多。其餘的多是籠統地卜問“歲宰”“歲”等的，一般都不記牲名和數目。出組卜問“父丁”與其他先王合祭的辭例很少。但在第四期武乙時，“父丁”與其他祖先合祭的次數較多，合祭的祖先一般都是在商人的歷史上作出過重大貢獻的先公、先王（見前文），這表明武乙對“父丁”格外尊崇。這一點也體現在武乙對父丁的祭祀禮儀特別隆重，如《屯南》1111卜問用“羌百”，即殺一百個羌人祭祀父丁，這在出組卜辭中是沒有的。其他《合集》32053伐“三十羌”，《合集》32054“伐三十羌、歲三牢”，《合集》32055伐“羌三十、卯五牢”，一次砍殺三十個羌人的次數都比出組多。《合集》32070、32071伐“十羌”，《合集》32076“卯三牢、羌十”。上述辭例表明“歷組”殺羌人祭祀時配祭的犧牲多是用大牲畜“牢”，即經過特殊飼養的牛。而在出組中多是用小牲畜“宰”。武乙時也有少數用“宰”的，但是數量卻很大，如《合集》32675 钔于父丁“百小宰”“五十小宰”，這在出組中是見不到的。此外，武乙時還選用其他犧牲祭祀“父丁”，數量也都很大，如《合集》32698“又于父丁犬百、羊百、卯十牛”，即用一百條犬，一百隻羊，再剖殺十頭牛進行祭祀。又如《合集》32674的“燎于父丁百犬、百豕、卯百牛”，即用一百條犬，一百頭猪，再剖殺一百頭牛進行祭祀，加起來就是三百個犧牲，數量多麽巨大。《合集》32844 钔祭父丁也是用“百牛”。這種用上百數百犧牲祭祀“父丁”，在出組中也是沒有的。另外，《合集》32665、32666、32667有“歲五牢”等，也是多用大牲畜牛進行祭祀。由以上第二期出組卜辭與第四期“歷組”卜辭對“父丁”的祭祀禮儀，可以看到，“歷組”武乙對父丁格外尊崇，不但將父丁多與前世重要祖先進行合祭，而且祀典特别隆重。表現在用人牲、犬、羊、牛、豬等多種犧牲同時進行祭祀，並且每種犧牲都達到一百的數量，甚至各種犧牲加起來達到三百的數量（《合集》32674），這是在第二期出組祭祀父丁的卜辭中見不到的。此外，“歷組”武乙祭祀父丁多用大牲畜牛，出組多用小牲畜羊。“歷組”即使用小牲畜羊（宰），數量卻很大，如“百小宰”“五十小宰”等，這也是出組時所沒有的。由上述出組與“歷組”卜辭對“父丁”祭祀禮儀的巨大差異，可以明顯地看到，這兩組卜辭中的“父丁”絕不是指同一個人。也可以明瞭“歷組”卜辭爲什麼要屢屢將“父丁”與諸祖先合祭。由此就可以得出結論：“歷組”絕不是與早期祖庚卜辭同時期的卜辭。

這裏還需要提及的是，堅持“歷組”卜辭屬於早期的學者裘錫圭，根據商末銅器“肄簋”銘文記錄武乙的配偶是“妣戊”，來反對“歷組”的“母庚”是武乙的配偶。① 其實，他的這個觀點並不新鮮，早在1948年，董作賓在《殷虚文字乙編·序》中叙述他早年將𠂤組卜辭錯誤地列在第一期時就說過：“父乙固然可以說是武乙，可是在《戊辰彝》（筆者按：肄簋）中又明明白白是武乙奭妣戊，文武丁的母親，應該是母戊，不該是母庚。”我們認爲提出這種論點是沒有聯繫到商代的配偶制度（也可叫作宗法制度）。在商代，商王可以有多個配偶已是常識，那麼，武乙就衹能有一個稱“戊”的配偶嗎，不能再有一個稱“庚”的配偶嗎？顯然不能。“肄簋”銘文記錄的武乙之配稱“妣戊”，應該是帝乙或帝辛對她的稱呼；文丁卜辭中還有稱武乙的另一個配偶“母庚”的，是文丁對其母的稱呼，說明武乙名庚的配偶在文丁時就去世了，當時名“戊”的配偶尚在人世，因此卜辭中不見對名“戊”

① 裘錫圭：《論“歷組卜辭”的時代》，《古文字研究》第六輯，中華書局1981年版。

的配偶的祭祀。又，1986 年，筆者曾對第五期的“祊祭”卜辭進行過研究，發現武乙還有一個稱“母癸”的配偶①，是文丁對其母的稱呼。這樣，武乙的配偶就是“祊祭”卜辭中的“母癸”，“歷組”卜辭中的“母庚”，再加上“肄簋”銘文的“妣戊”，武乙則至少有三個配偶了。古本、今本《竹書紀年》都記載武乙在位 35 年，《太平御覽》卷八十三記載在位 34 年，這也可說明武乙的高壽使他會有多個配偶。商代的王有多個配偶在甲骨文中早已得到證明，如中丁、祖乙、祖丁都有兩個配偶，武丁有三個配偶，她們都是商王的嫡妻，是死了一個再立一個。② 因此，不能衹根據“肄簋”銘文就固守地認定武乙衹能有一個稱“戊”的配偶而不能再有一個稱“庚”的配偶。

總之，以上“歷組”卜辭中的稱謂和世系都證明了“歷組”卜辭確實是武乙、文丁卜辭。

這裏還需要提及林宏明拼合的《屯南》4050 + 《屯南補遺》244③ 版“歷組”卜辭，其辭為：

>] 〔乙〕三、☒大乙十、☒小甲三、大戊☒、☒十、祖☒三、父☒。④（圖 4—26）

對此拼合版中“父”字之下殘缺的字，林宏明補爲“丁”。他說：“根據世系，筆者以爲以這個‘父’爲‘父丁（武丁）’的可能性

① 常玉芝：《祊祭卜辭時代的再辨析》，《甲骨文與殷商史》第二輯，上海古籍出版社 1986 年版。又見《商代周祭制度》（增訂本）附錄二，綫裝書局 2009 年版。

② 由武丁的三個配偶妣辛、妣癸、妣戊在周祭中的祭祀次序可知，其祭祀次序是以其死亡的先後次序進行安排的。見常玉芝《商代周祭制度》（增訂本），綫裝書局 2009 年版，第 84 頁。

③ 中國社會科學院考古研究所安陽工作隊：《1973 年小屯南地發掘報告·（五）小屯南地甲骨補遺》，《考古學集刊》第 9 集，科學出版社 1995 年版。

④ 林宏明：《從一條新綴的卜辭看歷組卜辭的時代》，《古文字研究》第二十五輯，中華書局 2004 年版。

圖 4—26　《屯南》4050 +《屯南補遺》244

比以‘康丁’，大出許多。”林文發表後，李學勤發表了《一版新綴卜辭與商王世系》一文，不同意林氏所補，他說：“歷組卜辭是縱跨兩個王世的，近年的分期工作已將之區分爲有‘父乙’和‘父丁’的兩類，前者屬武丁時，後者屬祖庚時，兩類的字體風格差異是明顯的。”（這表明“歷組”卜辭的字體不是如李先生原來說的全是“字較大而細勁”的一種，實際就是指董氏分期的第四期卜辭）李先生認爲林宏明補“父”字之後爲“丁”是“不妥”的，他補“父”字之後為“乙”字，即是“父乙”，“父乙”是指“小乙”，即認爲該拼合版是武丁卜辭，並说它“爲歷組卜辭的時代再次提供了有力證據”[①]。查李先生與彭裕商合著的《殷墟甲骨分期研究》[②]一書，他們根據字體特徵將“歷組”卜辭分爲兩大類，即“歷組一類”也即“歷組父乙類”“歷組二類”也即“歷組父丁類”。根據他们的分類，林宏明拼合的這版卜辭的字體是屬於典型的“歷組二類”也即“歷組父丁類”，其字

① 李學勤：《一版新綴卜辭與商王世系》，《文物》2005 年第 2 期。該處引自《當代名家學術思想文庫·李學勤卷》收入的修改版，北方聯合出版傳媒（集團）股份有限公司萬卷出版公司，2010 年。

② 李學勤、彭裕商：《殷墟甲骨分期研究》，上海古籍出版社 1996 年版。

體特徵是“較大而細勁”，因此，拼合版中“父”字之後補作“丁”字纔是對的。但李先生卻違背自己的分類，硬將“父”字之後補成“乙”字，説該拼合版是“歷組一類”也即“歷組父乙類”卜辭。但按照他們的分類，“歷組父乙類”卜辭的字體特徵是“字體較小，筆畫纖細圓轉”，而林宏明的拼合版顯然不屬此類。李先生説“歷組一類”和“歷組二類”“兩類的字體風格差異是明顯的”，那麽就不應該如此混淆不清。總之，林宏明將此“歷組”拼合版“父”字之後補作“丁”字，是符合李先生對“歷組”卜辭字體的分類的，但林氏將“父丁”看成是武丁則是不對的。因爲由該條卜辭對祖先的祭禮的不同可以窺見“父丁”之前的祖先應該是旁系先王。該辭祭祀“三報”之一所用祭品是“三”，祭祀直系先王大乙是“十”，祭祀旁系先王小甲是“三”，所以“父”字之上的“三”（祭禮）預示着其上所祭的是旁系祖先。卜辭表明，“三報”即報乙、報丙、報丁（還有示壬、示癸），雖然是直系先公，但他們在商人歷史中的地位較低，這表現在合祭多個直系祖先時，他們或多被摒棄不祭，商人合祭直系祖先，在先公上甲之後往往接的是先王大乙，如“歷組”卜辭：“□未卜：求上甲、大乙、大丁、大甲、大庚、〔大戊〕、中丁、祖乙、祖辛、祖丁十示，率羊。”（《合集》32385）（圖 4—27）該辭卜問合祭自上甲始的十位直系祖先，但接在上甲之後被祭祀的是大乙，中間略去了報乙、報丙、報丁、示壬、示癸五位直系先公不予祭祀。或者合祭祖先時，直系旁系都被祭祀，但所用的祭禮卻有區别，如“歷組”卜辭：“乙未酌兹品上甲十、報乙三、報丙三、報丁三、示壬三、示癸三、大乙十、大丁十、大甲十、大庚七、小甲三……三、祖乙……”（《合集》32384）（圖 4—28）該辭卜問祭祀十二位祖先（有缺文），其中祭祀上甲、大乙、大丁、大甲四位直系祖先每位所用祭品都是“十”，而祭祀報乙、報丙、報丁、示壬、示癸五位直系先公所用祭品卻是“三”，大庚雖然是直系先王卻用“七”[①]，而旁系先王小甲也是用“三”，其地位與報乙、報丙、報丁、示壬、示癸相同。上舉林宏明拼合的《屯南》4050＋《屯南補遺》244 的内容與該辭相同。這種所用祭品的差異表明商人對祖先不是一視同仁的，上甲、大乙、大丁、大甲四位直系祖先在商人的歷史發展中發揮過重要作用[②]，所以對其用的祭禮就隆重，直系先王大庚則次之，祭品少一些，直系先公報乙、報丙、報丁、示壬、示癸和旁系先王小甲祭品就更少。由林宏明的拼合版和《合集》32384 兩版“歷組”卜辭所祭旁系先王小甲的祭品都是“三”，可以推斷林宏明拼合版中“父”字之上的“三”應是指的旁系先王的祭品。如果認“父丁”是指武丁，那麼在武丁之前的小乙是直系先王，祭品數不會是“三”，何況在上述所舉合祭主要祖先的卜辭中，多有小乙被祭。而如果認“父丁”是指康丁，那麼在康丁之前正好有其兄廩辛，廩辛是旁系先王，祭祀他的祭品數應該是“三”；再從該“三”字上的殘留的竪長直畫看，很可能是“辛”字的下部殘畫，即殘掉的字應是“辛”。林宏明似乎也認爲“三”字上殘掉的字是“辛”，不過，他基於認“父丁”是武丁，而補爲“祖辛”，但祖辛是直系先王，祭品不會是“三”。因此，該拼合版“父丁”之上祭祀的很可能是“父辛三”，即祭祀的是廩辛。前已舉“歷組”卜辭《合集》34026（《綴新》588）有祭“父辛”；第四期卜辭中也確有廩辛與其他先王合祭的辭例，如《屯南》2281：“□辰卜：翌日其酒其祝自中宗祖丁、祖甲……于父辛。”（見圖 4—25）該辭卜問祝祭自中宗祖丁、祖甲至於父辛的祖先，即“父辛”與中宗祖

---

① 筆者懷疑該辭祭直系先王大庚的祭品數也是“十”，卜辭誤刻爲“七”。畢竟甲骨文的“十”字與“七”字只有一畫之差，因此誤寫的可能性是存在的。

② 雖然大丁未及即位而卒，但他是商代開國國王大乙之嫡子，又是大甲之父，所以他的地位特殊，倍受後世子孫尊崇。

丁、祖甲等先王合祭。“中宗祖丁”即中丁[①]，“祖甲”即武丁之子祖甲，“父辛”即武乙之父廩辛。因此，我們補林宏明拼合版“父丁”之上是“父辛”還是有根據的。則林宏明拼合的該版卜辭是武乙卜辭。不過，筆者還願意推測，根據“歷組”卜辭中除了小甲外，另一旁系先王羌甲也有參與合祭的情況，如《屯南》2342（見圖 4—12）、《合集》32501：“癸丑，甲寅又歲戔甲三牢，羌甲二十牢又七，易日。兹用。”（圖 4—29）所以林宏明拼合版在“父丁”之上也有可能是“羌甲三”。

圖 4—27　《合集》32385

圖 4—28　《合集》32384

① 中國社會科學院考古研究所：《小屯南地甲骨》下冊第一分冊，第 2281 片考釋，中華書局 1983 年版。

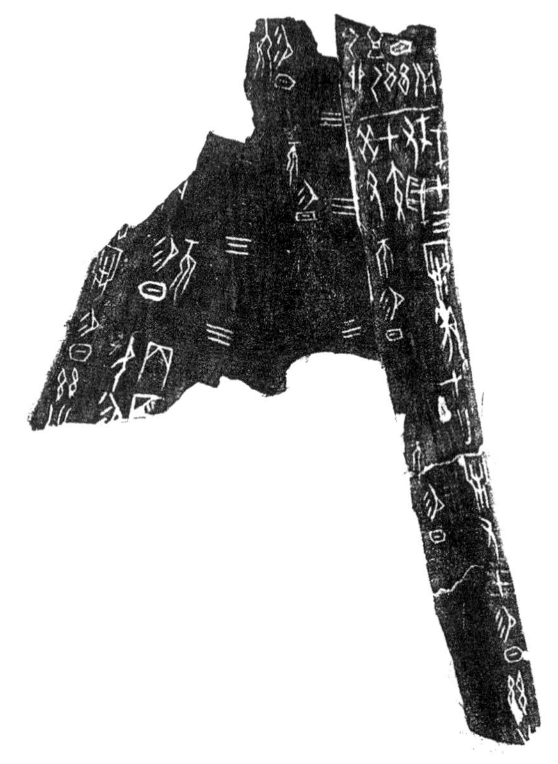

圖 4—29 《合集》32501

（二）“歷組”卜辭出土的層位、坑位

除了稱謂、世系可確鑿地證明“歷組”卜辭是武乙、文丁卜辭之外，另一個具有不容置疑的是“歷組”卜辭出土的坑位和層位證據。殷墟甲骨同商代陶器、銅器、玉器、骨器等一樣，是一種文化遺物，是從地下出土的。殷墟自 1928 年開始科學發掘以來，有相當數量的甲骨是通過科學發掘所得，這些甲骨每片都有它出土的坑位或層位記錄（1928—1937 年的層位和坑位記錄有問題，詳見下文），這就爲探討甲骨的時代提供了科學的依據。

李學勤在論述“歷組”卜辭的時代和殷墟甲骨發展的“兩系說”時，多次說到他是“充分運用考古發掘提供坑位和層位的依據”[①]。但是，檢查他所運用的甲骨出土坑位和層位，實際上還是董作賓在殷墟發掘時，在人爲畫定的發掘區裏的平面位置，也即是發掘的“區位”。陳夢家早已指出這種區位在甲骨斷代上缺乏科學性（詳見前文）。現在，考古學的“層位學”或“地層學”比 20 世紀二三十年代有了長足的發展，今天考古學所說的坑位、層位，是指在發掘古遺物時，“地層堆積的層位上下、堆積時代的相對遲早關係”，這種縱的層位、坑位關係纔能“確切地區分不同時期的堆積層，辨明各層的遺跡遺物，準確地判定它們的時代”。[②] 中國社會科學院考古研究所安陽工作隊在 1973 年的小屯南地發掘中，在 1986 年、1989 年、2002 年、2004 年的小屯村中、村南發掘中，忠實地運用了這種科學的坑層關係來研究甲骨出土的時代。自 1977 年李學勤提出所謂“歷組”卜辭的時代問題後，考古研究所安陽工作隊的劉一曼、曹定雲諸先生陸續發表了多篇論文，從各個方面論證了“歷組”卜辭的時代。其中在運用層位、坑位的論據上，有他們親自參加的 1973 年安陽小屯南地甲骨發掘的材料，有 1986—2004 年安陽小屯村中、村南的坑層材料，他們又查閱了 1928—1937 年殷墟發掘的甲骨出土的層位情況。總之，他們運用了八十多年來殷墟甲骨出土的層位和坑位證據，詳細地論證了所謂“歷組”卜辭絕不是武丁至祖庚時期的卜辭，而應是武乙、文丁卜辭。下面對他們的論述作簡要介紹。

1. 1973 年小屯南地發掘的層位、坑位證據

1973 年，中國社會科學院考古研究所安陽工作隊在小屯南地進行了大規模的考古發掘，發現甲骨刻辭 5335 片。1975 年 10 月，考古研究所成立了甲骨整理小組，其中文字整理、甲骨綴合等工作由劉一曼、温明榮、曹定雲、郭振禄四人承擔。他們四人先後

---

① 李學勤：《殷墟甲骨兩系說與歷組卜辭》，收入《李學勤集》，黑龍江省教育出版社 1989 年版。

② 蘇秉琦、殷瑋璋：《地層學與器物形態學》，《文物》1982 年第 4 期。

於1962年、1963年、1964年畢業於北京大學歷史系考古學專業，接受過科學的、係統的、深厚的、扎實的考古學訓練。甲骨整理小組成立不久，夏鼐所長就對他們說："你們是搞考古的，應當用考古學的方法整理這批甲骨。"他們在工作中，始終遵循夏所長的指示："在研究甲骨文分期時，特別重視刻辭甲骨出土的地層、坑位與共存陶器的關係，並與刻辭内容緊密結合；研究甲骨文内容時，注意聯繫殷墟遺跡、遺物的出土情況，探討商代社會的某些問題；研究甲骨的鑽鑿形態時，還親自進行模擬試驗。"[①] 因此，他們的甲骨學研究，走的是一條不同於前人的具有考古特色的路子，開啟了甲骨學研究的新途徑。幾年下來，他們在甲骨學、商代史研究領域中取得了豐碩的成果。特別是在甲骨的分期斷代研究上，不但繼承、發展了董作賓、陳夢家的甲骨斷代學説，而且首次運用科學的層位、坑位學來判斷甲骨的時代早、晚，將甲骨斷代學研究推向了一個新的高度。

1975年，小屯南地甲骨整理小組發表了《1973年安陽小屯南地發掘簡報》[②]，《簡報》的"結語"説："由于這批資料的整理工作正在進行，有許多問題還未深入探討，因此，衹能提出一些初步的看法。"該《簡報》在介紹發現甲骨的情況時説："這次發現的卜甲、卜骨大多數都有可靠的地層關係，而且常常和陶器共存，這就爲殷墟文化的分期提供了可靠的依據。如T53（4A）層中'𠂤組卜辭'和殷代早期陶器共出，在H103、H23、H24、H50、H57等坑中第三、四期（康丁、武乙、文丁時代）卜辭和殷代中期陶器共出，在H17、H48、H83、H86等坑中第五期或字體近於五期的卜辭和晚期陶器共出，這種共存的關係證明陶器分期與卜骨、卜甲的時代是一致的。"還指出："我們這

① 蕭楠：《甲骨學論文集·前言》，中華書局2010年版。

② 中國科學院考古研究所：《1973年安陽小屯南地發掘簡報》，《考古》1975年第1期。

裏所說的小屯南地殷代早期大致相當于‘大司空村Ⅰ期’，時代約相當於武丁前後”，“小屯南地中期相當於‘大司空村Ⅱ期’的前半葉，絕對年代爲康丁、武乙、文丁時代”，“小屯南地晚期相當於‘大司空村Ⅱ期’的後半葉，絕對年代爲帝乙、帝辛時代”。又說：“還應當指出的是：從小屯南地早期到小屯南地中期之間，從陶器形製發展變化和卜骨、卜甲的時代上觀察，時間並不是緊密連接的，中間尚存在缺環；小屯南地中期的一些窖穴在層位上有疊壓或打破關係，某些陶器特徵也存在着差異，但是否有畫分時代的意義，有待於進一步探討。”

1980 年 10 月《小屯南地甲骨》上册出版[①]，該書收有甲骨拓片 4612 張。作者在“前言”中詳述了本次發掘“地層堆積與甲骨分期”情況：“這次發現的卜甲、卜骨出土時都有明確的地層關係，而且與陶器共存，這就爲甲骨的分期斷代，同時也爲殷墟文化的分期提供了依據。”“前言”詳盡地介紹了“甲骨出土的地層與同出陶器的對應關係”，指出“無論從陶器型式的發展變化上觀察，還是從甲骨分期上觀察，小屯南地早期與中期之間都有缺環，時間上並不是緊密相接的。在這次發掘中，有個別灰坑出有近似大司空村二期的陶片，但數量很少，且不出刻辭甲骨。所以，關於大司空村二期與甲骨分期的對應關係，還有待於今後的發掘來充實”。

1980 年 11 月，“小屯南地”甲骨整理小組以“蕭楠”筆名發表了《論武乙、文丁卜辭》（以下簡稱《一論》）[②]，對《屯南·前言》的有關内容作了闡述，其“目的是通過地層關係及卜辭内容的分析，確定武乙、文丁卜辭，闡述武乙、文丁卜辭的特點及其區别”。該文在“1973 年小屯南地地層關係舉例”節中，例舉了“T55 地層關係（以東剖面爲例）”、“T53 中一組灰坑與地層打

① 中國社會科學院考古研究所編：《小屯南地甲骨》，中華書局 1980 年版。
② 蕭楠：《論武乙、文丁卜辭》，《古文字研究》第三輯，中華書局 1980 年版。

破關係”。他們説：“根據安陽殷墟考古資料的分析，小屯南地早期與大司空村一期相當，小屯南地中期與大司空村三期相當，小屯南地晚期與大司空村四期前半葉相當。”“小屯南地早、中、晚三期地層及灰坑所出卜辭”情況是：“早期地層與灰坑出卜辭不多。T53（4A）出𠂤組卜甲；H110 未出有字甲骨；H102 出午組卜甲一片……T55（6A）出賓組卜甲一片。”賓組卜辭出於早期地層，“説明了早期地層的時代在武丁前後。𠂤組卜辭、午組卜辭在地層關係上與賓組共存，説明它們的時代是接近的，即都在武丁前後”。“晚期地層及灰坑所出卜辭除與早期、中期所出相同外，還出少量乙辛時代之卜辭。”作者着重分析了中期地層及灰坑所出的卜辭，指出“中期地層及灰坑本身又有不少打破關係”，他們將時代較早的稱爲“中期一組”，時代較晚的稱爲“中期二組”。“中期一組與中期二組所出卜辭時代複雜”，爲了便於分析，他們根據字體將其分爲三類，每類都舉有辭例。第一類：“此類卜辭的共同特點是筆畫纖細、字體秀麗而工整。主要稱謂有父甲、父庚、父己、兄辛。”第二類：“此類卜辭一般説來字體較大、筆畫較粗、筆風剛勁有力。主要稱謂有父丁等。”第三類：“此類卜辭與第二類相比，字體較小，筆風圓潤而柔軟。主要稱謂有父乙等。此次所見，僅《屯南》751 一片有父乙稱謂。”作者總結説：“根據地層關係分析：中期地層、灰坑及所出三類卜辭的時代，總的説來，要晚於早期地層、灰坑及所出卜辭，即晚於武丁時代；同時又早於晚期地層、灰坑及所出卜辭的時代，即早於乙辛時代。”其結論是：“小屯南地中期地層與灰坑的時代，總的來説，約在康、武、文時代。”“就中期地層與灰坑所出的三類卜辭本身的地層關係看：第一類、第二類卜辭既出於中期一組地層與灰坑，也出於中期二組地層與灰坑；第三類卜辭則只出於中期二組地層與灰坑，不出於中期一組地層與灰坑。中期二組地層與灰坑的時間要晚於中期一組地層與灰坑的時間，即第三類卜辭的時間要晚於第一類、第二類卜辭的時間。”作者分析中期二組三類卜辭的時代是：“第一類，其主要稱謂有父甲、父庚、父己、兄辛。這與文獻記載康丁之諸父祖庚、祖甲、孝己及廩辛是一致的。因此，這類卜辭當屬康丁卜辭。第二類，有父丁稱謂，偶爾也看到有父辛稱謂。字體風格與第一類又有區別，結合地層關係，此類卜辭當屬武乙卜辭無疑。其父輩稱謂也正與文獻記載武乙諸父有康丁、廩辛相符。第三類，根據地層關係晚於第一類、第二類，即晚於康丁卜辭與武乙卜辭。從卜辭内容看，有父乙稱謂，與文丁父武乙之稱相符合。因此，當爲文丁卜辭。”

將 1975 年發表的《1973 年安陽小屯南地發掘簡報》（以下簡稱《簡報》)，與 1980 年先後發表的《小屯南地甲骨・前言》《論武乙、文丁卜辭》（《一論》）兩文所說的小屯南地地層分期與大司空村地層分期的對應關係，可以看出二者稍有變動：對小屯南地早期相當於大司空村一期，二者一致。對小屯南地中期，《簡報》說相當於大司空村二期前半葉，《小屯南地甲骨・前言》和《一論》說相當於大司空村三期。對小屯南地晚期，《簡報》說相當於大司空村二期後半葉，《小屯南地甲骨・前言》和《一論》說相當於大司空村四期前半葉。前後對應雖然稍有變異（當以後發表的《小屯南地甲骨・前言》和《一論》爲準)，但對小屯南地早期相當於武丁時代，中期相當於康丁、武乙、文丁時代，晚期相當於帝乙、帝辛時代，則是一致的。

1981 年，李學勤發表《小屯南地甲骨與甲骨分期》一文，說他利用小屯南地甲骨發掘的地層關係，證明了將“歷組”卜辭提前是有根據的。他在文中贊同《屯南》作者的“早期地層所出是武丁時期的𠂤組、𠂇組甲骨”的論證。又說：“《南地》據打破關係和陶器序列，把中期又分爲第一組和第二組，這無疑是正確的。”那麼，他是怎樣利用小屯南地的地層來證明其甲骨斷代觀點的呢？他說：“層位屬於中期一組和中期二組的坑位，都出有較多的歷組、無名組卜辭”（注意：他改“歷組”在“無名組”之前——筆者注），“這些坑位的時代，應以内涵甲骨最晚者爲其上限。中期二組既然晚於中期一組，可能出有更晚一些的甲骨卜辭”。“《南地》前言認爲中期二組特有的是我們稱爲歷組的一部分，其中有父乙的稱謂，屬文丁卜辭。”又說中期二組各坑最晚的甲骨還有接近於黄組的。李先生的這些説法都沒錯，但他由此得出的结論説：“所以，我們對甲骨斷代的看法，和現有的考古資料是互相符合的。”這就令人不解了：既然承認了早期地層中沒有出“歷組”卜辭；又承認了中期二組出無名組卜辭和“歷組”卜辭，並且中期二組所出最晚的卜辭不祇有“父乙”稱謂的文丁卜辭，還有接近於黄組的卜辭，也即小屯南地的地層和坑位證明了“歷組”父乙類卜辭與黄組卜辭接近。那麽，怎麽就得出結論説證明了“歷組”卜辭屬於早期呢？原來，他在該文的最後部分説：“如《南地》所述，小屯南地的地層有缺環，缺乏相當大司空村二期的部分。可以推想，如果有相當大司空村二期的坑位，有的可能只出歷組卜辭而沒有無名組卜辭，因爲照我們的意見，無名組是從歷組發展而來的。假設出現這樣的坑位，便可以進一步證實歷組的年代。我們期待着今後能有這種發現。”原來如此！李先生是鑽了小屯南地沒有與大司空村二期對應的地層關係的空子，“推想”，“如果”有相當大司空村二期的坑位，有的“可能”衹出歷組卜辭，不出無名組卜辭，“假設”出現這樣的坑位，就能證明“歷組”的年代屬早期。不過，可惜，這種“推想”“如果”“可能”“假設”，衹是屬於主觀臆測，不是客觀事實，因此，不能作爲論據來證明其分期觀點正確。實際上，李先生的上述言論，已在客觀上承認了小屯南地的地層和坑位證明“歷組”卜辭屬於早期的觀點是不能成立的。

關於小屯南地地層有缺環，發掘者在上述三文中都已做了説明，並且分析了所缺甲骨的時代。如在《一論》中，作者説：“根據安陽殷墟考古資料的分析，小屯南地早期與大司空村一期相當；小屯南地中期與大司空村三期相當；小屯南地晚期與大司空村四期前半葉相當。”又說：“根據前面所述的小屯南地地層分期與大司空村地層分期的對應關係，小屯南地早期地層、灰坑與中期地層、灰坑之間在時代上不是緊密銜接的，而是有間隔的。再結合卜辭出土情況看，此次沒有發現庚、甲卜辭與廩辛卜辭。這樣，地層上既存在缺環，卜辭上又存在缺環，二者應該是一致的。至於這個缺環，還待今後考古發掘加以充實。”這是非常有道理的。前面已言，小屯南地早期相當於大司空村一期，出武丁時期的𠂤組、午組、賓組卜辭；小屯南地中期相當於大司空村三期，出康丁、武乙、文丁時期的無名組、“歷組”卜辭。那麼，在小屯南地早期與小屯南地中期之間，也即在大司空村一期與大司空村三期之間所缺的大司空村二期，如有卜辭理所當然地應該是在武丁卜辭與康丁卜辭之間的卜辭，即應是祖庚、祖甲時的出組卜辭和廩辛時的何組卜辭纔對。但李先生爲了使“歷組”卜辭提前，卻違背了自己也承認的出組祖庚、祖甲卜辭是接在武丁卜辭之後，廩辛、康丁卜辭之前的觀點，硬說“如果有相當大司空村二期的坑位，有的可能衹出歷組卜辭而沒有無名組卜辭”。這種顛倒卜辭發展順序的想法，衹能是李先生憑自己的主觀願望所作的“推想”“假設”而已。

1984 年，“小屯南地”甲骨整理組仍以“蕭楠”爲筆名發表了《再論武乙、文丁卜辭》（以下簡稱《再論》）①，該文從稱謂、人名、事類、坑位和地層關係四個方面，又進一步論證了“歷組”卜辭是武乙、文丁卜辭。該文在“坑位和地層關係”節中指出：“在考古發掘中，地層、坑位是判斷遺物時代早晚的依據。早期地層和灰坑衹出早期遺物，不能出晚期遺物；晚期的地層和灰坑除出晚期遺物外，還可能出部分早期遺物。”作者說，過去他們“曾

① 蕭楠：《再論武乙、文丁卜辭》，《古文字研究》第九輯，中華書局 1984 年版。

概略地論述過1973年小屯南地甲骨的坑位和地層關係，將小屯南地的地層、灰坑分爲早、中、晚三期；早期衹出武丁時代的卜辭；中期除出部分武丁卜辭外，大量地出康、武、文卜辭；晚期除見以上幾種卜辭外，還出帝乙、帝辛時代的卜辭”。“我們還根據灰坑打破關係和陶器型式的變化，把中期灰坑分成一組與二組，其中，中期一組的時代應早於中期二組。這一畫分是我們判斷小屯南地所出甲骨時代先後的地層根據，尤其是區分康、武、文卜辭時代先後的根據。”作者爲了進一步討論武乙、文丁卜辭的時代，在該文中再選用了小屯南地六組有打破和疊壓關係的中晚期坑位來做進一步論證。這六組坑位是：H57→H58→H99，H75→H92，H58→H84，H47→H55，H42→H39→H37，H24→H36。對此六組，他們按照相對早晚順序對甲骨進行分類整理，然後觀察其變化（列表說明）。得出的結論是：（1）“第五期的乙、辛卜辭均出於小屯南地晚期”。（2）4b類卜辭即中期第三類卜辭，即有“父乙”稱謂的文丁卜辭，“除見於晚期坑外，還見於中期二組的坑”，“但是，它們不見於中期一組的坑”。而3b、4a類卜辭（3b，即中期第一類卜辭，即有“父甲”“父庚”“父己”稱謂的康丁卜辭；4a，即中期第二類卜辭，即有“父丁”“父辛”稱謂的武乙卜辭），“除出在晚期和中期二組坑外，還出於中期一組灰坑中”，“這說明4b類卜辭的時代比3b、4a兩類晚，但比5期要早”。即文丁卜辭（4b類）的時代比康丁卜辭（3b類）、武乙卜辭（4a類）時代晚，但比第五期時代早。“這三類卜辭前後的順序是3b—4a—4b，即康丁—武乙—文丁卜辭。若將4a視爲祖庚卜辭，4b視爲武丁晚期卜辭，那它們之間的次序應當是4b—4a—3b。這種看法與考古發掘中的地層、坑位情況是矛盾的。”這就進一步從地層、坑位關係上證明了“歷組”卜辭確實是武乙、文丁卜辭，而不可能是武丁晚期至祖庚時期的卜辭。

2. 1949 年前甲骨出土的層位、坑位情況

作者爲了慎重起見，“還檢查了解放前殷墟出甲骨的地層關係。此工作是從兩方面進行的：（一）分析甲骨出土的層位情況；（二）分析甲骨坑中各類卜辭的共存關係”。

（1）甲骨出土的層位情況

作者指出：“解放前殷墟發掘中甲骨出土的層位關係，至今沒有發表出完整的資料，幸石璋如在《乙編・殷墟建築遺存》一書中，在介紹小屯村北甲、乙、丙三組基址時，將有關的甲骨坑位作了介紹。”“在甲、乙、丙三組基址中，除甲組由於時代較早，其下未疊壓卜骨坑外，乙、丙二組基址下都疊壓着卜骨坑。”作者詳細介紹了乙、丙兩組基址下甲骨坑的疊壓情況（此處衹能作簡略介紹）。

乙基一，下壓兩個甲骨坑，卜辭爲《甲》3347，屬𠂤組。

乙基三，下壓坑號 B46，卜辭爲《甲》3306，屬出組。

乙基五，下壓五個甲骨坑（其中 H83 資料未發）：

B170，卜辭爲《甲》3357，屬𠂤組。

B30，卜辭爲《甲》3303、3304、3305，屬𠂤組。

H38，卜辭爲《乙》475、476，字體近出組。

H76，卜辭爲《乙》438，屬賓組。

乙基六，下壓 H5，卜辭爲《乙》298、8649、8650，屬𠂤組。

乙基八，下壓 H36，卜辭爲《乙》474，8683—8687、8657—8660，屬𠂤組。

乙基十一，下壓兩個甲骨坑：

H228，卜辭爲《乙》8689，屬武丁時代。

H244，卜辭爲《乙》9057，屬武丁時代。

乙基十三，下壓 H371，卜辭爲《乙》9026—9032，屬𠂤組。

丙基十，下壓 H427，卜辭爲《乙》9096—9098，屬𠂤組。

丙基十三，下壓兩個甲骨坑：

H423，卜辭爲《乙》9095，屬𠂤組。

H359，卜辭爲《乙》9090、9092，屬𠂤組。

丙基十五，下壓H364，卜辭爲《乙》9093、9091，屬𠂤組。

丙基十七，下壓兩個甲骨坑：

H344，卜辭爲《乙》8997—9022、9066—9097，屬𠂤組。

H393，卜辭爲《乙》9033、9034，9033爲𠂤組，9034似爲㢑辛卜辭。

作者介紹乙基五說："上述乙組基址，其時代都比較接近，大概都是庚、甲至㢑、康時期的建築。"又說，關於丙組基址的時代，判斷較困難。丙基十，"其時代上限不能早於殷墟文化第三期"。"丙十三、丙十五、丙十七三個基址，因其上缺乏打破和疊壓的坑位資料，對其下限的判斷缺乏直接根據。根據建築遺跡之分群和下面的疊壓關係來看，大約與丙基十的年代相去不遠。"

作者通過以上乙、丙基址甲骨出土的層位情況，分析說："在上述乙、丙基址中，對於武乙、文丁卜辭（即所謂"歷組"卜辭）的斷代有決定意義的是乙組基址。因上述乙組基址大致都是庚、甲至㢑、康時期的建築，而下壓的均是賓組、𠂤組、出組等卜辭。假如'歷組'卜辭是武丁晚期至祖庚時代的卜辭，那爲什麼在這些基址下一片'歷組'卜辭也不出現呢？村南、村北近在咫尺，又同是王室的卜辭，爲什麼'歷組'不會進入村北呢？況且，村北是出'歷組'卜辭的，經正式發掘的大連坑（如《甲》2667）、E52（如《甲》3649）、YH258（如《乙》9064）、YH354（如《乙》9098）等都出'歷組'卜辭。事實證明：村北是出'歷組'卜辭的，衹不過沒有出在這些基址下罷了。這正說明：'歷組'卜辭要晚於這些基址的時代。"

總之，乙、丙兩組基址下疊壓卜骨坑的情況，特别是"歷組"卜辭不出於屬祖庚、祖甲時代或略早的乙組基址下面，確鑿地證明了所謂“歷組”卜辭絕不是武丁至祖庚時期的卜辭。

（2）甲骨坑中各類卜辭的共存關係

除了分析乙、丙兩組基址下疊壓甲骨坑的情況外，作者還分析了小屯村其餘甲骨坑的情況，即分析這些坑的共同關係。[①] 他們將這些坑歸納爲五個類型，並列表說明（表略）。五類情況分別是：

第一類：“是以賓組、𠂤組爲主體的共存關係，另外還包括了子組和午組。實際上，此類就是武丁時代四種卜辭的共存關係。”

第二類：“是以出組卜辭爲其下限的共存關係。在這一類中，有賓組、𠂤組、子組卜辭，這是早期卜辭進入晚期地層的正常現象。”

第三類：“是以何組卜辭爲其下限的共存關係。在這一類坑中，還有賓組、𠂤組、出組卜辭。”

第四類：“是以文丁卜辭（歷組父乙類）爲其下限的共存關係。在這一類中，主體是康、武、文卜辭，另外還有𠂤組。”

第五類：“是以乙辛卜辭爲其下限的共存關係，賓組、出組、何組、康丁卜辭都出現於這一組合中。由於科學發掘的第五期卜辭坑位不多，故此類反映的共存關係可能不够全面。”

作者總結上述甲骨坑中各類卜辭的共存關係，説：“當我們清楚各類坑位的時代以後，就看到這樣一個事實：在第一、二、三類（即廩康以前）的甲骨坑中，沒有發現‘歷組’卜辭同賓組、𠂤組、出組、何組卜辭共存。衹是在第四類的坑位中，纔有𠂤組同‘歷組’卜辭共存。然而，該類坑位的時代是晚的，𠂤組同‘歷組’發生共存，是早期卜辭進入晚期地層所發生的正常現象，如同賓組卜辭進入晚期地層和乙辛卜辭發生共存（如第五類中的 E5、E9）是一樣的。”這也是“歷組”不屬於早期的證據之一。

① 作者注明：這些坑的“地層疊壓情況，因很多缺乏完備資料，不好論斷”。

作者最後說：“總結解放以前殷墟發掘中的甲骨坑位關係和卜辭共存情況，可以歸結爲一句話：在廩康以前的地層和坑位中，沒有發現‘歷組’卜辭。這一情況同73年小屯南地發掘的情況是一致的。如果‘歷組’卜辭是武丁晚期至祖庚時代的卜辭，那爲什麼在廩康以前的地層中找不到它們呢？這一情況，不能不引起人們的深思。因此，我們認爲，從截至目前爲止的地層情況看，沒有證據證明‘歷組’卜辭是武丁晚期至祖庚時代的卜辭；相反，它應該是武乙、文丁時代的卜辭。因爲，地層情況恰恰是爲後者作了證明的。”

作者以前曾論述過1973年小屯南地出土甲骨的坑位和地層關係，證明了康丁—武乙—文丁卜辭的時代前後順序。在該文中作者又進一步選用了小屯南地六組有打破和疊壓關係的中、晚期坑位，再一次證明了康丁—武乙—文丁卜辭的時代前後順序。並且又分析了1949年前甲骨出土的層位情況，以及各甲骨坑中各類卜辭的共存關係，進一步證明了康丁—武乙—文丁卜辭的時代前後順序。再次確鑿地證明了所謂“歷組”卜辭應是武乙、文丁卜辭，絕不是武丁晚期至祖庚時期的卜辭。

3.《三論》再談“武乙、文丁卜辭的坑位和地層關係”

2011年，劉一曼、曹定雲發表了《三論武乙、文丁卜辭》（以下簡稱《三論》）[①]，從三個方面再對“武乙、文丁卜辭的坑位和地層關係”作了論述。

（1）關於1928—1937年殷墟甲骨出土情況

關於1928—1937年殷墟出土的武乙、文丁卜辭（即所謂“歷組”卜辭），作者曾在《再論》一文中作了詳細論述（見上文）。在該文（《三論》）中作者又指出：“1928—1937年考古發掘所獲的武乙、文丁卜辭大多是第一至五次殷墟發掘，在村中、村南出

① 劉一曼、曹定雲：《三論武乙、文丁卜辭》，《考古學報》2011年第4期。

土的。早年的殷墟發掘所説的坑，是指發掘單位（如大小不一的探溝、探方），與我們現在説的甲骨埋藏的灰坑、窖穴有所不同。”此説正確。其實，陳夢家早在 1956 年就指出：中央研究院發掘殷墟所説的“坑位”，指的是灰坑在人爲畫分的發掘區裹的位置，而不是指灰坑所在的地層的層次。① 作者又指出：“早年的發掘，記錄出土文物（包括甲骨），不是按它所在的文化層次，而是按其深度來登記的，這是不太科學的。因爲文化層有高低起伏，在殷墟發掘中，同一個探方内，晚期層（或坑）有時比早期層更深，故埋藏較深的遺物不一定比較淺的遺物時代早。”這種情况的發生是由於當年考古學的層位學尚不發達。②

總之，作者在詳細分析了 1928—1937 年殷墟甲骨的出土情况後，“歸結爲一句話：在廩康以前的地層和坑位中，没有發現‘歷組’卜辭”③。

（2）關於 1973 年小屯南地甲骨出土情况

作者過去在《小屯南地甲骨·前言》《一論》《再論》中已對 1973 年小屯南地甲骨出土情况作過介紹，“本文（筆者按：即《三論》）結合《1973 年小屯南地發掘報告》的資料，再做簡要叙述”。

作者説：“1973 年我們曾將小屯南地殷代遺址分爲早、中、晚三期，早期與中期各分二段。該次發掘，在五十九個灰坑中都發現了刻辭甲骨。早期一段坑 H115，出一片時代比武丁略早的卜

---

① 陳夢家：《殷虚卜辭綜述》，中華書局 1988 年版，第 140 頁。

② 1936 年，石璋如主持殷墟第十三次發掘，在記錄 H127 坑的坑位和甲骨出土的情形時説：“窖的田野號數叫做 H127，它的附近地層頗爲複雜。最上層是墓葬群，單就它本身有關係的遺跡説，最上層是 M156；其次是 H117，一個大而淺的灰土坑；又其次 H121 灰土坑。當 H117 到底之後，纔發現它的上口，它曾破壞了 H127 坑東邊的一部分，那麼 H127 在這一帶是資格最老的遺跡了。”這説明石璋如已意識到最下層的 H127 是時代最早的灰坑了（見《乙編・序》）。但董作賓在作甲骨斷代時，仍是以灰坑所在的人爲設定的平面發掘區爲標準的，並没有注意到灰坑所在的地層關係。

③ 蕭楠：《再論武乙、文丁卜辭》，《古文字研究》第九輯，中華書局 1984 年版。

辭。早期二段五個坑，出𠂤組、午組或字體似賓組的卜辭。中期坑，除出少量早期卜辭外，大量出無名組與歷組卜辭。晚期坑除出早期、無名組、歷組卜辭外，還見有黄組卜辭。”

作者主要叙述了“出無名組、歷組卜辭的中期坑”，説：“小屯南地中期有灰坑32個（附表），其中，中期三段有11個，四段有21個。中期四段坑出的陶器型式較三段略晚。並且有的中期四段坑打破中期三段坑，如H39→H37、H85→H99、H47→H55、H24→H36。無名組與歷組父丁類卜辭，除出於晚期坑層外，見于中期四段與三段的灰坑，而歷組父乙類卜辭除出晚期坑層外，則祇出於中期四段，不見於中期三段坑。故我們認爲，歷組父乙類晚於父丁類及無名組卜辭是有考古學依據的。”

（3）關於1986—2004年小屯村中、村南甲骨出土情況

作者在該文還分析了1986年、1989年、2002年、2004年考古研究所安陽發掘隊在小屯村中、村南進行的幾次發掘。這幾次發掘“共發現刻辭甲骨514片。大多數甲骨文可以分期，其中屬午組、𠂤組、一期卜辭約90多片，無名組卜辭140多片，歷組卜辭160多片，黄組刻辭1片”。“村中、村南刻辭甲骨，除一百六十多片出於隋唐以後的地層外，其餘均出於殷代的灰坑或地層。”作者將殷代坑層甲骨出土的情況列表（表一）表示，説：“從表一可知，午組、𠂤組和一期卜辭出於早期灰坑（殷墟文化一期及二期早段）H4與H6下，黄組刻辭（《村中南》[1] 438）出於殷墟文化第四期的灰坑H55中，而無名組、歷組（父丁與父乙類）出於殷墟文化第三期（或三期晚）、四期或四期早段的灰坑及文化層中。”作者説《村中南》刻辭甲骨，以無名組、歷組卜辭占多數，其中五片有父輩稱謂：父辛（《村中南》277，屬無名組），父丁

① 中國社會科學院考古研究所：《殷墟小屯村中村南甲骨》（簡稱《村中南》），雲南人民出版社2012年版。

（《村中南》202、203、12、46，皆屬歷組父丁類），村中出了一片與《粹編》597同文的歷組父乙類卜辭（《村中南》212）。作者説："總之，1986—2004年小屯村中、村南的發掘，歷組卜辭的出土情況與1973年屯南發掘基本相似，即歷組卜辭衹出於殷墟文化三、四期的坑層中。稍有不同的是村中南的三期灰坑與地層，從出土陶片考察，屬三期偏晚階段，較小屯南地中期三段略晚。"這就是説，1986—2004年的村中、村南的發掘也證明了"歷組"卜辭屬於武乙、文丁時期。

作者最後總結説："殷墟田野發掘從1928年開始，到現在已經83年。檢查歷次甲骨出土的情況是：1973年小屯南地的發掘，歷組卜辭出在小屯南地中期、晚期地層；解放以前的殷墟發掘，甲骨出土的情況也是'在廩康以前的地層和坑位中，沒有發現歷組卜辭'；1986—2004年小屯村中、村南的發掘，歷組卜辭還是出在中期及其以後的地層和灰坑中。歷次發掘都沒有在早期地層中發現過歷組卜辭，這是最基本、最重要的事實。"準此，則八十多年的殷墟甲骨出土的地層和坑位都無可質疑地證明：所謂"歷組"卜辭確是武乙、文丁時期的卜辭，絕不是武丁晚年至祖庚時期的卜辭。

對於上述八十多年來"歷組"卜辭出土的地層和坑位鐵證，我們衹能老老實實地給予尊重和承認，因爲這是客觀存在的科學事實。但是林澐卻在《三論》發表後的第二年即2012年，在給周忠兵的《卡內基博物館所藏甲骨研究》一書作的"序"中①，對蕭楠、劉一曼、曹定雲論述的殷墟出土甲骨的地層和坑位證據提出質疑，並且提出了"新"的甲骨斷代方法。綜觀他的論述，是認爲考古學的"地層學"對甲骨斷代是靠不住的，衹有運用考古學的"類型學"把各類卜辭的字體"從形態順序漸變的視角排成

① 林澐："序"，周忠兵：《卡內基博物館所藏甲骨研究》，上海人民出版社2015年版。

合乎邏輯的序列”，纔能正確地對甲骨進行斷代。他說：“在類型學上建立起比較可靠的各類卜辭的演變序列，衹要肯定師組（當爲“𠂤組”——引者按）卜辭出於殷墟一期的地層，或是黄組卜辭明確出於殷墟四期的地層，便可以確定這個序列哪一頭早，哪一頭晚。無須每類卜辭都還要一一確知其最早的出土層位來作斷代證據，而可以從每類卜辭所見的祭祀對象來確定其存在年代。”這個提法基本上否定了考古學的層位學、坑位學在甲骨（也包括其他出土物）斷代中的作用。此話出自一個考古學專業出身，並且從事過田野考古發掘者的口中，非常令人驚訝！以林氏在學界的知名度，他的這些話對非考古專業出身的人的影響是顯而易見的。林澐爲什麽要極力否定甲骨出土的層位、坑位在斷代中的作用？爲什麽要極力主張用沒有統一的分類標準，僅憑個人主觀觀察，且具有不確定性的字體進行斷代？這無疑是因爲八十多年來的殷墟考古發掘地層和坑位資料，確證了所謂“歷組”卜辭絕不是早期的武丁至祖庚時期的卜辭。林澐爲了否定地層學在斷代中的重要作用，在“序”中還提到了考古學大家蘇秉琦“當年研究鬬雞臺東區墓葬時，也是沒有層位關係爲依據的”。查蘇先生的論著即知林氏的說法不確。蘇先生是最强調地層學在判斷出土物時代中的重要作用的，是最强調運用考古“類型學”進行斷代時必須要以地層學爲依據的。他（與殷瑋璋）曾撰文《地層學與器物形態學》一文作專門論述。① 在該文中蘇先生說：“近代考古學正是運用了地層學和器物形態學（筆者按：即類型學）這兩種方法，纔把埋在地下的無字‘地書’打開，並把它分出‘篇目’和‘章節’來。”“如果說地層學是考古發掘工作最基本的一個環節，這決非過分。田野發掘中揭露的任何遺存，一般地說，都須借助於地層關係以確定其時

① 蘇秉琦、殷瑋璋：《地層學與器物形態學》，《文物》1982 年第 4 期。

代。如果失卻地層依據或層位關係混亂，就會使出土的遺存失去應有的科學價值。”這就點明了地層學在判斷出土遺物時代中的關鍵作用。對於墓葬的斷代，蘇先生說：“器物形態學是比較研究時常用的一種方法。它運用的范圍並不局限於對器物形態作比較研究。諸如居址、墓葬或其他遺跡的形製，都可以進行排比研究，從中尋找各種物質文化成分在歷史進程中變化的綫索。”這是說，區别墓葬的年代也可用“器物形態學”即“類型學”的方法。但他又特别強調：“運用器物形態學進行分期斷代，必須以地層疊壓關係或遺跡的打破關係爲依據。”蘇先生說：“由於注意到一層堆積所跨越的實際年代可能相當長，於是在同一地層中依據遺跡（如灰坑、墓葬）的打破關係進一步區分時間的早晚。甚至沒有打破關係的墓群，也能從墓葬排列的規律中找出先後的關係。”這裏是説，對墓葬的斷代也是要依據墓葬等遺跡的打破關係也即是依據層位學來區分早晚的。在運用層位學、類型學掌握了各代墓葬的排列規律後，就可以對“沒有打破關係的墓群，也能從墓葬排列的規律中找出先後的關係”了。可見蘇先生當年研究鬭雞臺東區墓葬時，並不是沒有層位關係爲依據的。林澐否定層位學對甲骨斷代的作用，言“衹要肯定師組（當爲‘𠂤組’——引者按）卜辭出於殷墟一期的地層，或是黄組卜辭明確出於殷墟四期的地層，便可以確定這個序列哪一頭早，哪一頭晚。無須每類卜辭都還要一一確知其最早的出土層位來作斷代證據，而可以從每類卜辭所見的祭祀對象來確定其存在年代”。這種脱離了層位學衹利用祭祀對象來斷代的說法是絕對行不通的，如對“歷組”卜辭中祭祀的對象“父丁”的所指，就有武丁、康丁兩說，對“父乙”的所指，就有小乙、武乙兩說。前已提及，董作賓、陳夢家早已指出，不能利用單獨的親屬稱謂“父丁”“父乙”進行斷代。但主張“歷組”卜辭提前的學者就是利用這兩個祭祀對象作根據的，但是如果利用“歷組”卜辭從不在早期地層出土的證據，就確鑿無疑地證明了“歷組”卜辭提前説絶對不能成立。不衹林澐，李學勤、裘錫圭也曾對“歷組”卜辭出土的層位提出過懷疑。[①] 看來，“歷組”卜辭的出土層位，提供了“歷組”卜辭時代的科學證據，使“歷組”卜辭提前説站不住脚了，由此導致了主張“歷組”卜辭提前論者極力反對層位學在斷代中的作用。

下面，我們再不厭其煩地分析一下林澐對“歷組”卜辭出土的層位、坑位的質疑，看其是否能成立。

4. 林澐對“歷組”卜辭出土層位、坑位的質疑

林澐質疑的甲骨出土地層和坑位證據，一個是1973年小屯南地的甲骨發掘；一個是1986年、1989年、2002年、2004年小屯村中、村南的甲骨發掘。

對1973年小屯南地甲骨發掘的質疑。林澐説：1975年公佈的小屯南地發掘報告（簡報），“所謂中期一組的單位”衹有11個灰坑（筆者按：即H8、H16、H36、H37、H55、H72、H91、H92、H95、H99、H109），“可是所出甲骨仍總共衹有47片”（筆者按：林統計不確，應爲53片），“其中可確認爲歷組二類的只有出自H36的《屯南》2077、《屯南》2078、《屯南》2079三版，出自H8的《屯南》570—571（正反面），出自H109的《屯南》2772，共五版”（筆者按：林統計不確，H8還有《屯南》569，共6版）。[②] 他説：“在小屯南地中期一組層位中連歷組二類也一共衹出這樣少的幾版，哪裏能够有力證明歷組一類和歷組二類的早晚關係呢?”對此，筆者認爲，證明“歷組一類”與“歷組二

① 李學勤：《小屯南地甲骨與甲骨分期》，《文物》1981年第5期。裘錫圭：《論“歷組卜辭”的時代》，《古文字研究》第六輯，中華書局1981年版。收入《裘錫圭學術文集·甲骨文卷》，復旦大學出版社2012年版。

② 根據劉一曼、曹定雲在《三論武乙、文丁卜辭》（刊《考古學報》2011年第4期）文中列的“1973年小屯南地中晚期灰坑出土刻辭甲骨統計表”知：“中期三段”（即中期一組）11個灰坑所出甲骨共爲53片；H8還有《屯南》569。共6版刻辭。

類”的早晚關係，不在於中期一組地層出土的“歷組二類”甲骨數量的多少，而在於它與出“歷組一類”卜辭的地層關係，以及與該兩類甲骨同出的其他類型的甲骨情況。林先生不舉“歷組一類”卜辭的出土層位，不舉與兩類卜辭共出的其他類型卜辭的情況，就斷言地層不能證明“歷組”兩類卜辭的早晚，是站不住脚的。

在《三論》中，作者説，1973 年他們“曾將小屯南地殷代遺址分爲早、中、晚三期，早期與中期各分兩段。該次發掘，在五十九個灰坑中都發現了刻辭甲骨”。其出土甲骨的情況是：“早期一段坑 H115，出一片時代比武丁略早的卜辭。早期二段五個坑，出𠂤組、午組或字體似賓組的卜辭。”注意：在早期坑層中不見有“歷組”卜辭出土。“中期坑，除出少量早期卜辭外，大量出無名組與歷組卜辭。”“晚期坑除出早期、無名組、歷組卜辭外，還見有黄組卜辭。”作者再次叙述了出無名組、“歷組”卜辭的中期坑。他們説：“小屯南地中期有灰坑 32 個。其中，中期三段有 11 個，四段有 21 個。中期四段坑出的陶器型式較三段略晚。並且有的中期四段坑打破中期三段坑，如 H39→H37、H85→H99、H47→H55、H24→H36。”由其文後所附的“1973 年小屯南地中晚期灰坑出土刻辭甲骨統計表”可看到，在中期三段的 11 個灰坑中：H8 出“歷組”父丁類；H16 出習刻；H36 出無名組、“歷組”父丁類；H37、H55 出無名組；H72 出一期、無名組；H91 出𠂤組；H92 出賓組、習刻；H95 出午組、無名組；H99 出𠂤組、一期、無名組；H109 出“歷組”父丁類。總之，在中期三段（即中期一組）的 11 個坑中，“歷組”父丁類是與𠂤組、午組、賓組、一期、無名組卜辭同出的，但不見有“歷組”父乙類卜辭出土。在中期四段的 21 個灰坑中：H23、H24、H39、H103 出無名組、“歷組”（父丁、父乙類）；H31、H38、H98 出無名組、“歷組”父丁類；H47 出午組、賓組、無名組、“歷組”（父丁、父乙類）；

H50、H85出午組、無名組、“歷組”（父丁、父乙類）；H59、H74、H79、H93出無名組；H61出𠂤組、午組、無名組、“歷組”父乙類；H75出無名組、“歷組”父乙類；H80出無名組、“歷組”父丁類；H84出一期、無名組、“歷組”父丁類；H87出“歷組”父丁類；H32出一版卜辭，所屬不明；H78是習刻。總之，在中期四段（即中期二組）的21個灰坑中，“歷組”父乙類是與𠂤組、午組、賓組、一期、無名組、“歷組”父丁類同出的。因爲中期三段坑中出“歷組”父丁類卜辭，不見有“歷組”父乙類卜辭出土；中期四段坑中“歷組”父丁、父乙類卜辭同出，這說明“歷組”父乙類晚於“歷組”父丁類。如果“歷組”卜辭屬於武丁晚年至祖庚時期的卜辭，“父丁”當指祖庚稱武丁，“父乙”當指武丁稱小乙，那麼，“歷組”父乙類卜辭當早於“歷組”父丁類卜辭纔對，但上述小屯南地甲骨出土的地層關係卻證明，“歷組”父乙類卜辭是晚於“歷組”父丁類卜辭的，因此，“歷組”卜辭絶不是武丁至祖庚時期的卜辭，而應是武乙、文丁卜辭。正如《三論》作者所總結的：“無名組與歷組父丁類卜辭，除出於晚期坑層外，見於中期四段與三段的灰坑，而歷組父乙類卜辭除出晚期坑層外，則衹出於中期四段，不見於中期三段坑”，由此可證明，“歷組父乙類晚於父丁類及無名組卜辭是有考古學依據的”。由上述小屯南地中期三段（即中期一組）坑出土的“歷組二類”即父丁類卜辭，中期四段（即中期二組）坑出土的“歷組一類”即父乙類卜辭的層位關係，有力地證明了歷組一類與歷組二類卜辭的早晚關係。因此，林澐的質疑不能成立。

對1986年、1989年、2002年、2004年小屯村中、村南甲骨發掘的質疑。林澐說：“《三論武乙、文丁卜辭》中公佈了1986年、1989年、2002年、2004年在小屯村中和村南進行甲骨發掘的結果，歷組一類和歷組二類同出於屬殷墟文化第三期或第三期晚段（相當於小屯南地所分中期或中期二組）的各個單位，並沒有再提供歷組二類出土層位早於歷組一類的新證據。可見 1973 年發掘中歷組二類有五版見於中期一組，而歷組一類不見於中期一組，實不過是一個偶然現象，並沒有什麽層位學意義。”這段話的要害是，用 1986 年、1989 年、2002 年、2004 年村中、村南的發掘“沒有再提供歷組二類出土層位早於歷組一類的新證據”，來否定 1973 年在小屯村南發掘中歷組二類（父丁類）早於歷組一類（父乙類）的地層證據。首先，這種以一處層位未出現新證據，來否定另一處層位已出現的證據的做法，是不合乎邏輯的。其次，我們知道，在考古地層學中，有一個很普遍、很正常的現象，就是在晚期的地層或灰坑中往往會有早期的遺物出現，也即不同時代的遺物會出現在同一個層位或灰坑中，因此，“歷組一類”與“歷組二類”同出於一個層位或一個灰坑是正常的現象。而區分同一個坑層中遺物的早晚，是要根據各類遺物所特有的時代特徵，以及它們在其他遺址中的坑層關係，怎麽能够因爲在一處遺址的同一個坑層中（中期二組）同時出現了“歷組一類”與“歷組二類”，就否定了在另一處遺址中已證明了的“歷組二類”早於“歷組一類”的坑層關係呢？

在 1986 年、1989 年、2002 年、2004 年的村中、村南發掘中，“共發現刻辭甲骨 514 片”，“其中屬午組、𠂤組、一期卜辭 90 多片，無名組卜辭 140 多片，歷組卜辭 160 多片，黄組刻辭 1 片”。這些刻辭甲骨，“除一百六十多片出於隋唐以後的地層外，其餘均出於殷代的灰坑或地層”。《三論》作者在該文中列有一個表，即“表一：《村中南》所出無名組、歷組號碼統計表”，該表對各年的發掘分五個項目作了介紹，即“甲骨出土年代”“灰坑或層位號”“甲骨著録號”“甲骨類别”“時代”。在 1986 年的欄目中，“灰坑或層位號”有三個單位，出土甲骨全爲無名組卜辭，其時代爲殷墟文化三期晚或四期初。在 1989 年的欄目中，“灰坑或層位號”有八個單位，出土甲骨的時代是：出無名組的 T4（4）爲殷墟文化第三期。出無名組、“歷組”（父丁、父乙類）的 T8（3），出𠂤組、無名組、歷組父丁類的 T8（3A），均爲第三期或三期晚。其他出無名組、歷組父丁類的 H7、T6（3B），出歷組父丁類 T6（3C），出無名組、歷組（父丁、父乙類）的 T6（3D），出無名組的 T7（3A），都屬第四期早段。則 1989 年的發掘證明，“歷組”最早是與𠂤組、無名組出在殷墟文化第三期或三期晚段。在 2002 年的欄目中，“灰坑或層位號”有 13 個單位，出土甲骨的時代是：出午組、𠂤組、一期卜辭的 H4 屬殷墟文化第一期。出𠂤組、一期卜辭的 H6 下屬第二期早段。出午組、賓組、一期、歷組（父丁、父乙類）的 H57，出無名組、𠂤組、一期、歷組（父丁、父乙類）的 H6 上，出歷組父乙類刻辭的 F1，都屬於第三期。出午組、𠂤組、一期、歷組（父丁、父乙類）的 H9 屬於第四期。出午組、一期、無名組、歷組（父丁、父乙類）、黄組的 H55 屬於第四期。其他出午組、無名組的 H23，出無名組的 H24，出𠂤組、無名組、歷組父丁類的 H47，出午組的 H54，出歷組父丁類的 G1，出午組、無名組的 T4 A（3），都屬於第四期。則 2002 年的發掘證明，出在殷墟文化第一期、第二期早段的午組、𠂤組、一期卜辭，早於出在殷墟文化第三期的“歷組”卜辭，而“歷組”卜辭又早於出在殷墟文化第四期的黄組卜辭。因爲“歷組”卜辭沒有與午組、𠂤組、一期卜辭同時出現在殷墟文化第一期或第二期早段，所以“歷組”卜辭不可能與午組、𠂤組、一期卜辭同時代，即“歷組”不是早期卜辭。在 2004 年的欄目中，“灰坑或層位號”衹有一個單位 T5（10），出土甲骨 2 片，均是無名組的習刻。作者總結 1986 年、1989 年、2002 年、2004 年的小屯村中、村南的發掘説：“從表一可知，午組、𠂤組和一期卜辭出於早期灰坑（殷墟文化一期及二期早段）H4 與 H6 下，黄組刻辭（《村中南》438）出於殷墟文化第四期的灰坑 H55 中，而無名組、歷組（父丁與父乙類）出於殷墟文化第三期（或三期晚）、四期或四期早段的灰坑及文化層中。”

上述甲骨出土情況説明，在 1986 年、2004 年的發掘中沒有“歷組”卜辭出土。在 1989 年、2002 年的發掘中，“歷組”父丁類、父乙類卜辭是與𠂤組、午組、賓組、一期、無名組同出在一個坑層中，林澐認爲這些新發掘“沒有再提供歷組二類出土層位早於歷組一類的新證據”，所以，1973 年小屯南地發掘中“歷組二類有五版見於中期一組，而歷組一類不見於中期一組，實不過是一個偶然現象，並沒有什麽層位學意義”。這種“推理”不但沒有説服力，而且令人匪夷所思。這就等於説，某一遺址的坑層已證明了某些類卜辭的早、晚關係，但因後來在另一遺址中沒有新的坑層證據證明那些類卜辭的早、晚關係，所以前一個遺址的坑層證據就不能説明問題了，也即“沒有什麽層位學意義”了。這種以不見新證據就否定已有證據的做法，不是科學的尊重事實的態度。在 1973 年的小屯南地發掘中，“發現出歷組父乙類卜辭（即文丁卜辭）的灰坑打破出歷組父丁類卜辭（即武乙卜辭）的灰坑，也就是説，出歷組父乙類卜辭的灰坑，比出歷組父丁類卜辭的灰坑時代稍晚”①。這一地層關係至爲重要，它不但無可辯駁地證明了“歷組”父乙類卜辭晚於“歷組”父丁類卜辭，而且證明“歷組”卜辭不可能是武丁至祖庚時期的卜辭。因爲如果“歷組”卜辭屬於早期的武丁至祖庚時期，那麽，“歷組”父乙類卜辭就應該早於父丁類卜辭，因爲按照提前論者的説法，“歷組”的“父乙”是武丁稱其父小乙，“父丁”是祖庚稱其父武丁，因此，“父乙”類就應該早於“父丁”類纔對（這一點爲大多數學者忽略了）。但實際情況是，小屯南地發掘的層位、坑位關係證明了“歷組”父乙類是晚於“歷組”父丁類（及無名組卜辭）的，這就證明了“歷組”卜辭的“父乙”應是文丁稱其父武乙，“父

① 中國社會科學院考古研究所編著：《殷墟的發現與研究》，科學出版社 1994 年版，第 171 頁。

丁”應是武乙稱其父康丁，從而否定了提前論者的“父丁”是指武丁，“父乙”是指小乙的錯誤説法，確鑿地證明了“歷組”卜辭提前論是不能成立的。這應當就是林澐之所以要極力否定小屯南地發掘的“歷組”父乙類層位、坑位晚於“歷組”父丁類層位、坑位證據的目的。

總之，小屯南地發掘的層位、坑位證據確鑿無疑地證明了“歷組”卜辭衹能是武乙、文丁卜辭，“父丁”是武乙對康丁的稱呼，“父乙”是文丁對武乙的稱呼。考古發掘中“歷組”卜辭所出的地層關係是推斷其時代的主要依據，正如小屯南地甲骨發掘者所説：“‘歷組卜辭’衹出於殷墟文化第三、四期的地層和灰坑裏，從未出現於殷墟文化一、二期的坑、層中”，“從甲骨坑中卜辭的共存關衹來看，迄今尚未發現歷組卜辭與𠂤、子、午、賓、祖庚、祖甲卜辭共存於較早的坑、層中，但卻常常見到它們與康丁卜辭同坑而出，而且分佈區域也與康丁卜辭基本相同，即都集中於村中、村南”。[①] “歷組”卜辭不與賓、𠂤、午、子等組卜辭在早期地層或灰坑中同時出現，這就是“歷組”卜辭應爲晚期而不屬於早期的考古學證據。鐵證如山。科學的層位、坑位證據擺在那兒，無論承認與否都改變不了鐵的事實。

前已指出，林澐在否定科學的層位、坑位證據的同時，又提出了一個不具備科學性，沒有確切分類標準的“字體”作爲斷代的“新”標準。林澐的這個斷代方法並不新穎，它實際就是李學勤主張的先用字體分類，再進行斷代的方法。對此斷代方法，我們將在後文進行分析。

回顧八十多年來利用考古坑位學、地層學進行甲骨斷代的情况，可以看到，這有一個逐漸認識與逐漸發展的過程。

最早是 1928 年至 1937 年的殷墟考古發掘。1933 年，董作賓

---

① 中國社會科學院考古研究所編著：《殷墟的發現與研究》，科學出版社 1994 年版，第 171 頁。

結合殷墟前五次發掘，提出了甲骨斷代的十項標準，其中第四項是“坑位”。但他所說的“坑位”，是指灰坑所在人爲畫分的發掘區裏的平面位置，而不是指灰坑所在的地層的層次位置。雖然董先生當時已注意到在一個灰坑裏出土的甲骨往往同屬於一個時代，但他卻避不開用灰坑所在發掘區的區位來斷代。如他對 E16 坑甲骨的斷代，該坑所出甲骨是賓組與𠂤組的混合，陳夢家指出，董氏“據貞人定 E16 坑所出甲骨全是第一期的”，但他“所舉的是賓組卜人而沒有列𠂤組卜人”，他一方面說 E16 坑“祇出一、二期卜辭，一方面又以 E16 所出𠂤組卜辭與甲尾刻辭定爲文武丁的。要是根據後說，那末 E16 坑應該遲到文武丁時代；要是根據前說，𠂤組卜辭和甲尾刻辭應該屬於一、二期了”。因此，董氏對 E16 坑甲骨的斷代是矛盾的。[①] 陳先生又指出，董氏對 E16 坑甲骨的斷代，定𠂤組爲文武丁卜辭，除了根據𠂤組稱“唐”爲“大乙”外，還有一個就是根據出土地區，“𠂤組卜辭在村南大道旁（36 坑一帶）出土不少，他把村南和村中廟前混合爲一區，認爲祇出三、四期卜辭，因此定𠂤組卜人爲文武丁的”[②]。再如董氏對 YH127 甲骨的斷代，該坑所出甲骨是賓組與子組、午組的混合，董先生將賓組定爲武丁卜辭，卻將子組、午組定爲文武丁時卜辭。《三論》作者也曾指出：“早年的發掘，記錄出土文物（包括甲骨），不是按它所在的文化層次，而是按其深度來登記的，這是不太科學的。因爲文化層有高低起伏，在殷墟發掘中，同一個探方内，晚期層（或坑）有時比早期層更深，故埋藏較深的遺物不一定比較淺的遺物時代早。”上述這些情況說明當時的考古坑位學、層位學還是不够發達的。

1956 年，陳夢家發表《殷虛卜辭綜述》，指出董氏的“坑位”斷代標準是不科學的，在他歸納、整理的甲骨斷代三大標準中，

① 陳夢家：《殷虛卜辭綜述》，中華書局 1988 年版，第 155 頁。

② 同上。

剔除了董氏的“坑位”標準；他指出董氏的“坑位”是指灰坑所在的發掘區裹的“區位”，用“區位”斷代是有局限性的；告誡“所謂坑位應該和‘區’分别”；並首次提出“坑以外我們自得注意層次”。

考古所安陽工作隊1973年對殷墟小屯南地甲骨的發掘，1986年、1989年、2002年、2004年對小屯村中、村南甲骨的發掘，是繼1928—1937年之後最重大的考古新發現。在這幾次發掘中，他們運用迄今最科學的考古地層學、坑位學方法，依據地層的疊壓關係，遺跡的打破關係準確地判定各種遺跡、遺物的時代，科學地、詳實地記録了每片甲骨出土的層位、坑位關係，釐清了殷墟各組甲骨的發展脈絡。他們把科學的層位學、坑位學方法運用到甲骨斷代研究中，將甲骨斷代研究推向了一個新的高度，對甲骨斷代研究做出了具有里程碑式意義的貢獻。

（三）“歷組”卜辭的事類

主張“歷組”卜辭的時代應該提前的學者，羅列了一些“歷組”卜辭與武丁、祖庚卜辭相同的占卜事項作證據。而主張“歷組”卜辭爲武乙、文丁卜辭的學者，則舉出更詳細、更係統的事類予以反證。前者可以裘錫圭的《論“歷組卜辭”的時代》[①] 爲代表。後者可以張永山、羅琨的《論歷組卜辭的年代》，劉一曼、曹定雲的《三論武乙、文丁卜辭》，林小安的《武乙、文丁卜辭補正》《再論“歷組卜辭”的年代》爲代表。[②]

裘錫圭的文中列舉了賓組（可能含出組）與“歷組”相同的

① 裘錫圭：《論“歷組卜辭”的時代》，《古文字研究》第六輯，中華書局1981年版。

② 張永山、羅琨：《論歷組卜辭的年代》，《古文字研究》第三輯，中華書局1980年版。劉一曼、曹定雲：《三論武乙、文丁卜辭》，《考古學報》2011年第4期。林小安：《武乙、文丁卜辭補正》，《古文字研究》第十三輯，中華書局1986年版。林小安：《再論“歷組卜辭”的年代》，《故宫博物院院刊》2001年第1期。

20 個事例，主要涉及兩組卜辭中相同的人名從事相同的事項，有的日期也相同（我們對他釋讀的一些卜辭有存疑）。這些人名在前文中多已舉出過，如：宍、𠂤、望乘、㕣、師般、沚或等。可以斷言，裘氏的這些例證不具有說服力。因爲關於相同的人名，前文已引張政烺和其他學者對商代“異代同名”現象的論述。關於相同的職務，張政烺先生已指出古代存在“世官制”，即一個族氏的幾代人往往在各世商王朝中從事相同的工作，舉例如卜人：永在一期、五期，㱿在一期、三期，口在一期、二期、三期，大在𠂤組、一期、二期、三期，黄在二期、五期，都供職於王室作卜官。“根據這些材料可以說永、㱿、口、大、黄等都是龜卜世家，子孫繼續擔任占卜工作，爲殷王室服務。”[①] 蕭楠也指出商代的職務有世襲的現象，一個族氏世代往往在王室從事相同的工作，如農業、牧業、武職等。[②] 至於有的日期干支相同，這很容易解釋，因爲商代是實行六十干支紀日法，一個干支日六十天一輪回，故在不記年祀、月名的情況下，很難說同一個干支日就是指的同一天。

而主張“歷組”卜辭爲武乙、文丁卜辭的學者，則舉出在祖先祭祀，方國、戰爭，卜王辭等方面的事例，詳細論證了“歷組”卜辭與武丁、祖庚卜辭在這些事類上的差異，以證明“歷組”卜辭絕不是武丁至祖庚時期的卜辭。

1. 關於對祖先的祭祀

1980 年，張永山、羅琨合撰《論歷組卜辭的年代》一文[③]，通過分析武丁卜辭和“歷組”卜辭對祖先和父輩先王祭祀的不同，證明“歷組”卜辭不可能早到武丁時期。

張、羅二位先生指出：武丁時對祖先祭祀時使用大量的人牲，

---

① 張政烺：《帚好略說》，《考古》1983 年第 6 期。

② 蕭楠：《再論武乙、文丁卜辭》，《古文字研究》第九輯，中華書局 1984 年版。

③ 張永山、羅琨：《論歷組卜辭的年代》，《古文字研究》第三輯，中華書局 1980 年版。

如“降𤰔千牛千人”（《丙》124正，即《合集》1027正）（圖4—30），“用三百羌于丁”（《契》245，即《合集》293）（圖4—31），“𢀛☐、〔大丁〕、大甲、祖乙百鬯、百羌、卯三百〔牢〕”（《後·上》28·3，即《合集》301）（圖4—32）。他們指出，武丁時“貞問是否一次用三百人以上作人牲的卜辭近三十條，其中對祖乙以前的祖先祭祀最爲隆重，用牲也多。相對的講祭父輩用牲則稍少一些，一般一次用一—三人，十人以上較少；一次用三十人，三十牢祭父乙的僅見一例（《佚》889）”。而在祖庚、祖甲以後對祖先的祭祀是：“用人牲逐漸減少，武乙文丁時的卜辭一次用二百人的一例（《摭續》62），一百人的二例（《粹》190，《甲》878），用五十人的也不多（《珠》611+629）。但對父輩的祭祀卻隆重起來，歷組卜辭中對父丁的祭祀不僅一次用百犬、百豕、百牛（《京》4065，筆者按，即《合集》32674，圖4—33），而且數見一次伐三十羌（《甲》635，795，《安明》2329，筆者按，即《合集》32055，圖4—34），十羌（《寧》1·209，《京》4069等）作爲人牲。”“對父輩祭祀的隆重，不僅表現在用牲的數量上，而且還表現爲祈求事類的增多。武丁時關於陽甲、盤庚、小辛、小乙的占卜雖多，但除一些例行的祀典外，最多的是貞問死去的父王是否爲壱爲祟，再就是爲了王的疾病，或諸婦諸子向父乙舉行𢀛祭。而歷組卜辭向父丁告祭的内容卻增多了”，其告求的内容有告“桒禾”（《京人》2366，《續存·下》747）、告“出田”（《粹》933）、告“旨方來”（《京人》2520，《甲》810）、“告画其步”（《寧》1·347）、告“雟众”（《後·下》38·9，《粹》369）、告“日有戠”（《粹》55）。他們在分析了“歷組”與武丁對父輩祭祀的不同後得出結論説：“歷組卜辭對父輩的祭祀超過了前代，這種現象與商王王位的承繼由‘兄終弟及’和‘父子相傳’兩種形式，向‘父死子繼’一種形式的轉變相一致。《史記·殷本紀》和卜辭所反映的商代世系基本相合，武乙以後再無兄終弟及的記載，所以武乙對父丁的祭祀特別隆重，正是這種歷史轉變合乎邏輯的體現。它也雄辯的證明歷組的父丁不是武丁，而是康丁。因此，歷組卜辭應是武乙文丁時的遺物。”他們的分析非常正確。武乙對父輩康丁的祭祀隆重，與我們在前文列舉的在“歷組”合祭卜辭中，武乙在合祭商人歷史上重要的祖先時，往往都要將“父丁”康丁列在其中與之一起祭祀，正表明了對父輩先王康丁的重視，二者是一致的。張、羅二先生的論證雄辯地證明了在“歷組”合祭卜辭中的“父丁”是指康丁而不是武丁，即“歷組”卜辭只能是武乙、文丁卜辭。

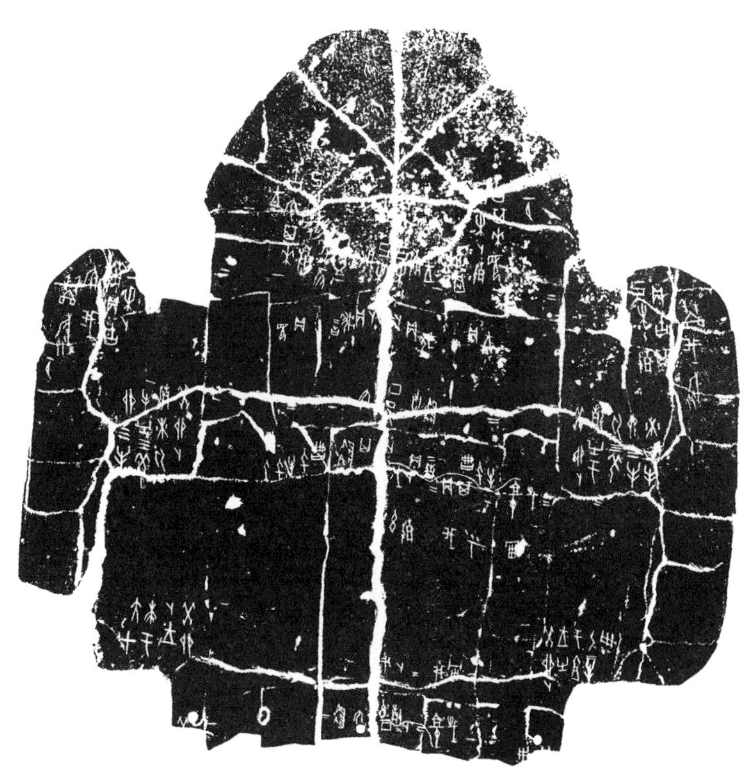

圖 4—30　《丙》124 正（《合集》1027 正）

圖 4—31　《契》245
（《合集》293）

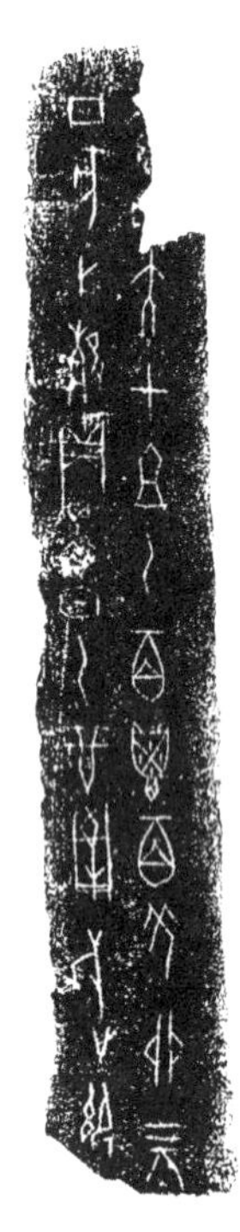

圖 4—32　《後·上》28·3
（《合集》301）

圖 4—33　《京》4065（《合集》32674）

圖 4—34　《安明》2329（《合集》32055）

2. 關於方國與戰事

主張“歷組”卜辭是武乙、文丁卜辭的學者，通過分析“歷組”卜辭與賓組卜辭中的方國情況，以及這兩組卜辭中的戰事，來論證“歷組”卜辭的時代。劉一曼、曹定雲、張永山、羅琨、林小安等先生都曾對這方面的事類做過詳細論述。

1980 年，張永山、羅琨在《論歷組卜辭的年代》一文中指出：“商王朝和周圍方國的關係，有的是聯盟，有的是敵國，它們都有自己的興衰歷史，隨着時間的推移，過去的與國可能成爲敵國，敵國又可能轉變爲與國。”他們論證了“歷組”卜辭時期與武丁時期與某些方國關係的變化情況，來證明“歷組”卜辭的時代不可能與武丁同時。

（1）𢀛方（即召方[①]）：1956年，陳夢家在《殷虚卜辭綜述》中說："武乙時伐（筆者按：此處多一"伐"字）征伐召方的規模很大：（1）王自或王侯征伐；（2）出動王族與三族；（3）出動𠂤衆。"[②] 張、羅二位說："歷組卜辭中反映的商王朝用兵主要是針對西方的𢀛"，有"令三族追𢀛方"，"令王族追𢀛方"（《南·明》616），"王令𠂤衆𠂤伐𢀛"（《摭續》144），"王征𢀛方"（《寧》1·425，1·427等），"𦎫𢀛方"（《寧》1·426）等，"數量占這一組關於戰争卜辭的三分之二左右，可見歷組卜辭的時代，商王朝的主要敵國是𢀛方"。作者指出武丁卜辭中也有關於𢀛的占卜，如："貞：𢀛𠙵王事""丙午卜，賓，貞：𢀛弗其𠙵王事"（《簠·人》98+101，《簠·人》99+102同文），"壬戌卜，争，貞：𢀛伐□，𢦏"（《丙》41），"西史𢀛亡𡆥。𠙵""西史𢀛其㞢𡆥""𢀛亡𡆥""𢀛其㞢𡆥"，（以上均爲《丙》5）。作者說："這裏的𢀛是𢀛方的首領在商王朝任職爲西史，由商王指揮對其他方國進行征伐。卜辭中反復貞問𢀛'㞢𡆥'、'亡𡆥'，表示商王對他的重視。""'𠙵王事'指的是爲商王效勞，其内容則包括征伐和農業生産等方面。由此得知上述幾條卜辭說明𢀛與商王朝是聯盟的關係，其首領人物在商王朝供事，並參加商王指揮的對其他地區的征伐。而歷組卜辭大量對𢀛的戰爭，標誌着𢀛方已經強大起來，成爲商王朝的主要威脅。"這是說𢀛方在武丁時期與商王朝是聯盟關係，到了"歷組"卜辭時則變成了商王朝的敵國。因此，通過𢀛方在武丁時和在"歷組"卜辭時與商王朝的不同關係，反映出"歷組"卜辭絶不會與武丁賓組卜辭屬於同一時期。

2011年，劉一曼、曹定雲在《三論武乙、文丁卜辭》一文中，利用新發現的兩片"歷組"征伐召方的卜辭做了補充論證。這兩片"歷組"卜辭是1986—2004年在小屯村中南出土的：

---

① 陳夢家：《殷虚卜辭綜述》，中華書局1988年版，第287頁。

② 同上。

己酉□：召〔方〕☐？三
己酉卜：其㳄人☐〔召〕☐？三
弜㳄人？
丙辰貞：于□告☐𤼭？

《村中南》228

辛丑〔卜〕：三千□令☐？
辛丑卜：王正（征）刀方？
□□卜：□□令□召□〔受〕又？

《村中南》66

作者說："刀方，即召方。[①] '㳄'，即征召之意。[②] 在已發現的伐召方的六十多條卜辭中，未見'㳄人'或'㳄人'之數目。上述兩片卜辭，既有'㳄人'，又見'三千'，雖然《村中南》66第一辭'三千'之後缺字，但從同版的二、三辭可推知，該辭是卜問是否命令三千人伐召方。可見武乙、文丁時期，征伐召方動用的兵員較多，戰爭規模也較大，召方確是這一時期殷王朝最主要的敵國。"

（2）危方：張永山、羅琨在《論歷組卜辭的年代》一文中，又舉了危方和商王朝的關係爲例。他們說："歷組有'危方以牛其弄，于來甲申'（《安明》2412），貞問是否以危方貢納的牛進行弄祭，這表明危方此時是商的與國。但在武丁時關於對危方戰爭的占卜有近百條之多，如《丙》12—21就是一套五版'王从望乘伐下危'、'王勿从望乘伐下危'的大龜腹甲，這些反復貞問商王是否親自率領大將望乘伐下危的卜辭，透露出武丁時對危方戰爭的重要性。"即作者通過證明危方在武丁時是商王朝的敵國，到"歷組"卜辭時則是商王朝的與國，證明"歷組"卜辭的時代絕不會與武丁同時。

---

① 陳夢家：《殷虛卜辭綜述》，科學出版社1956年版，第287頁。

② 于省吾主編：《甲骨文字詁林》，中華書局1996年版，第953—955頁。

張、羅二先生還指出“歷組”和賓組的戰争卜辭，説明在這兩個時期商王朝的征伐對象不同：“宀組除危方外，還有舌方、土方、羌方、夷方、巴方、異方等不見或少見於歷組。其中宀組對舌方戰争的卜辭最多……如果説歷組是武丁晚期至祖庚時的卜辭，應反映對舌方的戰争，然而歷組有關戰争的卜辭卻不見舌方的踪影。”

對舌方戰事考察最爲詳密的是林小安。1986 年、2001 年，林先生先後發表了《武乙、文丁卜辭補正》《再論“歷組卜辭”的年代》兩文[①]，都有涉及伐舌方之事。作者從多角度詳細考察分析了武丁、祖庚時期“伐舌方”的卜辭，認爲“伐舌方之役是具有特殊意義的事項，可以作爲分期斷代的很好的標準”。他以伐舌方卜辭對比論證“歷組”卜辭的時代，證據堅强有力。他是從以下幾個方面進行論證的：

一是“伐舌方”卜辭中出現的卜人衆多。計有：“宀（《南·南》1·62）、㱿（《續》3·10·2）、亘（《京》1229）、㗊（《續》3·3·1）、箙（《存》1·545）、韋（《金》531）、争（《續》3·10·1）、永（《漢城大學藏骨》）、古（《存》1·570）、出（《文錄》637）等。”其中屬於賓組的有 9 人之多，屬於出組的有卜人“出”，這些卜人都是學界公認的屬於武丁、祖庚時期的卜人。而“歷組”卜辭的卜人“歷”，卻從未貞卜過伐舌方，因此，“歷”不是武丁晚年至祖庚時期的卜人。

二是貞問“伐舌方”的卜辭數量很多，據林先生統計有 500 多條。他説：“貞卜次數如此之多，説明‘伐舌方’事關重大。”大量記錄“伐舌方”的卜辭是賓組卜辭，賓組屬武丁中、後期，再加上有少量的出組卜辭卜問伐舌方，因此，伐舌方戰事發生在武丁晚

① 林小安：《武乙、文丁卜辭補正》，《古文字研究》第十三輯，中華書局 1986 年版。《再論“歷組卜辭”的年代》，《故宫博物院院刊》2001 年第 1 期。

年至祖庚時期。而在“爲數逾萬的‘歷組卜辭’中卻沒有一片一辭卜問過伐𢀛方之事，也沒有一例同伐𢀛方同版”，這說明“歷組”卜辭絕不是武丁晚年至祖庚時期的卜辭。

三是“商王對‘伐𢀛方’戰事非常重視，他不但親自出征，而且帶領滿朝重臣和諸方國的军隊一齊前往”。據林先生統計，參與過討伐𢀛方的大臣和諸侯衆多，計有：[illegible]、[illegible]、𠂤般、沚戓、戉、[illegible]、子吕、甫、[illegible]等；“‘伐𢀛方’的戰爭規模很大，卜辭卜問一次要出動的兵力達到三千人、五千人之多”；伐𢀛方牽涉的方國、地區都較多；“‘伐𢀛方’戰事進行的時間很長，從一月到十三月各月均有卜問（當然這些不應只是一年之内的月份），是從武丁之世一直延續到其子祖庚之世”。

林先生指出，“伐𢀛方”的重要戰事延續時間較長，規模較大，它發生的時間是在武丁晚年至祖庚時期，恰與主張歷組卜辭應提前到武丁晚年與祖庚時期的時間吻合。但在逾萬片歷組卜辭中，卻未見到一條卜問與伐𢀛方之事有關的卜辭，歷組對這種持續時間長、規模大的戰事不聞不問實屬反常。對這種現象衹能有一種解釋，即歷組卜辭根本不會是提前論者所說是武丁晚年至祖庚時期的卜辭。伐𢀛方之戰在賓組晚期卜辭和出組早期卜辭中是場很重大的戰役，但在歷組卜辭中卻毫無反映，因此，歷組卜辭絕不可能提前到武丁晚年和祖庚時期。林先生所論證據確鑿，所得結論非常令人信服。

林先生還指出：“伐𢀛方如此，武丁晚期著名的伐土方等戰事也同樣如是。賓組、出組卜辭中的征伐對象與‘歷組卜辭’中的征伐對象完全不同，正是它們互不同時的有力證據。”

3. 所謂“卜王”辭證據

1981 年，李學勤在《小屯南地甲骨與甲骨分期》文中舉出幾版所謂“卜王”辭，證明“歷組”卜辭與出組卜辭時代相同。

李先生舉《南地》（即《屯南》）2100 版卜辭，該版上有兩條帶有地名罘的"歷組"卜辭：

丙申貞：王步，丁酉自罘。

戊戌貞：王于己亥步［自］罘。①

《南地》2100（圖4—35）

圖4—35　《南地》2100

李先生將這兩條"歷組"卜辭與屬於出組的《文錄》666、《文

① 李先生釋罘爲買。

錄》472、《續存・下》680 三版卜辭的日期進行連接，以證明"歷組"卜辭應該提前。查這三版出組卜辭分別是：

壬辰卜，在𠂤哭。

《文錄》666（《合集》24249）（圖 4—36）

癸巳卜，行貞：王賓柰，亡尤。在𠂤哭。

《文錄》472（《合集》24252）（圖 4—37）

□□卜……哭。

甲午卜，行貞：今夕亡𡆥。在二月。

《續存・下》680（《合集》26246）（圖 4—38）

圖 4—36　《文錄》666（《合集》24249）

李先生說："按出組'卜王'辭，有壬辰（《文錄》666）、二月癸巳（《文錄》472）、二月甲午（《續存》下 680）在𠂤哭、在哭，恰與《南地》辭卜日銜接。這是歷組與出組'卜王'辭同時的又一例子。"① 對李先生此說，筆者有四點疑問：第一，上述三版出組卜辭都不是通常所說的

① 《文錄》666 即《合集》24249，《文錄》472 即《合集》24252，《續存・下》680 即《合集》26246。

圖 4—37　《文錄》472（《合集》24252）

圖 4—38　《續存・下》680（《合集》26246）

“卜王”辭。因爲到目前爲止，甲骨學界約定俗成的，也爲李先生所認可的[①]，即認爲主要出現在出組中的“卜王”辭的文例是衹有前辭的“干支卜王”，即如李先生證明“歷組”卜辭應提前的“有力證據”的《南地》2384 中的九條“庚辰卜王”，纔能够稱作“卜王”辭。而上述李先生列舉的屬於“歷組”的兩條辭和屬於出組的四條辭，無一例是“干支卜王”文例的，因此説它們是“卜王”辭不正確。第二，各辭卜問的内容都不相同：《文録》666 記録的衹是壬辰日“在𠂤𡨦”卜問。《文録》472 是在“𠂤𡨦”地由貞人行在癸巳日卜問商王在該地舉行燎祭是否順利，是祭祀卜辭。《續存・下》680 上有兩條辭，上一辭字殘，衹存兩字：一個是“卜”，一個是辭末的“𡨦”，“𡨦”應是地名；下一辭是貞人行於甲午日卜問“今夕亡𡆥”，是“卜夕”辭，辭末記有“二月”。而屬於“歷組”的《南地》2100 上的兩條辭都是卜問商王自𡨦地出行的。即出組和“歷組”的六條辭在内容上都不相同。第三，出組、“歷組”共六條辭中僅《續存・下》680 的第二辭有月名“二月”，其他五條辭都没有月名，李先生爲了將各辭的日期相連接，將其他五條辭的干支日也都想當然地統統歸在“二月”，即將《文録》666 的壬辰日，《文録》472 的癸巳日，《續存・下》680 的甲午日和《南地》2100 的丙申日、戊戌日相連接，這些都是没有根據的臆連。第四，李先生連接出組和“歷組”四版卜辭日期的唯一根據就是地名“𡨦”，但僅依靠地名來連接日期是極不靠譜的，因爲地名並不具有時代性，一个地名可以延續許多世代。

總之，李先生僅憑上述出組、“歷組”卜辭中都有地名“𡨦”，就不顧卜辭内容的不同，把它們的干支日串連在一起，説“歷組”和出組的“卜日銜接”，以此來證明兩組卜辭的時代相同，這種臆

① 見李學勤《小屯南地甲骨與甲骨分期》，《文物》1981 年第 5 期。《殷墟甲骨兩系説與歷組卜辭》，載《李學勤集》，黑龍江教育出版社 1989 年版。

連實在是無法令人接受的。再說，商人以六十个干支循環往復記日，因此在卜辭沒有記月名，所卜事項又不相同的情況下，連接干支日衹能是一廂情愿，並不具備可信性。所以，李先生以上述卜辭作爲“歷組”卜辭與出組卜辭時代相同的事類是不能成立的。

綜上所述，對“歷組”卜辭時代問題的争論，持“歷組”卜辭爲武乙、文丁卜辭的學者，給出了充分而詳實的論據：一是論證了“婦好”不是一個人的名，此論拔掉了“歷組”卜辭提前論的根基；論證了商代有“異代同名”的社會現象，很好地解釋了“歷組”與賓組、出組和其他組卜辭有衆多同名現象的原因。二是對“歷組”卜辭提前論者舉出的“歷組”卜辭中的“父丁”稱謂是指武丁的論據，論證其衹是臆測而已；並舉出諸多含有稱謂的“歷組”卜辭，證明“歷組”卜辭確應是武乙、文丁卜辭。三是舉出在八十多年的殷墟考古發掘中，“歷組”卜辭的出土層位和坑位證據，證明“歷組”卜辭從未在早期地層中出現過，其出土層位和坑位都是晚於賓組、出組卜辭的出土層位和坑位的，從而確鑿無疑地證明了“歷組”卜辭絕不是早期的武丁、祖庚卜辭，而應是晚期的武乙、文丁卜辭。四是論證了“歷組”卜辭與賓組卜辭在一些事類上的不同：如對祭祀祖先的制度不同，對與諸方國的戰争不同，對與諸與國的關係的不同等，證明了“歷組”卜辭與賓組、出組卜辭絕不可能屬於同一個時代；又對提前論者提出的“歷組”卜辭與出組的“卜王辭”有連接的所謂證據，提出諸多理由給予否定。總之，通過以上幾個方面的論證，坐實了“歷組”卜辭絕不可能是武丁、祖庚卜辭，其必定是武乙、文丁卜辭。“歷組”卜辭提前論不能成立。

三　關於“兩系説”

（一）“兩系説”的提出

李學勤於 1977 年、1981 年相繼藉殷墟“婦好墓”的發掘和小屯南地甲骨的出土，提出了“歷組”卜辭提前論[1]，遭到了一些學者的反對。他爲了進一步强調“歷組”卜辭屬於武丁至祖庚時期，在 1986 年中國古文字研究會第六届年會上，提交了《殷墟甲骨分期的兩系説》一文的“摘要”[2]，後於 1989 年將該“摘要”擴寫成《殷墟甲骨兩系説與歷組卜辭》一文發表[3]。1992 年又發表了《殷墟甲骨分期的兩系説》[4]，該文 1 至 12 段與 1989 年發表的《殷墟甲骨兩系説與歷組卜辭》一文的 1 至 12 段文字全同。至此，他在“歷組”卜辭提前論的基礎上，又提出了所謂殷墟甲骨分期的“兩系説”。

李先生在上述兩文中説，“現在提出歷組卜辭問題所藴含的新觀點”，就是 1957 年他在《評陳夢家〈殷虚卜辭綜述〉》中説過的那句話，即“同一王世不見得衹有一類卜辭，同一類卜辭也不見得屬於一個王世”。這就是説，他提出“歷組”卜辭屬於武丁至祖庚時期，是符合一個王世即武丁或祖庚不衹有賓組或出組一種類型卜辭，“歷組”這類卜辭也可屬於武丁、祖庚兩個王世。他説這句話也是他提出“甲骨分期兩系説的基礎”。這裏，李先生“忘記”了，武丁時期並不是衹有賓組一種類型的卜辭，學者們早已證明了𠂤組、子組、午組卜辭也屬於武丁時期（不過，李先生將子組、午組卜辭畫歸爲“非王卜辭”了）。

對於提出“兩系説”的缘由，李先生説，因爲“歷組”卜辭是武丁至祖庚時期的卜辭，如果把“歷組”卜辭看成是武乙、文丁卜辭，將殷墟甲骨看成一系，就出現了“復古”的現象，而要

---

① 李學勤：《“婦好”墓的年代及有關問題》，《文物》1977 年第 11 期。《小屯南地甲骨與甲骨分期》，《文物》1981 年第 5 期。

② 該文刊於《古文字研究》第十八輯，中華書局 1992 年版。

③ 李學勤：《殷墟甲骨兩系説與歷組卜辭》，收入《李學勤集》，黑龍江教育出版社 1989 年版。又收入《當代學者自選文庫・李學勤卷》，安徽教育出版社 1999 年版。

④ 李學勤：《殷墟甲骨分期的兩系説》，《古文字研究》第十八輯，中華書局 1992 年版。

克服這類“復古”的困難，就必須要將殷墟甲骨看成兩系。這句話明白告訴我們，他之所以要提出“兩系說”，就是要給“歷組”卜辭提前論找依據。但由前面引述的學者們的論證，已證明“歷組”卜辭並不是武丁至祖庚時期的卜辭，而是武乙、文丁卜辭，這在實際上，已經使李先生的“兩系說”失去了“基礎”。不過，我們在這裏還是要談一談“兩系說”的形成過程，並評論其是否能够成立。

在討論“兩系說”之前，先要強調兩個問題。

第一個問題是，李先生提出的“同一王世不見得衹有一類卜辭，同一類卜辭也不見得屬於一個王世”的“新觀點”，並不是李先生的“新”發現。前文已指出，早在李先生之前，陳夢家、董作賓就已經先後證明了在卜辭斷代上存在着上述現象。陳夢家在20世紀50年代初論證了𠂤組、子組、午組卜辭與賓組卜辭都屬於武丁時期，就已經證明了同一個王世並不是衹有一種類型的卜辭。[①] 陳先生論證𠂤組卜辭屬於武丁晚期至祖庚時期（153頁）；論證賓組卜辭的時代時，指出卜人“吏”的卜辭屬於武丁晚期並延伸到祖庚時期（182頁）；卜人“中”的卜辭“屬於祖庚時代而上及武丁晚期”等，都證明了一種類型的卜辭並不僅限於一個王世。董作賓在1933年發表的《甲骨文斷代研究例》中，就已指出一種類型的卜辭並不限於一個王世，他說：“旅是二期、三期皆見的貞人，㕦（筆者按：即何）是三期貞人，但亦可以早到第二期，與旅之兼作兩期貞人一樣。”董先生在1955年發表的《甲骨學五十年》中[②]，指出第一期卜辭（即賓組卜辭）不僅限於武丁時期，它還包含有祖庚卜辭。這些事實證明，同一種類型的卜辭並不衹限於一個王世。而李先生提出此觀點已是在1957年《評陳夢家〈殷虛卜辭綜述〉》一文中。所以我們有理由認爲，一個王世不是衹有一種類型卜辭，

① 陳夢家：《殷虛卜辭綜述》，第四章，科學出版社1956年版。

② 董作賓：《甲骨學五十年》，臺灣《大陸雜誌》社，1955年。

一種類型的卜辭也不衹屬於一個王世的最早的發現者，應該是董作賓和陳夢家先生。李先生衹不過是從董、陳二氏的著作中，特别是從陳夢家的著作中，得到啟發而歸納出那句話而已。

第二個是關於"復古"的問題。我們知道，所謂"復古"，是當年董作賓將𠂤組、子組、午組卜辭畫歸到文武丁之世時，看到這幾組卜辭在紀日法、月名、祀典等方面都有與武丁相同的現象，故提出"文武丁復古"一説。這個説法經國内外學者多年的研究，特别是經過陳夢家分"卜人組"的研究，以及近年小屯南地甲骨出土的層位、坑位證據，證明這幾組卜辭是屬於早期的武丁時期，糾正了董作賓的"文武丁復古説"。現在李先生重提"復古"問題，仍然是在董氏分期的第四期卜辭中做文章。他認爲董氏第四期卜辭中，除去𠂤組、子組、午組卜辭外，剩餘的那部分卜辭，也即被他稱作"歷組"的卜辭，也有早期武丁、祖庚卜辭的特點，因此，也應該如同𠂤組、子組、午組卜辭那樣，提前到武丁至祖庚時期，否則就無法解決第四期卜辭的"復古"問題。也就是説，如果從董作賓、陳夢家之説，將"歷組"卜辭仍看成是武乙、文丁卜辭，就是"復古"的問題還"沒有完全解決"，衹有將"歷組"卜辭也前移到武丁、祖庚時期，也即把董氏分期中的所有第四期卜辭全部移到武丁至祖庚時期，"復古"的問題纔算完全解決了。①

關於第四期卜辭，前有董作賓、明義士、陳夢家研究過，現又被李學勤提起。董作賓、陳夢家與明義士争論的是今稱爲"歷組"卜辭的歸屬問題；陳夢家與董作賓争論的是𠂤組、子組、午組卜辭的歸屬問題；今李學勤與明義士一樣，與董作賓、陳夢家争論的仍然是"歷組"卜辭的歸屬問題。

總之，李先生爲了擺脱"歷組"卜辭在地層上遇到的困境，

---

① 李學勤:《小屯南地甲骨與甲骨分期》,《文物》1981 年第 5 期。

爲了使“歷組”卜辭提前論合法化，爲了解決“歷組”卜辭的所謂“復古”問題，就需要建立殷墟甲骨發展的“兩系説”。關於建立“兩系”的方法，李先生説：“必須徹底採取類型學的方法，並充分運用考古發掘提供坑位和層位的依據。”[①] 他的所謂“類型學”方法，就是對字體進行分類，而所謂字體分類，就是在前輩學者利用稱謂、世系、貞人等多種斷代標準已對甲骨進行分期、分組斷代後，再對各組卜辭的字體做進一步細分類，然後再對細分類的卜辭進行斷代。[②] 當然，如果採用這種“先用字體分類，再進行斷代”的方法，能够做到使每一片甲骨都能歸屬到某個王世，是再好不過的結果，這也是甲骨學家們追求的終極目標。但是檢查李先生及其追隨者們“先分類，後斷代”的情況，卻發現不但違背了分類的根基，而且是謬誤百出（此點，放在後文再作分析）。

（二）“兩系説”的構建及演變

追踪李先生“兩系説”的構建、演變過程，可以有助於瞭解他提出“兩系説”的目的。

李先生最早提出“兩系”的概念，是在1984年爲王宇信的《西周甲骨探論》一書所作的“序”中，他説：“以發現地點而言，有的組類衹出於或主要出於小屯村北，有的組類衹出於或主要出於小屯村中和村南。在王卜辭中，衹有𠂤組村北、村南都出，其他可分爲村北、村南兩系。”[③] 這就明確指明，“兩系説”是根據甲骨出土地點來建立的。

---

① 李學勤：《殷墟甲骨兩系説與歷組卜辭》，收入《李學勤集》，黑龍江教育出版社1989年版。又收入《當代學者自選文庫·李學勤卷》，安徽教育出版社1999年版。

② 李先生的“先分類後斷代”的范圍前後有所變化：1957年他主張對全部甲骨進行字體分類，再進行斷代（見《評陳夢家〈殷虚卜辭綜述〉》）；八九十年代後，他主張在各“卜人組”内再以字體進行分類，然後再斷代。見李學勤、彭裕商《殷墟甲骨分期研究》，上海古籍出版社1996年版，第21—22頁。

③ 李學勤：“序”，王宇信《西周甲骨探論》，中国社會科學出版社1984年版。

到 1989 年李先生在《殷墟甲骨兩系説與歷組卜辭》，1992 年在《殷墟甲骨分期的兩系説》兩文中[①]，始列出兩系的組成序列。他説："所謂兩系，是説殷墟甲骨的發展可畫爲兩個係統。一個係統是由賓組發展到出組、何組、黄組，另一個係統是由𠂤組發展到歷組、無名組。"即

一系：賓組——出組——何組——黄組

一系：𠂤組——歷組——無名組

對這個"兩系"路綫圖，需要注意兩點：一是"歷組"被列在了"無名組"之前；二是𠂤組衹接在一系（村南系）的"歷組"之前，在另一系（村北系）的賓組之前沒有列進𠂤組，這就與他説的"𠂤組村北、村南都出"不符。這也無疑是説，𠂤組衹與"歷組"卜辭有關聯，與賓組卜辭沒有關聯。同時，這個"兩系"路綫圖，首尾不交接，各自平行發展。另外，"兩系"中不包括他所畫分的九個"字體組"中的子組、午組（李稱𠂤組），因爲他認爲這兩組是"非王卜辭"。

對上述"兩系"路綫圖，林澐、彭裕商有不同意見。[②] 1989 年，李學勤引述了林澐、彭裕商的意見，説："根據他們（筆者按：指林澐、彭裕商）的看法，𠂤組可能是兩系的共同起源，黄組可能是兩系的共同歸宿。這無疑是極有啟發的。"[③] 到了 1996 年，他在與彭裕商合著的《殷墟甲骨分期研究》[④] 一書中，就採納了林澐、

① 李學勤：《殷墟甲骨分期的兩系説》，《古文字研究》第十八輯，中華書局 1992 年版。該文 1 至 12 段與 1989 年發表的《殷墟甲骨兩系説與歷組卜辭》一文的 1 至 12 段文字全同。

② 林澐：《小屯南地發掘與殷墟甲骨斷代》，《古文字研究》第九輯，中華書局 1984 年版。彭裕商：《也論歷組卜辭的時代》，《四川大學學報》1983 年第 1 期。

③ 李學勤：《殷墟甲骨兩系説與歷組卜辭》，收入《李學勤集》，黑龍江教育出版社 1989 年版。又收入《當代學者自選文庫·李學勤卷》，安徽教育出版社 1999 年版。

④ 李學勤、彭裕商：《殷墟甲骨分期研究》，上海古籍出版社 1996 年版。

彭裕商的意見，説：“𠂤組卜辭村南、村北均有出土，是兩系共同的起源，𠂤賓間組衹出村北，𠂤歷間組衹出村南，纔開始分兩系發展，往後賓組、出組、何組、黄組爲村北系列，歷組、無名組、無名黄間類爲村南系列，無名黄間類以後，村南系列又融合於村北系列之中，黄組成爲兩系共同的歸宿。”① 即這時“兩系”的組成是：

（村北）𠂤組→𠂤賓間組→賓組→出組→何組——→黄組
（村南）　└→𠂤歷間組→歷組→無名組→無名黄間類↗

這裏的“兩系”是集甲骨發現地點和字體演變共同設置的，即各系是靠字體進行連接的。與 1984 年的“兩系”路綫圖比較，有了如下的變化：一是將𠂤組列爲南、北兩系的共同起源；二是爲了使𠂤組與村北系的賓組連繫，弄出個“𠂤賓間組”，爲了使𠂤組與村南系的“歷組”連繫，弄出個“𠂤歷間組”；三是爲了使村南系的無名組與村北系的黄組連接，弄出個“無名黄間類”（注意是“類”不是“組”，“類”與“組”如何分别？作者沒説）。如此安排之後，南、北兩系的首、尾就都相連接了。堪稱完美！不過，這樣天衣無縫的圓滿安排，總使人懷疑其是否與實際情況相符，因爲畢竟𠂤組與賓組、𠂤組與“歷組”，在字體風格上相差太遠。如此安排又使人感覺以字體分類可以隨意所爲，衹要符合個人需要，可以任意分“間組”、分“間類”。同時，“組”與“類”之間，“間組”與“間類”之間，畫定的標準是什麼？讀者不明就裏，無法掌握。這種衹有提出者自己纔清楚的分組、分類法，如何推廣用於斷代？我們至今沒有見到提出者對分“間組”“間類”的標準給出明確的解答。筆者還覺得，弄出所謂“𠂤賓間組”“𠂤歷間組”“無名黄間類”，就等於是承認𠂤組與賓組之間，𠂤組與

① 李學勤、彭裕商：《殷墟甲骨分期研究》，上海古籍出版社 1996 年版，第 305—306 頁。

“歷組”之間，無名組與黄組之間，在字體風格和字體特徵上是存在着明顯差異的，提出者衹有弄出所謂“間組”“間類”，纔能够起到將兩組卜辭連接起來的緩冲作用。這確實令人“佩服”，提出者居然能够把𠂤組卜辭的字體同時與賓組卜辭和“歷組”卜辭的字體都搭上鉤，這就更使人感覺到其主觀臆測的成分太多。由下文就可以看到，他們所謂的“間組”“間類”，又都是可以隨意變動的。

2008年，李學勤發表了《帝辛征夷方卜辭的擴大》一文，該文對“村南系”的組合作了較大改動。一是把“村南系”改爲“村中、南系”，即把在村中發現的甲骨也拉到“村南系”中；二是把“村南系”的“無名黄間類”卜辭改稱作“無名組晚期”卜辭（由此看來，所謂“間類”卜辭是可有可無的）；三是由於沒有“無名黄間類”了，所以改“村南系”的“無名組晚期”卜辭不與“村北系”的黄組卜辭連接了，而是“村南系”自始至終是與“村北系”並列發展的。這個改動不可謂不大。看來，對“村南系”的組合是令李先生頗費心思的。

李先生在該文中是通過證明“無名組晚期”卜辭（即原來的“無名黄間類”卜辭）中的征夷方與黄組帝辛時的征夷方是一次戰役，來證明“無名組晚期”卜辭就是帝辛卜辭。由此説明“村中、南系”並沒有像原來路綫圖所説的“無名黄間類以後，村南系列又融合於村北系列之中，黄組成爲兩系共同的歸宿”，而是“村南系”自始至終是獨立發展的，並沒有融合於村北系的黄組中。由此看來，他改稱“無名黄間類”卜辭爲“無名組晚期”卜辭，明顯是爲了切斷無名組卜辭與黄組卜辭之間的連繫，使無名組卜辭與黄組卜辭脱離干系，也即使“村南系”與“村北系”脱離干系。他這樣做，證明了所謂“間類”“間組”卜辭的畫分，是隨心所欲的，並沒有什麼標準可言。這樣，他的“兩系”路綫圖就變成了如下的樣子：

（村北系）　　𠂤組→𠂤賓間組→賓組→出組→何組→黄組
（村中、南系）　└→𠂤歷間組→歷組→無名組→無名組晚期

這個路綫圖，一是將原來的“村南系”改爲“村中、南系”，他説：“村中、南系卜辭從‘𠂤歷間組’、歷組、無名組到無名組晚期，構成一貫的序列。”① 二是將原來的“無名黄間類”卜辭“包含的年代大致從武乙到文丁”，在改稱作“無名組晚期”卜辭後，其包含的年代就延續到了帝辛時期。② 三是“村中、南系”最後不再與“村北系”匯合統歸到黄組了，而是自始至終是與“村北系”平行發展的。這個“兩系”路綫圖衹採納了林澐、彭裕商的“𠂤組可能是兩系的共同起源”一説，屏除了他們的“黄組可能是兩系的共同歸宿”的意見。③ 屏除無名組晚期卜辭與黄組卜辭最後融合，其本意當是要徹底否定殷墟甲骨最終是歸於一系的。這也就是説，自盤庚遷殷後，或者説至少是從武丁開始，祖庚、祖甲、廩辛、康丁、武乙、文丁、帝乙、帝辛九世商王，都是有“村北”，“村中、南”兩個占卜機關在運作（村中、南的機關是設在村中還是設在村南?）。在這種情況下，各世商王是怎樣安排各占卜機關的占卜事項的呢？何况我們從各組卜辭的各個方面都可以看到，所謂同一時期的各組卜辭，村北和村中、南所卜怎麽有那麽多不相同呢？它們真的是一個時代的嗎？這些都是頗令人費解的。

以上是李先生構建的“兩系説”及其演變過程。李先生之所

---

① 李學勤：《帝辛征夷方卜辭的擴大》，《中國史研究》2008 年第 1 期。

② 李學勤、彭裕商：《殷墟甲骨分期研究》，上海古籍出版社 1996 年版，第 305 頁。李先生在《帝辛征夷方卜辭的擴大》一文中批評宋鎮豪、劉源在《甲骨學殷商史研究》（福建人民出版社 2006 年版）書中主張“無名組晚期”卜辭屬武乙、文丁的意見。

③ 李學勤 2008 年對“兩系説”中“村中、南系”的卜辭名稱和發展路綫的改動，似乎並沒有引起林澐的注意，這反映在他 2013 年發表的《評〈三論武乙、文丁卜辭〉》一文中，該文發表在《出土材料與新視野》，臺北“中央研究院”，2013 年。

以要提出殷墟甲骨發展的“兩系説”，按他的説法，是因爲“歷組”卜辭是武丁至祖庚時期的卜辭，如果把“歷組”卜辭看成武乙、文丁卜辭，將殷墟甲骨看成一系，就出現了“復古”的現象，而要克服這類“復古”的困難，就必須要將殷墟甲骨看成兩系。這句話明白地告訴我們，他提出“兩系説”的緣由，就是要給“歷組”卜辭提前論找依據。也就是説，“歷組”卜辭提前論，遇到了甲骨出土地層的困境，沒辦法解釋“歷組”出土在晚期地層的現象，於是乎就在甲骨出土的地區上找出路，遂提出有南、北兩系發展的説辭。那麼，殷墟甲骨真的如李先生所説是有村（中）南、村北兩系嗎？也即“兩系説”能够成立嗎？

（三）“兩系説”能否成立

分析“兩系説”能否成立，需要解決六個問題：一是𠂤組卜辭是否爲兩系的共同起源。二是何組與黄組卜辭的字體是否密接。三是關於“𠂤歷間組”卜辭。四是無名組、“歷組”卜辭的出土情況。五是無名組與“歷組”卜辭時代的先後。六是“無名組晚期”卜辭是否已延伸至帝辛時期。下面依次分析這六個問題。

1. 𠂤組卜辭是否爲“兩系”的共同起源

爲了弄清楚𠂤組卜辭是否爲“兩系”的“共同起源”，就需要弄清楚𠂤組卜辭的時代。關於𠂤組卜辭的時代，主要有四種意見：一種是董作賓的武乙、文丁説（詳見前文），此説現已基本上被學界拋棄。第二種意見是貝塚茂樹、伊藤道治的武丁時期説。① 第三種意見是陳夢家、蕭楠的武丁晚期（至祖庚）時期説。② 第四種意見是李學勤、彭裕商的武丁早期至中期（偏早）説。後三種意

① ［日］貝塚茂樹、伊藤道治：《甲骨文斷代研究法之再檢討》，《東方學報》第 23 册，1953 年。

② 陳夢家：《殷虚卜辭綜述》，中華書局 1988 年版，第 145—155 頁。蕭楠：《安陽小屯南地發現的“𠂤組卜甲”——兼論“𠂤組卜辭”的時代及其相關問題》，《考古》1976 年第 4 期。

見的基本認識都認爲屬於武丁時期，分歧在於是屬武丁早期、中期還是晚期（並延伸到祖庚時期）。

陳夢家對𠂤組、賓組兩組卜辭的稱謂、字體、紀時法、卜辭形式、祭法等五個方面做了比較研究（詳見前文），他說："𠂤組卜辭按其内在所表示的時代性乃是屬於武丁的，所以像E16和B119等坑都是一坑之中𠂤組卜辭與賓組卜辭並見。在這些坑中，可能有祖庚卜辭，沒有祖甲以及其後的卜辭。"（155頁）𠂤組卜辭是"屬於武丁的晚期"的，"𠂤組在它本來的地位（武丁之晚葉），上承早期的武丁（賓組卜辭），下接祖庚卜辭"（155頁）。"𠂤組大部分和賓組發生重疊的關係，小部與下一代重疊，它正是武丁和祖庚卜辭的過渡。"（153頁）即陳先生證明了𠂤組卜辭是武丁晚期至祖庚時期的卜辭。[①] 這就從卜辭内容和坑位上證明了𠂤組卜辭上接的是賓組卜辭，而不是賓組卜辭上接的𠂤組卜辭，也證明了𠂤組卜辭下接的不是"歷組"卜辭而是出組的祖庚卜辭。

陳先生又指出董作賓定𠂤組爲文武丁卜辭，除了有𠂤組稱"唐"爲"大乙"一個證據外，還有一個就是根據出土區位，也即董氏以所謂"坑位"來定其時代。陳先生說："𠂤組卜辭在村南大道旁（36坑一帶）出土不少，他（筆者按：指董氏）把村南和村中廟前混合爲一區，認爲衹出三、四期卜辭，因此定𠂤組卜人爲文武丁的。"（155頁）這就指明了董作賓以甲骨出土地區，將村南、村中合爲一區，認爲村中、南衹出三、四期卜辭，所以纔錯晝𠂤組卜辭爲文武丁卜辭的，這就指明了利用卜辭出土地區推斷卜辭的時代是錯誤的。如今李學勤造出所謂"兩系"，正是重蹈了董先生的覆轍，將村中、村南合爲一區，看成一系，但奇怪的是他沒有把出在村南的"歷組"卜辭定在第

---

① 陳夢家：《殷虚卜辭綜述》，中華書局1988年版，第145—155頁。

四期，而是定在了第一期晚至第二期早。[①]

1976 年，蕭楠發表了《安陽小屯南地發現的“𠂤組卜甲”——兼論“𠂤組卜辭”的時代及其相關問題》一文[②]，該文以 1973 年在小屯南地發現的𠂤組卜甲的“出土的坑位和卜辭本身的特徵爲依據，並結合有關材料”，來論證𠂤組卜辭的時代。作者分析了這次出𠂤組卜甲的 T53（4A）層的坑位關係，説：“T53（4A），其上爲 T53（3B）和 T53（4）疊壓，被 H91 和 H110 打破，其下則疊壓着 H111 和 H112；而 H110 又被 H102 打破。”“從地層和共存的陶片來看，其中 H91、T53（3B）、T53（4）屬小屯南地中期（相當於康丁、武乙、文丁時代），H111 和 H112 屬小屯南地早期（相當於武丁時期）。而 T53（4A）所出鬲、簋、罐等陶片形制基本上和小屯南地早期器形相似。H110 打破 T53（4A），但又被 H102 所打破，表明 H102 要比 H110、T53（4A）的時代晚些。H110 所出陶片甚少且碎，難以爲據；但 H102 出土了大量陶片和不少可復原的陶器，則彌補了 H110 的不足。僅從 H102 所出鬲、簋、盆、罐等陶器的形製看，其時代要早於小屯南地中期又稍晚於小屯南地早期。從而爲 T53（4A）的相對時代及其下限提供了有力佐證。”

同時，作者“再從過去安陽小屯出‘𠂤組卜辭’而地層關係比較清楚的 E16、YH006、B119 等坑看，‘𠂤組卜辭’除了與‘子組卜辭’或少數性質未定的卜辭同出外，大量的與武丁時期的‘賓組卜辭’同坑而出。例如 E16 坑，除了在該坑的上部發現兩片二期卜辭（實爲一片，因《甲》2942、2943 可綴合），坑底發現少量‘子組卜辭’外，從坑的下層至上層，‘𠂤組卜辭’均與

① 李先生在六十年代前是將𠂤組卜辭，還有子組、午組卜辭定在帝乙時代的，見《小屯南地甲骨與甲骨分期》，《文物》1981 年第 5 期。《帝乙時代的非王卜辭》，《考古學報》1958 年第 2 期。

② 蕭楠：《安陽小屯南地發現的“𠂤組卜甲”——兼論“𠂤組卜辭”的時代及其相關問題》，《考古》1976 年第 4 期。

‘賓組卜辭’同出，而且從坑中出的陶器和銅兵器等形製看，是屬殷墟文化早期，即武丁時代”。“又如 YH127 灰坑中共出 17096 片甲骨，絕大多數是‘賓組卜辭’，還有少量‘子組’、‘午組’、‘𠂤組卜辭’。該坑地層時代較早。從坑中甲骨堆中伴出的一片陶簋口沿觀察，似屬小屯南地早期（即大司空村Ⅰ期）。”“再如墓331中所出一片卜骨（見《乙》9099），上面的刻辭似‘𠂤組卜辭’的字體。該墓所出成組青銅器，如鼎、斝、觚、卣的形製、花紋特徵，都屬殷墟文化早期（即大司空村Ⅰ期，亦即武丁時代）。”作者總結說：“從上述的地層、坑位關係的分析可以看出：‘𠂤組卜辭’的時代絕不可能是在第三期以後（即廩辛、康丁時代）和在武丁以前，而是屬於武丁時代。”

作者進一步論證“‘𠂤組卜辭’的稱謂和武丁‘賓組卜辭’有許多相同”；𠂤組卜辭的人物不少與賓組卜辭相同；𠂤組卜辭的字體“與‘賓組卜辭’有密切關係”，有“𠂤、賓兩組字體同見於一版”；𠂤組卜甲的鑽、鑿、灼“特徵亦與武丁時代‘賓組卜甲’的鑽、鑿形狀較相近”。作者得出結論說：“從上面卜辭本身的分析中可以看出：‘𠂤組卜辭’在稱謂、人物、字體和鑽、鑿形式等諸方面，都與‘賓組卜辭’有許多相同之處，有着密切的聯繫。這説明‘𠂤’、‘賓’兩組卜辭在時代上是相近的。這與從 T53（4A）所處的地層關係的分析中所得出的結論是一致的。因此，我們認爲‘𠂤組卜辭’的時代應屬武丁時期。”隨後作者又指出：“但另一方面，𠂤組卜辭又和第二期祖庚、祖甲卜辭有一定的關係。例如：在 T53（4A）：146 和 T53（4A）：147 兩版卜甲中，都見用‘又’字作爲祭名（即侑祭），在其它的‘𠂤組卜辭’中，侑祭㞢、又兩字都是通用的。‘又’祭，在‘賓組卜辭’中僅是特例，可是在第二期祖甲卜辭中則是常見的形式；‘𠂤組卜辭’在字體上既有許多地方與‘賓組’相似，但又出現了二期以後的新形式。還有在《庫》1248 中見到‘𠂤組’卜人扶與卜人中同版等。卜人中是屬第一期（即武丁時代）和第二期前半葉（即祖庚、祖甲時代的前半葉）的人，亦説明‘𠂤組卜辭’的時代是具有承上（武丁）啟下（祖庚）的作用。這與地層 T53（4A）[①] 下仍疊壓小屯南地早期的灰坑（H111、H112）的情況亦相符合。從這些迹象來看，‘𠂤組卜辭’的時代似屬武丁晚期。”筆者認爲應該是已延續到第二期祖庚時期。

總之，根據陳夢家、蕭楠等人對𠂤組卜辭的研究，特别是根據蕭楠提供的 1973 年在小屯南地發現的𠂤組卜辭出土的地層、坑位關係，確鑿無疑地證明了𠂤組卜辭的時代是在武丁晚期，其下限已到祖庚時期。而且與𠂤組卜辭同坑而出的是賓組、子組、午組卜辭，從不見𠂤組卜辭與“歷組”卜辭在早期坑層中同坑而出的現象。因此，從𠂤組不早於賓組，也與“歷組”無涉的情況看，它根本不是什麽“兩系”的共同起源。“兩系説”者爲了自己構想的“完美”路綫圖，而設𠂤組卜辭爲“兩系”的共同起源，是經不起𠂤組卜辭出土的層位、坑位和卜辭本身特徵的檢驗的，因此是不能成立的。

李學勤、彭裕商爲了構建心目中的“兩系説”，爲了使“歷組”卜辭與第一期卜辭能挂上鈎，就提出𠂤組卜辭是“兩系”的共同起源。爲此就必須要使𠂤組卜辭的時代處在武丁早期，即在賓組卜辭之前，這樣纔能使𠂤組卜辭下接所謂“村北系”的賓組卜辭和“村中、南系”的“歷組”卜辭，從而使“歷組”卜辭提前論變得有根據。1996 年，在他們合著的《殷墟甲骨分期研究》一書中，他們將𠂤組卜辭依字體分成大字類和小字類（各類中又再分出若干小類，詳見後文）。這裏我們不打算對他們的繁複“論證”進行分析，衹看他們得出的結論。對“大字類”，他們主要根據字體和人物“推測”其“大致應爲武丁早期之物，其下限至

① 收入蕭楠《甲骨學論文集》中的該文，此處作“T43（4A）”，疑是“T53（4A）”之誤。

多能晚到武丁中期偏早”，對“小字類”，他們“推測”“其上限可到武丁早期”，“下限至多到武丁中期”，即兩類卜辭的時代基本一致，衹差下限一個是到“中期偏早”（大字類），一個是到“中期”（小字類）。但這樣規定後，𠂤組卜辭可能和賓組卜辭能够聯繫上，但是和“歷組”卜辭的聯繫就成問題了，因爲他們認定“歷組”卜辭是武丁晚期至祖庚早期的卜辭，現在𠂤組卜辭最晚只到武丁中期，它怎麽能和處在武丁晚期的“歷組”卜辭聯繫上呢？更何況他們把有人提出的用來聯繫𠂤組和“歷組”的所謂“𠂤歷間組”卜辭，畫歸到了“附屬於𠂤組”，即是𠂤組卜辭。[1] 因此，他們想用𠂤組卜辭與“歷組”卜辭挂上鉤的目的沒有達到。這裏需要提及的是，他們說“附屬於大字類的卜辭與大字類同卜同版，關係密切，二者必有一段重合時間，其上限應在武丁早期。但另一方面，這類卜辭提到的人物有弖、雀……弖、雀則是𠂤組小字類和早期賓組常見的重要人物……這透露出本類卜辭比上述大字類要晚一些”。但晚到什麽時候，是晚到小字類還是與早期賓組卜辭同時？作者沒有言明，難言之隱可見，即要避開𠂤組卜辭有晚到賓組的可能。何止是“大字類”與“大字類附屬”“同卜同版”，作者給出的時代不相同，他們對舉出的大字類與小字類有同版的七例，即《合集》19871、19921、19965、20046、20088、20233、20345，在斷代時，他們也是對這些同版不同字類的卜辭給予不同的斷代，認爲小字類的上限晚於大字類。這裏有個疑問，他們這樣的細分類細斷代爲什麽不用在被他們認爲是“爲論證歷組的年代提供了最好的證據”的《屯南》2384 版卜辭上[2]，他們說《屯南》2384 版胛骨上是出組卜辭與“歷組”卜辭同版，對這種字體明顯不同類的卜辭，他們卻說是同屬於一個時代的，即用它證明“歷組”卜辭與出組卜辭是同時的。可見他們的分類與斷

---

① 李學勤、彭裕商：《殷墟甲骨分期研究》，上海古籍出版社 1996 年版，第 77 頁。

② 李學勤：《小屯南地甲骨與甲骨分期》，《文物》1981 年第 5 期。

代是採取雙重標準的。

2. 何組與黄組卜辭的字體是否密接

“兩系説”者將無名組卜辭、“歷組”卜辭從傳統的卜辭發展序列中抽出，放到自創的所謂“村中、南系”，將餘下的賓組、出組、何組、黄組放在所謂“村北系”。由於抽出了無名組、“歷組”卜辭，就使“村北系”的何組卜辭直接與黄組卜辭連接了。這個連接能否成立呢?

對此，劉一曼、曹定雲從字體的演變上給予否定。[①] 他們説:“兩系中上下銜接的各組卜辭應當是年代相承襲，字體一脈相承，中間沒有缺環，但是何組與黄組卜辭的聯繫不是緊密的，兩者之間有一定的空隙。這點，‘兩系説’的學者已經注意到了。但他們指出，何組與黄組之間還有一批過渡的卜辭，《安陽侯家莊出土的甲骨文字》中的第9—42片就屬於此種卜辭，它的字體較何組三類帶有更多的晚期特徵。這批過渡性的甲骨卜辭在殷墟是存在的，衹是尚未在小屯出土而已。”[②] 劉、曹二位對此説予以反駁，他們説:“這種推測根據不足。蔣玉斌博士研究了侯家莊第9—42片甲骨，他認爲那是另一種子卜辭（即非王卜辭），不屬於王卜辭之列。蔣氏的看法是有道理的。王卜辭與子卜辭是性質不同的卜辭，不應當將侯家莊的‘子卜辭’拿來填補小屯‘兩系説’中王卜辭的空白。”筆者認爲，如果侯家莊出土的甲骨文字屬子組，其時代應該是在武丁時期，與屬晚後的何組卜辭無涉。還有就是未見李、彭二氏對何組卜辭屬於廩辛時代有疑問，那麽，如果何組卜辭與黄組卜辭能够連接，何組卜辭就經歷了廩辛、康丁、武乙、文丁、帝乙五王，即使按《夏商周斷代工程1996—2000年階段成果報告》，廩辛、康丁各平均在位11年，武乙35年，文丁11年，加

---

① 劉一曼、曹定雲:《三論武乙、文丁卜辭》,《考古學報》2011年第4期。

② 同上。見李學勤、彭裕商《殷墟甲骨分期研究》，上海古籍出版社1996年版，第306頁。

起來也有 68 年之久，比武丁的 59 年還長，卜辭數量與在位年數不成比例，不可信。

3. 關於“𠂤歷間組”卜辭

“兩系說”者爲了使“歷組”卜辭能够與第一期卜辭挂鉤，不但說𠂤組村南、村北都出，是兩系的共同起源。而且爲了使𠂤組卜辭與村南的“歷組”卜辭能够連接起來，就用很不靠譜的字體憑自己的主觀臆斷，弄出什麽“𠂤歷間組”（或“歷𠂤間組”）卜辭。但由前述出大量𠂤組卜辭有明確坑位記載的可知，一坑中，要麽整坑都是𠂤組卜辭（36 坑、YH044 坑），要麽是𠂤組與賓組卜辭的混合（E16 坑），要麽是𠂤組與賓組、子組、午組卜辭的混合（119 坑、YH006、YH127[①]），從不見有𠂤組和“歷組”卜辭在早期坑層中混合出土的情況。這就無疑表明了𠂤組與賓組、子組、午組卜辭的時代相近，而不見𠂤組與“歷組”卜辭在早期灰坑中同出，就無疑表明了𠂤組與“歷組”卜辭的時代相距較遠。

“兩系說”者卻不顧𠂤組卜辭與“歷組”卜辭的出土坑位情況，愣是臆測出有所謂“𠂤歷間組”卜辭，欲用“𠂤歷間組”卜辭將時代相隔較遠的“歷組”卜辭與𠂤組卜辭連接起來。如李學勤在《殷墟甲骨兩系說與歷組卜辭》[②] 一文中，舉出下面兩版卜辭：

（1）《甲編》2904，李說該版胛骨是“𠂤組卜辭，右下隅刻干支表一行，屬𠂤組的一種特殊字體，有學者稱之爲‘歷𠂤間組’或‘𠂤歷間組’”（筆者按：此片即《合集》20354）。

（2）《庫方》972，胛骨，李說該版是“‘𠂤歷間組’卜辭，左下隅刻干支表一列，系歷組字體”（筆者按：此片即《合集》

① 董作賓將𠂤組等組卜辭定爲文武丁卜辭，但他對 YH127 坑中𠂤組與賓組同坑而出不能做出解釋（見《乙編·序》）。

② 李學勤：《殷墟甲骨兩系說與歷組卜辭》，收入《李學勤集》，黑龍江教育出版社 1989 年版。

40866)。

李先生舉出這兩版卜辭是要證明“𠂤歷間組”卜辭與“歷組”卜辭同版，從而證明“歷組”和𠂤組在字體上是有密接的。筆者檢查了第（1）辭《甲編》2904，與𠂤組卜辭同版的一行干支表，不是“屬𠂤組的一種特殊字體”，其字體實際上與𠂤組卜辭並無多大差別。“兩系說”者說其是“𠂤歷間組”，實在是根據自己的需要所做的強分。第（2）例《庫方》972 左下的一列干支表，實是習刻，不足爲據。

由上述兩例卜辭可以看到，李先生對刻在同一版甲骨上，字體差別本不大的卜辭，爲了需要，就借口是“特殊字體”，將其強分出所謂“𠂤歷間組”，這是令人難以接受的。正如李先生在該文中所說，卜辭中“字體不同的刻辭共存於一版甲骨，並不多見，而且大多是細微的差別，仍可列於同組。不同組的兩種字體並存，非常罕見”①。這確實是實話。那麽，從這種“非常罕見”的，衹有“細微的差别”的，“仍可列於同組”的卜辭中要強分出另一個“間組”，其分組標準是什麽？要對這種可分可不分的字體再分出什麽“間組”，就衹能是憑個人的意願了。而且，由於“不同組的兩種字體並存”的甲骨“非常罕見”，那麽分出的所謂“間組”卜辭能有幾版呢？如果𠂤組和“歷組”真的是時代相接的，那麽，這兩組卜辭不但要在字體上相近的有很多版，而且要如同陳夢家、蕭楠對𠂤組與賓組卜辭的時代做的研究那樣，要對𠂤組與“歷組”卜辭在內容上，即在稱謂，紀時法，卜辭形式，祭法，鑽、鑿、灼等方面進行全方位的比較研究，纔能够得出𠂤組與“歷組”如同𠂤組與賓組那樣有許多共同之處，如此纔能够證明𠂤組與“歷組”的時代相接，而不是僅憑個人的主觀推測找出幾版所謂字體同版的“間組”卜辭就能證明得了的。更何況考古發掘

① 李學勤：《殷墟甲骨兩系說與歷組卜辭》，收入《李學勤集》，黑龍江教育出版社 1989 年版。

的坑位已經確證了𠂤組與“歷組”卜辭從未在早期灰坑中共同出現過，已經確證了它們的時代相距久遠。[①]

總之，𠂤組卜辭沒有與“歷組”卜辭在早期灰坑中同坑而出的情況，考古發掘的坑位、層位證據證明這兩組卜辭的時代相距久遠。因此，提出所謂“𠂤歷間組”卜辭來連接𠂤組卜辭與“歷組”卜辭，是沒有坑位、層位證據作根基的。而所謂的“𠂤歷間組”卜辭是提出者將𠂤組卜辭與“歷組”卜辭的字體生拉硬拽地扯到一起，這是絕對不能令人信服的。由此證明，𠂤組卜辭與所謂“村中、南系”的“歷組”卜辭在時代上是絕不相接的。

4. 無名組、“歷組”、𠂤組卜辭的出土情況

“兩系説”者在“村中、南系”（或簡稱“村南系”）安排的卜辭發展順序是：歷組→無名組→無名組晚期，如不包括前面的𠂤組卜辭，這個序列實際上就衹有“歷組”與無名組兩組卜辭。該序列將原屬於第四期的“歷組”卜辭與原屬於第三期的無名組卜辭次序顛倒，並使“歷組”卜辭提前至第一期晚段至第二期早段，與“村北系”的賓組晚期卜辭和出組早期卜辭時代相同。該序列還從第三期無名組卜辭中再分出個“無名組晚期”卜辭，稱這部分卜辭的時代與黄組帝辛卜辭時代相同，這樣，無名組卜辭的時代就從康丁一直延續到帝辛，跨康丁、武乙、文丁、帝乙、帝辛五個王世，如此，無名組卜辭就與“村北系”的何組、黄組卜辭的時代相同了。這個序列的結果就是“村北系”“村中、南系”都沒有第四期卜辭了，也即如李先生自己所説：“既然歷組和𠂤組等都不屬於武乙、文丁時期，原來認爲第四期的卜辭便抽空了。”[②] 抽空第四期卜辭，李先生就要尋找“真正的武乙、文丁卜辭”，他説第四期卜辭應該“是何組、

① 據夏商周斷代工程專家組：《夏商周斷代工程1996—2000年階段成果報告（簡本）》（世界圖書出版公司2000年版），武丁至文丁相距149年。

② 李學勤：《小屯南地甲骨與甲骨分期》，《文物》1981年第5期。

無名組與黄組之間的類型"。他舉出"真正的"武乙卜辭有《甲》495、《甲》729[①]、《庫》985 + 1106、《南地》2281、2172、2323、2136、2405、2917；"真正的"文丁卜辭有《南地》3564、黄組《南北》輔 61，"《南地》附錄的 1971 年小屯西地出土卜骨"（筆者按：共 10 版）、《續存》下 915，及黄組周祭中有一組應屬於文丁時期（筆者按：衹有 9 版[②]）。我們即使都接受上述李先生所說的真正的武乙、文丁卜辭，其數量也是衹有 30 多版，實在是太少了！

據李先生領導撰寫的《夏商周斷代工程 1996—2000 年階段成果報告（簡本）》[③] 中的"夏商周年表"，祖庚、祖甲、廩辛、康丁四王共在位 44 年；武乙在位 35 年，文丁在位 11 年，武乙、文丁加起來共在位 46 年，他們的在位年數超過了祖庚、祖甲、廩辛、康丁四王的在位年數。因此，武乙、文丁的卜辭數量理應與前四王的卜辭數量不相上下。前四王的卜辭含有出組、何組、無名組三個組，其卜辭數量僅以收入《甲骨文合集》的作粗略計算，也有 9400 多片；如果再加上"歷組"畫歸到祖庚的部分，不算小屯南地新出土的幾仟片，僅以《合集》收入的計算，也有 3370 多片。這樣，四個王在位 44 年加起來的卜辭數量就有近 13000 片。這與李先生上面指定的在位 46 年的"真正的"武乙、文丁卜辭僅僅衹有 30 多片的數量比較起來[④]，相差是何等懸殊！卜辭數量的巨大差異，也折射出李先生將"歷組"卜辭前移必有問題。

李先生說，他建立"兩系說"的方法，一個是靠考古學的

---

① 李先生說：董作賓在《甲骨文斷代研究例》中已指出《甲》495 和《甲》729 是武乙卜辭。

② 據筆者復原的周祭祀譜，屬於文丁的周祭卜辭衹有 9 版。見常玉芝《商代周祭制度》（增訂本），綫裝書局 2009 年版。

③ 夏商周斷代工程專家組：《夏商周斷代工程 1996—2000 年階段成果報告（簡本）》，世界圖書出版公司 2000 年版。

④ 即使加上筆者論證的"祊祭"卜辭中的文丁卜辭也僅有不到 20 版。

“類型學”，也即字體分類。另一個是靠考古發掘的坑位和層位關係。關於字體分類的問題，放在後文再做討論。現在先看他所說的“考古發掘提供的坑位和層位依據”。

前已論述，“坑位”和“層位”在考古學中占有重要的地位，它們對判斷出土物所屬的時代起着非常關鍵的作用。但是對“坑位”的理解和如何利用坑位斷代，在中國考古學史上卻是有個認識和發展過程的。

1928 年，中央研究院開始對殷墟進行科學考古發掘，這裏所說的“科學發掘”是相對於過去小屯村民的自掘而說的。根據現在的考古學發展狀況可以看到，當時的發掘還算不上很科學，因爲當時還沒有掌握科學的地層學、坑位學知識。1933 年董作賓發表《甲骨文斷代研究例》，首次係統地提出甲骨斷代的十項標準，其中有一項是“坑位”（第 6 項）。但董先生所說的“坑位”，和我們今天所說的“坑位”是不相同的。今天我們所說的“坑位”，是指灰坑所在地層的縱向位次，而董先生所說的“坑位”，卻是指灰坑在地表平面上的位置，也即是說是在人爲畫分的發掘“區”的區位。對於董先生“由出土的坑位，定甲骨文字的時期”的斷代方法，早在 1956 年，陳夢家就一針見血地指出：“所謂坑位應該和‘區’分別，A、B、C、D、E 等區是爲發掘與記錄方便起見在地面上所作人爲的分界，並非根據了地下遺物的構成年代而畫分的。”他還特別告誡“坑以外我們自得注意層次”。他還說：“我們說某坑出土的甲骨屬於某某期，必須根據了卜辭本身的斷代標準，如卜人、稱謂、字體、文例等等，這些斷代標準必須嚴格而準確，纔能定出某坑甲骨的時期。”[①] 這就明確地指明了董先生將灰坑所在的“區位”當作“坑位”來對甲骨進行斷代是不科學的。

查李先生所說，他畫分“兩系”依據的“坑位”是：“以發

① 陳夢家：《殷虛卜辭綜述》，中華書局 1988 年版，第四章“斷代上”，第二節“坑位對於甲骨斷代的限度”。

現地點而言，有的組類祇出於或主要出於小屯村北，有的組類祇出於或主要出於小屯村中和村南。在王卜辭中，祇有𠂤組村北、村南都出，其他可分爲村北、村南兩系。"[①] 又說："實際董作賓先生在《甲骨文斷代研究例》中已意識到兩系的存在，指出小屯村北主要出他所分一、二、五期，村中（包括村南）主要出他所分三、四期。"[②] 由此可見，李先生畫分兩系所依據的"坑位"，實際上就是因襲的董作賓的人爲畫分的"區位"。而且李先生自始至終也沒有提過他分"兩系"的"層位"依據。看來，他並不懂得"坑位"與"層位"的區别，而是將兩者混爲一談了。

下面，我們就看一下董先生在《甲骨文斷代研究例》中記錄的甲骨出土情況，是否如李先生所說村北祇出一、二、五期卜辭，村中（包括村南）祇出三、四期卜辭（筆者按：董先生的斷代有錯誤，見後文陳夢家的指正）。

1933 年，董作賓發表《甲骨文斷代研究例》時，中央研究院在殷墟還祇進行了前五次發掘，當時畫分了五個發掘"區"，"出土甲骨文字的坑位"也就"分爲五區"（這明示了他的"坑位"就是指灰坑所在的區位）。《甲骨文斷代研究例》就是根據這五次發掘在五個區裏所獲的材料寫成的。董先生在《斷代例》的"坑位"一節中，對各區灰坑的情況作了介紹：

> 第一區（E 區）村北。該區出土"甲骨文字甚少"。主要出第五期帝乙、帝辛卜辭，又有第一、二期武丁、祖庚、祖甲卜辭。（陳夢家指出有例外，如"甲 30，63 好象是廩辛卜辭的字體。甲 336 是子組卜辭字體"。（141 頁）

① 李學勤："序"，王宇信：《西周甲骨探論》，中国社會科學出版社 1984 年版。

② 李學勤：《殷墟甲骨兩系説與歷組卜辭》，收入《李學勤集》，黑龍江教育出版社 1989 年版。《殷墟甲骨分期的兩系説》，《古文字研究》第十八輯，中華書局 1992 年版。

第二區（A 區）村北。主要出第一、二期卜辭，即武丁至祖甲卜辭。“間有第五、第三期卜辭。”［筆者按：董氏在 1948 年的《甲編·自序》中說，該區 26 坑有貞人汰（𠂤組）同坑而出，所以該區出的是武丁、祖庚、祖甲和文武丁時物。但 1933 年時，董先生將 26 坑所出的𠂤組卜辭還認定是武丁卜辭的。］

第三區（F 區）村中、村前（村南）①。

村中出少量第三期廩辛、康丁卜辭②，大部分是第四期武乙、文丁卜辭。

村前（村南）36 坑③，出𠂤組卜辭。（筆者按：村南 36 坑所出𠂤組卜辭屬第一期）

第四區（B 區）村北（大連坑）。出武丁至帝辛卜辭，即出第一期至第五期卜辭（見《甲編·自序》）。其中“第一、二期武丁及祖庚、祖甲時的卜辭較少，第三期廩辛、康丁時的卜辭爲最多。”“第三期也可以分開廩辛、康丁的時代，如稱兄辛的，可以是康丁的卜辭。”④

第五區（D 區）村北。出第一、二期卜辭。

以上前五次發掘畫分的五個發掘區的位置是：四個區，即一、二、四、五區在村北，一個區，即三區在村中或村南。董先生對一、二、三、四區出土的甲骨數量進行了統計：一區 264 片，二區、四區共 3196 片，即村北共出 3460 片；三區即村中、南出 923 片。即村北所出甲骨比村中、村南加起來還要多出 2537 片。董氏

---

① 董作賓稱“村前”，陳夢家稱“村南”（見《殷虛卜辭綜述》，第 141 頁）。

② 1956 年，陳夢家區分出廩辛、康丁卜辭後，指該區“村中所出的都屬於康丁和武乙、文丁卜辭”（142 頁），即沒有廩辛卜辭。修正了董作賓的說法（141 頁）。

③ 陳夢家說“36 坑不屬於村中的一系”（142 頁）。

④ 陳夢家說：“第三次所掘大連坑，據董氏說是一個未經挖過的新坑，内容包含第一至第五期卜辭，時在 1929 年 10 月。”（144 頁）

對各區所出甲骨作的斷代是：村北四個區出一、二、三、四、五期卜辭，即出武丁、祖庚、祖甲、廩辛、康丁、武乙、文丁、帝乙、帝辛卜辭，其中第四區“第一、二期武丁及祖庚、祖甲時的卜辭較少，第三期廩辛、康丁時的卜辭爲最多”，並且“第三期也可以分開廩辛、康丁的時代”。村中第三區主要出第四期武乙、文丁卜辭，又出少量第三期廩辛、康丁卜辭。村南 36 坑全出𠂤組第一期卜辭（1933 年董先生是認爲𠂤組屬於第一期的）。以上說明，村北也是出第三期康丁卜辭（無名組卜辭）、第四期武乙、文丁卜辭（“歷組”卜辭）的。村中也出有第三期廩辛、康丁卜辭，並且出的還是“少量的”，而村北所出廩辛、康丁卜辭“爲最多”。村南則衹出第一期卜辭（𠂤組）。董氏上述對前五次發掘所獲甲骨的報道和研究是不够全面的，如對第三區村南 36 坑所出甲骨就沒有作細緻的報道，他還說第四區“除一、二、三期卜辭之外，似尚有少量晚期卜辭，須待將來詳細研究”。即便如此，我們也實在看不出如李先生所說：“實際董作賓先生在《甲骨文斷代研究例》中已意識到兩系的存在，指出小屯村北主要出他所分一、二、五期，村中（包括村南）主要出他所分三、四期。”① 實際是，董先生在《斷代例》中根本沒有“指出小屯村北主要出他所分一、二、五期，村中（包括村南）主要出他所分三、四期”，董先生也根本沒有“已意識到兩系的存在”。因此，李先生的上述說法衹能是憑個人的主觀臆斷強加給董先生的。如果說董先生已意識到在人爲畫分的發掘區裏，各區所出甲骨的時代存有差異，倒是符合實際的。

對董先生就各發掘區出土的甲骨的斷代，陳夢家曾做過糾正。他在《綜述》第四章“斷代上”特設一節（第三節）“村中出土

① 李學勤：《殷墟甲骨兩系說與歷組卜辭》，收入《李學勤集》，黑龍江教育出版社 1989 年版。《殷墟甲骨分期的兩系說》，《古文字研究》第十八輯，中華書局 1992 年版。

的康、武、文卜辭”，從字體、卜人、龜骨、前辭形式、稱謂、周祭、紀月等幾個方面比較廩辛、康丁、武乙、文丁卜辭的差異（詳見前文），以此爲標準檢查“第一次村中發掘所得的卜骨，我們可以說村中衹出康、武、文的卜辭。……但是我們不能因此即下斷語說一切康、武、文卜辭皆出於村中，村外絕對不出康、武、文卜辭。”（142—143 頁）陳先生“以第二，三，五等次發掘所得而檢其屬於康、武、文的卜辭”來證明，他說第二次發掘在村中和村南兩地[①]，村中出康、武、文卜辭，但也有屬於第二期的《甲》508。村南 36 坑西出𠂤組卜辭。“第三次在 A、B、E 三區發掘，都在村北，這一次發掘以 B 區的大連坑爲主，出了極多的廩辛卜辭，但是也出𠂤組（《甲》955）和康、武、文的卜辭。可見康、武、文的卜辭也出在村北，不過數量較少罷了。”[②]（143 頁）“第三次所掘大連坑，據董氏說是一個未經挖過的新坑，内容包含第一至第五期卜辭”（144 頁）。第五次發掘在村南 36 坑之東[③]，出康、武、文卜辭，也出𠂤組卜辭。總之，“康、武、文卜辭也出現於第一至第五次發掘所獲於村北者”（145 頁），“康、武、文卜辭出在村中，但在村南村北也有一些出土的”（144 頁）。以上證明村北也出康丁、武乙、文丁卜辭即第三期（無名組）、第四期（“歷組”）卜辭。再者，1928 年 10 月，殷墟第一次發掘共分了三個區，其中第三區 F 區，在小屯村中廟西南及村南。在該區共發掘了 8 個坑，其中村中 7 個坑，村南衹有一個 36 坑。董作賓說村中出“少量的第三期（廩辛、康丁）卜辭之外，完全屬於第四期武乙、文丁時的卜辭”。村南的 36 坑衹出後來命名的𠂤組卜辭。陳夢家就此說：“這個地區，顯然應該分別爲二：一是村南的 36 坑，一是其他村中（以大道爲南盡）的各坑。”（141 頁）這就明

① 董作賓在《甲編·自序》中列的表中，第二次發掘在小屯村中和村北。

② A 區即第二區，B 區即第四區，E 區即第一區。

③ 董作賓在《甲編·自序》中列的表中，第五次發掘在小屯村中和村北。

確指出，村南的 36 坑不屬於村中一系，即把“村中”“村南”連成一系是不對的。

由上述董作賓在《甲骨文斷代研究例》中記述的殷墟前五次發掘，以及陳夢家所做的糾正來看，康丁、武乙、文丁卜辭即第三期、第四期卜辭，也即無名組卜辭、“歷組”卜辭，在村中、村南、村北都是有出土的，根本不存在李先生所說“衹出於或主要出於小屯村中和村南”的情況。這說明所謂“村北系”，“村中、南系”是根本不存在的。正如一輩子在殷墟從事考古發掘工作的劉一曼、曹定雲所説：“村南村北近在咫尺，在殷代是在同一宮殿區中，殷王朝沒有必要在同一時期設立兩個占卜機關。”[①] 因此，所謂“兩系”，所謂“歷組”卜辭即第四期卜辭屬於“村中、南系”，純粹是爲了擺脱“歷組”卜辭的層位困境，而憑空杜撰的。

關於 1928 年至 1937 年殷墟出土甲骨文的斷代情況，除了 1933 年董作賓的《甲骨文斷代研究例》（介紹第一至第五次發掘情況）外，還有在 1948 年出版的《殷虛文字甲編》和《殷虛文字乙編》。[②]

先看《殷虛文字甲編》。《甲編》發表的是第一至第九次發掘所獲甲骨文字，董作賓作有《甲編·自序》。陳夢家就董氏在《甲編·自序》中對甲骨出土情況的介紹做了一些糾正。他說：“董氏在《甲編·自序》中曾說：‘在村中挖掘（指 1909 年村人所掘）以前是絕無第三期卜辭的，第四期卜辭也以村中出土者爲最多。……在 1909 年以前出土的，有第五期卜辭，無村中的三，四期卜辭，是朱姓地。1909 年以後所得的，如果有三、四期物，必是村中出土無疑。’董氏的叙述雖非完全錯誤，但是很不精確，

① 劉一曼、曹定雲：《三論武乙、文丁卜辭》，《考古學報》2011 年第 4 期。

② 《殷虛文字甲編》，1948 年 4 月。《殷虛文字乙編》上輯，1948 年 10 月出版；中輯，1949 年 3 月出版；下輯，1953 年 12 月出版。“中央研究院”歷史語言研究所出版。

玆分條論之。1. 他說 1909 年以前出土的，絕沒有第三期（他指的是廩辛、康丁）卜辭。查《庫方》和《七家》中普林斯頓大學所藏的是庫、方二氏於 1909 年以前得的，《金》是英國金璋氏得於 1908 年的，這是有記錄的而爲董氏所承認的。此三書中卻有廩辛卜人的卜辭：卜人宁：《庫》1207，1242，1840；《普》[①] 87。卜人口：《庫》1405。卜人何：《金》496，628。卜人暊：《金》3，14，87；《普》81；《庫》1249，1371，1771，1837。2. 他說除了《甲編》、《粹編》和《佚存》以外，別的書都沒有第三期卜辭，這話也是不對的。《前》、《後》、《續》、《菁》、《誠》、《摭》、《林》、《珠》、《明》、《燕》、《戬》、《福》、《清暉》、《中大》、《零》（後五者是劉鐵雲舊藏）都有廩辛卜人的卜辭，而且爲數不少。這些書中的甲骨大部分出土於 1929 年以前，有不少出版於 1929 年以前。可證在 1929 年發掘大連坑以前早已有了不少廩辛卜辭出土了。廩辛卜辭也不限於出於大連坑或侯家莊。我們祇可以說 1909 年以前，很少出康丁卜辭罷了。3. 他說村中出土的甲骨屬於三、四期，他又說‘至於三區包括所有在小屯村中出土的甲骨文字，祇有三、四期而絕無一片是一、二、五期的。在本編（指《甲編》）中可以見到村中出土第三期廩辛、康丁時的卜辭’。……4. 他說 1909 年以後如果有三、四期卜辭必是村中出土無疑，但是我們在以上已舉例說明康、武、文卜辭也出現於第一至第五次發掘所獲於村北者。凡上所辨，都是董氏在斷代和作斷語時的種種疏忽。”（144—145 頁）以上陳夢家分四條論證了董氏在《甲編·自序》中對甲骨斷代的錯誤以及不精確之處。第 1 條證明在 1909 年以前，在村中也是有出第三期廩辛卜辭即何組卜辭的。故李學勤說第三期廩辛卜辭祇出在村北不出在村中，是不正確的。第 2 條證明在 1929 年發掘村北大連坑以前，早已有了不少廩辛

① 《普》爲《美國普林斯頓大學所藏》。

卜辭出土了，即廩辛卜辭不限於祇出在村北大連坑或侯家莊。第 3 條說《甲編》證明村中也出第三期廩辛、康丁卜辭。第 4 條證明康丁、武乙、文丁卜辭也出於第一至第五次發掘所獲於村北者。總之，陳先生所列上述證據證明，村中也出第三期廩辛卜辭，即何組卜辭；村北也出康丁、武乙、文丁卜辭，即無名組卜辭和“歷組”卜辭。這些都證明了村中、村北所出甲骨組類是相同的。因此，再一次證明了所謂“兩系”的說法是沒有根據的（注意：這裏沒有說“村南”）。

再看《殷虛文字乙編》。《乙編》分上、中、下三輯[①]，上輯有董作賓寫的“序”，言《乙編》收錄的是殷墟第十三、十四、十五次發掘所獲的甲骨文字[②]。這三次發掘均由石璋如主持，都“集中在村北的 BC 兩區”。即《乙編》收錄的甲骨都是在村北出土的。

董先生在《乙编·序》中說：“後三次所得甲骨文字，第十三次占最大多數，十三次又以 H127 一坑出土的龜甲占最大多數。”H127 坑在 C 區，出土甲骨 17096 版，其中骨版僅 8 塊，其他全是龜版。石璋如根據該坑的埋藏情況，推測“甲骨可能是異地而藏，而這一坑則是專埋龜版”。由此就提示我們，利用甲骨出土地區（即董先生所說的“坑位”），也即李先生所說的“村南、村中”“村北”進行斷代，是極靠不住的。因爲殷人對使用過的報廢甲骨可以“異地而藏”；而且小屯村南、村北又“近在咫尺”，地點如此相近，村南、村中、村北能够分得那麼清楚嗎？由此我們還可以推測，殷人很可能在處理前代甲骨時，對廢棄甲骨的空白處再加利用，於是就出現了如《屯南》2384 骨版那樣的情

---

① 《殷虛文字乙編》上輯，1948 年 10 月出版；中輯，1949 年 3 月出版；下輯，1953 年 12 月出版。“中央研究院”歷史語言研究所出版。

② 《殷虛文字甲編》收錄的是第一次至第九次發掘所獲甲骨文字。《殷虛文字乙編》收錄的是第十三次至第十五次發掘所獲甲骨文字。第十次至第十二次發掘沒有得到甲骨文字。見董作賓《殷虛文字乙編·序》。

況，即在二期卜骨上出現了四期“歷組”卜辭的現象。如果“歷組”卜辭屬於早期卜辭，那麽“歷組”卜辭與一、二期卜辭同版的現象應該多見纔是，但實際情況並非如此。由石璋如記述的他所目睹的H127坑甲骨的埋藏情況，還可以得到另一個啟示。石先生說：H127“窖内的堆積可分爲三層，上層爲灰土，下層緑灰土，中間一層是堆積灰土與龜甲”，“在字甲未放入之前便有相當時間的堆積，就是下層的緑灰土和少數的陶片、獸骨”[①]，“此坑乃是複穴中的一個竇窖，開鑿的時期很早，初存穀物，後來廢而不用了，就用它埋藏龜版”。[②] 這就啟示我們，殷人埋藏甲骨有時是隨意性地選擇舊有的使用過的廢坑。由此可知，現在所說的某組卜辭多見于小屯或村北，或村中，或村南，實際上對斷代並沒有什麽特殊意義。因此，所謂殷墟甲骨發展的“兩系說”，是經不起推敲的。我們推斷甲骨的時代，應該根據埋藏甲骨的灰坑的地層、灰坑的疊壓打破關係，也即灰坑在地層中的縱的位次，而不是灰坑在人爲畫分的地面上的區位，再結合甲骨本身的内容利用各項斷代標準進行斷代。

董先生在《乙編·序》中還說：“在《乙編》中，有兩個坑，幾乎完全是文武丁時的卜辭，一是B119坑，共出了298版[③]，衹有一版是武丁卜辭。一是YH006坑，也在B區，共出了207版，龜甲中衹有六版是武丁時物。除了以上兩坑以外，還有散見别的坑中的共13版。有了這一大批文武丁時的卜辭得到坑位的證明，除了極少數第一期武丁時卜辭外，可以說是清一色的文武丁時之物了。”董先生這裏說的“文武丁時之物”，是指𠂤組、子組、午組卜辭。他說：“十八年前，我寫《甲骨文斷代研究例》的時候

① 見董作賓《殷虚文字乙編·序》，中央研究院歷史語言研究所1948年版。

② 董作賓：《殷虚文字甲編·自序》，中央研究院歷史語言研究所1948年版。

③ 董先生在《乙編·序》中，對於B119坑出土的甲骨片數目，前說是296片，後又說是298片，前後差了2片。

曾把武乙、文武丁列爲第四期，那時以小屯村中出土的甲骨爲標準。”“其實，村中出土的，以前著錄的，都有文武丁時代之物，都被我們大部分送給武丁了。”這裏他糾正了寫《斷代例》時犯的“錯誤”，即沒有將在村中出土的𠂤組、子組、午組卜辭按發掘區位作斷代標準，將它們定爲武乙、文武丁第四期卜辭，而是畫到了第一期。其實，他的這個觀點早在 1945 年寫《殷曆譜》時就提出了，當時他稱發現了殷代卜辭有新、舊兩派的不同，𠂤組卜辭應該屬於舊派的文武丁時。說𠂤組卜辭與武丁卜辭有某些相同之處，是因爲文武丁復古了。第十三次發掘的兩個坑，即 B119 坑、YH006 坑，都在村北的 B 區，不在村中。董先生改村北的這兩個坑的甲骨之時代，由第一期改畫爲第四期，說明他也不全是以區位爲斷代標準的。又，第三次發掘在村北的大連坑也出了𠂤組卜辭（《甲》955）。第一次發掘在村南的 36 坑出的全是𠂤組卜辭，共約有 100 版。總之，以上考古發掘證明，𠂤組卜辭在村中、村北、村南都有出土，以村北出土最多，村南次之。

陳夢家曾對𠂤組卜辭的出土情況做過詳細分析。他說：“𠂤組卜辭的出土，可分爲兩類。第一類是零碎出土於某些坑中而記載不詳者……第二類是一坑出大量的𠂤組卜辭而坑位有記載者。”（147 頁）這裏我們看一下有坑位記載者的出土情況：

F 區（第三區）36 坑，在村南，第一次發掘。《甲》182—281，共 100 版。這一坑全是𠂤組卜辭。

E 區（第一區）16 坑，在村北，第四次發掘，《甲》2941—3176，3322，3324—3328，共 142 版。該坑是𠂤組與賓組的混合。

B 區（第四區）119 坑，在村北，第十三次發掘，《乙》

1—237，共 237 版。該坑以𠂤組爲主，亦有賓組和子組。

B 區（第四區）YH006，在村北，第十三次發掘，《乙》299—467，共 169 版。該坑是𠂤組與賓組、子組等的混合。

B 區（第四區）YH044，在村北，第十三次發掘，《乙》477—482（龜），共 6 版。這一坑都是𠂤組卜辭。

陳先生總結𠂤組卜辭出土的集中地可歸併爲五個：一，村南 36 坑及其附近；二，村北 E16 坑；三，村北 B119 坑；四，村北 A 區 26 坑；五，D 區。（150 頁）以上五個區中，衹有 F 區的 36 坑在村南，其他四個出土地都在村北。陳先生指出："𠂤組卜辭在村南大道旁（36 坑一帶）出土不少，他（筆者按：指董氏）把村南和村中廟前混合爲一區，認爲衹出三、四期卜辭，因此定𠂤組卜人爲文武丁的。"（155 頁）這裏，陳先生明確指出，董先生將村南與村中合爲一區，定𠂤組卜辭爲第四期文武丁卜辭是錯誤的，也即董先生以發掘區定甲骨時代是錯誤的。現在，李學勤等人步董先生之後塵，以甲骨出土地點定卜辭的時代，分出"村北""村中、南"系，其斷代方法至少落後科學的考古學斷代方法近七十年（假如從 1950 年算起）。又，在以上五個區中，合計村北出土𠂤組卜辭 554 版（含少量子組、午組卜辭），村南出土 100 版，再加上近年小屯南地出土的 8 版，共是 108 版。兩相比較，𠂤組卜辭在村北出的要比在村南出的多得多，照李先生畫分兩系的標準是："以發現地點而言，有的組類衹出於或主要出於小屯村北，有的組類衹出於或主要出於小屯村中和村南"，那麼，主要出於小屯村北的𠂤組卜辭應該畫歸到村北系纔對，但李先生卻說"衹有𠂤組村北、村南都出”,“其他可分爲村北、村南兩系”。[①] 首先，前文已證明，至今我們也沒有見到“有的組類衹出於”“村北”或“村中、村南”的現象。其次，既然同一種類型的卜辭村南、村北都有出土，衹是所出數量多少有所不同，那麼，爲什麼李先生等人衹將𠂤組卜辭列爲村南村北都出，而對董作賓、陳夢家早已指出的村北也出土數量不少的康丁卜辭（無名組卜辭）和“歷組”卜辭（武乙、文丁卜辭），李先生卻不顧事實將它們衹分在“村中、南系”？由此可見，李先生是不顧事實，採取雙重標準，根據自己的需要來安排各組卜辭的所屬系别的。

2011 年，劉一曼、曹定雲也指出：“村北也出歷組卜辭，如甲二基址 E52 的《甲》3649、大連坑的《甲》2667、2859，丙一基址 H354 的《乙》9089、C 區 YH258 的《乙》9064 等片都屬於歷組卜辭。”他們結合近年小屯南地發掘甲骨的情況指出：“‘兩系說’與小屯甲骨出土的實際情況不符，因爲村南是出賓組、何組、黄組卜辭的，如《屯南》2113、2663、910 與《村中南》[②] 384、454、455 等爲賓組卜辭，《屯南》2384 上有出組卜辭（與歷組同版），《屯南》4327、4447 爲何組卜辭，《屯南》648、2157（第 2 辭）、2263、2405、2489、3564、3793、4363、4474、4475、4476 及《村中南》438 爲黄組卜辭。”[③]

總而言之，李先生的所謂某組卜辭“衹出于”“村北”或“村中、南”的情況是不存在的。就連李先生自己也不得不承認，在所謂“兩系”中，各個組類的卜辭都有在另一系中出現的情況（見《小屯南地甲骨与甲骨分期》），這就否定了他自己所說的“有的組類衹出于”“村北”或“村中、南”的說法。以上說明，

---

① 李學勤:“序”，王宇信:《西周甲骨探論》，中国社會科學出版社 1984 年版。

② 《村中南》即中國社會科學院考古研究所編著的《殷墟小屯村中村南甲骨》的簡稱，雲南人民出版社 2012 年版。

③ 劉一曼、曹定雲:《三論武乙、文丁卜辭》,《考古學報》2011 年第 4 期。

從殷墟甲骨的出土情況看，村北、村中、村南三者之間並無明顯的分界綫，何況村北、村中、村南近在咫尺。因此，所謂“兩系”純屬無根據的臆造。

5. 無名組卜辭與“歷組”卜辭時代的先後

在“兩系說”者製定的“村中、南系”路綫圖中，將無名組卜辭即第三期卜辭，排在“歷組”卜辭即第四期卜辭之後，製定者對這種安排沒有給出應有的證明。當然其原因也不難猜測，因爲他們要將“歷組”卜辭的時代提前到第一期武丁晚期至第二期祖庚早期階段，就必然要將屬於第三期的無名組卜辭排在“歷組”卜辭之後。

那麼，將無名組卜辭排在“歷組”卜辭之後能够成立嗎？2011年，劉一曼、曹定雲根據這兩種卜辭的出土地層關係，給出了否定的答案。他們說：“‘兩系說’將歷組卜辭放到了無名組卜辭的前面，是同田野考古中的地層關係相違背的。在1973年小屯南地的發掘中，無名組卜辭雖與歷組父丁類卜辭同出在中期一組，但歷組父乙類卜辭衹出在中期二組；且有多組中期二組坑打破中期一組坑。這說明，無名組卜辭的產生早於歷組卜辭，這是建立在確切地層關係上的結論。”① 地層證據確鑿，不容質疑。“兩系說”者顛倒無名組卜辭即第三期卜辭與“歷組”卜辭即第四期卜辭的發展順序不能成立。

總之，儘管李先生口口聲聲說，他提出“兩系說”的根據是甲骨出土的“坑位”和“層位”關係，但實際上，他的“坑位”就是董作賓提出的灰坑所在人爲發掘“區”裏的平面位置，並且他根本就沒有提到利用“層位”關係，看來他是把“層位”“坑位”混爲一談了。我們從他反駁蕭楠的地層根據來看（詳見前文），他根本就沒有真正懂得“層位”學在甲骨斷代中的作用。上述劉一曼、曹定雲利用殷墟考古發掘的地層關係，對“兩系說”

① 劉一曼、曹定雲：《三論武乙、文丁卜辭》，《考古學報》2011年第4期。

中無名組與“歷組”卜辭時代的錯誤的反駁，纔是真正利用考古的“層位”學來證明甲骨時代的。總之，層位學證明“兩系說”是與考古發掘的坑位和地層關係相違背的。

6. “無名組晚期卜辭”是否已延伸至帝辛時期

2008 年，李先生對之前設立的“兩系”路綫圖的結尾部分作了修改。他在《帝辛征夷方卜辭的擴大》一文中[①]，將原“村中、南系”的“無名黄間類”卜辭改稱作“無名組晚期”卜辭[②]。利用小屯南地出土的無名組晚期征夷方卜辭，證明無名組晚期征夷方卜辭是與黄組征夷方卜辭有聯繫的，以此證明無名組晚期卜辭的下限已到帝辛（紂）時期。進而說明無名組晚期卜辭與“村北系”的黄組卜辭是並列發展的，即“村中、南系”最後並沒有合併到“村北系”。

他在《帝辛征夷方卜辭的擴大》一文中說，帝辛有兩次征伐夷方的戰役，一次是在九至十一祀（即帝辛九年至十一年），一次是在十五祀（即帝辛十五年）。他在該文中論述的是九至十一祀的那次征夷方。他將該次征夷方戰役分成兩部分：第一部分是夷方有大出侵犯的跡象，第二部分是征伐夷方。征伐夷方又分成兩個階段：第一階段是“十祀九月正式出征”到該祀十二月；第二個

① 李學勤：《帝辛征夷方卜辭的擴大》，《中國史研究》2008 年第 1 期。“夷方”也稱“人方”。

② 林澐早在 1984 年發表的《小屯南地發掘與殷墟甲骨斷代》（《古文字研究》第九輯，中華書局 1984 年版）一文中，已將《屯南》660、648 等卜辭稱作“無名組晚期”卜辭了。李先生則認爲小屯南地出土的無名組卜辭都屬於無名組晚期，這類卜辭在李先生與彭裕商合著的《殷墟甲骨分期研究》中曾被稱作“無名黄間類”，黄天樹在《殷墟王卜辭的分類與斷代》中也稱作“無名黄間類”，他們都將這類卜辭的時代定在武乙、文丁之世。見李學勤、彭裕商《殷墟甲骨分期研究》，上海古籍出版社 1996 年版，第 305 頁。黄天樹：《殷墟王卜辭的分類與斷代》，科學出版社 2007 年版，第 269 頁。但李在《帝辛征夷方卜辭的擴大》一文中說：“近年有學者稱之爲‘無名黄間類卜辭’，主張其時代下限爲文丁”，他在注解中指明“有學者”是指宋鎮豪、劉源在合著的《甲骨學殷商史研究》一書中所做的分類和斷代（福建人民出版社 2006 年版，第 203—207 頁）。但卻不提他自己和彭裕商早在宋鎮豪、劉源之前（1996 年）就已持此種觀點。

階段是從“十一祀正月”開始到戰役結束。他說在這兩個階段中，“除黄組卜辭外，均有無名組晚期卜辭，兩者有共同的時間、地點和人物。由此證明，無名組晚期卜辭下限到帝辛，村中、南系卜辭從‘𠂤歷間組’、歷組、無名組到無名組晚期，構成一貫的序列”。下面對他的論據逐一進行分析（爲了方便讀者瞭解李文的内容，我們將其分成幾個部分，並加注小標題）。

第一部分：“夷方不大出”

（1）黄組卜辭：《合集》37852 +《合集》36824。此爲李先生新拼合。

《合集》37852 辭爲：〔乙〕亥王〔卜〕，〔貞〕：自今春至□翌夷方不大出。王乩曰：吉。在二月，遘祖乙彡，隹九祀。

（圖 4—39）

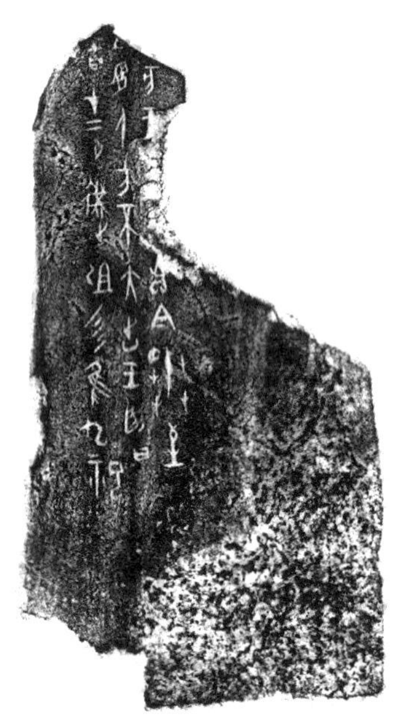

圖 4—39 《合集》37852

這是帝辛九年二月乙亥日卜問夷方在今春至“□翌”是否會“大出”侵犯，並記錄二月乙亥日適逢（“遘”之意爲“逢”、爲“遇”）是以彡祀（周祭五種祀典之一）祭祀祖乙的日子。李先生說該版與《合集》36824 是一骨之折，說因《合集》36824“原著錄爲《殷虚書契前編》5・30・1，拓本被剪去四邊，因而不能和《合集》37852 直接拼連，但從文例看是沒有問題的”。

《合集》36824 有三辭，分别爲：

其大出。吉。

醜其遷至于攸，若。王乩曰：大吉。

其徲于之，若。

（圖 4—40）

圖 4—40　《合集》36824

筆者認爲《合集》37852 與《合集》36824 不能綴合。理由是該兩版不僅不能密接，而且兩版字體不類。《合集》37852 的上端斷骨處有殘字畫，《合集》36824 雖然被“剪去四邊”，但在上下斷骨處都留有空地，都沒有殘字畫，李先生僅憑《合集》36824 上的“其大出。吉”，就說它“從文例看”可與《合集》37852 綴合，這是不能成立的。推測李先生所以硬要將這兩版拼合，是因爲他需要利用《合集》36824 上的人名“醜”（筆者認爲應是族氏名）和地名“攸”。

（2）黄組卜辭：《合集》37854 + 《合集》37857。此爲李先生新拼合。他說此兩版“相聯處有損，不能直接拼連”。

《合集》37854 爲骨刻辭，共有三條辭，自下而上的辭序是：

其……又……尤……

弗𢦏。

其隹今九祀，正𢦏。王乩曰：弘吉。

（圖 4—41）

《合集》37857 也爲骨刻辭，共有兩辭：

弗𢦏。

〔王〕乩曰：吉。不曹𢦏……迺丁……〔于〕十祀。

（圖 4—42）

圖 4—41 《合集》37854

圖 4—42 《合集》37857

李先生對這兩版卜辭都是自上往下讀，這就違反了一般骨刻辭的刻寫規律，即應該是自下往上讀。他並將《合集》37857 的下辭讀成“其〔于〕十祀又□迺正（征），受有〔祐〕，不曹𢦏。〔王〕乩曰：吉。”即該辭本應是由左向右讀，但李先生卻由右向左讀。很顯然，他是根據《合集》37854 第三辭的“其隹今九祀”

即年祀在前，而將該版《合集》37857 卜辭也由右向左讀了，這樣就可以使《合集》37857 第二辭的“十祀”也放在辭前了，就與《合集》37854 一致了。李先生將這兩版並不能“拼連”的卜辭合讀後說：“這很可能是帝辛在预料夷方出犯後，計畫主動征伐。並設想在當年出兵，或延至十一祀動武，卻沒有想到後來的形勢使出征發生在其間的十祀九月。”筆者認爲，這個“拼合版”的兩版中都沒有“夷方”字樣，李先生僅憑其上的年祀“九祀”“十祀”和“戋”字就認定是征伐夷方，不能令人信服；更重要的是，至今爲止，我們還從未見過在同一版甲骨上刻有兩個年祀的例子，故此拼合版的拼合沒有根據。僅憑以上兩點，此拼合版就不能成立。

總之，李先生所舉的卜問“夷方大出”的兩版黄組卜辭拼合版都不能成立。

第二部分：夷方大舉侵犯

（3）黄組卜辭：《合集》36182 +《輯佚》690①

（圖 4—43）

丁巳王卜，貞：酓巫九备，禺夷方率伐東國，東典東侯甾夷方，妥余一〔人〕，〔余〕其从多侯，亡左，自上下于𠭰示，余受又。王乩曰：大吉。……彡。王彝。在……宗。

圖 4—43　《合集》36182 +《輯佚》690

① 段振美、焦智勤、黨相魁、黨寧：《殷墟甲骨輯佚》，文物出版社 2008 年版。

該拼合版由商王在丁巳日親自卜問因夷方侵犯而“率伐東國”，商王率領多侯去伐夷方會得到上下神祇的保佑吧？王視兆後說“大吉”。辭中的“𢦏”字在卜辭中有多種用法，吴其昌指其中一種用法是“略等於‘伐’，故‘𢦏’‘伐’在卜辭中又屢屢對舉，如云：‘三宰，𢦏。伐卌。’（《前》8·12·6）……亦有更進而直以‘𢦏’字通假以爲‘伐’字之用者，如直云‘𢦏𢀛〔方〕……’（《前》7·25·3）即‘伐𢀛方’也。直云：‘𢦏土方’（《林》1·6·15）即‘伐土方’也。直云：‘𢦏正（征）衛’（《後》2·40·2），即‘征伐衛’也。‘𢦏’、‘伐’同義，至可通假互用……由是可知：𢦏牲，即伐牲也”[①]。由卜辭知，帝辛時曾發動過兩次征伐夷方的戰爭：一次始於十祀（祀即年）八月（不是李先生說的九祀，也不是他說的三月，也不是他後來説的九月——詳見後文），終於十一祀五月，這次征伐連來帶去至少用了十個月的時間。[②] 另一次是在十四祀十四月（年終置兩閏月。不是李先生說的十五祀）至十五祀十一月，這次征伐連來帶去至少用了十二個月也即一年的時間。[③] 李先生這裏討論的是第一次即十祀征伐夷方的戰爭。他說該拼合版，“根據周祭祀譜和缺字位置，此辭第四行末應補以‘在三月’三字，但依周祭祀譜，九祀、十祀三月丁巳均值彡季，目前尚無法選定是哪一年”。他之所以補該拼合版月份爲“三月”，是爲了要使此拼合版與第（1）例《合集》37852的“二月祖乙彡”連接上（都是彡祀），但這就與他自己的說法相矛盾了。因爲他說帝辛出征是在“十祀九月”，而第（1）例《合集》37852卜問九祀二月夷方是否“大出”。再說，即使補第（3）例的月份爲“三月”，但該辭說夷方已出動“伐東國”了，商王也去“𢦏夷方”了，這與李先生說的“九月”始伐夷方又不符了。其實，從卜辭文例看，該拼

① 吴其昌：《殷虚書契解詁（七續）》，武漢大學出版社2008年版，第360頁。
② 見常玉芝《商代周祭制度》（增訂本），綫裝書局2009年版，第304—318頁。
③ 同上书，第322—326頁。

合版卜辭不應是此次征夷方的記錄，因爲十祀、十一祀征伐夷方一事多是附記在卜旬卜辭後面的，如："癸丑王卜，貞：旬亡畎？在十月又一。王征夷方。在亳。"（《英藏》2524）這是記錄征伐夷方在亳地。"癸卯卜，黄貞：王旬亡畎？在正月。王來征夷方。在攸侯喜鄙永。"（《合集》36484）這是記錄征伐夷方歸來時在攸地。而十四、十五祀征伐夷方至今未見有卜辭記錄，衹見在四條銅器銘文中有記載，如"小子䍙簋"銘文曰："癸巳，𤔲賞小子䍙貝十朋，在上𩰫，隹𤔲令伐夷方，䍙賓貝，用作文父丁障彝。在十四月[①]。"（《集成》4138）是記錄𤔲命令小子䍙征伐夷方，"𤔲"當是族長。又如"小臣艅犀尊"銘文："丁巳，王省□且，王賜小臣艅□貝。隹王來征夷方。隹王十祀又五，彡日。"（《集成》5990）這是記錄十五祀丁巳日商王征伐夷方歸來。其日期"丁巳"、祀典"彡"祀都與該拼合版（《合集》36182 +《輯佚》690）相同。再如"戍鈴方彝"銘文："己酉，戍鈴障宜于召（略）。在九月，隹王十祀𠭯日五。隹來東。"（《集成》9894）銘文記録十五祀九月己酉日"隹來東"，即從東方歸來。[②]"隹來東"之"東"是指東夷，即夷方。由上述銅器銘文記錄的日期"丁巳"，祀典"彡"祀，以及"東"的簡稱來看，焦智勤的上述拼合版應該是屬於帝辛十五祀征伐夷方的記錄，非李先生所說爲帝辛九祀或十祀的記錄。

（4）黄組卜辭：《輯佚》689

該辭殘字較多，並缺刻横畫。李先生謂其與第（3）版中的《輯佚》690 同文，並作了補釋。筆者對李先生的釋文有少許不同，今重釋如下：

己未卜，貞：𠩺〔巫九𠧟，禺夷方率伐東〕國，典東侯𠬝〔夷方〕……〔王乩曰〕：吉。伐夷方，亡〔𢓊自畎〕。

---

① "十四月"是失閏再補閏，即連閏的證據。

② 見常玉芝《商代周祭制度》（增訂本），綫裝書局 2009 年版，第 323—324 頁。

總之，十祀、十一祀那次伐夷方一般稱作“征夷方”“隹征夷方”“王征夷方”，伐夷方歸來一般稱作“王來征夷方”“王來夷方”“隹來征夷方”“隹王來征夷方”。[①] 十四祀、十五祀那次伐夷方稱作“𢀛夷方”“伐夷方”，伐夷方歸來稱作“隹王來征夷方”“隹來東”。除了排譜以外，這些用词的不同也可作爲區分兩次伐夷方的參考。

第三部分：帝辛出征伐夷方

（5）黄組卜辭：《合集》36482，共有兩辭：

圖 4—44　《合集》36482

甲午王卜，貞：乍余耏朕禾，酉余步从侯喜征夷方，上下𩰫示，余受又=？不曹戋囚？告于大邑商，亡徭？在畎。王乩曰：吉。在九月，遘上甲𡕦，隹十祀。

甲午王卜，貞：其于西宗奏示。王乩曰：弘吉。

（圖 4—44）

對第一辭，筆者與李先生釋文有不同，特別是他釋“囚”爲“肩”，並將所謂“肩”字與“告于大邑商”連讀，讀成“不𢀛戋，肩告于大邑商”，這樣讀使辭意頗費解。“亡徭在畎”和“不𢀛戋囚”是黄組卜辭的兩個成語，多用在記有年祀的卜辭中，這兩個成語的意思，當是問有無灾禍之意。該辭在帝辛十年九月甲午日卜問商王率領侯喜征伐夷方，上下神祇是會保佑我商王的吧？

① 辭例見常玉芝《商代周祭制度》（增訂本），綫裝書局 2009 年版，第 310—318 頁。

不會有灾禍吧?“告于大邑商”後再問不會有禍害吧?商王視卜兆後說吉利,並在辭後附記九月甲午日適逢是以周祭五祀典之一的𠧞祀祭祀上甲的日子。李先生說該辭表明“到十祀九月甲午,帝辛真的動員出征”夷方,這樣解釋不確。因爲《合集》36489表明帝辛在十祀八月已經開拔去征伐夷方了。[1]

總之,李先生所舉的五版黄組卜辭,第(1)、(2)版不能綴合,第(3)、(4)版非十祀征人方材料,故均不能成立。

關於帝辛征夷方的過程,李先生以自己所排黄組征夷方譜爲準,將戰事分成兩個階段。

第一階段:“於甲午之後九十五天,帝辛到達攸國,也就是征夷方的前綫。”這裏,李先生是以第(5)版(《合集》36482)的十祀九月甲午日起算的。該階段的行程是:

十二月	癸酉	
	己卯	在雟,王其𢦏。
	辛巳	在雟。
	壬午	在雟,卜王今夕不㞢。
十二月	癸未	在雟,步于滅。
	甲申	在滅。
	乙酉	在滅,步于淮(潍)。
	丙戌	在淮(潍),步于□。
	庚寅	在瀥餗(次),王𢦏林方。

他說“這是進入戰事的第一階段”[2]。又說:“以前我們總是奇怪,

① 見《商代周祭制度》(增訂本),綫裝書局2009年版,第310頁。

② 李學勤:《殷代地理簡論》,收入《李學勤早期文集》,河北教育出版社2008年版,第203頁。李學勤1959年排的譜與1956年陳夢家排的譜完全相同,見陳夢家《殷虛卜辭綜述》,中華書局1988年版,第302頁。

征夷方卜辭雖多，具體涉及戰況的卻甚少。現在悟到，這種卜辭不是缺少，而是不屬於黃組卜辭，乃是《小屯南地甲骨》中的無名組卜辭。”他舉下面幾版小屯南地出土的無名組卜辭與黃組卜辭進行併連：

第一組

(1)《屯南》2064：王族其𦎫夷方邑舊，右、左其𢦏。
弜𢦏。其𤰔舊，于之若。
……右旅……雉衆。(圖 4—45)

(2)《屯南》2350：……王其以衆合右旅〔眔左〕旅，𠂤于佳𢦏。在舊。吉。(李先生將“𠂤于佳𢦏。在舊。”釋成“𠂤于舊，𢦏。吉。在舊。”)(圖 4—46)

(3)《屯南》2328：壬☐卜：王其弗𢦏……戌。叀今日壬。
叀癸祉。
翌日，王其令右旅眔左旅，𠂤見方𢦏，不雉衆。
其雉。

李先生說：“這些辭非常適合嵌排在十二月己卯、癸未之間。《屯南》2328 的‘壬’字下應補爲‘午’，因爲該辭多有殘泐，但‘丙戌’可見，這是商軍預計大規模進攻的日子，參看《英國所藏甲骨集》2526 黃組卜辭，係胛骨左邊，自上向下讀：

丙戌伐夷方于𥫗。‘吉’。
首。‘吉’。
兑。‘引吉’。

圖 4—45 《屯南》2064

圖 4—46 《屯南》2350

箕、首、兑都是地名。”（圖 4—47）

上述第（1）、（2）、（3）三版無名組卜辭是否如李先生所説“非常適合嵌排在十二月己卯、癸未之間”呢？檢查這三版卜辭可知，其上都沒有月名，只有第（3）版有個日期“今日壬”。第（1）版即《屯南》2064 的“𦎫”即敦，伐意。“售”，地名。“𢀛”，“象兩手拿一工具往下撞擊，義殆與撞、擊等字相當”[①]，即《屯南》2064 的三條辭是卜問商王率領族衆去攻伐夷方的售邑，用右旅、左旅去攻擊是否會順利，是否會喪衆。這裏的“售”是夷方的邑。第（2）版即《屯南》2350 沒有“夷方”，有

圖 4—47 《英藏》2526

① 《屯南》2064 釋文。

地名“𫩛”“右旅”等，辭意也當是商王率領右旅、左旅去進攻𫩛地，與第（1）版同。第（3）版即《屯南》2328有“右旅”“左旅”，無地名“𫩛”，無“夷方”，有“見方”。該版第一、二辭分別卜問商王是在今天壬日去伐某地，還是延長在（第二天）癸日去好呢；第三、四辭分别卜問在翌日即第二天癸日商王命令右旅及左旅去伐“見方”會不會喪衆。這也提示了第一辭殘掉的某地是“見方”。總之，該版卜辭卜問的是伐見方，不是伐夷方，李先生錯釋“見”爲“夷”。該版第一辭有兩個日期：一個是卜日“壬某”，“壬”字下的字殘泐不見；另一個是命辭裏的日期“某戌”，“戌”字前的字殘掉。李先生補卜日爲“壬午”，補命辭日期爲“丙戌”，還說“‘丙戌’可見”，但“屯南”甲骨的發掘、整理者都沒有見到的“丙”字，難道李先生僅憑拓本就比整理者看到的原骨還清礎？李先生說補“丙戌”是參考黄組的《英藏》2526，他釋《英藏》2526第一辭爲：“丙戌伐夷方于箕。吉。”筆者檢查該辭，卻是：“丙戌：戍（伐?）𠬝方于箕。吉”（《英藏》作者釋文也是如此），是卜問伐𠬝方的，“𠬝”字拓本清晰無疑，李先生卻將“𠬝方”釋成“夷方”。總之，李先生將無名組《屯南》2328的伐“見方”和黄組《英藏》2526的伐“𠬝方”都錯釋成“伐夷方”，因此，他根據黄組《英藏》2526的“丙戌”補無名組《屯南》2328爲“丙戌”，以此日期作根據嵌接無名組與黄組，就無法成立了。李先生將第（1）版《屯南》2064與第（2）版《屯南》2350（無“夷方”）聯繫，靠的是地名𫩛。第（1）版說“𦎫（伐）夷方邑𫩛”，表明𫩛在無名組時是商王進攻的夷方之地，但黄組卜辭表明𫩛已是商王國的領土了，《屯南》作者舉出《前》2·5·1（即《合集》36486）版卜辭爲證：“〔癸〕未王卜，貞：旬［亡］禍。在十月又二。〔王〕征夷方。在𫩛。”（圖4—48）至確。因此，李先生靠地名“𫩛”將無名組卜辭嵌接到黄組卜辭中，是不能成立的。

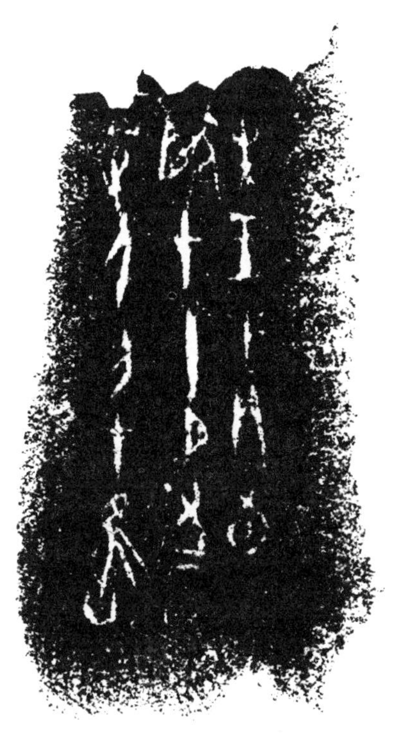

圖 4—48　《前》2・5・1（《合集》36486）

第二組

李先生說："帝辛在經過灉之後，又轉歷一係列地方，到十一祀正月壬寅，纔回攸國屬境。其下一段黄組卜辭排譜是這樣的：

　　　　壬寅　今日步于永。
　　正月癸卯　在攸侯喜鄙永。
　　　　癸丑　在攸。
　　　　乙巳（卯）[①]　在澫，今日步于攸。
　　正月癸亥　在攸。

① 查李學勤《殷代地理簡論》知是"乙卯"，李先生在此誤為"乙巳"。

乙丑　在攸，今日𢦏从攸東。
二月癸酉　在攸。”①

他說：“現在有不少無名組、黄組的卜辭，可以排進這些天裹面，構成戰事的第二階段。”這裹且不説李先生的“一係列地方”是指何地，其所用材料和所排之譜是否合理，衹看他將無名組卜辭插入上述黄組征夷方譜中是否正確。他所舉辭例如：

（1）《屯南》2320，無名組卜辭。查該版共有10條辭，李先生選釋的一條是：

甲辰卜，在爿牧征啓，右……邑□……引吉。在澅。（實應釋爲“甲辰卜，在爿，牧征徹又……邑……在澅。弘吉”。）（圖4—49）

他説該辭“卜於正月癸卯後的一天，可知攸國的永和在今淄博西北的澅距離不遠。辭中卜問的是在爿牧征担任前鋒進攻之事。‘……邑□’疑如《屯南》2064的‘夷方邑𩁹’，也是夷方的城邑”。此説很值得懷疑。第一，該辭中沒有夷方，沒有年祀，沒有月名，何以知是十祀正月征夷方？僅憑日期“甲辰”就說它是黄組帝辛十祀“正月癸卯後的一天”，不能令人信服。第二，李先生對“爿牧征”之意語焉不詳。“牧”是官名，“征”是族名，“牧征”是官名加族名；“爿”“澅”均爲地名，一條辭中有兩個地名爲何衹説澅地不説爿地與攸國的距離。第三，言“邑□”疑如《屯南》2064的“夷方邑𩁹”，屬臆測。李先生又説緊接“甲辰”一辭（即《屯南》2320）的，是《懷特》② 1903黄組卜辭：

① 李學勤：《殷代地理簡論》，科學出版社1959年版，第39頁。
② 李先生將《懷特氏等收藏甲骨文集》錯寫成《懷特氏等所藏甲骨文集》。

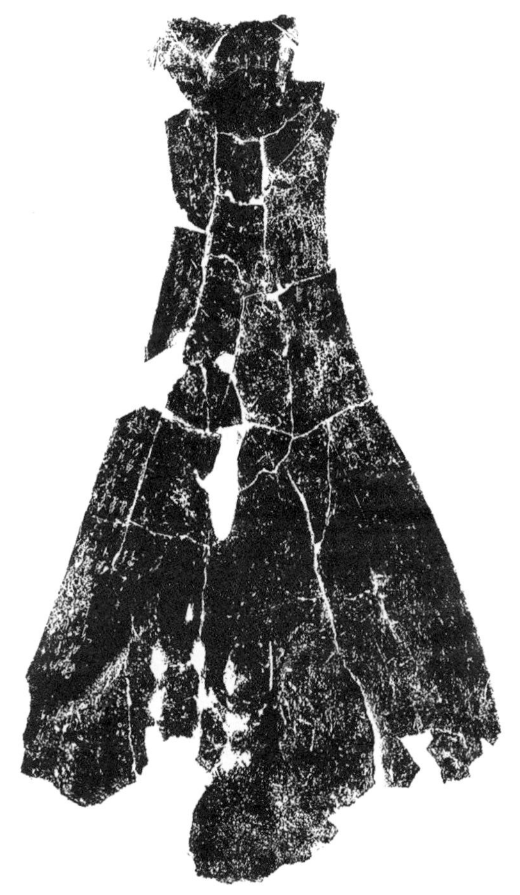

圖 4—49　《屯南》2320

（2） 乙巳卜在……牧征，弗……
弗及。
利，有禽（擒）。
……利。(圖 4—50)

李先生說該辭日期“乙巳”可排在《屯南》2320 的“甲辰”日之後，又說該辭有“在爿牧征”，與《屯南》2320 相同，即“仍係在爿牧征進攻一事”。查該辭無“爿”字，無“夷方”，衹憑日期連屬沒有說服力。李先生再舉“新綴合的黃組卜辭《合

圖 4—50　《懷特》1903

集》36492 + 《合集》36969 + 《懷特》1901"[①]，認爲可接在黄組《懷特》1903之後。他的釋文是：

(3) 丙午卜在攸貞王其呼〔在爿牧〕征執胄夷方𩰫，焚〔伯〕梳，弗每。在正月，惟來征〔夷方〕。

弜執。

辛亥卜，在攸貞，大左族有擒。

不擒。(圖 4—51)

李先生説："《合集》36492 + 《合集》36969 與《懷特》1901 乍看似難接連，是由於《合集》36492 上端左角有缺損的緣故。"查該拼合版，拼合者是以《合集》36492 爲主，下部拼接《合集》36969，上部拼接《懷特》1901。《合集》36492 上有日期"丙午""在攸""夷方""在正月""隹來征"等字，但辭的下部殘缺，而《合集》36969 有"爿牧""梳""方"等字，將其拼接在《合

① 李先生未提綴合者，疑當是其本人綴合的。筆者懷疑這三塊卜骨不是一骨之折，理由有二：一是三版胛骨互相都不能密接：《合集》36492 最下邊的碴口處尚可見有三個字的殘畫，而接在下邊的《合集》36969 的上邊緣碴口處卻未見有任何殘字畫，兩片對接沒有根據；《懷特》1901 接在《合集》36492 的上部，骨碴也不能對接，卜辭内容也沒有關聯。二是三版卜辭的字體風格都不相類：特别是接在《合集》36492 下部的《合集》36969，查這兩版的《合集》拓本，發現二者字體有較大差異，《合集》36492 字體無論筆畫多少，大小都較一致，刻寫規整秀氣，而《合集》36969 殘存的 4 個字筆畫都較粗，刻寫風格與《合集》36492 明顯不同，字體較恣肆，字體大小比《合集》36492 要大，這樣不同風格的字體不可能出現在同一條卜辭上，故我們在錄李先生釋文時，對《合集》36969 的字和李補的字用〔〕號圈住。不過爲了討論的必要，也只好暫按李先生釋文。又不知爲何，李先生文中附的此拼合版的圖版，這兩版卜辭的字體粗細居然看起來一致了！

集》36492 的下部，就有“在爿牧𢓊”了。在《合集》36492 的上部拼上《懷特》1901，就有日期“辛亥”“在攸”“有擒”“不擒”了。如此，該拼合版的日期“丙午”與上舉的《懷特》1903 的日期“乙巳”就相接了，兩版都有“有擒”了。該拼合版和《懷特》1903 都屬黄組卜辭，無名組卜辭《屯南》2320 上有日期“甲辰”，就與《懷特》1903 的日期“乙巳”連接了，再與拼合版的日期“丙午”連接，這樣就構成了甲辰—乙巳—丙午的時間鏈。再加上三版中都有“在爿牧𢓊”，故而李先生得出無名組卜辭可插在黄組卜辭中的結論。不過，即使經過如此這般地精心拼合和連屬，還是不能令人信服，主要有三點：第一，在日期上，商代實行六十干支周而復始地紀日，因此在卜辭中没有記錄月名的情况下，僅憑干支將日期串連起來是非常靠不住的。第二，關於“爿”“牧”“𢓊”能否做爲論據的問題。前已說明，“爿”爲地名，“牧”爲官名，“𢓊”爲族名。地名、官名、族名都可跨代延續，張政烺先生曾考證卜辭中的“犬𢓊”“㕣”等都是族名，也可能是族長的稱呼①，商代有不少家族世代服務於王室，如“㕣”氏家族在殷商時期就長盛不衰，幾乎在各期卜辭中都可見到該族的身影，他們在朝廷中從事農業、祭祀、征伐等工作。因此，以地名、官

圖 4—51　《合集》36492 + 36969 + 《懷特》1901

① 張政烺：《卜辭“裒田”及其相關諸問題》，《考古學報》1973 年第 1 期。

名、族名做時代依據就有不確定性。第三，是對李先生引無名組卜辭《屯南》2320的疑問。查《屯南》2320上共有十條辭：

> 甲辰卜：在爿，牧征徹又……邑……在𣻌（濜）。弘吉。
> 弜每。吉。
> 癸酉卜：戌伐，右牧啚𢻻夷方，戌又𢦏。弘吉。
> 〔右戌又〕𢦏。弘吉。
> 中戌又𢦏。
> 左戌又𢦏。吉。
> 亡𢦏。
> 右戌不雉眾。
> 中戌不雉眾。吉。
> 左戌不雉眾。吉。（見圖4—49）

十條辭中，記有日期的有兩條：一條是第一辭於“甲辰”日卜問（李先生引此條），一條是第三辭於“癸酉”日卜問。“甲辰”日卜問的一條是殘辭，上有“在爿，牧征”等字，具體内容不好定奪。第二辭是“弜每。吉”。第三辭於“癸酉”日卜問，辭意完整，問“戌伐，右牧啚𢻻夷方。戌又𢦏。弘吉。”是卜問戌征伐夷方是否有災禍的。其餘七條辭是卜問右戌、中戌、左戌“又𢦏”“亡𢦏”“不雉眾”的，這些卜問顯然是就第三辭的占卜再進行反復卜問的。這裏就有一個疑問，即李先生是論證無名組征夷方一事的，但他在徵引本版卜辭時，卻避不徵引有征夷方的第三辭即癸酉日卜問的一辭，而是徵引沒有征夷方，並且是殘辭，辭意不明的甲辰日一辭。原因何在？明眼人一看即知，他是爲了使屬於無名組的《屯南》2320的日期“甲辰”能與屬黄組的《懷特》1903的日期“乙巳”接連，又再使“乙巳”與“新綴合的黄組卜辭《合集》36492＋《合集》36969＋《懷特》1901”上的日期

“丙午”接連，並且這兩版黃組卜辭分别有“牧祉”和“爿牧祉”等字，也與《屯南》2320 一致。如果徵引有征伐夷方的癸酉日一辭，日期就不能與上述兩版黃組卜辭的接連，並且該辭也沒有“爿牧祉”等字。總之，李先生試圖以日期、地名、族名將無名組與黃組連接起來，證明無名組征夷方與黃組征夷方屬於一次戰役，即證明無名組晚期卜辭的時代已延長到了黃組晚期的帝辛時期了。筆者認爲上述連屬不能成立，理由有三點：一是所引《屯南》2320 和《懷特》1903 兩辭都不是征夷方的卜問，故不能用來論證征夷方歷程。二是日期的連接不具備可信性。因爲商代施行干支紀日法，以六十干支周而復始地紀日，因此，在沒有月名（也甚或沒有年祀）的情況下，單憑干支連屬的日期就不具備可信性。三是不能用地名、官名、族名作根據，前已説明它們可延用多代不變，故不具備準確的時代性。

其實，我們用《屯南》2320 中癸酉日卜問征伐夷方的一辭，與黃組拼合版即第（3）版征夷方的一辭作對比，就可證明無名組的伐夷方與黃組的伐夷方不是一次戰役。《屯南》2320 中癸酉日卜問的辭是：“癸酉卜：戍伐，右牧㠱𢻊夷方，戍又𢦏。弘吉。”“戍”，陳夢家指是官名[①]，“牧”也是官名，“戍”“牧”官名並舉。“㠱”在幾期卜辭中均有出現，故它不是人名而是族名。“𢻊”，是禀告之意。“𢦏”即灾，多用於戰事卜辭中。則該辭是於癸酉日卜問右牧㠱（向商王）禀告夷方來犯，商王命令戍去討伐（“戍伐”前置），問戍不會有灾禍吧，驗辭説大吉。接着第四、五、六、七、八、九、十辭再分别卜問“右戍”“中戍”“左戍”不會有灾禍吧，不會喪失族“衆”吧。這些辭表明戍是帶兵作戰的武官，其部隊有右、中、左之分，與其他卜辭中的右、中、左三師義同。“衆”是部隊成員，在該辭中應是指由㠱族的衆組成

① 陳夢家：《殷虛卜辭綜述》，中華書局 1988 年版，第 516 頁。

的右、中、左部隊，由戍官指揮。而黄组拼合版即第（3）版卜問征夷方的卜辭是："丙午卜，在攸貞，王其呼，〔在爿，牧〕祉執胄夷方㲋，焚〔伯〕㮚，弗每。在正月，惟來征〔夷方〕。弜執。"是商王征伐夷方歸來時於正月丙午日在攸地卜問，問王命令在爿地的"牧祉"去抓夷方的㲋，焚燒其首領伯㮚，不會有每暗即不幸吧？驗辭説不要去抓了。由此看來，無名組《屯南》2320的癸酉日戍和右牧𡿨伐夷方與黄組拼合版的丙午日牧祉伐夷方的不是一個族，故這是兩次戰役。總之，李先生所舉的第二組例證不能成立。

第三組

李先生説："辛亥這一天在攸，其後王曾到温，乙卯再回至攸，停留在那裏"，"《屯南》2301無名組卜辭，正好適合插在帝辛在攸的正月癸亥、乙丑之間"。筆者檢查《屯南》2301共有七條辭：

> 甲子卜：叨以王族宄方，在啇，亡灾。
> 又□。吉。
> □㞢。吉。
> 方來降。吉。
> 不降。吉。
> 方不往自啇。大吉。
> 其往。①

該版七條辭都没有夷方、没有月名、没有地名攸，李先生僅憑第一辭的日期"甲子"就斷言它可以"插在帝辛在攸的正月癸亥、乙丑之間"，能否成立已不言自明。不過筆者還是想就他的釋文做

① 李先生釋文多有誤，今從《小屯南地甲骨》釋文。見中國社會科學院考古研究所編《小屯南地甲骨》，下册第一分册，第2301片釋文，中華書局1983年版。

些評論。他將第一辭解釋成："甲子卜，叨以王族守方在辛山，亡灾。"又說："細味各辭，知道夷方軍隊這時已經潰敗奔走，故帝辛命王族主力於辛山扼守，並卜問夷方是否經該地逃走或來降。"這個釋讀有幾個問題，一是本片的七條辭中都沒有"夷方"，有三辭有"方"字，李先生將其認作"夷方"，解釋成"問夷方是否經該地逃走或來降"，這都是沒有根據的臆測。二是卜辭中的"方"多指方國名，如《合集》6719—6733 等辭（武丁時）、《合集》33046—33052（圖 4—52）（武乙、文丁時）等辭的"方"都是指方國名。三是將"宄"字解作守，不確。《屯南》作者根據該字在卜辭中的位置，說它"在此爲動詞，其義殆與𦎫、伐等相近"①，正確。四是"峃"，爲地名，李先生將其拆成兩個字，讀成"辛山"，把本是卜問王族在峃地伐"方"，解釋成是"帝辛命王族主力於辛山扼守"，純屬想象。鑒於以上理由，無名組卜辭《屯南》2301 不能作爲伐夷方的證據。

圖 4—52　《合集》33052

第四組

李先生說："對夷方的作戰此後尚有尾聲。甲子後八天壬申，有《合集》35345 黃組卜辭"，"以及《屯南》2320 無名組卜辭剩餘的部分"，即是說黃組卜辭《合集》35345 和無名組卜辭《屯南》2320 是同時的。《合集》35345 卜辭是：

① 見中國社會科學院考古研究所編《小屯南地甲骨》，下册第一分册，第 2301 片釋文，中華書局 1983 年版。

弗𢦏。吉。

不雉衆。王占曰：弘吉。

其雉衆。吉。

壬申卜，在攸貞：右牧𡆥告啟，王其呼戍从，𡧊伐，弗每。利。（圖 4—53）

圖 4—53　《合集》35345

這是牛胛骨刻辭，李先生讀前三辭是由下往上讀的，但他卻將最上面的一辭（最後一辭）即壬申日卜問的一辭最先讀。《屯南》2320 剩餘部分前已錄出，即第三至第十辭：

癸酉卜：戍伐，右牧𡆥𢼄夷方，戍又𢦏。弘吉。

〔右戍又〕𢦏。弘吉。

中戍又𢦏。

左戍又𢦏。吉。

亡𢦏。

右戍不雉衆。

中戍不雉衆。吉。

左戍不雉衆。吉。（見圖 4—49）

《合集》35345 沒有“夷方”，沒有月名。有壬申日在攸地卜問右牧𡆥稟告商王𡧊方來犯，王命令武官戍跟從率領軍隊去討伐，不會有害吧，驗辭說吉利。這裏，李先生是將《屯南》2320 的“癸酉”日接在《合集》35345 的“壬申”日之後，以日期連接無名組和黄組卜辭。但兩版卜辭雖然都是由“右牧𡆥”告啟，由戍官担任征伐，但《合集》35345 是伐宥，《屯南》2320 是伐夷方，二者不是一回事。因此，不能將這兩版卜辭連屬證明無名組晚期卜辭與黄組卜辭同時。又，這兩版卜辭也證明了㽙族在商代世代爲官。

接下來李先生說："據過去排譜，二月癸酉帝辛在攸，四天後在攸卜步於䴡，就踏上歸途了。"這是根據他自己的排譜，伐夷方歸程始於"二月"。但卜辭證明伐夷方歸來的時間不是在二月，而是在"正月"（一月）。有黄組卜辭《合集》36484 爲證：

> 癸巳卜，黄貞：王旬亡𡆥？在十月又二，隹征夷方。在潚。
>
> 癸卯卜，黄貞：王旬亡𡆥？在正月。王來征夷方，在攸侯喜鄙永。
>
> 〔癸丑卜〕，〔黄貞〕：〔王旬亡〕𡆥？在正月，王來夷方。在攸。
>
> （圖 4—54）

圖 4—54　《合集》36484

該版有三條相連的"卜旬"辭，辭末附記征夷方的行程。第一辭於十二月癸巳日卜問，辭末記商王帝辛在征伐夷方中，地點在潚地。第二辭於下一旬癸卯日卜問，癸卯日已屬下一年的正月即一月了，這時商王帝辛已是在"來征夷方"，即在征伐夷方歸來的途中了，地點在攸國首領侯喜的"永"地。第三辭於下一旬正月癸丑日（日期殘）卜問，辭末記録商王帝辛在征伐夷方歸來的途中，地點仍是在攸國。除此之外，還有一個證據，即前舉的李先生的拼合版《合集》36492 + 36969 + 《懷特》

1901,《合集》36492 上記錄的也是“在正月，隹來征夷方”，日期是在癸卯日後的第三天丙午日，地點也是在攸，與《合集》36484 日期、地點相連。因此，李先生說二月帝辛纔“踏上歸途”是錯誤的，也即他的“過去排譜”是不正確的。

綜合上述，李先生的《帝辛征夷方卜辭的擴大》一文，問題多多：第一，所拼三版黄組卜辭均不能成立；第二，所舉兩版黄組卜辭不是十祀而是十五祀征夷方的材料；第三，將帝辛十祀八月始征夷方錯說成是“十祀九月”；第四，按自己排的黄組譜，靠地名、日期、人名等不確定的所謂根據，將五版無名組卜辭穿鑿附會地嵌入黄組；第五，隨意地臆補、修改、誤加卜辭的日期、地名、人名（包括官名、族名）；第六，將沒有夷方，沒有年祀，沒有月名，沒有地名的無名組卜辭與黄組卜辭接連；第七，將無名組伐“見方”與黄組伐“𠬝方”都當成“伐夷方”進行接連；第八，將無名組的伐夷方與黄組的伐宥方進行接連；第九，將無名組的夷方之邑與黄組時已變爲商領土的該邑混爲一談；第十，根據自己的排譜，將帝辛伐夷方歸程始於正月（一月）錯定爲“二月”……凡此種種，都說明《帝辛征夷方卜辭的擴大》一文，試圖通過證明“無名組晚期”卜辭的征夷方與黄組帝辛的征夷方是一回事，由此證明無名組晚期卜辭的下限已到帝辛時期，是不能成立的。李先生爲了證明所謂的“兩系說”，沒有根據地將無名組卜辭與黄組卜辭進行錯誤的拼接，把本發生在兩個王世康丁、帝辛的兩次戰役合併成帝辛一個王世的一次戰役，其結果是將無名組晚期的一場重要的伐夷方戰役給抹殺掉了，也即將康丁時的一段史實給否定掉了。

李先生爲了證明所謂的“兩系說”，力圖將“無名組晚期”卜辭的時代延長到帝辛時期，但他沒有想到，這樣一來，就使無名組卜辭跨越了康丁、武乙、文丁、帝乙、帝辛五王，按着李先生主持的“夏商周斷代工程”的推斷，商後期幾王的在位年數是：

祖庚、祖甲、廩辛、康丁四王共44年，武乙35年，文丁11年，帝乙26年，帝辛30年。[①] 即使將康丁的在位年數定爲11年，再考慮到帝辛是在其即位的第10年征伐的夷方，11年征伐夷方歸來，那麽，由康丁到帝辛十一祀也是有94年，如此，無名組卜辭就延續了五王，至少近百年的時間，這是不可能的。原因之一是無名組卜辭的數量遠遠少於武丁時期的賓組、𠂤組等組卜辭，武丁在位59年，而數量這樣少的無名組卜辭卻延續了五個王世近百年的時間，單憑這樣簡單的數字統計，就可以知道這是令人難以置信的。這樣的結果恐怕是李先生未曾考慮到的。其實，李先生延長無名組卜辭時代的真正用意，恐怕是因爲作爲原在第三期無名組卜辭之後的第四期"歷組"卜辭，被他抽出移到了第一期晚至第二期早，這樣，第四期卜辭就被抽空了。因此，李先生試圖用延長無名組卜辭時代的做法，使其跨越第三期、第四期，直到第五期的帝辛時期，以彌補被抽空的第四期卜辭。衹可惜，這樣的安排，不但其所舉例證不能成立，而且也不符合常理。

以上本節的論證證明：一，𠂤組卜辭的時代不早於賓組卜辭，所以𠂤組卜辭不是"兩系"的共同起源。二，"村北系"的何組卜辭與黄組卜辭字體不能密接。三，所謂"𠂤歷間組"卜辭不存在。四，𠂤組卜辭在村北出土的數量比在村中、南出土的數量多得多，按"兩系説"者的分配原則本應畫到"村北系"，而不應是跨在兩系之首；無名組卜辭、"歷組"卜辭在村北、村中、村南都有出土，將其衹列在"村中、南系"，與事實不符。五，無名組卜辭與"歷組"卜辭的出土地層證明，無名組卜辭的時代早於"歷組"卜辭，而不是相反。六，"無名組晚期"卜辭並沒有延伸至帝辛時期。這些證據都證明了所謂的"兩系説"，一是違背了考古發掘中各組卜辭出土的層位和坑位關係，二是違背了各組卜辭所反映的

① 夏商周斷代工程專家組：《夏商周斷代工程1996—2000年階段成果報告（簡本）》，世界圖書出版公司，2000年。

内在特徵。所以，所謂“兩系”，是根本不存在的臆造。《三論》作者曾一針見血地指出：“提出‘兩系説’的學者，大概是難以解釋歷組卜辭與賓組、出組之間的差異，以及歷組與他組之間的地層關係，因而將之從何組、黄組的鏈條中抽出，並放在無名組之前，以擺脱歷組卜辭在地層上遇到的困境。”此説的確切中要害！

如果按李先生的“兩系説”，從武丁到帝辛的各王都應設有南、北兩個占卜機關，小屯村北、村中、村南近在咫尺，殷墟甲骨卜辭的發展脈絡，經過八十多年，幾代學者的考古發掘和對卜辭本身的研究，已證明其確不可移的發展軌跡是：賓組（包括𠂤組、子組、午組）→出組→何組→無名組→“歷組”→黄組，是一系一脈相承發展起來的。

這裏附帶説一下：李先生分所謂“兩系”的根據是：“有的組類衹出於”小屯村北，“有的組類衹出於”小屯村南（這與事實不符，見前文）。他又説：在他所分的村南一系中，也出有村北一系的賓組、出組、何組、黄組卜辭，而“村北也出過幾片歷組無名組卜辭”（前已證明不是“幾片”），但他以“爲數極少，且系小片”（前已證明“極少”不確）爲由，説這些現象“不影響問題的實質”。[①] 於是，爲了“歷組”卜辭能够提前，他就違背事實，建立起什麽所谓“兩系説”。反觀之，李先生自己就有不少利用幾片例證，甚至衹利用一版卜辭就下結論的現象，如最著名的是以《屯南》2384 一版就斷定“歷組”卜辭的時代必須屬於早期。還有，前文例舉他對何組與黄組卜辭之間，在字體上沒有緊密聯繫的過渡卜辭的事實，竟説衹是因爲“尚未在小屯出土而已”。可見，他是採取雙重標準來建立所謂“兩系説”的。

---

① 李學勤：《殷墟甲骨兩系説與歷組卜辭》，收入《李學勤集》，黑龍江教育出版社 1989 年版。

四　關於“先用字體分類，再進行斷代”

（一）分類（分組）方法的提出

1977 年，李學勤在《論“婦好”墓的年代及有關問題》一文中，提出“歷組”卜辭的名稱及斷代問題，他描述“歷組”卜辭的字體是“字較大而細勁”[①]。1981 年，他在《小屯南地甲骨與甲骨分期》一文中，把殷墟甲骨畫分爲九個組：賓組、𠂤組、子組、𡆥組、出組、歷組、無名組、何組、黄組（注意：此時𠂤組尚排在賓組之後；但“歷組”已在無名組之前）。[②] 這些組名中，賓組、𠂤組、子組、𡆥組（即午組）、出組、何組，是借用的陳夢家“卜人組”的組名，“無名組”“歷組”“黄組”，則分別是董作賓、陳夢家已考定的康丁卜辭，武乙、文丁卜辭，帝乙、帝辛卜辭。1990 年，他在《殷墟甲骨分期新論》一文中，强調他的上述分組是“按照文字的字體，包括字的結構特點與書寫風格，畫分爲若干組類”的（注意：這裏又加上了“類”）。[③] 1996 年，他在與彭裕商合著的《殷墟甲骨分期研究》一書中，又增加了“非王無名組”，成十個組。説：“這十組都是甲骨組，不是卜人組，只是在命名上大多數的組借用了卜人集團中一個卜人的名字，如賓組、𠂤組等。”這就是説，他們的組是按着字體分類分出的“字體組”。但檢查他們各“字體組”的卜辭，實際上與陳夢家的各“卜人組”的卜辭基本一致，他們衹是將康丁卜辭改稱作“無名組”卜辭，將武乙、文丁卜辭改稱作“歷組”卜辭，將帝乙、帝辛卜辭改稱作“黄組”卜辭而已。再檢查他們所立的組，可發現有的“組”的“字體結構”和“書寫風格”並不都是一致的。如對“歷組”卜辭，他們説：“所以稱爲歷組，意即歷所卜的一組

---

① 李學勤：《論“婦好”墓的年代及有關問題》，《文物》1977 年第 11 期。

② 李學勤：《小屯南地甲骨與甲骨分期》，《文物》1981 年第 5 期。

③ 李學勤：《殷墟甲骨分期新論》，《中原文物》1990 年第 3 期。

甲骨。”[1] 但我們知道，至今有卜人“歷”的甲骨，即“字較大而細勁”者，不過衹有二十幾版而已。而他們所説的“歷組”卜辭，卻是包括了被陳夢家剔除的董作賓分期的第四期卜辭裏的𠂤組、子組、午組後，剩餘的那部分甲骨。而剩餘的這部分甲骨的字體並不都是“字較大而細勁”的，於是他們又分出“歷組父丁類”“歷組父乙類”，這樣的區分又是以“稱謂”而不是以字體分類了。後來，他們又改稱作“歷組一類”“歷組二類”，再在“歷組一類”“歷組二類”中分出什麽 A、B、C 等小類（詳見後文）。所以，他們説分組是按“字體特徵和風格”進行的，也是不確切的。

這裏需要提及的是，李學勤的“先用字體分類，再進行斷代”的説辭，並不是在近期提出“歷組”卜辭的時代問題之後纔提出的。而是早在 1957 年，他在《評陳夢家〈殷虛卜辭綜述〉》一文中，就已提出了。他批評陳夢家分“卜人組”的斷代方法，主張用字體分類，他説：“卜辭的分類與斷代是兩個不同的步驟，我們應先根據字體、字形等特徵分卜辭爲若干類，然後分别判定各類所屬時代。”他的這個分類斷代法在其後的近四十年間，並没有引起學界的注意，學界仍是以陳夢家的“卜人組”和董作賓的五期斷代法爲準繩，對卜辭進行斷代研究的。那麽，爲什麽在時隔四十年之後他又重提此説呢？這個問題最好還是用李先生自己的話來回答吧。1996 年，他在與彭裕商合寫的《殷墟甲骨分期研究》一書的“後記”中説：“隨着殷墟考古的進展，甲骨材料的輯集，分期研究出現了一些新問題。其中最重要的，在四五十年代是文武丁卜辭問題，在七十年代以後則是歷組卜辭問題。由後者出發，逐漸形成了殷墟甲骨的兩系説，有關争論迄今仍在進行之中。這本《殷墟甲骨分期研究》就是兩系説的較全面的叙述。”[2] 這裏，

---

① 李學勤、彭裕商：《殷墟甲骨分期研究》，上海古籍出版社 1996 年版，第 27 頁。
② 同上书，“後記”。

李先生交代了兩個問題：一個是“兩系說”是在“歷組”卜辭時代提前說之後提出的，也即“兩系說”是由“歷組”卜辭時代問題引出的；另一個是提出“兩系說”後，爲了對“兩系說”進行“較全面的叙述”，再重提“先用字體分類，再進行斷代”。由此，我們得知李先生的斷代路綫圖是：“歷組”卜辭提前說→“兩系說”→“先用字體分類，再進行斷代”；如果把上述路綫圖的箭頭倒着指，就是“歷組”卜辭提前說←“兩系說”←“先用字體分類，再進行斷代”，它表示“兩系說”是爲“歷組”卜辭提前說服務的，“先用字體分類，再進行斷代”又是爲“兩系說”服務的。也即歸根到底，“兩系說”和“先用字體分類，再進行斷代”都是爲“歷組”卜辭的時代能够提前服務的。曾有學者一針見血地指出，“兩系說”是爲了“擺脱歷組卜辭在地層上遇到的困境”而設置的。①

時隔四十年之後，李先生不但重提“先用字體分類，再進行斷代”，而且還給字體分類貼上了考古學的標簽，他們（包括彭裕商）說“先用字體分類，再進行斷代”，“實際上是將考古學的類型學方法運用於甲骨分期研究”中，“在對考古器物作分期研究的時候，必須先用類型學的方法將其分爲若干型式，然後再確定其時代”，“甲骨分期應充分使用考古學方法，先分類，再斷代”。②他們口口聲聲說要運用考古學的“類型學”方法對甲骨進行分期斷代，但他們根本不懂得運用“類型學”對考古發掘遺物進行分期斷代前最起碼的要求，就是必須要明確出土物的地層關係。考古學的“類型學”，過去又稱作“器物形態學”“標型學”“型式學”，著名考古學家蘇秉琦早就指出：“運用器物形態學進行分期斷代，必須以地層疊壓關係或遺跡的打破關係爲依據。”③ 因爲

① 劉一曼、曹定雲：《三論武乙、文丁卜辭》，《考古學報》2011 年第 4 期。

② 李學勤、彭裕商：《殷墟甲骨分期研究》，上海古籍出版社 1996 年版，第 13 頁。

③ 蘇秉琦、殷瑋璋：《地層學與器物形態學》，《文物》1982 年第 4 期。

“一般地說，當兩種文化遺存疊壓時，上層堆積中包含少量下層遺物是正常的”，因而，衹有在縷清了出土遺物的時代先後後，纔能保證對器物的分類與斷代不加進主觀臆測的成分。前文已多次利用八十多年的考古發掘地層關係證明，“歷組”卜辭從未與賓組、𠂤組、子組、午組、出組卜辭在早期地層和灰坑中共同出現過，也證明了無名組卜辭的出土坑層都是早於“歷組”卜辭的出土坑層的。因此，違反地層關係的所謂字體分類，將毫無時代關聯的某些組卜辭主觀地用所謂字體生拉硬拽地連接在一起，難免有主觀臆斷的成分。

李學勤提出“先用字體分類，再進行斷代”的方法，將董作賓、陳夢家甲骨斷代標準中處在末端地位的“字體”，一下子提升到了斷代的第一標準，顛覆了董作賓、陳夢家的甲骨斷代學說。因此，李先生說董作賓的五期分法“早已陳舊了”[①]，他的斷代方法是“同原有的分期理論扞格不合”的[②]，這確實是實話。李學勤、彭裕商說他們的字體分類的新方法“揭開了甲骨分期研究新的一頁”，“甲骨分期的理論方法自陳夢家先生‘三大標準’以來，又有了重大進展，標志着該項工作取得了新的突破”，是“一套新的具有指導意義而行之有效的方法”。[③] 事實是否如此，還需要經過實踐來檢驗。下面分別介紹、分析他們及其追隨者運用“類型學”進行字體分類及斷代的情況。

（二）各家分類、分組與斷代情況

目前見到的對殷墟全部甲骨作過係統分類、分組及斷代研究的有兩家：一是李學勤、彭裕商於 1996 年合著出版的《殷墟甲骨分期研究》一書[④]，一是黄天樹於 1991 年出版的《殷墟王卜辭的

① 李學勤：《論“婦好”墓的年代及有關問題》，《文物》1977 年第 11 期。

② 李學勤：“序”，黄天樹：《殷墟王卜辭的分類與斷代》，文津出版社 1991 年版。

③ 李學勤、彭裕商：《殷墟甲骨分期研究》，上海古籍出版社 1996 年版，第 13、14 頁。

④ 同上。

分類與斷代》一書[1]。如果按照兩書出版時間的早晚順序，黄天樹的書出版在前，但黄氏寫作此書時，李氏的“兩系説”尚未係統提出，故黄氏的分類、分組沒有按照“兩系説”的框架操作（筆者按：但在二十多年後的 2013 年，黄氏在其主編的《甲骨拼合三集》附錄中[2]，列有按“兩系説”框架設定的“殷代卜辭分類分組表”，此表對 1991 年的表有改動）。因此，最早按“兩系説”進行分組、分類斷代研究的是李學勤和彭裕商（注意：黄氏是“分類分組”，李、彭二氏是“分組分類”）。此外，還有 2007 年發表的徐明波、彭裕商合著的《殷墟黄組卜辭斷代研究》一文，專門對黄組卜辭進行分類斷代。下面對李學勤、彭裕商的分類斷代，徐明波、彭裕商對黄組卜辭的分類斷代情況做較詳細的介紹與評議。

1. 李學勤、彭裕商的分組、分類與斷代

1996 年 12 月，李學勤、彭裕商發表了合著《殷墟甲骨分期研究》，説該書的宗旨是對“兩系説”進行“較全面的叙述”[3]。作者在第一章第三節“甲骨分期研究新説”中，對李學勤 1957 年在《評陳夢家〈殷虚卜辭綜述〉》一文中提出的斷代方法：“卜辭的分類與斷代是兩個不同的步驟，我們應先根據字體、字形等特徵分卜辭爲若干類，然後分別判定各類所屬時代”，自我評價説：“這實際上是將考古學的類型學方法運用於甲骨分期研究，這樣就從理論方法上揭開了甲骨分期研究新的一頁”，是“從‘十項斷代標準’開始，經過數十年，又逐漸總結出一套新的具有指導意義而行之有效的方法”，是“自陳夢家先生‘三大標準’以來，又有了重大進展，標志着該項工作取得了新的突破”。這是自詡李

① 黄天樹：《殷墟王卜辭的分類與斷代》（繁體字版），文津出版社 1991 年版。科學出版社（簡體字版）2007 年版。

② 黄天樹：《甲骨拼合三集》，學苑出版社 2013 年版，附錄三。

③ 李學勤言。見李學勤、彭裕商《殷墟甲骨分期研究》，上海古籍出版社 1996 年版，“後記”。

學勤的斷代方法超過了董作賓、陳夢家的斷代方法。

李學勤爲什麽要在距1957年已有四十年之久的1996年，重提並自夸數十年來一直不被學界注意的“先分類，後斷代”的方法？其目的，用他自己的話來説，就是要對“兩系説”進行“較全面的叙述”。所謂“兩系説”，前文已指出，是李學勤採用董作賓在《甲骨文斷代研究例》中，對殷墟前五次發掘甲骨出土的“區位”記録，以及對卜辭的斷代（董氏用區位斷代不科學，對卜辭斷代有錯誤，陳夢家已指出。詳見前文），臆造出來的殷墟甲骨發展有兩個係統，簡稱“兩系説”。他製造的“兩系”，將“歷組”卜辭、無名組卜辭，從殷墟甲骨發展的傳統序列中抽出，認爲這兩組卜辭衹出於或主要出於村中、村南，其他各組衹出於或主要出於村北，遂製造出“村北”“村中、南”兩系。他分兩系的緣由和目的是要“擺脱歷組卜辭在地層上遇到（的）困境”[①]，使“歷組”卜辭提前論具有合理性。

李學勤製造“兩系説”、叙述“兩系説”（實際是用字體周全“兩系説”），都抬出了“考古學”這面大旗。自稱製造“兩系説”是根據考古學的“層位學”和“坑位學”，叙述“兩系説”是根據考古學的“類型學”，自以爲挂上考古學的旗幟就能使“兩系説”立住脚。關於他製造“兩系説”所依據的“層位學”和“坑位學”，經過一輩子從事殷墟考古發掘的學者們用八十多年殷墟考古發掘的鐵的事實證明，恰恰是違背了殷墟甲骨出土的層位和坑位記録，所謂殷墟甲骨分“兩系”發展是與殷墟考古發掘的事實不符的（詳見前文）。而他叙述“兩系説”依據的所謂“類型學”，是違背殷墟甲骨出土的地層關係，而主觀臆造的。

李、彭二氏在《殷墟甲骨分期研究》中説，他們分組、分類的做法是：“目前除歷組卜辭而外，大陸上的學者對各組卜辭大致

---

① 劉一曼、曹定雲：《三論武乙、文丁卜辭》，《考古學報》2011年第4期。

相當的年代已有了基本一致的看法。”因此，他們的“主要任務是在原有的基礎上更進一步，即在同一類卜辭中畫分早晚”。這“就決定了分類必然要比以前細緻，因而以前賴以畫分各組卜辭的卜人集團已不起什麽作用了，這裏的主要依據是分類尺度較窄的字體。在推定相對早晚方面，稱謂係統已退居次要地位，起决定作用的是考古學依據和各類卜辭之間的相互聯繫”。這段話有兩層意思：一是説當前學者們對除“歷組”卜辭外，對其他各組卜辭的年代看法基本一致（這句話不完整，因爲學界對他們將無名組卜辭置於“歷組”卜辭之後，並將其時代延長到帝辛時期是不同意的）。他們的新工作就是在大家基本一致看法的基礎上，對同一類卜辭再按字體進行細分類，畫分出早晚。這就表明，他們基本上是承認了董作賓分期的基本框架和陳夢家分“卜人組”的斷代成果的（當然“歷組”卜辭及無名組卜辭除外）。從表面上看，他們的新工作似乎遵循了李學勤 1957 年提出的“先用字體分類再進行斷代”的方法，但一細究即可知，他們對分類范圍的確定前後是不相同的。1957 年，李先生是在《評陳夢家〈殷虚卜辭綜述〉》中，針對陳先生分“卜人組”的斷代方法，提出要先用字體分類，而不是用卜人分組，即是否定陳先生分“卜人組”的斷代方法的。也即李先生當年提出的用字體分類，是針對整個殷墟甲骨卜辭而説的，而不是如現在所説，是在各個已定的組内再進行分類。現在，在時過近四十年之後，他們將先分類後斷代的方法衹限定在各組卜辭内進行，也算是與時俱進了。不過，他們在各組卜辭内進行分類斷代，則是爲了周全“兩系説”。也即是爲了要用字體將“村中、南系”的“歷組”卜辭與𠂤組卜辭，“歷組”卜辭與無名組卜辭，無名組卜辭與黄組卜辭連接起來，以證明“歷組”卜辭提前論、無名組卜辭時代晚於“歷組”卜辭是能够成立的，也即是爲了證明“兩系説”是能够成立的。上面那段話的第二層意思是，他們的分類“主要依據是分類尺度較窄的字體”，“在推定相對早晚方面，稱謂係統已退居次要地位”，“起決定作用的是考古學依據和各類卜辭之間的相互聯繫”。所謂考古學依據就是“坑位”①；所謂“各類卜辭之間的相互聯繫”，就是用字體將各類（組）卜辭連接起來。前文在分析“兩系說”時已指出他們所謂的“坑位”，實際上是指灰坑所在發掘區裏人爲畫分的區位，是缺乏科學性的。下面的事實又證明，他們的“類型學”即對字體分組、分類，又是違背“類型學”必須要以地層學爲基礎的規則的。

李、彭二氏說：“殷墟甲骨卜辭從性質上來看，可以分爲王卜辭和非王卜辭。”而“在王卜辭中，根據出土地點的不同，又有村北系列和村中、南系列的分別。據目前的研究成果，𠂤組爲兩系共同的起源，賓組、出組、何組、黄組爲村北系列；歷組、無名組、無名黄間類爲村中、南系列”。前文已經引述考古發掘的事實，證明以甲骨出土地點也即所謂“坑位”來分殷墟甲骨卜辭爲兩系，是不能成立的。於是，李先生在有關“兩系說”的“争論迄今仍在進行之中”時②，重新撿起了“先分類後斷代”的所謂考古學的“類型學”方法，試圖從字體上將各組（類）卜辭連接起來，以證明“兩系說”的正確。下面是他們的分組、分類與斷代情況：

一、𠂤組

（一）大字類

1. 大字類

2. 大字類附屬

（二）小字類

1. 小字一類

---

① 李學勤、彭裕商：《殷墟甲骨分期研究》，上海古籍出版社 1996 年版，第一章第三節。

② 李學勤、彭裕商：《殷墟甲骨分期研究》，上海古籍出版社 1996 年版，“後記”。下文所引李、彭二氏之説，如不注明，皆出自該書。

2. 小字二類

3. 其它小字類及小字類附屬（“𠂤歷間組”）

二、賓組

（一）𠂤賓間組：時代“不會晚於武丁中期”。

（二）賓組一類：“時代大致屬武丁中期，下限可延及武丁晚期。”

1. 賓組一 A 類

2. 賓組一 B 類

（三）賓組二類：“年代大致屬武丁晚期，下限可延及祖庚之世。”

三、出組：

（一）出組一類：“主要屬祖庚，上限可到武丁之末。”

（二）出組二類

1. 出組二 A 類：“時代應在祖甲前期。”

2. 出組二 B 類：“時代應大致處在祖甲後期。”

四、何組：

1. 何組一類：“上限到武丁晚期，下限及於祖甲，大致是祖庚祖甲時之遺物。”

2. 何組二類：“時代大致屬廩康之世。”

3. 何組三類

1）何組三 A 類：“大致屬廩康之世”，“下限已延及武乙早年”。

2）何組三 B 類：“上限當在廩辛之世”，“下限當在武乙中期以前”。

五、黄組：“本組卜辭有數仟片，但其書体風格和字形結構彼此間並無多大差别，本書就不再作進一步的類别畫分了。”其時代“上限在文丁，下限到帝辛”。

六、歷組

（一）歷組一類（歷組父乙類）

1. 歷組一 A 類："本類衹有父乙稱謂，年代不會晚至祖庚"，"大致屬武丁中期偏晚"。

2. 歷組一 B 類："稱謂主要是父乙，但也有個别父丁（《合集》32680），其下限當已延及祖庚"，"上限應到武丁中期偏晚或中晚期之際，下限延至祖庚之初"。

（二）歷組二類（歷組父丁類）："稱謂以父丁爲主，個别有父乙。"

1. 歷組二 A 類："重要稱謂有父乙和父丁，但不同版，應爲武丁到祖庚時期的稱謂"，"本類的年代應在武丁末到祖庚初"。

2. 歷組二 B 類："主要稱謂是父丁，大致是祖庚時期的遺物。其中《合集》32723 有'父乙'。"作者又將本類分成甲、乙、丙三群。"本類大致屬祖庚時，上限可到武丁之末。"

3. 歷組二 C 類："本類重要稱謂衹有父丁，可知不會早到武丁之時"，"本類大致屬祖庚後期，其中第二種字形組合有一部分卜辭可能已延及祖甲之世"。

七、無名組

（一）歷無名間組："字體介於歷組與無名組之間"（注意：是"歷無名間組"，不是類。又將歷組排在無名組前面），"大致是祖甲時期的遺物"，"附屬於歷無名間組的歷無名間組晚期卜辭，稱謂係統以父甲、父己、父庚爲主，另外，《合集》27364 字體近本類，有'兄辛'，然僅此一見，故我們推測本類卜辭大致屬廩辛時代，其上限可及祖甲之末，下限延及康丁之初”。

（二）無名組一類：“本類卜辭中 A、B、C 三小類都有‘兄辛’稱謂，故其中大部分都應爲康丁時物。”

1. 無名組一 A 類：“大致屬康丁前期。”

2. 無名組一 B 類：“稱謂以父甲、父已、父庚、兄辛、母已、母戊爲多見，其大部分應爲康丁時物，但值得注意的是，其中有少數卜辭已開始出現‘父丁’稱謂，如《合集》32223、32717、32715、32720 等，這些卜辭又可在本類中畫出一個小群……可暫稱 B 類晚期”，“這些卜辭的父丁應爲武乙稱康丁”。

3. 無名組一 C 類：“稱謂以祖丁、父甲、父已爲主（《合集》27348、27371、27453 等），多數也是康丁時物”，“其中有‘引吉’的一些卜辭已晚至武乙中期”。

（三）無名組二類：“本類卜辭的稱謂係統以祖丁、父甲、父已、父庚、母戊、兄辛爲主，其大部分應屬康丁之世”，本類卜辭中有些有“父丁”稱謂，“主要是武乙早期之物”；“有占辭引吉的卜辭應大致屬武乙中期，其上限或可到武乙早期偏晚或早中期之交”，“本類卜辭多數爲康丁時遺物，有一小部分已延及武乙，其下限不晚於武乙中期”。

（四）無名組三類：“基本上都是武乙時的遺物，大致處於武乙中晚期。”

（五）無名黄間類卜辭：可據字體再分爲兩類[①]。“包含的年代大致從武乙到文丁。”

---

① 李學勤在 2008 年發表的《帝辛征夷方卜辭的擴大》一文中（《中國史研究》2008 年第 1 期），已將“無名黄間類”卜辭改稱作“無名組晚期”卜辭，對其時代也改爲延伸至帝辛時期（詳見前文）。

以上李學勤、彭裕商對“殷墟王卜辭”以字體進行的分組、分類，共分七個大組，前五個大組屬“村北系”，後兩個大組屬“村中、南系”。七個大組下面再分十七個大類（其中有兩個屬於“類”的卻稱作“組”，即“𠂤賓間組”“歷無名間組”），大類下面再分十九個小類。他們給出的殷墟甲骨“兩系”路綫圖是：

（村北）𠂤組→𠂤賓間組→賓組→出組→何組→黄組
（村南）　└→𠂤歷間組→歷組→無名組→無名黄間類┘①

不難看出，上面李、彭二氏的所謂大“字體組、類”，其所指的范圍，實際上就是陳夢家的“卜人組”范圍，他們衹不過是换了個“名稱”而已，即以“字體組”代替“卜人組”稱之，以示有别於陳先生的斷代成果。

如果按着1981年李學勤在《小屯南地甲骨與甲骨分期》一文中對殷墟卜辭所做的分組，是九個大組，即賓組、𠂤組（注意：當時賓組尚在𠂤組之前）、子組、𠂁組（即午組）、出組、歷組、無名組（歷組是在無名組之前）、何組、黄組。現在，他們將子組、𠂁組列入所謂“非王卜辭”加以剔除，還剩下七個大組。七個大組之間又增加了三個“間組”，即“𠂤賓間組”“𠂤歷間組”（不單獨列組名，是將其放在𠂤組“其他小字類及小字類附屬”中）和“歷無名間組”，還增加了一個“間類”，即“無名黄間類”。我們注意到，這些“間組”“間類”的設置有兩種情況：一個是因將𠂤組定爲“兩系”的共同起源，時代最早，所以需要將𠂤組與“村北系”的賓組，“村中、南系”的“歷組”都能連接上，於是就在“村北系”設立了“𠂤賓間組”，在“村中、南系”設立了“𠂤歷間組”。二是“間組”“間類”多設立在“村中、南

① 作者在此路綫圖中，“𠂤歷間組”附屬於𠂤組。“無名組”之前沒有標出“歷無名間組”，見該書第305頁。

系”中，這無疑是根據需要而設置的。因爲在“村中、南系”中，“歷組”卜辭被提前到了武丁時期，所以就必須要設立“𠂤歷間組”將“歷組”與第一期卜辭挂上鉤；又因爲將“歷組”提前到無名組之前（原來“歷組”是在無名組之後），所以要將這兩組卜辭的尾首連接上，就必須要設立“歷無名間組”；再因爲無名組與黄組之間沒有了“歷組”，要想將無名組與黄組連接上，就必須要設立“無名黄間類”（注意：是“類”不是“組”）①。這種“間組”“間類”中的“組”和“類”的區别標準是什麽？何以稱“間組”？何以稱“間類”？作者始終沒有做出説明，讀者也就始終沒有明白。

其實，如果再仔細審查他們的分類，可發現不止有上述明確列出標題的十九個小類，從他們的行文可得知，還有一些小小類是沒被列入標題中的。如作者在叙述𠂤組“大字類”卜辭時説：“值得注意的是，在這一組卜辭中，本類字體與另外一種字體共存”，這“另外一種字體”被稱作“大字類附屬”，就沒有單列標題。又如在叙述“無名組一B類”卜辭時説：“但值得注意的是，其中有少數卜辭已開始出現‘父丁’稱謂，如《合集》32223、32717、32715、32720等，這些卜辭又可在本類中畫出一個小群”，即他們衹要覺得字體稍有差異，哪怕衹有幾片卜辭也要設立個小群。再如在叙述無名組中的“歷無名間組”卜辭時説：“附屬於歷無名間組的歷無名間組晚期卜辭”等，都沒有單列標題。所以難怪這種煩瑣的分組分類使有些學者在統計他們的分組分類數目時，會得出不同的結論。

查看他們的“兩系”路綫圖，列入“村中、南系”的衹有“歷組”和無名組兩個大組，外加一個南、北兩系都通用的𠂤組。

① 到2008年，李學勤單獨發表文章《帝辛征夷方卜辭的擴大》（《中國史研究》2008年第1期），將“無名黄間類”改稱作“無名組晚期卜辭”，將其時代延長到帝辛時期，並且不再使其與“村北系”的黄組卜辭交匯了，而是與黄組平行發展。

我們在上一節已經從“𠂤組卜辭”是否爲兩系的共同起源；“村北系”的何組與黄組卜辭字體是否密接；“村中、南系”的所謂“𠂤歷間組”卜辭不能成立；無名組、“歷組”卜辭的出土情況；無名組與“歷組”卜辭時代的先後；“無名組晚期”卜辭是否已延伸至帝辛時期。即總共從六個方面，對“兩系説”作了否定的論證。在“兩系説”遭到學界質疑後，李、彭二氏又發表《殷墟甲骨分期研究》一書，試圖通過對卜辭字體進行細分類，即他們所説的運用考古學的“類型學”方法，再對“兩系説”作“較全面的叙述”，以達到證明“兩系説”正確性的目的。

考古學的“類型學”，又稱作“標型學”“型式學”“器物形態學”。既然作者説他們的字體分類是運用考古學的“類型學”方法，那麽，就有必要弄清楚運用“類型學”方法對出土遺物進行分類斷代的規則。考古學家蘇秉琦説：“運用器物形態學進行分期斷代，必須以地層疊壓關係或遺跡的打破關係爲依據”①；劉一曼、曹定雲説運用類型學的“前提是必須建立在地層學的基礎之上”②。這就是説，在運用類型學對出土遺物進行分類斷代時，必須要以遺物出土的地層關係爲依據。之所以如此，是因爲類型學本身具有局限性：“不同的時代，器物的外形有時會有相似與雷同之處。如果離開地層學，單純憑器物的外部形態進行分類，並斷定器物的時代，那就非常危險，甚至有誤入歧途的可能。”“甲骨卜辭本身是地下遺物，是通過考古學方法發掘出來的，所以人們又必須運用考古地層學的方法，對出土甲骨進行整理。”③ 對比上述原則，我們可以看到，李學勤列在“兩系説”中“村中、南系”的各組卜辭，是與考古學的地層學相違背的。前文已多次指出，考古發掘中，從未見到“歷組”卜辭與𠂤組、子組、午組、

① 蘇秉琦、殷瑋璋：《地層學與器物形態學》，《文物》1982年第4期。

② 劉一曼、曹定雲：《三論武乙、文丁卜辭》，《考古學報》2011年第4期。

③ 同上。

賓組卜辭在早期地層中同出過，所以“兩系說”者將“歷組”卜辭提前到第一期，並弄出個“𠂤歷間組”，試圖將“歷組”卜辭與𠂤組卜辭連接起來，是違背𠂤組與“歷組”卜辭的地層關係的，因此是不能成立的。又，“在 1973 年小屯南地的發掘中，無名組卜辭雖與歷組父丁類卜辭同出在中期一組，但歷組父乙類卜辭衹出在中期二組；且有多組中期二組坑打破中期一組坑。這說明，無名組卜辭的產生早於歷組卜辭，這是建立在確切地層關係上的結論”①。由此，我們可以看到，所謂“村中、南系”將“歷組”卜辭排在早於無名組卜辭之前，並弄出個“歷無名間組”卜辭，試圖按“歷組”→無名組的順序連接這兩組卜辭，也是違背無名組與“歷組”卜辭的地層關係的，因此也是不能成立的。至於連接無名組與黄組卜辭的所謂“無名黄間類”卜辭，已於 2008 年被李先生用“無名組晚期卜辭”代替並否定掉了，前文我們已分析了所謂“無名組晚期”卜辭已延續到黄組帝辛時期是不能成立的，此不贅述。由以上所說，可以看到，“兩系說”者安排在“村中、南系”的“歷組”、無名組卜辭，是違背考古發掘的地層關係的，因此，所謂“村中、南系”是不存在的，“兩系說”是不能成立的。由此可知，李學勤、彭裕商運用所謂考古“類型學”對無名組卜辭、“歷組”卜辭等所做的分類是沒有地層學依據的，他們費盡苦心所作的分類與斷代，爲了達到自己的目的，不可避免地“加進主觀臆測的成分，使這種方法表現出神祕而煩瑣的傾向”②。

這裏，順便提一下，不僅是對卜辭的分類與斷代要以地層學爲依據，就是綴合甲骨，也是要以甲骨出土的地層爲依據的。甲骨綴合大家桂瓊英先生（著名甲骨學家胡厚宣之夫人）早就告誡：“爲確保正確無誤，綴合不能衹看拓片表面，因爲同文的卜辭不少，還得參以實物；無實物者，出土地層的坑位、流傳的情況也

① 劉一曼、曹定雲:《三論武乙、文丁卜辭》,《考古學報》2011 年第 4 期。

② 蘇秉琦、殷瑋璋:《地層學與器物形態學》,《文物》1982 年第 4 期。

是重要考慮因素。”她指出：“甲骨中有不少同文卜辭，一些同文卜辭不僅字跡出於一人之手，而且卜辭的契刻部位也多有相同者，有如同一模具所鑄。因而，有的綴合雖然紋理、字形、刻辭内容都能對得上，但也不見得就很可靠，特别是不連接的所謂遥綴。”故而她在綴合甲骨時，特别注意甲骨“出土地層的坑位、流傳情況”，“特别注意是否同批出土，誰家所藏”。[①] 以此對比近年一些人不參驗原骨，不考慮甲骨出土的地層關係，不追究甲骨的流傳情況，而隨意地對甲骨進行大量的所謂綴合，甚至弄出諸多遥綴。那麼，這些綴合出的“成果”，究竟有多少是可信的呢？

對於李、彭二氏在《殷墟甲骨分期研究》中對各組卜辭的煩瑣字體分類，筆者認爲沒有必要花大量的時間，去一一查對他們對各組卜辭的細分類是否正確，一是因爲他們沒給出固定的分類標準，二是沒有什麼實質意義。這裏，僅簡略地介紹一下他們所謂“兩系”的首尾[②]，即𠂤組卜辭、黄組卜辭的分類與斷代，以窺探他們的分類與斷代情況。

關於𠂤組卜辭的分類：他們對𠂤組卜辭是按字體大小進行分類的，分成“大字類”和“小字類”，在兩大類中又各分出若干小類。

在“大字類”中，除了“大字類”，又分出一個“大字類附屬”。作者説這兩類卜辭在下面幾版中共存：《合集》19773、19946、19945、20576、19957（正、反），他們説這幾版中屬於“大字類”的衹有《合集》19945、19946 甲戌扶卜一辭、19946、

① 彭邦炯：《默默奉獻的甲骨綴合大家——我所知的〈甲骨文合集〉與桂瓊英先生》，原刊《中國社會科學報》2010 年 7 月 27—29 日。收入彭邦炯《契文釋録》附録，上海書店出版社 2017 年版。

② 李學勤在十二年後即 2008 年對“兩系”中的尾部做了變動。他認爲“兩系”的“村中、南系”，最後並沒有融合到“村北系”的黄組中，而是以“無名組晚期卜辭”的形式與黄組卜辭平行發展的。見《帝辛征夷方卜辭的擴大》，《中國史研究》2008 年第 1 期。

20576 反面刻辭，“其餘全是另一種字體的卜辭。這些卜辭如果以字體特徵進行聯繫，可以畫出一個小類……將其作爲大字類的附屬”。筆者檢查了上述各版卜辭，發現各辭字體風格區別並不大，特別是《合集》19773 和 19957 正、反，更是看不出有什麽必要要分成另一類。查《合集》19946 版卜骨，正面有十二條卜辭，作者衹將其中“甲戌扶卜一辭”分在大字類，其他十一辭皆分在“大字類附屬”，反面的一辭也分在大字類。再查《合集》20576，正面有二十四條辭，反面有兩條辭，作者衹將反面的兩條辭分在“大字類”，正面的二十四條辭則分在“大字類附屬”。這種將刻在同一版甲骨上的卜辭分在不同的類中，在李、彭的分類中很普遍。

在“小字類”中，作者分出“小字一類”“小字二類”“其它小字類及小字類附屬”（“𠂤歷間組”）。作者說“小字一類”“多出村北，村南較少出土”，卜人有扶。所舉卜辭有《合集》20098、20960、20967、21021、21022，筆者檢查這幾版卜辭，發現《合集》20098、20967 上有的辭的字與大字類比較並不小。作者說“小字二類”“衹出村北，村中、南未見”，所舉卜辭有《合集》20036、20057、20075、20706。筆者檢查這幾版卜辭，發現20036 中同一條辭中字的大小並不一樣，20057、20075、20706 三版卜辭的字體風格與 20036 的字體風格並不一致，爲何要分在一類中？對“其它小字類及小字類附屬”，作者舉 1973 年小屯南地出土的六塊甲骨：《屯南》4511、4512、4513 + 4518、4514—4515、4516、4517（有卜人扶），說這幾版卜辭聯繫着裘錫圭說的“歷、𠂤間組”卜辭，林澐說的“𠂤歷間組”卜辭。[①] 對於裘、林所說的“𠂤歷間組”卜辭，李、彭二氏認爲“應附屬於𠂤組，是𠂤組與歷組之間的連鎖”，即他們將裘、林二氏稱作“𠂤歷間組”的

① 裘錫圭：《論歷組卜辭的時代》，《古文字研究》第六輯，中華書局 1981 年版。林澐：《小屯南地發掘與殷墟甲骨斷代》，《古文字研究》第九輯，中華書局 1984 年版。

卜辭，改稱爲“𠂤組（小字類）附屬”。所舉卜辭有《合集》34120、20038、34991、22404。筆者檢查這幾版卜辭，發現34120、20038、34991 三版卜辭的字體並不一致。其重要稱謂有“父乙”。

對於𠂤組“大字類”卜辭的時代。作者説，“大字類”的稱謂有父乙、母庚、陽甲、盤庚，故一般説是武丁時物。但認爲“大字類”屬於武丁早期，根據是舉出兩個人物（不煩造字）衹見本類，而其中一人雖然也見於小字類和賓組，但並非常見。作者又説“附屬於大字類的卜辭與大字類同卜同版”，舉出幾個既見於“大字類”又見於“大字類附屬”的人物，説其中的“弜、雀則是𠂤組小字類和早期賓組常見的重要人物”，所以“大字類附屬”要比“大字類”晚。筆者認爲以某個人物出現在某個小類卜辭的多寡來判定卜辭的時代，實屬牽強。因爲這些人物同屬於武丁朝，他們在各小類中出現的多寡並不足以證明某個小類的時代就一定比另一個小類的時代要早，即弜、雀出現的多寡並不能證明“大字類”的時代一定就比“大字類附屬”“小字類”，甚至比賓組時代要早。又比如作者説時代較早的“大字類”卜辭中有卜人“扶”，但查被他們畫到“小字類附屬”的《屯南》4517 也有卜人扶，即卜人“扶”是貫穿於整個𠂤組卜辭中的，因此，卜人“扶”並不能證明“大字類”比“小字類”早。他們還舉出“大字類”與“小字類”有七例同版的：《合集》19871、19921、19965、20046、20088、20233、20345，作者憑此同版就“推測”“大字類”的“下限已聯繫到小字類”，即證明“大字類”早於“小字類”，筆者認爲兩類卜辭同版，也並不能證明孰早孰晚。總之，作者舉出的“證據”不足以證明“大字類”的時代早於“大字類附屬”，早於“小字類”和“小字類附屬”，即不足以證明“大字類”屬於武丁早期。作者説“附屬於大字類”卜辭的時代“上限應在武丁早期，下限不晚於武丁中期偏早”，純係臆測。對於𠂤組“小字類”卜辭的時代，作者説：“小字類卜辭的稱謂仍以父乙、母庚爲主，爲武丁時的稱呼”。作者憑上述所列“小字類”與“大字類”的七例同版，推測“小字類”“上限可到武丁早期”，“下限至多到武丁中期”，“没有晚到武丁晚期”，也是没有根據的臆測。

關於𠂤組“小字類”中的“小字類附屬”，也即所謂“𠂤歷間組”卜辭的時代，作者先舉出的例子有《合集》34120、20038、34991、22404 四版，筆者檢查這四版卜辭，發現 34120、20038、34991 三版卜辭的字體並不一致。後又舉出《合集》33077、33074、20383、23093、33080、33081 六版卜辭，筆者再檢查這六版卜辭，發現 33077、20383 字都不小，不應分在“小字類”；而 23093 則是出組祭陽甲亡尤的卜辭，筆者根據作者提供的釋文，查到著録號應是 20393。作者説這些“𠂤歷間組”卜辭重要的稱謂有“父乙”，是武丁稱小乙。但檢查上述十版“𠂤歷間組”卜辭，没有一版上有“父乙”稱謂。作者將這些“𠂤組小字類附屬”的“𠂤歷間組”卜辭，定位“是𠂤組與歷組之間的連鎖”，他們提供的主要根據，一是“這類卜辭可與《屯南》4514、4516 相聯繫，後者均出殷墟一期地層 T53（4A），年代大致相當於武丁中期”。這樣的斷語不符合事實。小屯南地的發掘者早已從坑位、稱謂、人物、字體、鑽、鑿、灼等方面論證了這些卜辭屬武丁晚期，他們還特别指出：“‘𠂤組’卜人扶與卜人中同版，卜人中是屬第一期（即武丁時代）和第二期前半葉（即祖庚、祖甲時代的前半葉）的人，亦説明‘𠂤組卜辭’的時代是具有承上（武丁）啓下（祖庚）的作用。這與地層 T43（4A）下仍疊壓小屯南地早期的灰坑（H111、H112）的情況亦相符合。從這些跡象來看，‘𠂤組卜辭’的時代似屬武丁晚期。”因此，李、彭二氏“推測”“𠂤組小字類附屬”屬武丁中期，不確。二是説“在占卜内容上又與某些較早的賓組卜辭（賓組一 A 類）有聯繫”，如作者舉賓組與

“𠂤歷間組”“歷組”都有與方國猼（應是猷）的戰争卜辭，而且參戰者除王外主要都是亩和沚。但檢查作者所列的“歷組一類”的方國是不由（《合集》33083、33084、33082）不是猼（猷），把不由說成猼（猷），說是同一個字的不同寫法，令人不能接受。而作者列出的𠂤組與“歷組”參戰的人物如沚等相同，不能說是同一個時代的，前文已詳論了商代有異代同名的社會現象。作者還從卜問干支日相近來尋找根據，前文也已指出，在沒有月名，僅憑六十個干支日連接卜辭是不能令人信服的。作者給出“小字類附屬”也即“𠂤歷間組”卜辭的時代與“歷組一類”時代相同，推測在武丁中期，也與自己主張的“歷組”卜辭屬武丁晚期至祖庚早期不符。

綜觀作者對𠂤組卜辭的分類與斷代，將𠂤組卜辭分成兩個大類，下面再分成五個小類，甚至對同版卜辭也要分成不同的類，並且力圖證明同版不同類的卜辭也有時代早晚，這就有違於自羅振玉、王國維始，經董作賓、陳夢家至現在，甲骨學界的共識，即在絕大多數情況下，同版卜辭的時代是相同的（衹有極個别特例）。陳夢家曾談道：“同一版甲骨上出現的卜人必定是同時代的，就是沒有一版甲骨刻着兩個世代的卜辭。這種假定是可成立的，因爲事實上由同版卜人的各自在别版上的稱謂看來，凡屬同版卜人的各自稱謂是一致的。”（137 頁）這是說利用稱謂已證明了同版卜辭是屬於同一個世代的。李、彭的字體分類完全靠自斷，沒有特定的標準，他人無從掌握。他們自詡運用考古“類型學”方法對卜辭進行分類斷代，但未能避免考古學家蘇秉琦早已指出的弊病：“一些學者在運用器物型態學時曾經出現過一些偏差。例如有的研究者片面強調兩種形製不同的實物在一起找着，必定有一種形製恰居另一種之前。這就難免把排比器物以確定時間早晚和器物形製變化序列的工作絕對化，甚至爲做到這一點而加進主觀臆測的成分，使這種方法表現出神秘而煩瑣的傾向。”[①] 今李學勤、彭裕商就是運用神秘而繁瑣的分類，加進主觀臆測，力圖得出自己心目中早已設定的𠂤組與“歷組”卜辭能够連接，是“兩系”的共同起源，以證明“歷組”卜辭屬於早期這一結論。該書隨處可見“可能”“推測”“大致”等不確定的字樣，如說“大字類卜辭”“大致應爲武丁早期”，“𠂤歷間組”“歷組一類”卜辭“大致屬於武丁中期”，“推測其上限可到武丁中期偏早”，就多有臆測的成分。而特別有趣的是，李、彭二氏這種將同版卜辭分在不同的類中，再判定各類屬於不同的時代的做法，在原則上恰恰是違反了李學勤自己提出的“同一個王世不見得衹有一類卜辭”的說法，而是力圖證明同一個王世衹能有一個類別的卜辭。

檢查他們對𠂤組卜辭進行細分類，再對各類進行的斷代，還可發現有兩個現象：一個是有的說法前後不一致，甚至矛盾。二是因作者多採用以卜辭內容斷代，這樣往往會使各類卜辭交互糾結在一起，無法精確分清各類的時代。

關於第一種現象。如作者將𠂤組卜辭分成“大字類”和“小字類”，指出這兩類卜辭中都有“父乙”“母庚”稱謂，分別是武丁對其父小乙和其配偶的稱呼，即都是武丁卜辭。但是，作者再分別對“大字類”“小字類”及其各“附屬類”進行斷代時，就出現了不少狀況。如前面說“大字類”的人物有十二個（因造字繁難，不錄），後面卻說“大字類”衹見其中的四個，“其餘的或見於𠂤組小字，或見於賓組”，這是前後說法不一致。再比如作者說“大字類附屬卜辭”中的人物，“或見於大字類，或爲本類特有而外，弜、雀則是𠂤組小字類和早期賓組常見的重要人物……”，“在占卜內容上，本類卜辭與𠂤組小字類和𠂤賓間組有相似之處”。這就是說，“大字類附屬”“大字類”“小字類”“𠂤

① 蘇秉琦、殷瑋璋：《地層學與器物形態學》，《文物》1982 年第 4 期。

賓間組”，早期“賓組”之間在人物和内容上是連貫的，也即據卜辭内容是無法精確區分出各類的時代的，這與作者極力要區分這些小類的時代是相矛盾的。再比如説“附屬於大字類的卜辭與大字類同卜同版”，“大字類附屬”卜辭提到的人物弜、雀、多冒，也見於“大字類”，弜、雀“是𠂤組小字類和早期賓組常見的重要人物，多冒也見於𠂤組小字類（《合集》20450），這透露出本類卜辭比上述大字類要晚一些”。這就令人不解了：既然“附屬於大字類的卜辭與大字類同卜同版”，兩類都見有上述人物，衹因這些人物也見於小字類和早期賓組卜辭，就説“大字類附屬”晚於“大字類”，這不但與先前得出的“大字類”與“大字類附屬”時代相同的説法矛盾，而且在邏輯上也是講不通的，這就表明作者在斷代問題上存在臆測現象。再比如對𠂤組“小字類”的斷代，作者將“小字類”再細分成“小字一類”“小字二類”“其它小字類及小字類附屬”三個小類。對 1973 年小屯南地出土的六塊𠂤組卜辭因其“字體較小，筆畫柔弱”（其中《屯南》4517 有卜人扶），“與上述兩類小字卜辭均有不同”，而將其單分在“小字類附屬”中。[①] 認爲“這些卜辭雖不多，但重要的是它卻聯繫着其它幾類卜辭，後者也出在村中、南，具體説來，主要有𠂤歷間組卜辭”。對所謂“𠂤歷間組”卜辭（裘錫圭稱作“歷𠂤間組”，林澐稱作“𠂤歷間組”[②]），李、彭二氏認爲“實際上應附屬於𠂤組，是𠂤組與歷組之間的連鎖”，應該稱作𠂤組“小字類附屬”。由此看來，李、彭認爲小屯南地出土的六塊卜甲上的𠂤組“小字類附屬”卜辭等同於“𠂤歷間組”卜辭。作者在論述“小字類”的時代時，再舉前面所列的“大字類”與“小字類”同版的七版卜辭，説

① “小字類附屬”衹有小屯南地出土的六版卜甲。

② 裘錫圭：《論歷組卜辭的時代》，《古文字研究》第六輯，中華書局 1981 年版。收入《裘錫圭學術文集·甲骨文卷》，復旦大學出版社 2012 年版。林澐：《小屯南地發掘與殷墟甲骨斷代》，《古文字研究》第九輯，中華書局 1984 年版。

“小字類”卜辭的時代“上限可到武丁早期”，“下限至多到武丁中期”，至多到“武丁中期偏早階段”。對“大字類”的時代，作者說“上限應在武丁早期，下限不晚於武丁中期偏早階段”，因此，“大字類”與“小字類”的時代相同。這就與作者的另一個說法，即說“大字類”的“下限已聯繫到小字類”相矛盾。另外，對出土於小屯南地的六塊“小字類附屬”（也稱“𠂤歷間組”）卜辭的時代，作者說“上限可到武丁中期偏早”，“大致是武丁中期”。這就出現了一個問題：由於“小字類附屬”等同於“𠂤歷間組”，“是𠂤組與歷組之間的連鎖”，而“歷組”卜辭的時代被認定在武丁晚年至祖庚時期，那麼，“小字類附屬”的時代即使不是在“武丁中期偏早”，是在“武丁中期”，它也連接不到處於武丁晚期的“歷組”卜辭。再說，在考古發掘中，𠂤組卜辭是與早期的賓組、子組、午組卜辭同坑而出的，不見有與“歷組”卜辭在早期坑層中同坑而出的現象，怎麼會有所謂起“𠂤組與歷組之間的連鎖”作用的“𠂤歷間組”卜辭呢？因此，所謂“𠂤歷間組”卜辭，是某些人根據自己臆斷的字體“演變”，臆造出來的。這種僅憑個人臆斷對字體進行的所謂細分類，必然會導致在斷代問題上出現顧此失彼，前後矛盾，不能自圓其說的混亂現象。其實，既然作者認定𠂤組卜辭的“大字類”和“小字類”，兩大類中都有“父乙”“母庚”稱謂，都分別是武丁對其父小乙和其配偶的稱呼，也即都是武丁卜辭，這兩個稱謂已經說明了𠂤組卜辭的時代。實在沒有必要再分出“大字類”“大字類附屬”“小字類”，在“小字類”中再分出“小字一類”“小字二類”“其他小字類及小字類附屬（“𠂤歷間組”）。他們這樣不厭其煩地對𠂤組卜辭進行細分類，其目的無非就是要在𠂤組中找出一種能與“歷組”卜辭的字體連接上的小類，即所謂“𠂤歷間組”（注意是稱“組”不稱“類”）卜辭，但這樣臆測出來的字體類，一遇到斷代，就出現了顧此失彼，不能自圓其說的矛盾現象。

這裏還需要指出的是，李、彭二氏將殷墟卜辭的發展分成“村北系”，“村中、南系”兩系，根據是以某組卜辭“衹出於或主要出於”村北或村中、南來畫分的。但他們一是始終指不出哪個組的卜辭“衹出於”村北或村中、南，因爲這種情況根本不存在；其次，從他們對𠂤組卜辭的畫分來看，並沒有遵循以“主要出於”某地來畫分的原則，他們說𠂤組卜辭的出土情況是：“本組卜辭在小屯村北和村南（包括村中）均有出土，但以村北所出較多”，其中“小字一類”“多出村北，村南較少出土”，“小字二類”“衹出村北，村中、南未見”。如果按着他們畫分兩系的原則，多出於村北的𠂤組卜辭應該畫分到“村北系”纔對，但他們爲了使“村中、南系”的“歷組”卜辭能與屬第一期的𠂤組卜辭連接上，就籠統地說𠂤組卜辭在村北，村中、南都有出土，是“兩系”的共同起源，並製造出所謂“𠂤歷間組”卜辭，用來連接𠂤組與“歷組”，以使“歷組”卜辭提前論能够成立，這是第一步。第二步，因爲他們將“歷組“卜辭的時代定在武丁晚期至祖庚早期，所以就必須要將早已被陳夢家等學者證明的𠂤組卜辭的時代是在武丁晚期至祖庚早期，改定爲是在武丁早期和中期偏早，以爲這樣纔能使𠂤組卜辭連接上處在武丁晚期至祖庚早期的“歷組”卜辭。但由前文的分析可以看出，他們對𠂤組卜辭的斷代不能成立，因此其目的沒有達到。

除了“𠂤歷間組”卜辭，作者還製造出“歷無名間組”卜辭、“無名黄間類”卜辭，這些“間組”“間類”卜辭是用來連接“村中、南系”的各組卜辭的。

總之，他們在兩系的頭部，以“𠂤歷間組”連接“村中、南系”的“歷組”；在尾部，以“無名黄間類”連接“村北系”的黄組，使“村中、南系”的無名組與“村北系”的黄組匯合在一起。即“兩系”起源於𠂤組，終結於黄組，最後，“村中、南系”又匯合於“村北系”，兩系又歸於一系發展。這種對“兩系”的設置可謂完美而“獨具匠心”。

由於上述“兩系”的安排太過完美，已被人質疑是主觀人爲擬定。李學勤於 1980 年對“兩系”的尾部做了改動：他將“無名黄間類”卜辭改稱作“無名組晚期卜辭”，使“村中、南系”的無名組卜辭與“村北系”的黄組卜辭脱離干系，力圖證明兩系自始至終都是獨自發展的，最後“村中、南系”並沒有融合於“村北系”中。在 1996 年時，李學勤、彭裕商説“無名黄間類”卜辭可據字體再分爲兩類：“一類沒有可供判定時代的重要稱謂”，“其上限當在武乙之世”；“二類卜辭字體與黄組非常接近，重要稱謂有武乙（《屯南》3564），這樣的稱呼衹能出現於文丁以後，但是否已晚到乙辛之世呢？我們認爲可能性不大”；“武乙在位年數長達三十五年以上，其後的文丁，據古本《竹書紀年》至少也有十一年，而本類卜辭數量不多，故其包含的年代不大可能從武乙一直延續到帝乙帝辛”；“黄組中的武乙應是文丁稱其父，武祖乙纔是帝乙帝辛時的稱呼。本類既早於黄組，而黄組中已有文丁卜辭，則本類的武乙理應與黄組一樣，是文丁時的稱呼”；“本類卜辭包含的年代大致從武乙到文丁……其中一類卜辭大體上是武乙晚期之物，其上限可及武乙中晚期之交”。① 但到 1980 年，李學勤改“無名黄間類”爲“無名組晚期卜辭”之後，對其時代來了個不同於前説的大翻轉，即對同一類卜辭的名稱改變之後，對其時代也完全推翻了 1996 年時的觀點，認爲原來的“無名黄間類”，也即改名後的“無名組晚期卜辭”的時代，已從武乙、文丁延長到了帝辛時期。② 前文已分析指出，説無名組晚期卜辭已延續到了帝辛時期，其論據是不能成立的。

説實話，筆者閱讀李學勤、彭裕商及下面要談到的黄天樹對各類卜辭的細分類、細斷代，很費腦力。他們有些字的分類無“標準”可言，衹憑個人觀察來決定；斷代多有模棱兩可的推測，

① 李學勤、彭裕商：《殷墟甲骨分期研究》，上海古籍出版社 1996 年版。

② 李學勤：《帝辛征夷方卜辭的擴大》，《中國史研究》2008 年第 1 期。

有的說法還前後矛盾。總之，他們的分類斷代煩雜且讓人難以理出頭緒。特別是對同版卜辭按字體的再分類，再對各類進行的斷代，作者既說同版各類卜辭有聯繫，又說它們的時代不同，也即同一版中不同字體的卜辭時代不相同。這就引發了筆者對他們的“歷組”卜辭斷代的質疑，如被他們認定是“歷組”卜辭時代提前的鐵證《屯南》2384，該版上出組卜辭字體與“歷組”卜辭字體同版，他們就說這是“歷組”卜辭與出組卜辭時代相同的鐵證，但對其他如上述所舉的某些同版卜辭，因字體不相類又說是時代不相同。這種自相矛盾的做法衹能說明作者是根據自己的需要來定卜辭時代的，在斷代中採取雙重標準。

2. 黃天樹的分類、分組情況

最早係統貫徹李學勤“先分類，後斷代”方法的是黃天樹。1991 年，黃氏發表博士論文《殷墟王卜辭的分類與斷代》（導師爲裘錫圭）。[①] 他的分類、分組情況如下：

一、𠂤組

1. 𠂤組肥筆類

2. 𠂤組小字類

二、㞢類卜辭

三、賓組

1. 典賓類

2. 賓組𠃬類

3. 賓組一類

四、賓出類

1. 賓組賓出類（賓組三類）

① 黃天樹：《殷墟王卜辭的分類與斷代》（繁體字版），文津出版社 1991 年版。又：科學出版社（簡體字版），2007 年。本書引文均據 2007 年版。“王卜辭”的提法是李學勤提出有“非王卜辭”後產生的。

2. 出組賓出類（出組一類）

五、𠂤賓間類

1. 𠂤賓間 A 類

2. 𠂤賓間 B 類

六、歷類

1. 歷一類

2. 歷二類

3. 歷草體類

七、𠂤歷間類

1. 𠂤歷間 A 類

2. 𠂤歷間 B 類

八、何組

1. 事何類

2. 何組一類

3. 何組二類

九、歷無名間類

十、無名類

1. 無名類

2. 無名類的左支卜與右支卜

十一、無名黄間類

十二、黄類

由上文可看出，黄氏的分類、分組與李、彭二氏多有不同。李、彭二氏是在七個大組下面分十七個大類，大類下面再分十九個小類。黄氏是在十二個大類（組）下面再分十九個大類[①]，未再分小類。在對組、類的分配與稱呼上，李、彭二氏是先分

① 黄天樹說他是分二十個類。見《殷墟王卜辭的分類與斷代》，科學出版社 2007 年版，第一章“緒論”。

“組”，“組”下面再分類。黃氏則是“組”與“類”混合並用：在大組中，對𠂤組、賓組、何組稱“組”，沒有單列“出組”（但有“賓出類”，行文中又多次言“出組”），對“歷組”稱“歷類”、無名組稱“無名類”、黃組稱“黃類”，此外還有“𢀛類”“賓出類”“𠂤賓間類”“𠂤歷間類”“無名黃間類”。他沒有說明稱“組”的根據是什麼，稱“類”的根據又是什麼。在具體的細分組細分類上，黃氏與李、彭二氏更是多有不同，因太煩瑣，這裏不作排比，讀者可自行對照。在“兩系”的分配上，黃氏沒有如同李、彭二氏那樣，將自己的組類按“兩系”進行排列。究其原因，可能是因爲黃氏書於 1991 年出版[①]，李先生係統提出“兩系說”是在 1992 年[②]，具體描繪出“兩系”路綫圖是在 1996 年[③]，因此，黃氏書出版在“兩系說”係統提出之前，自然沒有分成兩系。不過，黃氏在 2013 年，在其主編的《甲骨拼合三集》中，列有“殷代卜辭分類分組表”[④]，採用了李氏的“兩系說”，並對 1991 年的分組、分類有所改動：已基本不稱“組”，而是全部稱“類”了，共有二十二個類，具體是：

村北系列王卜辭：𠂤組肥筆類、𠂤組小字類、𢀛類、𠂤賓間類、賓組𠂤類、賓組一類、賓組二類（典型賓組類）、賓組三類（賓組賓出類）、賓出類、出組一類（出組賓出類）、出組二類、事何類、何組一類、何組二類、黃類（黃組）。

村中、南系列王卜辭：𠂤歷間類、歷組一類、歷組二類、歷草體類、歷無名間類（歷無名間組）、無名類（無名組）、無名黃間類（無名黃間組）。

如果將黃天樹與李學勤、彭裕商以字體爲標準所做的分類與

---

① 黃天樹：《殷墟王卜辭的分類與斷代》，文津出版社 1991 年版。

② 見李學勤《殷墟甲骨分期的兩系說》，《古文字研究》第十八輯，中華書局 1992 年版。

③ 李學勤、彭裕商：《殷墟甲骨分期研究》，上海古籍出版社 1996 年版。

④ 黃天樹主編：《甲骨拼合三集·附錄三》，學苑出版社 2013 年版。

斷代進行比較[1]，可以看到他們的意見頗不一致。如以𠂤組的分類斷代爲例，李、彭分"大字類"，在"大字類"中又分出，"大字類附屬""大字類"，在"小字類"中又分出"小字一類""小字二類""其它小字類及小字類附屬"。黄氏衹分有𠂤組肥筆類、𠂤組小字類。在斷代上，李、彭認爲"大字類""小字類"上限在武丁早期，"大字類"下限至武丁中期偏早，"小字類卜辭的下限至多到武丁中期"，"小字類附屬"（也即"𠂤歷間組"）"上限可到武丁中期偏早"，"大致是武丁中期"，即李、彭二氏總的認爲𠂤組卜辭的時代是在武丁早期至武丁中期。而黄氏則認爲"𠂤組肥筆類"在"武丁早期至武丁中、晚期之交"，"𠂤組小字類"在"武丁早期至武丁晚期"，即總的認爲𠂤組卜辭的時代在武丁早期至武丁晚期。

其實，這種用字體分類的難度，提出者自己也是有體會的。如李學勤就説："歷組中以父乙爲中心的卜辭有多種作風，有些和有父丁類的卜辭無法分開。在《南地》書裏，505 卜骨有兄丁，與《拾掇》1.422、《鄴中》3 下 46.1 繫聯，稱謂也是以父乙爲中心的，其字體卻和《南地》所論武乙卜辭近似。"[2] 裘錫圭也説："歷組"中"父乙類和父丁類卜辭的字形結構，大多數也完全相同或十分相似"，"僅僅根據字體很難把這兩類卜辭完全區分開來"，"事實上，有不少歷組卜辭，很難確定它們究竟屬於父丁類，還是屬於父乙類"；"賓組晚期和出組早期的文例、字體很難區分"。因此，他認爲饒宗頤在《殷代貞卜人物通考》[3] 中指出的

---

① 對黄書，李、彭之書中的"組""類"的統計都很費勁，因爲太煩瑣。如有的學者統計李、彭之書的"類"竟然達三十六個之多，見王宇信《新中國甲骨學六十年》，中國社會科學出版社 2013 年版，第 432—433 頁。

② 李學勤：《小屯南地甲骨與甲骨分期》，《文物》1981 年第 5 期。李先生説《南地》505 與《拾掇》1・422 繫聯。筆者查與原版甲骨不符，當是《拾掇》1・423 之誤。

③ 饒宗頤：《殷代貞卜人物通考》，香港大學出版社 1959 年版。

"據字體斷代之不易。這話是有道理的"[①]。李、裘二氏所説還是對有明確稱謂的"歷組"、賓組、出組卜辭進行分類都有難度，那麼對那些不帶稱謂的卜辭的分類，其難度就更不必説了。黄天樹也説："字體並非一成不變，情況錯綜複雜。對同一種客觀現象，由於各人觀察上有出入，有時會作出不同的分析。因此，所分出的類與實際情況就不一定相合，這是甲骨分類難以掌握之處。"[②]這確實是大實話。這與李先生所説字體分類"應用起來還是簡易適用的"，是不相符的。以字體分類，在實際操作中有難度，其原因，一個是卜辭的字體複雜多樣，同一版甲骨上的字體許多時候都不屬一類，甚至屬多類。正如陳夢家所説："在同一朝代之内，字體文例及一切制度並非一成不變的；它們之逐漸向前變化也非朝代所可隔斷的……這一朝代的變例或例外，正是下一朝代新常例的先河。已經建立了新常例以後，舊常例也可例外的重現。"[③]這就是"類型學"應用在字體分類上的局限性。另一個是缺乏科學的統一判定標準，每個人在判定字體上存有差異，相信如果讓多人參與分類，恐怕不會出現有兩個人完全相同的分類，這是不言而喻的。

李學勤、彭裕商説："分類是斷代的基礎，分類的精確與否直接關係到斷代的質量"[④]，此話正確。下面再通過李學勤、彭裕商和黄天樹對"無名黄間類"卜辭的斷代；彭裕商、徐明波對黄組卜辭的分類斷代，看看分類的精確度和斷代的質量究竟如何。

3. 關於"無名黄間類"卜辭的分類與斷代

關於"無名黄間類"卜辭，黄天樹説："本類卜辭的内容絕

---

① 裘錫圭：《論"歷組卜辭"的時代》，《古文字研究》第六輯，中華書局1981年版。收入《裘錫圭学術文集・甲骨文卷》，復旦大學出版社2012年版。

② 黄天樹：《殷墟王卜辭的分類與斷代》，科學出版社2007年版，第一章"緒論"。

③ 陳夢家：《殷虚卜辭綜述》，中華書局1988年版，第153頁。

④ 李學勤、彭裕商：《殷墟甲骨分期研究》，上海古籍出版社1996年版，第17頁。

大多數是田獵卜辭。”黄氏主要以“灾”字的寫法區分“無名類”和“黄類”。他説董作賓在《甲骨文斷代研究例》中舉的《寫》218 =《甲》405，即《合集》29087（《甲》405 +《甲》399）是“典型的‘無名黄間類’字體”，董氏認定該版卜辭爲“第四期的武乙時代”，對此，黄氏説“董説可從”。關於“無名黄間類”卜辭的時代，他認爲“無名黄間類的上限以定在武乙之世爲宜”；關於下限，他舉《屯南》3564 説：“這條卜辭有‘武乙宗’，時代至少應晚到文丁之世。當然也有可能晚到帝乙時代。”不過，他又舉《屯南》4343，根據字體定其“也有可能是文丁時代的東西”。他的最後結論是：“可以把無名黄間類的下限定在文丁之世。”即黄氏認爲“無名黄間類卜辭是武乙至文丁時代的東西”。他又説：“如果把無名黄間類插入無名類和黄類之間，看作是兩者的中介也不甚合理。”看來，他並不確定“無名黄間類”就是連接無名組和黄組的卜辭。

李學勤、彭裕商認爲“無名黄間類”卜辭“包含的年代不大可能從武乙一直沿續到帝乙帝辛”，“本類卜辭包含的年代大致從武乙到文丁”。[①] 這個意見與黄天樹一致。但到 2008 年，李先生在《帝辛征夷方卜辭的擴大》一文中[②]，將“無名黄間類”卜辭改名爲“無名組晚期”卜辭，並力圖證明此類卜辭的時代下限已到帝辛時期，否定了之前他和彭裕商的觀點。他還説：“祇出於小屯村中、南的無名組晚期卜辭，近年有學者稱之爲‘無名黄間類卜辭’，主張其時代下限爲文丁”，“我在《商代夷方的名號和地望》文中誤認這些卜辭爲文丁時卜，就是因襲着這樣的觀念”。由他在該文的注解知“有學者”指的是宋鎮豪、劉源合著的《甲骨學殷

① 李學勤、彭裕商：《殷墟甲骨分期研究》，上海古籍出版社 1996 年版，第 305 頁。

② 李學勤：《帝辛征夷方卜辭的擴大》，《中國史研究》2008 年第 1 期。

商史研究》一書。[①] 這種説法與事實不符。上文已指出，黄天樹在1991年，李先生和彭裕商在1996年，就已在各自的書中先後定該類卜辭爲“無名黄間類”了，並且定其時代上限在武乙時期，下限在文丁時期。[②] 而宋鎮豪、劉源的書是在2006年纔出版的。誰先誰後，誰影響誰，不言自明。總之，到目前爲止，對於所謂“無名黄間類”或“無名組晚期”卜辭的時代，有武乙至文丁和武乙至帝辛兩種意見。前文我們已逐條分析了李先生提出的“無名組晚期”即“無名黄間類”卜辭延長至帝辛的證據不能成立。此處不再贅述。

4. 徐明波、彭裕商對黄組卜辭的分類與斷代

黄天樹在《殷墟王卜辭的分類與斷代》[③] 中，將“黄組”卜辭稱作“黄類”卜辭，認爲此類卜辭的“字體可以説是相當的清一色”，因此，沒有對其再進行細分類。對“黄類”卜辭的時代，他説：“黄類的早期卜辭應上及文丁之世”，“晚期卜辭屬帝辛之世”，即“黄類”卜辭是文丁至帝辛之物。李學勤、彭裕商在《殷墟甲骨分期研究》[④] 中稱作“黄組”卜辭，認爲此組卜辭的“書體風格和字形結構彼此間並無多大差别”，因此，“就不再作進一步的類别畫分了”。對“黄組”卜辭的時代，他們的意見是：“上限在文丁，下限到帝辛。”即黄、李、彭三人對黄組卜辭時代的認識是一致的。

但是到了2007年，彭裕商在與徐明波合撰的《殷墟黄組卜辭斷代研究》一文中[⑤]，改變了1996年與李學勤合作時的觀點。他

---

① 李學勤：《帝辛征夷方卜辭的擴大》，《中國史研究》2008年第1期。註3，指明因襲的是宋鎮豪、劉源合著的《甲骨學殷商史研究》，福建人民出版社2006年版，第203—207頁。

② 黄天樹：《殷墟王卜辭的分類與斷代》，文津出版社1991年版。李學勤、彭裕商：《殷墟甲骨分期研究》，上海古籍出版社1996年版。

③ 黄天樹：《殷墟王卜辭的分類與斷代》，文津出版社1991年版。

④ 李學勤、彭裕商：《殷墟甲骨分期研究》，上海古籍出版社1996年版。

⑤ 徐明波、彭裕商：《殷墟黄組卜辭斷代研究》，《中國史研究》2007年第2期。

們採用李學勤的“先用字體分類，再進行斷代”，即所謂“類型學”方法對黄組卜辭進行再分類再斷代。至此，彭裕商與李學勤、黄天樹在黄組卜辭的分類與斷代上出現了不同意見。下面詳細介紹與評議徐、彭二氏對黄組卜辭的分類與斷代。

（1）字體分類

徐、彭二氏説，他們對黄組卜辭字體的分類是：“根據字體結構和書體風格的不同將黄組卜辭大體畫分爲二大類”，又將第二大類細分成三個小類。情況如下：

①黄組一類

徐、彭二氏所舉“黄組一類”卜辭字體風格相同的標準片（下稱“標準片”）有（筆者在每片著録號後面用括號簡注其卜問事項）：

《合集》35345（征伐、雉衆）、35384（王賓武乙升伐）、35412（周祭卜旬祭上甲、𢀛工典）、35422（周祭卜旬彡上甲）、35529 + 37840（作者不知該片可與 37840 拼合。周祭卜旬祭𡧊𢀛）、35530（周祭卜旬祭𡧊𢀛）、35861（祊祭）、35935（祊祭）、36346（伐方）、36556（卜旬）、36751（王步），共 11 版。在這些標準片中，“除王而外，卜人有黄、派、逋、㐄、立”。筆者檢查這 11 版標準片，可以看到，各辭卜問的内容含有多種事類：征伐（《合集》35345、36346）；祭祀：祭祀的種類也不同，有周祭（《合集》35412、35422、35529、35530）、祊祭（《合集》35861、35935）、升伐祭（《合集》35384）；卜旬（《合集》36556）；王步（《合集》36751）。再檢查這些標準片卜辭的字體，發現其字體風格並不是如作者所説是相同的，衹是在同類卜辭中，如四版周祭卜辭，二版祊祭卜辭，二版征伐卜辭，各自的字體風格可説是稍接近一些。但是在各類之間的字體風格都明顯不同。作者將它們歸爲一類，是不妥當的。

作者描述“黄組一類”（簡稱“黄一類”）卜辭的字體特徵

是：“刀鋒圓潤柔和，刻手擅長用圓筆，很多字體轉折處有彎曲的弧度”，“字體方正、規整。布局上，工整嚴飭，字與字之間，列與列之間距離均等，同版卜辭字體大小較爲一致”。他們又舉出十一版有“黄一類”特徵性字體的甲骨（下稱“特徵片”），舉出三十七個特徵字（括號内的卜問事類是筆者標注的）：

《合集》35695：癸、貞、月、吉、旬。（周祭卜旬翌祭）
《合集》35828：丙、戌、牢、兹、用、叀、巳。（祊祭）
《合集》36751：午、辰、庚、今、往、來、災。（王步）
《合集》36775：丑。（王𢦏）
《合集》36871：未、酉。（卜旬、地名）
《合集》36946：戊、寅。（王步）
《合集》35399：其、翌。（周祭卜旬翌祭）
《合集》37462：亡、王、子、申、亥。（往來亡災）
《合集》36631：𢦏。（往來亡災）
《合集》38556：己、賓、歲、尤。（王賓歲、燎）
《合集》36975：受。（東土、南土、西土、北土受年）

上述列舉的有“特徵性”字體的甲骨也是十一版，内容類别也有多種。筆者感到奇怪的是，作者列舉的有特徵性字體的“特徵片”，衹有一片即《合集》36751是與“標準片”相同的，其他十版皆不同，不明白作者爲什麽不從“標準片”中找特徵性字體。檢查這十一版卜辭作者所列的“特徵性”字體，發現有不少同版甲骨上的同一個字有不同的寫法。如“癸”字，作者選《合集》35695的“癸”字的寫法作爲“黄一類”的特徵性字體，説其形體作“[illegible]”形，但筆者查該版有兩個“癸”字，一個作“[illegible]”形（或疑似作“[illegible]”形），一個作“[illegible]”形，並没有作者所説的“[illegible]”形。再查其他“特徵片”：《合集》35828作“[illegible]”形；《合集》36871 的三個癸字都作“□”形。如果再查“標準片”十一版中的“癸”字，形體就更多，如《合集》35412 的兩個“癸“字都作“□”形；《合集》35422 兩個“癸”字，一個作“□”形，一個作“□”形；《合集》35529 有三個“癸”字，一個作“□”形，一個作“□”形，一個作“□”形；《合集》35530 有四個“癸”字，一個作“□”形，一個作“□”形，一個作“□”形，一個作“□”形；《合集》35935 有三個“癸”字，一個作“□”形，一個作□形，一個作“□”形。在“黄一類”中有這麼多形體的“癸”字，且有的在一版中還有多個形體的“癸”並存，作者卻衹選《合集》35695 的“□”形作爲“黄一類”的特徵性字體（前已證明該片並無此形），就無代表意義了。特别需要指出的是“□”形的“癸”字，人們大都以爲此形多出現在第五期以前的卜辭中，其實，它在第五期卜辭中仍然存在，而且數量還不少。由“□”形的“癸”字存在於從早到晚的各期卜辭中，説明以字體特徵分類是有局限性的。劉一曼、曹定雲也注意到了“癸”字的字體情況，他們説：“過去董作賓先生所總結出來的甲骨文第五期的‘癸’，其形作‘□’，筆畫都出頭。一般研究者都據此作爲認定第五期的依據。然而，1991 年花園莊東地 H3 所出卜辭中，‘癸’字出頭者比比皆是。難道我們能將花東的甲骨看成是第五期的嗎？或者反過來將過去的第五期提到武丁或武丁以前嗎？無論哪種做法都是不妥的。”① 再比如“貞”字，作者選《合集》35695 的“貞”字作爲“黄一類”的特徵性字體，形體有“□”“□”二形，第一個形體在第五期中常見，不具代表性。但查同被列爲“特徵片”的《合集》36871 有三個“貞”字都作“□”形，38556 作“□”形。因此，作者選“□”“□”形作爲“黄一類”的特徵性字體，就不具代表性了。又如

① 劉一曼、曹定雲：《三論武乙、文丁卜辭》，《考古學報》2011 年第 4 期。

“吉”字，作者選《合集》35695的“吉”字作爲“黄一類”的特徵性字體，形體作“[illegible]”形。但查同被列爲“特徵片”的《合集》36871，有四個“吉”字，除一個不清楚外，有兩個作“[illegible]”形，一個作“古”形。“標準片”的《合集》36556有兩個“吉”字，都作“[illegible]”形。因此，作者選“[illegible]”形作爲“黄一類”的特徵性字體，也不具代表意義了。再如“酉”字，作者選《合集》36871的“酉”字作爲“黄一類”的特徵性字體，形體作“[illegible]”形。但查同被列爲“特徵片”的《合集》36631的“酉”字，卻是作“[illegible]”形，此形在早期卜辭中多見。又如“歲”字，作者選《合集》38556的“歲”字作“黄一類”的特徵性字體，形體作“[illegible]”形。但查同被列爲“特徵片”的36975的“歲”字，卻是作“[illegible]”形。又如“用”字，作者選《合集》35828的“用”字作“黄一類”的特徵性字體，形體作“[illegible]”形；但查同版還有兩個作“[illegible]”形的。再查按他們的字體分類應該屬於“黄一類”的《合集》35829，其“用”字作“[illegible]”形，等等。還有不少字都有這種一字多體的情況，就不一一列舉了。此外，作者舉“己”字作爲“黄一類”的特徵性字體（如《合集》38556），但查該字在各卜辭中的寫法似乎都相同，並沒有什麽特殊性。總之，由以上的例證可以看到，作者選的這些字都不具備“特徵性”。在“黄一類”卜辭中，一個字往往有多種寫法，甚至在同一版中，一個字就有不同的寫法，如上舉的《合集》35828的“用”字。

②黄組二類

作者説：“本類卜辭與上述一類在字體結構與書寫風格上有明顯的區別。如月、吉、亥、其等字特徵尤爲顯著。”他們將“黄組二類”再細分成A、B、C三個小類。

黄組二A類

作者舉出的“黄組二A類”（簡稱“黄二A類”）的字體風格片即“標準片”五版（括號内的卜問事類是筆者標注

的)：《合集》37904（卜旬）、37897（卜旬）、37928（卜旬）、37953（卜旬）、37954（卜旬），全都是卜旬辭。作者對"黃二A類"字體風格的描述是："字體較大，字跡也較爲潦草，部分字體的寫法同版中有的爲黃組一類特點，有的已有變化，如《合集》37903的'旬'字，有一類中的'ㄋ'，也有二A類中新出現的豎筆處有明顯轉折的'旬'；'亡'字有一類的'ㄜ'和新出現的'ㄜ'。"作者又說："黃組二A類卜辭有的字體還保留有黃組一類的特點，如上述的'旬'和'亡'，但'月'、'吉'變化明顯，作'ㄗ'、'吉'，因其書體風格已不同於黃組一類卜辭，又與二C類有較多同版的，如《補編》10942，我們把它歸入二類。占辭都爲'大吉'，主要内容多爲卜旬卜辭，沒有稱謂。"（筆者按：有附記周祭的）

作者舉出有"黃組二A類"特徵性字體的甲骨即"特徵片"五版（括號内的卜問事類是筆者標注的），共舉十一個字：

圖4—55　《合集》37903

《合集》37903：丑、亥、王、貞、月、亡、旬、酉。（圖4—55）（卜旬）

《合集》37903 巳、貞、吉、月。（查此片《合集》号或錯，因爲37903上面已舉"貞"、"月"二字，並且無"巳""吉"二字）

《合集》37898（+35400+38307+38732），（作者不知37898可與35400、38307、38732拼合，見《合補》12927）：

吉。（卜旬附周祭翌祭）（圖4—56）

《合集》37945：辰。（卜旬）（圖4—57）

《合集》35424：未。（卜旬附周祭彡祭）

圖4—56　《合集》37898＋35400＋38307＋38732（《合補》12927）

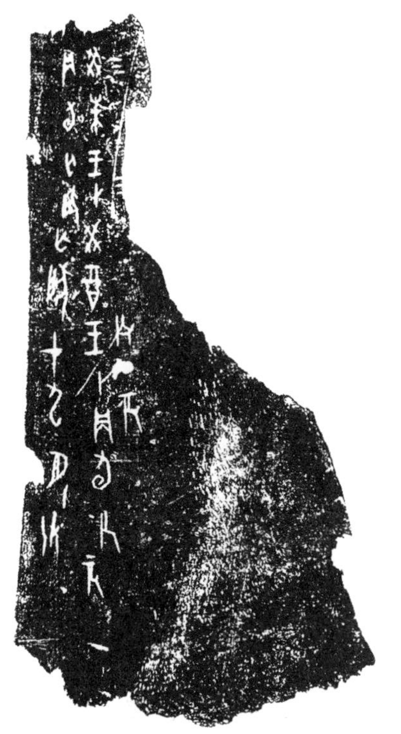

圖 4—57　《合集》37945

查上述所謂“黄二 A 類”卜辭，總體並不是作者所説“字跡爲潦草”。查《合集》37903 的“丑”字，與前列“黄一類”《合集》36775 的特徵性字體“丑”字，寫法相同，都作“□”形。《合集》37903 的“酉”字與“黄一類”的《合集》36631 的“酉”字寫法相同，都作“□”形。作者將這兩個相同形體的字既作爲“黄一類”，又作爲“黄二類”的特徵性字體，就不具代表性了。再看“貞”“辰”“亥”三個特徵性字體：“特徵片”《合集》37903 有三個“貞”字，有兩個筆畫模糊，作者大概選的是較清楚的“□”形，此形特殊，恐怕在黄組中找不出第二個這種寫法的“貞”，因此它並不具代表性。“標準片”《合集》37897 的“貞”字作“□”形，《合集》37904 有三個“貞”字，一個不清，一個作“□”形，一個作“□”形，其寫法頗有第二期出組的遺風。“辰”字，“特徵片”《合集》37945的“辰”字共有五個，都不在辭中，是散刻在辭旁，或辭下，應該都是習刻字。五個辰字祇有一個形體是較完整的，作“𠘧”形，其餘四個均缺刻筆畫，有一個較能看出形狀的作“卜乀”形，這兩個形體在下部轉彎處是不相同的，作者以不完整的習刻字作“黄二A類”特徵性字體，實在不具代表性；另外，該版中的“酉”字還是“黄一類”的特徵，作“酉”形。“亥”字，“特徵片”《合集》37903为“𢆶”形，但同爲“特徵片”的《合集》37898作“豕”形，頗有“黄一類”的特徵。總之，由以上分析可以看到，作者所舉的“特徵性字體”，有時連他們自己也分辨不清。有將一個字的形體，既分在“黄一類”，又分在“黄二A類”的；還有一些字的形體是兩類共有的。這些都說明以字體特徵分類是頗不易做到準確的。

黄組二B類

作者所列“黄二B類”的“標準片”有（括號内的卜問事類是筆者標注的）：《合集》36376（王步）、36380（王步）、36541＋《英藏》2529（天邑商宫。作者不知該片與《英藏》2529可以綴合）、36544（天邑商宫），共四片。

作者對黄二B類字體特徵的描述是：“這一類卜辭字體較小，翌、吉等字與黄組一類同，但未、酉、亥等字不同於一類卜辭，月的寫法有一類的也有二類的。如《合集》35400月作卯、吉作吉，其爲黄組一類和黄組二C類字體的‘過渡性’字體是很顯然的。該類卜辭與黄組一類、黄組二C類特徵字體都有同版關係，如與黄組一類同版的《合集》36366（筆者按：往来亡灾）、39388（筆者按：卜旬），與黄組二C類同版的《合集》38772（筆者按：今夕亡禍）、39171（筆者按：卜旬）、39333（筆者按：卜旬）、《補編》[①] 12741（筆者按：卜旬）、12847（筆者按：卜

① 作者將《甲骨文合集補編》簡稱作《補編》，本書改作《合補》。

旬、地名）、12927（筆者按：卜旬周祭翌祭）。其與二 C 類同版的較多，故我們把它歸入二類。占辭有‘吉’、‘大吉’，稱謂有‘武祖乙’（《合集》36072）（筆者按：祊祭武祖乙）。卜辭數量不多，内容有卜旬、祊祭，有一組在‘天邑商’卜問有無災禍的卜辭。”

作者舉出有“黄組二 B 類”特徵性字體的甲骨五版，共十八個字（括號内的卜問事類是筆者標注的）。

> 《合集》36377：丙、己、子、王、亡、申、辰。（王步）
>
> 《合集》35400 +（《合集》37898 + 38307 + 38732），（作者不知該片與 37898、38307、38732 可拼合，也不知該拼合版就是《合補》12927）：翌、吉、旬、月。（卜旬、周祭翌祭）
>
> 《合集》36540：巳。（天邑商宫）
>
> 《合集》36541 +《英藏》2529：酉、貞、兹。（天邑商宫）
>
> 《合集》39145：丑、亥、未。（卜旬）

查“特徵片”《合集》36541（作者不知該片可與《英藏》2529 片綴合），其上的“酉”字作“[illegible]”形，“標準片”《合集》36376 上的“酉”字也作此形，該形的“酉”字在“黄一類”（《合集》36631）、“黄二 A 類”（《合集》37903）中都有存在，作者又將此形作爲“黄二 B 類”的特徵性字體，就失去了代表性。“標準片”《合集》36380 中的“亥”字爲“[illegible]”形，此形在“黄二 A 類”（《合集》37903）中已有存在，在“黄一類”（《合集》37462）中也有相似的“亥”字，此字也失去了代表性。“旬”字，舉“特徵片”《合集》35400（可與《合集》37898、38307、38732 拼合）作“[illegible]”形，但查與之拼合的 37898 作“[illegible]”

形、38307作“□”形，即在一版中“旬”字有三個形體（見圖4—56）。作者將35400分在“黄二B類”，將37898分在“黄二A類”。再查被分在“黄二A類”的《合集》37903也是“□”“□”“□”三種形體的“旬”字共見一版（見圖4—55），但作者卻將《合集》37903分在“黄二A類”；將《合集》35400分在“黄二B類”，將同版的《合集》37898分在“黄二A類”，即將一版中有三個形體的“旬”字的卜辭分在了兩個類别中。作者將“特徵片”《合集》35400的“□”形的“月”，作爲“黄二B類”的特徵性字體，但查該版還有一個“月”字作“□”形（見圖4—56），完全是早期的寫法，第一期卜辭裏的“月”字就作此形。作者還將“特徵片”《合集》36377的“己”字作爲特徵性字體，真不知道作者是如何看出各類的“己”字寫法有何不同的。以上的情况也説明，以字體特徵分類是不易做到準確的。

黄組二C類

作者所列“黄組二C類”的標準片有（括號内的卜問事類是筆者標注的）：《合集》35830（祊祭）、36251（王賓卜辭，周祭先妣）、36234（王賓卜辭，周祭先妣）、36561（往來亡灾）、36591（往來亡灾）、36592（往來亡灾）、36640（往來亡灾）、36645（往來亡灾）、《合補》10960（王賓卜辭，周祭先王），共九版。

作者説：“黄組二C類是典型的黄組二類卜辭，其數量較多，所出現的單字字形多，可與黄組一類一一比較。”作者舉出“黄組二C類”有特徵性字體的甲骨十一版（括號内的卜問事類是筆者標注的），共三十七個字：

《合集》36251：貞、亡、翌。（王賓卜辭，周祭先妣）

《合集》35364：午。（祭先妣，缺字較多）

《合集》36561：己、巳、戊、辰。（往來亡灾）

《合集》38894：申。（今夕亡禍）

《合集》35830：牢、叀、兹、用、其。（祊祭）
《合集》36592：往、來、𢦏、災。（往來亡災）
《合補》10942：吉。（卜旬，周祭先王）
《合集》38606：賓、歲、尤。（王賓歲）
《合集》37387：受、月。
《合集》38838：庚、寅、丙、戌、今、子。（今夕亡禍）
《合補》12741：癸、亥、旬、丑、王、酉、未。（卜旬）

作者描述"黄組二 C 類"字體風格是："刀鋒剛勁有力，多折筆，如亡作'□'、叀作'□'、牢字作'□'，字體窄長，顯得瘦勁，筆下出鋒，書風別具一格。字體一般較小，排列不那麽整齊。同版卜辭，字體大小也不一致，如《合集》36662。干支字有反刻的現象，如《合集》35591。"針對作者對"黄組二 C 類"字體風格的描述，筆者檢查了他們所列的部分"標準片"和"特徵片"，發現《合集》35364、35830、36234、36592、36640、36645、38606、38838 等片字體都排列整齊。再查特徵字，作者給出的《合集》36251 的"貞"字是"□"形，但實際是"□"形。《合集》36561、35830、36234、36592、36640、36645、36662（"□"形与"□"形並存）、38606、38838 的"貞"都作"□"形，祇有 38894 疑似作"□"形。總之，"黄二 C 類"的"貞"字絕大多數作"□"形，少數（《合集》36662）作"□"形，個別作"□"形。"□"形的"貞"字在作者分的"黄一類"卜辭中就已存在；此形與"黄二 A 類"的"貞"字也相同（作者字體特徵圖描得不對）。作者將"□"形的"貞"字既作爲"黄二 A 類"特徵性字體，又作爲"黄二 C 類"特徵性字體，這一是反映以字體特徵分類頗爲不易，二是反映作者將"黄組二類"再細分成 A、B、C 三個小類，實無必要。

作者說："黄組二 C 類是典型的黄組二類卜辭……可與黄組一

類一一比較。”筆者檢查了他們所列的這兩個組的特徵性字，發現兩組所列單字完全相同，數目也相同，都是三十七個字。筆者按着他們所列的這兩個組的特徵性字體表，一一對應檢查了兩組的單字特徵，發現：己、戊、庚、子、丑、寅、辰、巳、戌、亥、來、亡、今、迍、尤、受、歲，十七個字的寫法兩組卜辭並無明顯不同。其他字的情況是：“丙”字，“黃一類”的《合集》35828 和“黃二 C 類”的《合集》38838 並無差異；“用”字，作者將“黃二 C 類”《合集》35830 的“用”字是誤刻的“灾”字，看成是“用”字，實誤；作者列出兩組的某個“貞”字和某個“癸”字作特徵性字，實屬片面，因爲這兩個字在兩組卜辭中都有多種寫法，已見上述。

由上面介紹的徐明波、彭裕商對黃組卜辭字體的再分類，可以看到，如果不管卜辭內容是否相同，將整個黃組卜辭，即將諸如祭祀（包括已成係統記錄的周祭、祊祭等）、戰爭（包括已成係統記錄的征人方、盂方等）、卜旬（包括附記周祭先王祭祀的卜旬辭）、卜王事、卜天象、卜曆法等內容的卜辭，混雜在一起進行字體分類，就會出現下述問題：

一是同類卜辭所列“標準片”和“特徵片”多有不同。如在“黃一類”中，列出了十一版標準片和十一版字體特徵片，其中衹有《合集》36751 一版是標準片和字體特徵片都有的，其餘十版皆不相同。在“黃二 A 類”中，列出了五版標準片和五版字體特徵片（其中《合集》37903 重復，實為四版），二者竟然沒有一版相同。在“黃二 B 類”中，列出了四版標準片和五版字體特徵片，其中衹有《合集》36541（作者不知該片與《英藏》2529 可以拼合）一版是標準片和字體特徵片都有的，其餘二者皆不相同。在“黃二 C 類”中，列出了九版標準片和十二版字體特徵片，其中衹有《合集》35830、36251、36561、36592 四版是標準片和字體特徵片都有的，其餘二者皆不同。很奇怪，作者爲什麽要採取選用標準片和字體特徵片不一致的做法？難道標準片中沒有或少有特徵性字體嗎？

二是各類卜辭的"標準片"和"特徵片"，即使在同類卜辭中，同一個字的字形也有多種。如前文列舉的"黄一類"中的"癸"字，《合集》35695兩個"癸"字，一個作"✕"形（或疑似作"✕"形），一個作"✕"形；《合集》35422兩個"癸"字，一個作"✕"形，一個作"✕"形；《合集》35399三個"癸"字，一個作"✕"形，一個作"✕"形，一個作"✕"形（圖4—58）；《合集》35529三個"癸"字，一個作"✕"形，一個作"✕"形，一個作"✕"形（圖4—59）；《合集》35935三個"癸"字，一個作"✕"形，一個作✕形、一個作"✕"形；《合集》35530四個"癸"字，一個作"✕"形，一個作"✕"形，一個作"✕"形、一個作"✕"形。即在"黄一類"卜辭中有這麽多形體的"癸"字，並且有的一版中還有多個形體的"癸"。多種形體的"癸"字並存，勢必無法以某一種或某兩種形體作爲分類的特徵性字體，特别是"✕"形的"癸"，它一般是多出現在第五期以前的卜辭中。因此，所謂用特徵性字體分類是具有局限性的。再比如"吉"字，"黄一類"的"吉"字，"特徵片"《合集》35695一個清楚的作"古"形；《合集》36871有四個"吉"字，除一個不清楚外，兩個作"古"形，一個作"古"形。"標準片"《合集》36556兩個"吉"字均作"古"形。可見"黄一類"的"吉"字至少有四種形體，並且"標準片"的"吉"字與"特徵片"的也不完全一致。"黄二A類"的"吉"字，"標準片"《合集》37928作"古"形。"特徵片"《合集》37898（作者不知該片可與35400、38307、38732拼合）作"古"形。即"黄二A類"的"吉"字至少有兩種形體。"黄二B類"的"吉"字，"特徵片"《合集》35400（作者不知該片可與37898、38307、38732拼合）有兩個"吉"字，一個作"古"形，一個作"古"

形。作者將一版之折的《合集》37898 分在了“黄二 A 類”，將《合集》35400 分在了“黄二 B 類”，即將一版卜辭分在了兩類中。實際上，《合集》37898 + 35400 + 38307 + 38732 上的“吉”字共有三種形體，即“吉”“吉”“古”形（見圖 4—56），三種形體共存。這也表明了無法用一、兩種“吉”字作爲分類標準。

圖 4—58　《合集》35399

圖 4—59　《合集》35529

三是各類“標準片”和“特徵片”中，有的字的形體存在於兩類或兩類以上的卜辭中。這一點作者已有指出，他們説“黄二 A 類”“部分字體的寫法同版中有的爲黄組一類特點，有的已有變化，如《合集》37903 的‘旬’字，有一類中的‘旬’，也有二 A 類中新出現的豎筆處有明顯轉折的‘旬’；‘亡’字有一類的‘亡’和新出現的‘亡’（筆者按：查所舉標準片中並没有此形）”，“黄組二 A 類卜辭有的字體還保留有黄組一類的特點，如上述的‘旬’和‘亡’”。“黄二 A 類”“又與二 C 類有較多同版的，如《補編》10942，我們把它歸入二類”。又如作者説“黄二 B 類”

的“翌、吉等字與黄組一類同……月的寫法有一類的也有二類的。如《合集》35400 月作[illegible]（筆者按：查該版還有一‘月’字作[illegible]形）、吉作[illegible]，其爲黄組一類和黄組二 C 類字體的‘過渡性’字體是很顯然的。該類卜辭與黄組一類、黄組二 C 類特徵字體都有同版關係，如與黄組一類同版的《合集》36366（往来亡災）、39388（周祭卜旬），與黄組二 C 類同版的《合集》38772（今夕亡禍）、39171（卜旬）、39333（卜旬）、《補編》12741（卜旬）、12847（卜旬，附記地名）、12927（卜旬，附記周祭先王）。其與二 C 類同版的較多，故我們把它歸入二類”（筆者按：以上引文著錄號後括號内的卜辭内容是筆者標注的）。作者又説：“黄二 B 類”的“翌、吉等字與黄組一類同”，“月的寫法有一類的也有二類的”，“該類卜辭（筆者按：即‘黄二 B 類’）與黄組一類、黄組二 C 類特徵字體都有同版關係”，衹是因爲“與二 C 類同版的較多”，就將其“歸入二類”。我們認爲，同一個形體的字既存在於“黄一類”，又存在於“黄二 B 類”和“黄二 C 類”，由於作者認爲“黄二 C 類”是代表整個“黄二類”的（詳見後文），所以這些既存在於“黄一類”，又存在於“黄二類”的所謂特徵性字體就失去了代表各類的意義。特别是“黄二 B 類”“與黄組一類、黄組二 C 類特徵字體都有同版關係”，在這種情況下，還需要對同版卜辭進行所謂的字體再分類嗎？甲骨學的斷代研究，一般是認爲如果沒有特殊情況，都是將同版卜辭視爲同時代的。即使按着李學勤的斷代理念，對卜辭字體進行再分類是爲了再斷代，既然同版卜辭已屬於一個時代了，還要勞煩再進行分類嗎？這樣的分類對斷代還有意義嗎？

至此，我們就明白作者所謂“對字體的分類採用同版關係轉遞式推定法”，實際上就是採取聯環套的方法，這個方法正反映了類與類之間在字體特徵上並無明顯的分界綫，而是你中有我，我中有你。對字體的這種客觀存在的事實，陳夢家早就予以指出，他説：

“在同一朝代之內，字體文例及一切制度並非一成不變的，它們之逐漸向前變化也非朝代所可隔斷的。大體上的不變和小部分的創新，關乎某一朝代常例與變例（即例與例外）之間的對立，乃是發展當中的一個關鍵。這一朝代的變例或例外，正是下一朝代新常例的先河。已經建立了新常例以後，舊常例亦可例外的重現。”① 因此，李學勤倡導的以字體特徵進行的細分類，就割斷了同一時代字體演變的軌跡，對卜辭的斷代也衹能是造成混亂。同時，這種分類法在客觀上也違背了他們自己提出的一個王世不是衹有一種類型的卜辭的說法，甚至對同版卜辭都要進行細分類再斷代，並且類分的異常細密，有的類衹有六版卜辭（如李學勤、彭裕商的所謂“𠂤組小字類附屬”（即“𠂤歷間組”卜辭）。探索字體的演變軌跡，衹能是在以其他諸多斷代標準確定了卜辭的時代後纔能進行。

（2）關於斷代

徐明波、彭裕商對黄組卜辭先以字體進行細分類後，再進行斷代，下面我們就看一下他們是如何斷代的。他們將黄組卜辭按字體分成兩個大類，即“黄組一類”“黄組二類”；在“黄組二類”中又分出三個小類，即“黄組二 A 類”“黄組二 B 類”“黄組二 C 類”。但在斷代時卻是衹對兩個大類進行斷代，對“黄組二類”裏的三個小類不再分别斷代，真不知道他們分成三個小類的目的是什麽？不是說細分類後再對各小類進行細斷代的嗎？

關於黄組卜辭的斷代，他們說：“對黄組卜辭各小類進行時代的推定時”，“所依據的是稱謂係統和卜辭間的相互聯繫”，“卜辭間的相互聯繫……其中有一項爲發展演變脈絡清楚的字體”，又說：“推定出來的早晚關係衹要符合各類卜辭中的稱謂就可認爲是可靠的”，這是說要用稱謂來檢驗用字體分的類是否正確，這不正說明了“稱謂”纔是斷代可靠標準嗎？其實，斷代的程序應該是：

① 陳夢家：《殷虚卜辭綜述》，中華書局 1988 年版，第 153 頁。

先用“稱謂”斷代，再來探尋各代字體的演變脈絡，而不是相反。

對“黄組一類”卜辭的斷代，徐、彭二氏說是從“字體特點”“稱謂”“卜辭内容”三個方面進行的。

關於利用字體特點斷代。作者舉“王”“吉”二字爲證。下面看一下他們以“王”字爲例進行的斷代。

他們說：“黄組一類卜辭中的王字有兩種寫法。其中的‘王’形明顯是承襲無名黄間二類而來，後者的王字作‘王’，下面的一横略作弧形。”對此，筆者檢查了他們所列的“黄一類”十一版“標準片”中有“王”字的片子，發現衹有《合集》35345 的兩個“王”字、36751 上一個“王”字中間竪筆下端似加粗，不明顯；有 35384（1 個）、36346（1 個）、35412（2 個）、35422（6 個）、35529（4 個）、35530（8 個）、36556（5 個），這七版上的 27 個“王”字都是作“王”形，中間的竪筆下端都沒有加粗；剩下的 35861、35935 兩版上無“王”字。即“標準片”上的“王”字的寫法只有 3 個竪筆下端似加粗，27 個不加粗。再檢查他們所列的“黄一類”十一版“特徵片”上的“王”字的寫法，竪筆下端不加粗，寫作“王”的有：《合集》35695（3 個）、36751（3 個）、36775（3 個）、36871（7 個）、35399（2 個）、37462（6 個）、38556（2 個），共 26 個。竪筆下端加粗的有：《合集》36751（1 個）、36775（1 個）、36945（1 個），共 3 個，而且加粗都不明顯。即“特徵片”中的“王”字，竪筆下端不加粗的有 26 個，加粗的有 3 個。剩下的 35828 無“王”字。綜合上述，在作者所舉的“黄一類”的“標準片”與“特徵片”中，“王”字竪筆下端不加粗的有 53 個，加粗的（有的似加粗，即加粗不明顯）只有 6 個，比例不到九分之一。他們又說：“黄組卜辭一類中也有幾例王作‘王’（《合集》36261、《合補》12385、12405）。”筆者檢查他們所列的這三版例證，發現《合集》36261、《合補》12405 的“王”字仍應是竪筆下端加粗形的，竪筆下端中間分叉很不明顯。衹有《合補》12385 的“王”字下端稍有分叉，但不是作"𠙻"形，而是作"𤣩"形，分叉處不緊接在第二個横畫下。作者言此一罕見形的"王""是無名黄間二類特有的"，不確。衆所周知，"𠙻"形的"王"字是出組卜辭中最常見的。筆者還認爲黄組中少數下端稍顯分叉的"𤣩"形的"王"字，很可能是由於刻手在加粗下端竪筆時不嚴密造成的，而不一定是個新形體，更不能斷言此形就是"無名黄間二類特有的"。

關於利用稱謂斷代。徐、彭二氏説："一類中有父丁、母癸的稱謂，我們認爲這是帝乙對其父文丁、其母文丁之配的稱呼"，即認爲"黄組一類"卜辭是帝乙卜辭。因爲黄組的"父丁""母癸"稱謂衹出現在"祊祭"卜辭中，又因爲他們用字體分出的類都是跨事類分出的，所以其實他們是用"祊祭"卜辭的稱謂來對"黄組一類"中各種事類的卜辭進行斷代。因爲筆者曾專門撰文討論過黄組中的"祊祭"卜辭、周祭卜辭以及其他文例卜辭裏帶有稱謂的卜辭，所以他們在論述"黄組一類"和"黄組二類"卜辭的時代時，主要是以批評筆者的《説文武帝——兼略述商末祭祀制度的變化》《祊祭卜辭時代的再辨析》兩文進行的。爲了便於讀者對比閱讀，今將此兩文附録於本書之後。①

首先需要申明的是，徐、彭二氏説筆者"所分的祊祭一類卜辭字體特徵"，同於他們的"黄組一類"卜辭。此説不確。因爲筆者並没有首先利用"字體"對"祊祭"卜辭進行分"類"，而是根據"祊祭"卜辭出現的"稱謂"共版關係將"祊祭"卜辭分成兩個大"組"，根據各組的稱謂組合分别判定各組卜辭的時代，然後再探討各組卜辭中某些字的特徵及其演變。

徐、彭二氏利用"父丁""母癸"兩個稱謂證明他們的"黄組一類"卜辭的時代是在帝乙時期，批評筆者以多個稱謂的共版

---

① 常玉芝：《祊祭卜辭時代的再辨析》，《甲骨文與殷商史》第二輯，上海古籍出版社1986年版。常玉芝：《説文武帝——兼略述商末祭祀制度的變化》，《古文字研究》第四輯，中華書局1980年版。

關係論證“祊祭”卜辭的時代分别是在文丁、帝乙時期是錯誤的。因此，這裏有必要先簡單介紹一下“祊祭”卜辭的内容、特點及筆者的斷代情況。

所謂“祊祭”卜辭，是指文例爲“干支卜，貞：祖先名祊，其牢”的卜辭[①]。筆者總結“祊祭”卜辭共出現以下一些稱謂：武丁、祖丁（武丁的另一稱呼）；祖甲；康丁、康、康祖丁；武乙、武、武祖乙；文武丁、文武、文；母癸，共有十三個稱謂。這十三個稱謂所指的祖先分别是：武丁、祖甲、康丁、武乙、文丁直系五先王和母癸。筆者發現這十三個稱謂的組合有以下三個特點：一是“武乙”（包括“武”）與“武祖乙”，即同是指武乙的這兩個稱謂，從不在一版卜甲中出現[②]；二是對武乙的這兩個稱謂，一個稱“祖”，一個則直呼廟號不稱“祖”，這就提示我們載有武乙這兩個稱謂的卜辭，應該是分屬於不同時代的；三是“武乙”（包括“武”）從不與文丁的各稱謂同版出現，而“武祖乙”則是與文丁的各稱謂同版出現的，這説明武乙的兩個稱謂與文丁的各稱謂在共版關係上，是有一定的規律的。因此，筆者按照“武乙”（包括“武”）與“武祖乙”兩個稱謂的共版情況，將“祊祭”卜辭分成兩個大組。在有“武乙”（包括“武”）稱謂的第一大組中，“武乙”是與“武丁”“祖丁”[③]“祖甲”“康祖丁”“母癸”五個稱謂共見於一版的，也即“武乙”是與其前的直系三先王武丁、祖甲、康丁共見於一版的。這種同版卜辭有三個特點：一是對康丁稱“祖”，稱“康祖丁”；二是對武乙皆不稱“祖”；三是不見有文丁的各稱謂出現。我們知道，對康丁稱“祖”的可以是其孫文丁，也可以是文丁之後的帝乙和帝辛，但是對武乙不稱“祖”的，就衹能

---

① 還有“干支卜，貞：祖先名宗祊，其牢”“干支卜，貞：祖先名宓祊，其牢”兩種文例卜辭，它們衹適用於祭祀武乙、文丁二王。

② “祊祭”卜辭主要刻在龜甲上。

③ 第五期的“祖丁”是武丁的另一稱呼。見常玉芝《説文武帝——兼略述商末祭祀制度的變化》，《古文字研究》第四輯，中華書局 1980 年版。

是其子文丁了；而不見有文丁的各稱謂出現，説明文丁當時尚在人間，不在祭祀之列。即在這組卜辭中，“武乙”是該組卜辭中受祭先王最晚的稱謂。由此可以得出結論：带有“武乙”稱謂的“祊祭”卜辭都是武乙之子文丁在位時占卜的，它們都是文丁卜辭。由此又可以得知，到商代晚期的文丁之世時，对父輩祖先一般已不再加親屬稱謂“父某”了，而是直稱其廟號。

徐、彭二氏對筆者的上述論證提出反對意見，他們“認爲有‘武乙’稱謂的卜辭可以是文丁或帝乙或帝辛時卜辭”。舉出了三個論據。第一個是：“黄組一類”（他們的字體分類）卜辭中對武丁沒有稱“武祖丁”的，但“我們並不會因其對‘武丁’不稱‘祖’就得出該卜辭屬祖庚、祖甲時期的結論”。言外之意是説對“武乙”不稱“祖”的卜辭不一定是文丁卜辭。筆者認爲這個論據不能成立，理由有三：一是需要指出的是，黄組卜辭中對武丁有稱“祖”的，稱其爲“祖丁”，而不稱什麽“武祖丁”，如《合集》36270、36274、36277①、《合集》35858② 等。二是在同一版的同一種類型的卜辭中，對上兩世祖先是加親屬稱謂“祖”的，如“康祖丁”“武祖乙”，但對父輩先王則是直呼其廟號，不加親屬稱謂“父”的，如武乙、文丁，所以“祊祭”卜辭中對“武乙”不稱“祖”的必是文丁卜辭無疑。三是在一條卜辭中合祭多位祖先時，也是直呼各位祖先的廟號，不加親屬稱謂的。“祊祭”卜辭第一大組所祭祀的祖先有武丁、祖甲、康丁、武乙四位直系先王，對該組的斷代應該根據世系最近的祖先“康祖丁”和先王“武乙”，對康丁稱“祖”的雖然可以是文丁、帝乙和帝辛，但對“武乙”不稱“祖”的就衹能是其子文丁，所以筆者對第一大組

① 具體論證見常玉芝《説文武帝——兼略述商末祭祀制度的變化》，《古文字研究》第四輯，中華書局1980年版。

② 《合集》35858是“祊祭”卜辭，所祭祖先有祖丁、祖甲、武乙、母癸。根據黄組周祭卜辭對武丁稱“祖丁”，所以此“祊祭”卜辭的“祖丁”當是指武丁。

卜辭是文丁卜辭的論斷不誤。徐、彭二氏所舉的第二個論據是商末銅器“肄簋”銘文，他們說：“商末青銅器肄簋銘文中有‘妣戊武乙奭’之稱，對武乙之配稱妣的衹能是帝乙、帝辛，按常先生所說，對武乙不稱祖的衹能是文丁，那麽‘妣戊武乙奭’這一稱謂就是自相矛盾的。”這個論據也是不能成立的。首先，用商末銅器銘文中的稱謂作爲根據來反駁筆者對“祊祭”卜辭稱謂的論證，是不科學的，因爲二者不屬同一種事類。其次，更重要的是，徐、彭二氏不知道商代晚期至少從祖甲時起，在用翌、祭、𡧊、劦、彡五種祀典（也有其他祀典）祭祀先妣時，都是要在妣名前冠上所配之先王名的，而先王名都是直接用其廟號，而不冠以“祖”的親屬稱謂的[①]，如出組卜辭：“壬寅卜，行貞：王賓大庚奭妣壬劦，亡尤”（《合集》23314），黄組卜辭：“辛巳卜，貞：王賓武丁奭妣辛𡧊，亡尤”（《合集》36268），因此，“肄簋”銘文記録的“妣戊武乙奭”（妣名前置）是指武乙之配妣戊，先王、先妣在稱謂上並不存在矛盾現象。再者，對冠以王名的先妣是不能用王名來斷代的，這已是基本的常識。“肄簋”銘文記録“戊辰日劦日遘于妣戊武乙奭”，是説用劦祀祭祀武乙之配妣戊，而不是祭祀先王武乙，因此，銘文中的王名“武乙”是不能作爲他們所分的“黄組一類”卜辭屬於帝乙的證據的。對該銅器的斷代，是要根據武乙之配“妣戊”，對武乙之配稱“妣”的，衹能是帝乙和帝辛，因此，該銅器當屬於帝乙或帝辛時期。[②] 徐、彭二氏舉的第三個論據是用三版非“祊祭”卜辭[③]，反駁筆者“‘武乙’這一

① 詳見常玉芝《商代周祭制度》，中國社會科學出版社 1987 年版；《商代周祭制度》（修訂本），綫裝書局 2009 年版，第三章第三節。

② 筆者曾論證該銅器是帝乙時器。見常玉芝《商代周祭制度》（增訂本），綫裝書局 2009 年版，第 279—282 頁。

③ 黄組卜辭的“祊祭”卜辭一般不與他種文例的卜辭同刻於一版，像《合集》41741（摹本）有祊祭文武丁的卜辭與他種文例卜辭同刻於一版，實屬個例。該版是帝乙卜辭，也許帝乙時期有變例。

稱謂没有與文丁的各稱謂同版的關係，與文丁的各稱謂有同版關係的是‘武祖乙’”的意見。他們說：“我們查檢了黄組卜辭，發現有 2 例是‘武乙’與‘文武帝’同版的（《合集》36127、36169）；1 例‘武乙’與‘文武丁’同版的（《合集》41741）。而‘文武帝’，常先生以爲就是‘文武丁’，即文丁。上述同版的稱謂是用常說無法解釋的。上述矛盾恰好說明，有‘武乙’稱謂的黄組卜辭未必就一定是文丁卜辭。”筆者檢查了他們舉的上述三版卜辭，總的感覺是這三版卜辭的字體不符合徐、彭二氏所定的“黄組一類”字體的特徵，他們定“黄組一類”卜辭字體的特徵是：“字體方正、規整。布局上，工整嚴飭，字與字之間，列與列之間距離均等，同版卜辭字體大小較爲一致。”但上述三版卜辭的字體特徵卻與這些特徵正相反，倒是頗符合他們定的“黄組二類”的字體特徵，即“字體較小”“字跡也較潦草”“排列不那麽整齊，同版卜辭，字體大小也不一致”等。因此，上述三版卜辭不能作爲論證“黄組一類”卜辭時代的根據。再逐一檢查各版的卜問内容：第一版《合集》36127 是一片斷甲，字體較小，字體不方正，排列淩亂，布局不規整，不符合徐、彭二氏所說的“黄組一類”字體特徵。該版上有三條殘辭：第一條是壬辰日卜問，殘留字有“侯衣”“王”“朕𠂤”“文武〔丁〕”“武乙”“正（征）”等，疑是爲征伐事而祈求文武丁和武乙保佑的；第二條殘留字有“酉”“武丁”“受”字，疑是卜問祈求武丁保佑的；第三條殘留字有“貞”“史”“奭”“〔受〕又=”字，疑是卜問祈求某先妣保佑的。總之，該版卜辭卜問的事項較雜，都不是“祊祭”卜辭，各辭都没有“文武帝”一稱。徐、彭二氏大概是將第一辭的“文武”之後臆補了“帝”字，讀成“文武帝”，但文丁在卜辭中的稱謂有“文”“文武”“文武丁”“文武帝”四個，因此，該版“文武”之後也可能没有字，也可能是“文武丁”，作者用臆補的稱謂作論據不足取。第二版《合集》36169 的字體較小，字不方正，比較窄長，不符合徐、彭二氏所定的“黄組一類”字體特徵。上面有兩條殘辭：一條是卜問祭祀“文武帝”的，卜辭文例是“干支卜貞翌日干支王其又升于祖先名宓正王受又”，筆者曾探討過該種文例的卜辭祇祭“武乙”“武”“文武帝”“妣癸”四個稱呼，“武”即武乙，“文武帝”即文武丁，也即文丁，“妣癸”即帝乙、帝辛稱武乙之配（詳見書後附錄一《說文武帝——兼略述商末祭祀制度的變化》[①]）；另一條殘留字有“其”“武乙”“酒”“王受〔又〕”，疑是卜問祭祀“武乙”，祈求他保佑商王的。這兩條卜辭文例不同，也都不是“祊祭”卜辭，所以也不能用來作爲反駁筆者對“祊祭”第一大組卜辭的斷代。對第一條辭，即祭祀文武帝的，卜辭文例爲“干支卜貞翌日干支王其又升于祖先名宓正王受又”，筆者曾詳細論述過該種文例卜辭的特點[②]，即祖先的日干名與“翌日干支”的天干日一致，論證了“文武帝”的日干名是“丁”，即“文武帝”是“文武丁”。第三版《合集》41741（筆者按：《合集》41741 爲摹片，拓片是《英藏》2518），是龜甲殘片，字體特徵是字較小，不方正，排列較凌亂，不符合徐、彭二氏所定的“黄組一類”字體特徵。上面有三條辭：第一條於乙未日卜問“自武乙彡日……五牢正，王受又=”，是用五種祀典的彡祀合祭“自武乙”以後的諸祖先的，後面還記錄用“五牢”進行祭祀（這兩種祀典同時舉行比較少見）；第二條是“祊祭”卜辭：“丙辰卜，〔貞〕：文武丁〔祊〕，其牢。兹〔用〕”；第三條是“叀羊。兹〔用〕”，此條應該是第二條辭的驗辭。徐、彭二氏以此三條卜辭證明“武乙”有與文丁稱謂同版的，即有“武

---

① 常玉芝：《說文武帝——兼略述商末祭祀制度的變化》，《古文字研究》第四輯，中華書局 1980 年版。該文說“母癸”“妣癸”是文丁之配。1986 年筆者改變了這個看法，認爲這兩個稱呼都是指武乙之配，見《祊祭卜辭時代的再辨析》，《甲骨文與殷商史》第二輯，上海古籍出版社 1986 年版。

② 常玉芝：《說文武帝——兼略述商末祭祀制度的變化》，《古文字研究》第四輯，中華書局 1980 年版。

乙”稱謂的不一定是文丁卜辭。筆者認爲該版卜辭也不能反駁筆者對第一大組“祊祭”卜辭是文丁卜辭的論斷。其理由有二：一是第一條辭不是“祊祭”卜辭，是用彡祀合祭“自武乙”以下的諸位祖先，合祭的祖先至少到其子文丁，所以該辭不會是文丁卜辭；而且商人在合祭多位祖先時，一般衹記王的日名即廟號，不加親屬稱謂，所以合祭的“武乙”不能作爲斷代的根據。二是第二條卜問祭祀“文武丁”，自然也不會是文丁卜辭。況且從第二條、第三條“祊祭”卜辭的字體看，也絕不是筆者所畫定的“祊祭”第一大組的字體特徵。筆者曾對“祊祭”兩大組卜辭中的主要單字“其”“牢”“兹”“用”“宗”“叀”六個字的字體特徵及演變情況作過分析[①]，《合集》41741 第二條、第三條中有“其”“牢”“兹”“叀”四個字，它們的書寫特徵是：“其”字作“[illegible]”，“牢”字作“[illegible]”，兩個“兹”字都作“[illegible]”，“叀”字作“[illegible]”，這些都是“祊祭”卜辭第二大組也即帝乙卜辭的典型寫法[②]，因此，《合集》41741 應是帝乙卜辭。用帝乙卜辭來反駁筆者對第一大組卜辭是文丁卜辭的論證不能成立。其實，徐、彭二氏不用費勁論證，僅憑上述三版卜辭中最後一王都是文丁，就可以斷定它們是帝乙卜辭。

總之，徐、彭二氏在論證“黄組一類”卜辭的時代時，衹用在“祊祭”卜辭中出現的“父丁”“母癸”（下文論述）兩個稱謂作論據，來論證包括其他各種事類的卜辭的時代；並且在選取論據時，忘記了自己對卜辭的分類，找出“黄組二類”卜辭作證據；同時他們用非“祊祭”卜辭來反駁筆者對“祊祭”卜辭的斷代；還有他們不分卜辭事類，不懂得黄組中各種事類的卜辭都有各自的規律，而是將各種事類的卜辭混雜在一起進行斷代。這些

---

① 常玉芝：《祊祭卜辭時代的再辨析》，《甲骨文與殷商史》第二輯，上海古籍出版社 1986 年版。

② 同上。

做法必然會造成斷代的錯誤與混亂。

上文已指出徐、彭二氏利用“祊祭”卜辭中出現的“母癸”“父丁”稱謂，指稱“父丁”是帝乙對文丁的稱呼，“母癸”是帝乙對文丁之配的稱呼，由此得出結論説他們用字體分出的“黄組一類”裏各種事類的卜辭都是帝乙卜辭。這個運作是以批評筆者對“祊祭”卜辭第一大組中“武乙”從不稱祖，即不稱“武祖乙”，也没有文丁的各稱謂出現，證明“祊祭”第一大組卜辭是文丁卜辭的觀點進行的。上文已詳細分析了他們的所謂論據都是不能成立的。下面再分析一下黄組“祊祭”卜辭中的“父丁”“母癸”稱謂究竟指誰。

關於“母癸”稱謂。黄組卜辭中的“母癸”一稱衹出現在“祊祭”卜辭中，在以往的甲骨學研究中，因爲都從董作賓之説，把第五期卜辭籠統地看作帝乙、帝辛卜辭，所以自然而然地要把“母癸”看作帝乙對文丁之配的稱呼（徐、彭二氏也延承此説），把“妣癸”（“祊祭”卜辭中不見“妣癸”一稱）看作帝辛對文丁之配的稱呼。筆者在對第五期卜辭進行分事類研究時，確定“祊祭”卜辭分屬於文丁、帝乙兩世，對“祊祭”卜辭中的“母癸”一稱，是從稱謂的共版關係和字體的特徵兩個方面進行論證的。筆者統計“祊祭”卜辭中有“母癸”稱謂的卜甲大約有十四版[①]，其中“母癸”與其他稱謂有共版關係的見於七版卜甲：①《合集》35858，“母癸”與武乙、祖丁、祖甲同版。②《合集》36090，“母癸”與武乙、武丁、祖甲同版。③《合集》36330，“母癸”與武乙同版。④《合集》35436，“母癸”與武乙同版。⑤《合集》35935，“母癸”與武丁、祖甲同版。⑥《合集》36321，“母癸”與康祖丁同版。⑦《合集》35914，“母癸”與祖甲、康祖丁同版。以上七版卜辭表明：一，“母癸”是與“武丁”

① 本書統計卜辭數量一般以《甲骨文合集》中所見爲準。

（“祖丁”）“祖甲”“康祖丁”“武乙”四位直系先王共見於一版的[①]，其中武乙是世系最晚的祖先，不見有“武祖乙”和文丁各稱謂與“母癸”同版的情況。二，檢查七版“祊祭”卜辭中的“其”“牢”“兹”“用”“宗”“叀”等字的寫法，都是文丁時的寫法。[②] 所以，無論從稱謂的共版關係，還是從字體特徵上看，有“母癸”稱謂的“祊祭”卜辭都是文丁卜辭。由此可知，“母癸”應是文丁對其母的稱呼，也即“母癸”應是武乙之配，而不是自董作賓以來所認爲的文丁之配。董作賓認爲第五期卜辭是帝乙、帝辛卜辭，他將“母癸”與“父丁”兩個稱謂聯繫起來，再加上商末銅器“緙簋”銘文記有“妣戊武乙奭”（《三代》6・52・2），即武乙已有名“戊”的配偶，因此，自然而然地就認爲“母癸”是“父丁”即文丁之配了，這個觀點被筆者證明第五期“祊祭”卜辭裏有文丁卜辭而給予扭轉。現已得知，武乙前後至少有廟號爲“癸”和“戊”的兩個法定配偶，廟號爲“癸”的配偶在文丁之世時已去世，所以文丁稱其爲“母”；廟號爲“戊”的配偶在帝乙時纔去世，所以帝乙稱其爲“妣”。總之，“母癸”是武乙之配，不是徐、彭二氏及歷來所認爲的文丁之配。

關於“父丁”稱謂的所指。第五期中有“父丁”稱謂的卜辭共見三版：①《合集》37853，②《合集》36132，③《合集》36129。前兩版屬“祊祭”卜辭，後一版屬“王賓”卜辭，是卜問用五祀典之一的𦍒祀祭祀父丁的。三版卜辭中都沒有與“父丁”共版的其他稱謂可作參證。當年，筆者在證明了“祊祭”卜辭分屬於文丁、帝乙兩世之後，本應得出有“父丁”稱謂的前兩版“祊祭”卜辭應該是帝乙卜辭的結論，但當時囿於這兩版卜辭的字體風格接近於文丁

---

① 《合集》35858“母癸”與武乙、祖丁、祖甲同版，《合集》36090“母癸”與武乙、武丁、祖甲同版，因此《合集》36090 可以證明《合集》35858 的“祖丁”是指“武丁。

② 詳見《祊祭卜辭時代的再辨析》一文，《甲骨文與殷商史》第二輯，上海古籍出版社 1986 年版。

時期，結果陷入了斷代的兩難境地：如果根據稱謂“父丁”斷代，它們應該是帝乙卜辭，但字體就會勉強；而如果根據字體斷代，它們似應是文丁卜辭，但又與“父丁”的稱謂不符，因爲文丁稱其父武乙應爲“父乙”而不是“父丁”。最後衹得很不自信地將其時代拉長到武乙時期，說“父丁”可能是武乙對其父康丁的稱呼。以上情況說明，單純依據字體斷代，存在有一定的局限性。我們應該以發展的眼光看待字體的演變，即上一朝代結束，下一朝代並不是馬上完全改變上一朝代的字體，而是有一個漸進的過程，即下一朝代初期還會保留有少量前一朝代的字體或衹作少許變更。準此，現在再檢查載有“父丁”稱謂的《合集》37853，可看到該辭的“其”字和“兹”字都兼有文丁和帝乙時的特徵：文丁時的“其”字一般寫作“⊠”形，比較方正，帝乙時延襲了文丁時的這一寫法，但已變得比較窄長了，該版的“其”字就作“⊠”形，具有帝乙時的特徵，但與典型的帝乙時期的“其”字下端作圓尖底又有差別。再如“兹”字，文丁時多作“𢆶”形，帝乙時多作“𢆶”形，即在兩個圈中間都各加竪綫連結，而該版的“兹”字作“𢆶”形，只在右邊的兩圈之間加竪綫，此形介於文丁時多見的“𢆶”形與帝乙時多見的“𢆶”形之間，具有過渡性的特點。另外，該版上還有“隹王九祀”的記録，說明是帝乙早期的卜辭。因此，我們可以憑稱謂“父丁”和字體的過渡性，以及年祀的記録，定《合集》37853 爲帝乙卜辭。據此，則另外兩版有“父丁”稱謂的卜辭也應該是帝乙卜辭，即“父丁”是帝乙對文丁的稱呼。

由黄組“祊祭”卜辭中的“母癸”是指武乙之配，“父丁”是指文丁來看，在進行卜辭斷代時，不能僅憑想當然就把同輩親屬稱謂安排在一個世代裏。黄組中的“母癸”是文丁對武乙之配的稱呼（“妣癸”當然就是帝乙或帝辛對武乙之配的稱呼了），“父丁”是帝乙對文丁的稱呼，兩個稱呼不屬於一個時代。其實，“祊祭”卜辭中的“母癸”稱謂與“父丁”稱謂從不在一版卜辭中出現，就已經説明此二稱是不屬於一個時代的了。

關於利用“卜辭内容”斷代。徐、彭二氏自稱是採取“排曆譜”的方法。他們説：“黄組一類卜辭中有一組‘王迖上𠂤’的卜辭（筆者按：實際是王在上𠂤的卜旬辭），其中有的記有月份、年祀，如《合集》36846、36856（筆者按：王二十司）”，“由曆日的推排，知其中王二十祀九月有癸酉、癸未、癸巳，而同是黄組一類卜辭的《合集》37867（筆者按：是附記甲名先王周祭翌祀的卜旬辭），所記王二十祀九月爲癸亥、癸酉、癸未”[①]，由此他們得出結論：“同是黄組一類卜辭，王二十祀曆日卻不相合，這説明黄組一類卜辭時代上限可到文丁之世。”筆者沒弄明白，他們是根據什麼得出這個結論的？爲什麼其中一個王二十祀不是帝乙而是文丁？再者，他們已根據“父丁”稱謂認定了“黄組一類”卜辭是帝乙卜辭，批評筆者黄組（“祊祭”卜辭）有文丁卜辭的論證是錯誤的，現在兩個王二十祀的九月干支日不同，不能容納在一個王二十祀中，就又説有文丁卜辭了，這就前後矛盾了。同時，他們也沒有指明哪版卜辭屬於帝乙，哪版卜辭屬於文丁。筆者是將記有“王二十司”的《合集》36856排入文丁祀譜的，文丁二十祀九月有“癸亥、癸酉、癸未、癸巳”四個癸日；將有“王二十祀”的《合集》37867排入帝乙祀譜的，該版記錄九月有“癸亥、癸酉”兩個癸日（可補“癸未”成三個癸日）。周祭祀譜表明文丁在位二十二年，文丁二十二年祀譜和帝乙一祀祀譜在日期和祀序上都能夠密接。[②] 總之，徐、彭二氏舉王二十祀的周祭材料

① 《合集》37867是腹甲的右半部，上面有附記甲名先王周祭（翌祀）的卜旬辭。筆者曾探討過晚期（第五期）龜腹甲卜旬卜辭的契刻規律（見常玉芝《晚期龜腹甲卜旬卜辭的契刻規律及意義》，《考古》1987年第10期）；也曾對該版卜辭做過考證，並補上了刻在腹甲左半部的祭祀，見《商代周祭制度》（增訂本），綫裝書局2009年版，第275—276頁。

② 見常玉芝《商代周祭制度》（增訂本），綫裝書局2009年版，第五章第四節、第六節。

不能容納在帝乙一個王世中，就説“黄組一類卜辭時代上限可到文丁之世”，這是將他們對“黄組一類”卜辭斷代的錯誤輕輕地一筆帶過。實際上，他們利用“排譜法”自己就證明了“祊祭”卜辭中的“父丁”稱謂不能用來對周祭卜辭進行斷代，也即證明了衹用“祊祭”卜辭中的“父丁”稱謂對包羅各種事類的“黄組一類”卜辭進行斷代是行不通的。準此，則徐、彭二氏自己證明了“黄組一類”卜辭的時代不衹是帝乙卜辭，也不衹是“上限可到文丁之世”，而是包含有文丁、帝乙兩世的卜辭。這也間接證明了筆者論證黄組“祊祭”卜辭的時代分屬文丁、帝乙兩世是正確的。

以上的論證表明，徐、彭二氏對所謂“黄組一類”卜辭不分事類，不問辭例，將各種不同事類、不同文例的卜辭混雜在一起進行斷代，其結果必然會出現錯誤、混亂和前後矛盾的現象。

對“黄組二類”卜辭的斷代，徐、彭二氏也是從“字體特點”“稱謂”“卜辭内容”三個方面進行的。

關於利用字體特點斷代。前文已指出，徐、彭二氏利用字體將“黄組二類”分成 A、B、C 三個小類，但在斷代時，卻不是對每個小類都分别進行斷代，而是將三個小類合併以“黄組二類”的名義進行斷代，並且又主要是以“黄組二 C 類”作爲“黄組二類”的代表進行斷代的。由此筆者不明白作者費力將“黄組二類”分成 A、B、C 三個小類的作用是什麽？他們又説：“從黄組二類字體與黄組一類字體有同版關係來看，黄組二類卜辭的上限也可及於帝乙之世”，這種説法又一次證明了他們認爲一個王世衹能有一種類型的卜辭。他們還説：“從黄組二類卜辭沒有出現與何組、無名組字體同版的例子來看，我們認爲黄組二類卜辭時代應晚於黄組一類卜辭。”總之，徐、彭二氏認爲“黄組二類”卜辭是帝辛卜辭，但其上限“可及於帝乙之世”。

關於利用稱謂斷代。徐、彭二氏説：“黄組二類卜辭的重要稱謂有武乙、武祖乙、文武丁、文武帝、妣癸”，“由於黄組卜辭二類中還沒有可據於推斷時代的‘父某’、‘母某’之稱，要判斷其時代是有困難的”。徐、彭二氏面對這麽多的祖先稱謂，卻僅僅因爲沒有“父”“母”輩的親屬稱謂，就對卜辭斷代犯難。不過他們找到了斷代的突破口，就是“文武帝”一稱，說：“以上稱謂中尤爲值得注意的是‘文武帝’一稱。”“文武帝”一稱缺少日干名，它指哪一位先王，以往學者們有兩種意見：一種認爲是指文武丁，即文丁[①]；一種認爲是指文丁之子帝乙[②]。近年葛英會又提出了一個新觀點，認爲“文武帝”一稱可指兩個王，即它既可指文丁，也可指帝乙。[③] 1980 年，筆者在《說文武帝——兼略述商末祭祀制度的變化》一文中，對“文武帝”一稱的所指作了詳細考證，得出“文武帝”是指文武丁即文丁的結論。[④] 徐、彭二氏在推斷“黄組二類”卜辭的時代時，反對筆者的意見，認同葛英會的意見，即認爲在丁日受祭的“文武帝”是指文武丁，在乙日受祭的“文武帝”是指帝乙。既然“黄組二類”中的“文武帝”可指帝乙，那麽“黄組二類”的時代就應該是帝辛卜辭了。因此，對“黄組二類”卜辭的斷代，關鍵問題還是要弄清“文武帝”一稱的所指。

究竟如何考證沒有日干名的“文武帝”一稱的所指，這是個需要借助其他材料進行詳細論證的問題，不是個簡單地僅憑祭祀日期就能下結論的問題。

查黄組中有“文武帝”一稱的卜辭有十多版，多爲殘辭。徐、彭二氏沒有舉出新的材料，他們衹是對筆者過去提出的材料做出

---

① 李學勤：《評陳夢家〈殷虛卜辭綜述〉》，《考古學報》1957 年第 3 期。胡厚宣：《殷卜辭中的上帝和王帝（下）》，《歷史研究》1959 年第 10 期。常玉芝：《說文武帝——兼略述商末祭祀制度的變化》，《古文字研究》第四輯，中華書局 1980 年版。

② 丁山：《邲其卣三器銘文考釋》，刊《文物周刊》1947 年第 37、38 期，上海。陳夢家：《殷虛卜辭綜述》，科學出版社 1956 年版，第 421—422 頁。

③ 葛英會：《祊、祔祭禮的稱謂係統——兼論黄組卜辭的時代》，北京大學考古文博學院編：《考古學研究（五）》，科學出版社 2003 年版。

④ 常玉芝：《說文武帝——兼略述商末祭祀制度的變化》，《古文字研究》第四輯，中華書局 1980 年版。

另外的解釋。筆者在《說文武帝——兼略述商末祭祀制度的變化》一文中，是通過分析黄組中的祭祀卜辭來論證"文武帝"一稱的所指的。早在 1956 年，陳夢家就曾舉出十條有"文武帝"一稱的卜辭，即《合集》35356（有兩辭）、36173、36169、36167、36172、38230、36176、36175、36179，來證明"文武帝"是指帝乙。[①] 陳先生說："以上凡干支未殘者，皆於乙日祭文武帝，僅有一辭卜於甲日則可能是牢祭。如此文武帝應是帝乙。"（422 頁）這裏，陳先生是要證明文武帝全於乙日受卜祭，所以"文武帝"的日干名應從卜祭日"乙"，爲乙名王帝乙。筆者檢查了這十條辭，發現：《合集》35356 上有兩條祭祀"文武帝"的卜辭，一條辭的卜日是"乙丑"日，另一條卜日的天干日殘，地支日是"子"，根據後面的"丁丑"日，知卜日當是前一天的"丙子"日。《合集》36169 祭"文武帝"的一辭干支日殘，陳夢家釋作的"大乙日"實是"翌日"的誤釋。《合集》36167 是"祊祭"卜辭，所祭先王實非"文武帝"而是"文武丁"。《合集》36172、38230、36176、36179 均無干支日。總計十條辭中，只有《合集》35356 中的一辭、《合集》36173、36175 三條辭是"干支未殘者"，三條辭中前兩辭的卜日是"乙丑"日，後一辭是"丁卯"日。所以陳先生列舉的十條辭是無法證明"文武帝"的天干廟號的，因爲它們沒有統一的卜祭日。不過，筆者認爲，陳先生的十條辭排列在一起卻反映了一個規律：即不同文例、不同祭名的卜辭即使在祭祀同一位祖先時，也是沒有相同的卜祭日的。不僅如此，檢查黄組的祭祀卜辭可知，在祭祀同一個祖先時，如果僅卜辭文例相同而祭名不同，或者祭名相同而卜辭文例不同，都能使卜祭日不相同（後者有特例）。

徐、彭二氏列舉《合集》36168、36170、35356、36173、

---

① 陳夢家：《殷虛卜辭綜述》，科學出版社 1956 年版，第 421—422 頁。各辭的《合集》號是筆者查對的；卜辭内容請見筆者《說文武帝——兼略述商末祭祀制度的變化》一文，此處不煩再列。

36167 五版卜辭反駁筆者總結的上述規律，他們說這五版卜辭“就是祀典名相同，卜辭文例不同，卜祭日與祖、妣名一致的例子，因此，在丁日受又祔祭的文武帝指的是文丁，在乙日受又祔祭的文武帝指的是帝乙”，也即認爲《合集》36168、36170 兩版卜辭中於丁日祭祀的“文武帝”是指文丁，是帝乙卜辭；《合集》35356、36173、36167 三版卜辭中於乙日祭祀的“文武帝”是指帝乙，是帝辛卜辭。前已指出，《合集》36167 是“祊祭”卜辭，所祭實非“文武帝”而是“文武丁”，文武丁也不是在乙日被祭，而是在丙日被祭祀的。徐、彭二氏並說前兩版卜辭的字體爲“黄組一類”，後三版卜辭的字體爲“黄組二類”，即“黄組二類”卜辭是帝辛卜辭。徐、彭二氏上舉四版卜辭（剔除《合集》36167 非祭文武帝一辭）中的《合集》36168、36170 兩辭文例與祀典名均相同，但《合集》35356 和 36173 兩辭的文例與祀典名都不相同。對這種有在丁日祭也有在乙日祭的“文武帝”的日干名如何求得，並不是如徐、彭二氏所說的那麼簡單，即並不是“文武帝”在哪一日祭祀，他的日干名就應是那一日（天干日）。

衆所周知，商代的祭祀種類繁多，對同一位祖先往往都進行多種不同的祭祀。卜辭反映，對同一位祖先由於使用的祭名不同，或者卜辭的文例不同，都能使祭祀日期不同；相反，有的祭名相同，卜辭文例不同，但祭祀日期卻又相同（如周祭）。情況錯綜複雜。目前對第五期即黄組卜辭祭祀祖先的情況，經過國内外幾代學者的研究已經比較明確了。筆者曾在前人研究的基礎上，對第五期黄組卜辭中的“周祭”卜辭、“祊祭”卜辭以及其他一些祭祀卜辭做過探討，基本上掌握了這些卜辭的契刻規律，可以用來回答徐、彭二氏提出的關於“文武帝”一稱的天干廟號問題，也即“文武帝”一稱的所指問題。

筆者在探討黄組卜辭對祖先的祭祀時，採取的是先將祭祀卜辭進行分類，再尋找祖先名與卜祭日和卜辭文例的關係。首先看周祭卜辭。周祭卜辭的類型有三種，第一種是“祭上甲及多后（毓）”的合祭卜辭，這種卜辭於癸日卜問第二天合祭上甲及其後的各位祖先是否顺利的；第二種是附記甲名先王祭祀的卜旬卜辭；第三種是在祖先的日干名之日卜問其祭祀的“王賓”卜辭。這三種卜辭的文例不同，但在以翌（日）、祭、𡫹、𠦪（日）、彡（日）五種祀典祭祀先王、先妣時，卜祭日都是與先王名、先妣名一致的。今舉第二、第三種類型卜辭爲例：

癸巳王卜，貞：旬亡𡆥？王𠧞曰：大吉。在九月，甲午翌陽甲。

《合集》35644

甲申卜，貞：王賓陽甲𠦪日，亡尤？

《合集》35726

丙申卜，貞：王賓大乙奭妣丙𡫹，亡尤。

《合集》36198

前兩版卜辭都是卜問祭祀陽甲的，兩條辭的類型不同，祭名不同，但卜祭日卻都是與王名一致的，即都是在甲日祭祀陽甲。第三版是祭祀大乙之配妣丙的，與第二版一樣是王賓卜辭①，祭祀日期與妣名一致。筆者考察了 220 多條以五種祀典祭祀先王、先妣的卜辭，僅發現 2 條卜祭日與先王名不一致的例子（《合集》35621、35729），未發現與妣名不一致的情況，這就充分說明了卜祭日與王名（或妣名）一致是周祭卜辭的特定規律。因此，衹要掌握了這個規律，就可以在王名或妣名殘缺時，根據卜祭日求得，或者在卜祭日殘缺時，根據王名或妣名求得。

但有在同一種類型的卜辭中，祭祀同一個祖先時，由於使用

① 周祭先妣衹有“王賓”卜辭一種類型。

的祭名不同，就能够造成卜祭日的不同，例如：

> 丙申卜，貞：王〔賓〕外丙彡日，〔亡〕尤？
> 庚子卜，貞：王賓大庚彡日，亡尤？
>
> 《合集》35566

該版的兩條辭分别以五種祀典的彡祀祭祀外丙和大庚，祭外丙在丙日，祭大庚在庚日，卜祭日與王名一致。但在下面兩版卜辭中：

> 乙酉卜，貞：王賓外丙彡夕，亡尤？
>
> 《合集》35532
>
> 己卯卜，貞：王賓大庚彡夕，亡〔尤〕？
>
> 《合集》35567

這是以"彡夕"之祭祭祀外丙和大庚的，祭外丙在乙日，祭大庚在己日，即卜祭日都比王名提前一天。"彡夕"之祭不是周祭祭祀，檢查行"彡夕"之祭的"王賓"卜辭，卜祭日都是選在先王名的前一天，沒有一條例外①，因此，卜祭日比先王名提前一天是以"彡夕"爲祭名的"王賓"卜辭的特定規律。我們掌握了這個規律，就可以對殘辭進行互補，即如果王名殘缺，可由卜祭日求得，如果卜祭日殘缺，也可由王名求得。總之，上述四條卜辭表明，卜辭的文例相同，即都是"王賓"卜辭，但是因爲祭名不同，即使在祭祀同一個祖先時所選的卜祭日就不相同。

同樣的情況也體現在"祊祭"卜辭中，"祊祭"卜辭適用於武丁、祖甲、康丁、武乙、文丁直系五先王，在這種卜辭中，各先王都是在王名的前一日被祭祀的，如："丙戌卜，貞：武丁祊，

---

① 黄組卜辭的"彡夕"之祭不適用於女性祖先。

其牢。兹用”(《合集》35829),“癸巳卜,貞:祖甲祊,其牢。兹用”(《合集》35932),“丙申卜,貞:康祖丁祊,其牢。羊。兹用”(《合集》35975),“甲辰卜,貞:武乙祊,其牢。兹用”(《合集》35837),“丙申卜,〔貞〕:文武丁祊,其〔牢〕”(《合集》36138),這五條“祊祭”卜辭表明祭丁名王武丁、康祖丁、文武丁在丙日,祭甲名王祖甲在癸日,祭乙名王武乙在甲日,卜祭日都比王名提前一天。另外還有五條“祊祭”卜辭是卜祭日與先王名一致的(《合集》35858祭祖丁在丁丑日,《合集》35914、35834祭祖甲在甲日,《合集》35858祭武乙在乙丑日,《合集》37853祭父丁在丁未日),由於在近230條此類卜辭中,衹發現5條卜祭日與祖先名一致,一條卜祭日不是在祖先名前一天的例子(《合集》36071,殘辭,祭武乙在某丙日),因此可以斷定:卜祭日比祖先名提前一天是“祊祭”卜辭特有的規律。我們根據這個規律可以正確地解決祖先的日干名或卜祭日的殘缺問題。

總之,第五期的周祭卜辭、“彡夕”祭卜辭、“祊祭”卜辭證明,掌握一種類型卜辭的規律是很重要的,它對我們考察一些祖先的日干名或卜祭日起着決定性的作用。因此,考察“文武帝”一稱的日干名,也必須要遵循上述原則,即找出一種既適用於文武帝,也適用於其他祖先的卜辭,這種卜辭不但要文例相同,而且祭祀方法也要相同,先從祭祀其他有日干名的祖先的卜辭中,找出這種類型卜辭卜祭日與祖先名之間的特定規律,然後再用這個規律去考察祭祀文武帝的卜辭,從而就可以準確無誤地求得文武帝的日干名了,“文武帝”一稱的所指也就清楚了。

前已説明,目前見到的祭祀文武帝的卜辭衹有十多條,而且又多是殘辭,這就給我們的研究工作帶來很大的困難,但我們仍發現其中有與其他祖先使用相同文例、相同祭祀的卜辭,這種卜辭的文例是:“干支卜貞翌日干支王其又升于祖先名宓正王受又”,它不但適用於文武帝,還適用於武乙及妣癸。在這種文例的卜辭中,卜祭日與祖先名的關係是怎樣的呢？先看祭祀武乙的卜辭，共有三條：

(1) 癸酉卜，貞：翌日乙亥，王其又升于武乙宓，正，王受又=。

《合集》36123（圖4—60）

(2)〔甲辰〕卜，貞：翌日乙巳，王其又升〔于武〕乙宓，正，王受又=。

《合集》36124（圖4—61）

(3) 甲午卜，貞：〔翌日〕乙未，王〔其又升〕于武宓，〔正〕，王受〔又=〕。

《合集》36170（圖4—62）

圖4—60　《合集》36123

圖4—61　《合集》36124

第（1）辭於癸酉日卜問，問在未來第三天的乙亥日商王要到

圖 4—62　《合集》36170

武乙的廟室裏去行又、升、正之祭，王是會得到（上帝）保佑的吧？這裏乙名王武乙是於乙日（乙亥日）被祭祀的，祭日與所祭祖先的日干名一致。第（2）辭卜日殘，祭日是乙巳日，根據"翌日"多指次日的原則，可補卜日爲甲辰日；王名存日干名"乙"，由於除武乙一名乙名王外，未見有其他乙名王受此種祭祀，故知所祭之祖先仍是武乙。此辭與上辭一樣，乙名王武乙仍是於乙日（乙巳日）受祭的，祭日仍是與所祭祖先的日干名一致的。第（3）辭於甲午日卜問，殘掉"翌日"二字，祭日是甲午日的第二天乙未日，所祭之祖先省略了日干名，單稱"武"，由於黄組卜辭中對武乙有單稱"武"的（《合集》36058），所以該辭所祭是武乙（其實，由上兩辭可知，該辭在乙日受祭的"武"的日干名必是"乙"，即是"武乙"），則該辭與前兩辭一樣，乙名王武乙仍是於乙日（乙未日）受祭的，祭日也是與所祭祖先的日干名一致的。

祭祀妣癸的卜辭又是怎樣的呢？卜辭：

（4）〔壬寅〕卜，貞：翌日癸卯，王其〔又升于〕妣癸宓，正，王受又=。

《合集》36315（圖 4—63）

該辭卜日殘，祭日是"癸卯"，根據"翌日"可補卜日是癸卯日

圖 4—63　《合集》36315

的前一天“壬寅”日，祭祀的祖先是“妣癸”，於癸卯日祭祀妣癸，則祭日是與所祭先妣的日干名一致的。

由以上祭祀武乙和妣癸的卜辭可知，在“干支卜貞翌日干支王其又升于祖先名宓正王受又”這種文例的卜辭中，卜日與祖先名是沒有關係的，而祭日（即“翌日”之後的天干日）則是與所祭的王名或妣名一致的，即祭武乙在乙日，祭妣癸在癸日，這就說明了：祭日與祖先名一致是這種文例卜辭的特定規律。因此，我們衹要掌握了這個規律，就可以在祖先名缺少日干名時，根據“翌日”之後的祭日（天干日）來求得，或者在祭日殘缺時，根據祖先的日干名來求得。而“文武帝”一稱正是因爲缺少日干名纔引起各家的争論，現在我們就可以利用上面所揭示的規律來考察祭祀“文武帝”的同種文例的卜辭，辭中“翌日”之後的祭日爲何，則“文武帝”的日干名就爲何。請看下版卜辭：

（5）丙戌卜，貞：翌日丁亥，王其又升于文武帝，正，王受又=。

《合集》36168（圖 4—64）

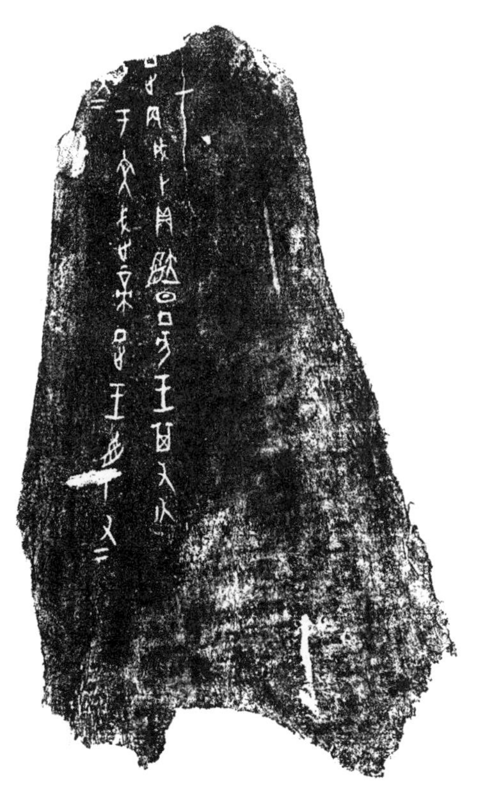

圖 4—64　《合集》36168

此辭與前舉祭祀武乙和妣癸的卜辭文例相同，衹在祖先名“文武帝”後省略了一個“宓”字，我們曾在分析“祊其牢”“宓祊其牢”“宗祊其牢”卜辭時，均發現有省略“祊”字的例子，但都不影響卜祭日與祖先名之間的關係。[①] 而“宓”與“祊”意義相

① 常玉芝：《祊祭卜辭時代的再辨析》，《甲骨文與殷商史》第二輯，上海古籍出版社 1986 年版。

同，均指廟室等建築物[1]，所以此辭省略“宓”字也不影響祭日與祖先名之間的關係。該辭於丙戌日卜問，問於第二天丁亥日對“文武帝”舉行又、升、正之祭，按照上面揭示的此種類型卜辭的規律是：卜日與祖先名之間沒有關係，而祭日則是與祖先名一致的。因此，在丁亥日祭祀的“文武帝”的日干名應從祭日爲“丁”，即“文武帝”應是丁名王。同樣的辭例還找到一條，它與前舉的第（3）辭（《合集》36170）祭祀武乙的卜辭同版，而且卜辭文例也完全相同，辭爲：

(6) 丙戌卜，貞：〔翌日〕丁亥，王其〔又升〕于文武〔帝宓〕，〔正〕，王受〔又=〕。

《合集》36170（見圖4—62）

該辭與第（5）辭完全相同，也是於丙戌日占卜，祭日也爲丁亥日，祭祀的祖先也是“文武帝”，辭中“文武帝”的“帝”字殘掉。何以知道“文武”之後必爲“帝”字？這可用同類型的第（5）辭加以印證，還有《合集》36169、36171也可證明此類卜辭祭祀的是“文武帝”一稱：

(7) □□卜，貞：翌日□□，王其又升〔于〕文武帝宓，正，王受又=。

《合集》36169

(8) □□〔卜〕，貞：翌日□□，〔王其〕又升〔于文武〕帝，正，〔王受〕又=。

《合集》36171

---

① 于省吾：《雙劍誃殷契駢枝三編·釋必》，1944年。

該兩辭均因爲殘掉了干支日無法作爲考證文武帝日干名的例證，但它們可證此類卜辭所祭“文武”之後必爲“帝”字。第（8）辭所殘是“文武”二字，而第（6）辭所殘是“帝”字，因此這兩辭可以互爲補證。總之，第（5）、（7）、（8）三條卜辭都證明了第（6）辭“文武”之後所殘之字必爲“帝”字，所祭祖先名必是“文武帝”。第（6）辭與第（5）辭一樣，也是於丁日（丁亥日）祭祀文武帝。同樣，根據此類卜辭祭日必與祖先名一致的規律，在丁日受祭的文武帝的日干名必是“丁”，即文武帝是指丁名王。那麽，“文武帝”一稱是指哪個丁名王呢？查文丁以前的各期卜辭中均未見“文武帝”一稱，也就是説，康丁及以前各丁名王均無稱作“文武帝”的，所以此“文武帝”必是指文武丁無疑。

“干支卜貞翌日干支王其又升于祖先名宓正王受又”這種形式的卜辭所祭的祖先名有武乙、武、文武帝、妣癸四稱，也就是説，這種形式的卜辭祭祀的是武乙、文丁二王和妣癸。筆者曾證明“祊祭”卜辭中的“母癸”是文丁對其母即武乙之配的稱呼，那麽，此種文例卜辭中的“妣癸”當是帝乙對武乙之配的稱呼了。“祊祭”卜辭中武乙與“母癸”同版被祭，“干支卜貞翌日干支王其又升于祖先名宓正王受又”卜辭中，武乙與“妣癸”同時被祭，所以黄組中廟號爲“癸”的女祖先是武乙之配，當無疑問。因此，上述祭祀武乙、“文武帝”“妣癸”的卜辭應是帝乙卜辭。

需要指出的是，卜辭中除了丁日祭文武帝外，還有兩條乙日祭文武帝的例子：

(9) 乙丑卜，貞：王其又升于文武帝宓，其以羌其五人，正，王受又=。酒。

《合集》35356

(10) 乙丑卜，〔貞〕：〔王〕其又升〔于文〕武帝〔宓〕，三牢，正，〔王受〕又=。

《合集》36173

這兩條辭都是於乙丑日卜問以又、升、正之祭祭祀文武帝的，但所用祭品不同，第（9）辭是用五個羌人，第（10）辭是用“三牢”，即三頭經過特殊飼養的牛進行祭祀。這兩條辭的文例與前舉的第（5）、（6）、（7）、（8）四辭均不同，一是沒有“翌日干支”，二是祭品不同，是用人牲或牛牲。因此，與前面祭祀文武帝的第（5）、（6）、（7）、（8）辭相比，可以說明即使祭名相同（都爲又、升、正之祭），但如果卜辭文例不同，祭品不同，卜祭日是不相同的。至於爲什麼祭丁名王文武帝要選在乙日，這也不奇怪，前已舉彡夕之祭、祊祭卜辭祭祀祖先時都不選在祖先的日名之日舉行。現因缺乏以這兩種牲品祭祀其他祖先的辭例，所以還無法進行比較，或許這是當時規定，即用犧牲（人牲、牛牲等）祭祀時要選在乙日祭祀丁名王也未可知。不過，可以肯定的是，“文武帝”既然已被證明是指文武丁，就絕不會衹根據有乙日祭祀的現象就又定其是指帝乙。

徐、彭二氏以筆者所舉的周祭中的三種不同文例的卜辭，都能使卜祭日與祖先名保持一致爲據，說上述第（5）、（6）、（9）、（10）辭“就是祀典名相同，卜辭文例不同，卜祭日與祖、妣名一致的例子，即在丁日受又祔祭的文武帝指的是文丁，在乙日受又祔祭的文武帝指的是帝乙”（他們釋“<古文字>”爲“祔”）。這是不懂周祭的祭祀程序和祭祀規則而說的外行話。前已指出，在周祭中，有三種不同文例的卜辭：第一種是“祭上甲及多毓（后）的合祭卜辭”，如“癸未王卜，貞：彡日自上甲至于多毓（后），衣，亡壱？自畎。在四月，隹王二祀”（《合集》37836），這種合祭卜辭是在某一種祀典即將開始舉行之前，於祭上甲（周祭先王始自上甲）的前一日癸日卜問以該種祀典祭祀自上甲始的諸位祖先（也包括受祭的先妣）是否順利的。第二種是“附記甲名先王五祀的卜旬卜辭"，如"癸巳王卜，貞：旬亡畎？王乩曰：吉。在六月，甲午彡羌甲，隹王三祀"（《合集》35756），這種卜辭是在上一旬的最末一天癸日卜問下一旬有無災禍的，並在辭末附記下一旬的第一天甲日以某種祀典祭祀某甲名王。第三種是"王賓"卜辭，如"戊辰卜，貞：王賓大戊祭，亡尤"（《合集》35599），"辛巳卜，貞：王賓大甲奭妣辛翌日，亡尤"（《合集》36208），這類卜辭在祭祀先王時，卜祭日與先王的日干名一致，祭祀先妣時，卜祭日與先妣的日干名一致。這種卜辭是商王在當日祭祀某祖先時的占卜記錄。這三種卜辭記錄的是周祭的三個祭祀程序，卜祭日與祖先名一致是因爲周祭是按着祖先的即位先後排序的。徐、彭二氏以周祭的不同祭祀程序的三種不同文例的卜辭，來對比不屬於周祭係統的"文武帝"的祭祀，認爲在乙日受祭的"文武帝"是指帝乙，這顯然是沒有可比性的。其次，以沒有相同文例的祭祀其他祖先的卜辭進行對比，衹憑某一祖先的卜祭日就下結論定該祖先的日干名，得出的結論往往是錯誤的，如卜辭："丙辰卜，貞：王賓康彡夕，〔亡尤〕"（《合集》35961），此辭對祖先單稱"康"，沒有日干名。該辭屬"王賓"卜辭，按一般的規律，"王賓"卜辭中，先王的日干名是與卜祭日一致的，但此辭卻是在丙日卜祭"康"，難道我們能據此卜祭日定"康"的日干名爲"丙"，稱"康丙"嗎？這裏起關鍵作用的是祭名"彡夕"，我們衹有弄清楚了在使用"彡夕"之祭時，卜祭日都是在祖先日干名的前一天舉行的規律，纔能正確地判斷出此在丙日受祭的"康"的日干名應該是"丁"，即是指"康丁"，而不是直觀地根據卜祭日"丙"就得出"康丙"的錯誤結論。同樣的道理，由於目前尚未見到有與上述兩條乙日祭"文武帝"的卜辭文例相同、祀品相同的祭祀其他祖先的辭例，所以我們沒有辦法進行對比研究其規律，因此，將乙日祭"文武帝"的日干名說成是指乙名王帝乙，顯然是沒有根據的。再者，徐、彭二氏爲了將

“文武帝”一個稱謂說成是既指文丁（帝乙時），又是指帝乙（帝辛時），即說一個稱謂在兩個王世中指稱兩個不同的先王，就說於丁日祭“文武帝”的兩版卜辭，即第（5）、第（6）辭的字體屬於“黃組一類”，於乙日祭“文武帝”的兩版卜辭，即第（9）、第（10）辭的字體屬於“黃組二類”，下面我們試以他們的意見審視下版卜辭：

(11) 乙丑卜，貞：王其又升于文武帝宓，其以羌其五人，正，王受又=。酒。

〔丙〕子卜，貞王：王其又升于文武帝宓，其斉又省，于來丁丑卣，王弗每。

《合集》35356（圖4—65）

圖4—65　《合集》35356

這是一塊龜甲，上面刻有兩條祭祀文武帝的卜辭。第一條辭前面已引，即第（9）辭。該辭于乙丑日卜問以五個羌人祭祀“文武帝”，按徐、彭二氏的意見，在乙日被祭的“文武帝”是指帝乙，屬帝辛卜辭。同版的第二條辭的卜日天干日殘，衹存地支“子”，根據後面的祭日“于來丁丑”①，知卜日當是前一天的“丙子”日，則該辭“文武帝”是在“丁丑”日受祭的，按徐、彭二氏的意見，在丁日受祭的“文武帝”是指文丁，則該辭是帝乙卜辭。若果真如此，就會出現下面的現象：即在一塊龜甲上，其上下緊挨着的兩條辭，一條於乙丑日卜問的是帝辛卜辭，在十一天後的丙子日卜問第二天丁丑日祭祀的是帝乙卜辭，帝辛卜問的在前，帝乙卜問的在後，王世顛倒；或者說帝乙在丙子日卜問於第二天丁丑日祭祀文武帝，過了四十九天之後，帝辛在乙丑日再卜問祭祀文武帝，兩個王祭祀的文武帝又不是指同一個人，有可能嗎？這樣解釋該版兩條祭祀文武帝的卜辭，不是很離譜嗎！而用文武帝是指一個王文丁，帝乙在相距十一天的時間内，兩次卜問祭祀文武帝，則文通意順。徐、彭二氏爲了給自己的觀點找根據，還說於丁日祭文武帝的卜辭的字體屬於“黄組一類”，於乙日祭文武帝的卜辭的字體屬於“黄組二類”，將同一版祭祀同一位先王的卜辭分屬於兩個王世。但檢查該版的兩條卜辭，實在看不出它們的字體有什麽明顯區别，兩條辭的字體出於一人之手無可質疑。由此可以看出，所謂字體分類，因爲沒有統一的標準，有時爲了達到個人的目的，甚至可以任由個人隨意決定。總之，“文武帝”一稱只能是指文武丁即文丁，徐、彭二氏說還指帝乙是不能成立的。

以上分析了“干支卜貞翌日干支王其又升于祖先名宓正王受

① 辭中“來”字後面的天干日衹存兩小竪畫“Ⅱ”，似是缺刻横畫的“丁”字。幾位學者均如此認定，如李學勤《殷代地理簡論》，科學出版社 1959 年版，第 31—32 頁。

又”形式的卜辭，得知此種文例的卜辭所祭的祖先有武乙、文丁（文武帝）二王和武乙之配妣癸。過去筆者在研究“祊祭”卜辭時，發現“祊祭”卜辭的文例可以分爲三種形式：第一種是“干支卜貞祖先名祊其牢”，第二種是“干支卜貞祖先名宓祊其牢”，第三種是“干支卜貞祖先名宗祊其牢”，三種形式基本相同，衹是第二種在“祊”前加一“宓”字，第三種在“祊”前加一“宗”字。第一種形式的卜辭祭祀的祖先有武丁、祖甲、康丁、武乙、文丁直系五先王；第二種、第三種形式的卜辭都衹祭祀武乙、文丁二王，這兩種形式多出的“宓”“宗”都是指宗廟[①]。而“干支卜貞翌日干支王其又升于祖先名宓正王受又”形式的卜辭也加宗廟字“宓”，與第二種、第三種形式的“祊祭”卜辭相同，也是衹祭祀武乙、文丁二王。因此，我們說這三種形式的卜辭都是黄組帝乙時代對世系更近的祖先的特祭卜辭。

關於帝乙的稱謂。徐、彭二氏說“文武帝”一稱既指文丁也指帝乙，可能也緣於目前在商代甲骨文中尚不能確定有帝乙的稱謂[②]，但在商代晚期銅器“四祀𠨘其卣”銘文和新近發現的“版方鼎”銘文中有“文武帝乙”一稱，在周原出土的甲骨文（H11：1）中也有“文武帝乙”一稱。徐、彭二氏也引“四祀𠨘其卣”銘文，是就“在召大庭”說明“黄組二類”有較多的“召”地，但對該銘文中的“文武帝乙”一稱，衹說“文武帝乙”是帝辛對其父帝乙的稱呼，是帝辛在召大庭對文武帝乙舉行“宜”祭（錯，應是“翌”祭），但卻回避解釋爲何帝辛對帝乙既稱

---

① “宓”卜辭作“𡧊”。陳夢家釋“升”，“疑當爲禰，即親廟”（《殷虛卜辭綜述》，第470頁）；于省吾釋“必”，謂“必亦作祕，金文作宓，均爲祀神之室”（《雙劍誃殷契駢枝三編・釋必》，1944年）。

② 陳夢家曾引《前》1・26・1，言該版卜辭是：“……父乙……亡尤”，爲帝辛稱帝乙之辭。但又說“原辭殘缺過甚”，“其字體不但不是乙辛的，而和武丁的午組𠂤組相近”（《綜述》第421頁）。筆者檢查該片衹是一小塊殘片，上面衹有三個字，接在“亡尤”二字之上的字不似“父乙”二字，它是一個字，應是祭名，如果強釋其爲“父乙”，則該辭缺少祭名，所以該辭沒有使用價值，《合集》未收。

“文武帝”，又稱“文武帝乙”。總之，卜辭中的“文武帝”是指文武丁，商代銅器銘文和西周甲骨文中的“文武帝乙”是指帝乙，二者不能相混。將“文武帝”一個稱謂，根據自己的斷代需要，簡單地依據卜祭日定其日干名，依據主觀臆斷所做的字體分類來定其時代，硬説“文武帝”一稱是帝乙、帝辛兩王分别對文丁、帝乙兩個王的稱呼，即説“文武帝”既指文丁又指帝乙，不但缺乏證據，而且同版（《合集》35356）的兩條祭祀“文武帝”的卜辭證明，依靠祭日的不同來畫分“文武帝”的所指，導致了同版的兩條辭分屬於兩個王世，這是不合情理的。總之，説“文武帝”一稱既指文丁又指帝乙是不能成立的。

這裏還需附帶説一下，徐、彭二氏以字體分類，得出：“黄組二類卜辭相對於黄組一類卜辭來説數量較少，卜辭内容也不如一類豐富。”因爲他們認定“黄組一類”是帝乙卜辭，“黄組二類”是帝辛卜辭，所以，這個結論就是説，帝辛卜辭的數量比帝乙卜辭的數量要少，卜辭内容也不如帝乙豐富。得出這樣的結論是由於他們没有係統地研究過黄組卜辭，他們的斷代還衹是如同對早期卜辭那樣，過多地依賴祖、父、妣、母等親屬稱謂，如他們説：“從斷代的主要標準——稱謂來看，真正屬於帝辛祭祀父祖母妣的卜辭没有幾片可以認定。”他們不知道到了商代末期黄組卜辭的時代，商人的祭祀制度、親屬稱謂制度等都已經有了很大的變化，這時對父輩、祖輩祖先往往也是直稱廟號，不再加親屬稱謂“祖”“父”“母”“妣”等。徐、彭二氏没有係統整理、研究過黄組卜辭中記録的諸多重大事類，如周祭、祊祭、戰争（征盂方、征人方）等，故其慨嘆：“在没有對黄組卜辭字體進行分類之前，要尋找帝辛卜辭，區分帝乙、帝辛卜辭，其困難是相當大的。”而他們的字體分類，是在打亂了各種事類的基礎上，僅僅憑個人的主觀臆斷，將黄組卜辭按字體分成兩大類，僅僅直觀地憑“父丁”“母癸”兩個稱謂，將這兩個稱謂放在一個時代，就斷定“黄組一類”爲帝乙卜辭；僅僅靠分解“文武帝”一稱，就定“黄組二類”爲帝辛卜辭。正如李學勤、彭裕商自己所說：“分類的精確與否直接關係到斷代的質量。”[①] 我們説，按字體分類，很難做到“精確”，自然也就無法保證斷代的“質量”，從上文揭示的徐、彭二氏分類的混亂和斷代的錯誤就可證明。造成這種狀況的根本原因，就是因爲他們秉承了李學勤提出的“先對字體分類，再進行斷代”的錯誤的斷代方法。

對於第五期黄組卜辭的斷代，前輩學者做了很多工作，取得了卓越的成就。如董作賓、陳夢家、島邦男（日本）、許進雄（加拿大）等，他們無一例外地都是先對第五期卜辭記録的事類進行分類，然後通過研究各種事類的卜辭，來探討商代末期各種制度的構成和演變；探討各種文例卜辭的特點；探討各種事類卜辭所屬的時代。他們重點研究的事類有周祭、“丁”祭（即“祊祭”）、征戰等，得出這些卜辭分屬於帝乙和帝辛二王，其中帝辛卜辭並不在少數，卜辭内容也與帝乙一樣豐富，具體請參閲他們的著作。[②] 八十年代以後，筆者也跟随前輩學者的脚步，對第五期的周祭、祊祭等類卜辭進行了詳細的研究[③]，進一步論證出黄組卜辭含有文丁卜辭：具體是論證周祭卜辭分屬於文丁、帝乙、帝辛三王；祊祭卜辭分屬於文丁、帝乙二王。筆者還通過復原黄組卜辭的周祭祀譜，得出文丁在位 22 年，帝乙在位 25 年，帝辛在位

---

① 李學勤、彭裕商：《殷墟甲骨分期研究》，上海古籍出版社 1996 年版，第 17 頁。

② 董作賓：《殷曆譜》，中央研究院歷史語言研究所專刊，1945 年。陳夢家：《殷虚卜辭綜述》，科學出版社 1956 年版。［日］島邦男：《殷墟卜辭研究》，日本弘前大學文理學部中國學研究會，1958 年。［加］許進雄：《殷卜辭中五種祭祀的研究》，臺灣大學中國文學研究所，1968 年。

③ 常玉芝：《商代周祭制度》，中國社會科學出版社 1987 年版；《商代周祭制度》（增訂本），綫裝書局 2009 年版。常玉芝：《祊祭卜辭時代的再辨析》，《甲骨文與殷商史》第二輯，上海古籍出版社 1986 年版。常玉芝：《殷商曆法研究》，吉林文史出版社 1998 年版。

34 年。[①]“夏商周斷代工程”對商後期年代整合的結果是：文丁在位 11 年，帝乙在位 26 年，帝辛在位 30 年[②]，與筆者對帝乙、帝辛二王的在位年數的推定結果相近，這兩種結果都顯示，帝辛的在位年數比帝乙的在位年數還要稍長一些。再看筆者復原帝乙、帝辛周祭祀譜所使用的材料：復原帝乙祀譜用甲骨材料 69 條，復原帝辛祀譜用甲骨材料 56 條，另外還有 12 條金文材料，共是 68 條，二者卜辭數量也相差不多。因此，徐、彭二氏說帝辛卜辭材料較少，卜辭内容不够豐富，衹是個沒有根據的臆斷。

由以上徐明波、彭裕商對黄組卜辭的分類和斷代，可以看到，以字體對卜辭進行分類缺乏確定性，難以掌握。本書揭出的事實證明：以字體分類，不但在觀察者之間會產生差異，就是觀察者本人前後也會發生改變。如李學勤、彭裕商的分組分類與黄天樹的分類分組，在數目和組別、類別上都有差異；李學勤對“無名黄間類”卜辭的命名與斷代，彭裕商對黄組卜辭的分類與斷代，前後都發生了改變；等等。這些情況說明，以字體分類即使是在提出者和贊同者之間都難以達成共識，更何況别人。李學勤說他的分類斷代方法“應用起來還是簡易適用的”，但事實上連他的追隨者黄天樹都感覺並非如此，黄氏說：“字體並非一成不變，情況錯綜複雜。對同一種客觀現象，由於個人觀察上有出入，有時會作出不同的分析，因此，所分出的類與實際情況就不一定相合，這是甲骨分類難以掌握之處”[③]，一個說“簡易適用”，一個說“難以掌握”。李、彭二氏曾言“分類是斷代的基礎，分類的精確與否直接關係到斷代的質量”[④]，因此，分類的模糊與莫衷一是，絕對保證不了斷代的質量。總而言之，以字體對陳夢家的各個卜

① 常玉芝：《商代周祭制度》（增訂本），綫裝書局 2009 年版，第五章。

② 夏商周斷代工程專家組編：《夏商周斷代工程 1996—2000 年階段成果報告》，世界圖書出版公司 2000 年版，第 61 頁。

③ 黄天樹：《殷墟王卜辭的分類與斷代》，科學出版社 2007 年版，第 8 頁。

④ 李學勤、彭裕商：《殷墟甲骨分期研究》，上海古籍出版社 1996 年版，第 17 頁。

人組再進行細分類，再對各細類進行斷代的方法，在理論上看起來似乎有理，但在實踐中卻是難以行得通的。

由上面分析徐明波、彭裕商用字體特徵對黄組卜辭進行的分類，可以看到，在晚期黄組卜辭中仍然保留有早期卜辭的字形，如[illegible]形的“癸”字，[illegible]形的“貞”字，[illegible]形的“月”字，[illegible]形的“酉”字等，這些早期卜辭的字形，直到黄組卜辭的時代仍然存在。還有如[illegible]形的“于”字，從第一期武丁時直到第五期帝乙、帝辛時卜辭中都存在；“羌”字，在第二期就有作羗形的，也是延續到第五期仍作此形。還有一些字形也有這種從早期通用到晚期的現象，感興趣的讀者可以去一一查對。早在 1956 年，陳夢家在論述“何組卜人早晚期的分别”時，就曾告誡：“何的卜辭中‘王’字的寫法，有武丁式的，有祖甲式的，也有少數晚世帝乙、帝辛式的，我們不能單據‘王’字的寫法以斷代，是很顯然的了。”（201 頁）總之，單憑某些個别字的字體特徵去進行分類斷代是難以保證其準確無誤的。因爲正如陳夢家所説：“字體與祭法一樣，在某一時期内新舊並存……在同一朝代之内，字體文例及一切制度並非一成不變的；它們之逐漸向前變化也非朝代所可隔斷的。大體上的不變和小部分的創新，關乎某一朝代常例與變例（即例與例外）之間的對立，乃是發展當中的一個關鍵。這一朝代的變例或例外，正是下一朝代新常例的先河。已經建立了新常例以後，舊常例亦可例外的重現。”[1] 因此，欲探討某個時期的字體特徵及其演變，還是要遵循董作賓、陳夢家的意見。董作賓説：“在分期整理完竣之後，（對字體）自然可以找出一個係統來”[2]；陳夢家説，在根據稱謂、卜人等標準確定卜辭的年代後，纔能根

① 陳夢家：《殷虚卜辭綜述》，中華書局 1988 年版，第 201 頁。

② 董作賓：《甲骨文斷代研究例》，中央研究院歷史語言研究所集刊外編第一種《慶祝蔡元培先生六十五歲論文集》上册，1933 年。

據足够數量的材料來研究不同時代的字體、詞彙、文例等。①

本來，幾十年的實踐已經證明，董作賓的以貞人分期（1933年）、陳夢家的以卜人分組（1956 年）的斷代方法，都是很適用的科學的斷代方法，後學可根據考古學的發展和卜辭新材料的增加以及研究的深入，給予不斷地完善或糾正某些錯誤即可。但到二十世紀七十年代，李學勤提出“歷組”卜辭時代應提前的問題，遭遇到了考古發掘中“歷組”卜辭出土的地層與他組卜辭出土的地層的矛盾現象，李先生爲了擺脱地層的困境，就提出殷墟甲骨發展的“兩系説”，將“歷組”卜辭、無名組卜辭從傳統的發展序列中抽出，並將“歷組”放在無名組之前，與無名組組成一系，稱之爲“村中、南系”，將其他組卜辭稱之爲“村北系”，製造出子虚乌有的所謂“兩系説”，而爲了叙述他的“兩系説”，就重提所謂“先用字體分類再進行斷代”②。不過，由於董作賓的五期分法、陳夢家的分卜人組的斷代方法已爲學術界所普遍接受，所以他不得不將分類的范圍由 1957 年的針對全部殷墟甲骨卜辭，改爲縮小到在董作賓的“期”、陳夢家的“卜人組”的框架内進行。但是，他們自己的實踐已證明，這種先以字體分類的方法，有時會造成異常現象。如李、彭二氏説：“何組卜人㚔卜‘燕惠吉’的卜辭，字體同於賓組卜人吏相同卜問的卜辭；出組卜辭《合集》22598、22779 字體同於何組卜辭《合集》26975、27221、27321、27424 等”。不過，即便如此，他們還是堅持“不能因爲這些原因而否認字體是分類的標準”③。但他們的分類與斷代方法在學界卻質疑聲不斷，如王宇信曾就他們何組卜辭的分類與斷代，揭示其出現了有違常理的錯誤：王先生説：“‘兩系説’分類斷代整理甲骨的結果，是有不少貞人供職王室的時間過長。諸如《殷墟甲骨

① 陳夢家：《殷虚卜辭綜述》，中華書局 1988 年版，第 137 頁。

② 李學勤：《殷墟甲骨分期研究》，上海古籍出版社 1996 年版，“後記”。

③ 李學勤：《殷墟甲骨分期研究》，上海古籍出版社 1996 年版，第 20 頁。

分期研究》第169—172頁‘關於何組卜人’的整理，供職於王朝並跨兩個王世以上者，有何、專、紁、口、彭、即、暊、犾等人。我們將各貞人所跨朝代列爲下表（筆者按：即《貞人所歷朝代表》，此處略），可見‘何組’貞人爲五朝、四朝、三朝元老者非常普遍。”“其中‘何’任卜人時間以武丁晚（20年）、+祖庚7年、+祖甲33年、+廩辛6年、+康丁8年，共74年，就算他20歲爲卜人，要供職於商朝五王，直到他94歲之時，這顯然是不可能的。”① 這種以字體分類造成的錯誤還可舉出對武丁時期戰爭卜辭的研究，對武丁戰爭卜辭研究，採用“兩系說”“字體分類”的學者與採用“五期”說進行研究的學者得出的結論很不相同。林小安、王宇信採用傳統“五期”分法研究武丁時期的戰爭②，范毓周採用“兩系說”“字體分類”研究武丁時期的戰爭③，“但研究結果表明，‘兩系說’和傳統的‘五期’分法的學者對武丁期所進行戰爭，早、中、晚的結果是不盡相同的，特別是商代武丁時除了𢀛方、周方相同外，而另一些重要的戰爭，即巴方、土方、人方、下危是迥然有異的”④。筆者前文揭示徐明波、彭裕商採用字體分類對黃組卜辭分類斷代的結果，居然得出“文武帝”一稱既指文丁又指帝乙兩個王的怪論。筆者前文又多次指出，以字體分類者往往將同一版甲骨上的數條卜辭，或同一版甲骨正反兩面的數條卜辭，因字體不同而分在不同的類別中，然後再對各類作出不同的斷代，這樣一版甲骨上的卜辭往往就屬於不同時代了。本來甲骨斷代的基礎是“凡見於同一版上的卜人，他們差不

① 王宇信：《新中國甲骨學六十年》，中國社會科學出版社2013年版，第434頁。

② 林小安：《殷武丁臣屬征伐與行祭考》，《甲骨文與殷商史》第二輯，上海古籍出版社1986年版。王宇信：《武丁期戰爭卜辭分期之嘗試》，《甲骨文與殷商史》第三輯，上海古籍出版社1991年版。

③ 范毓周：《殷代武丁時期的戰爭》，《甲骨文與殷商史》第三輯，上海古籍出版社1991年版。

④ 王宇信、楊升南主編：《甲骨學一百年》，社會科學文獻出版社1999年版，第182頁。

多可以説是同時”的[1],“在同一版甲骨上往往載有若干卜人,他們是同時的人”[2]。現在,由於他們以字體分類,就使斷代的根基不復存在了,因此,就不可避免地造成了斷代的混亂與錯誤。這裏我們不得不再提《屯南》2384 版卜辭,該版卜辭按“兩系説”者的字體分類應該是“歷組”卜辭與出組卜辭同版,他們將該版卜辭作爲“歷組”卜辭提前的“最好的證據”[3]。但諱忌的是,他們均對該版卜辭避談字體分類,分析其難言之隱恐怕是:在他們的“兩系説”中,“出組”被分在“村北系”,“歷組”被分在“村中、南系”,現在在一版卜骨中刻有南北兩系的卜辭,這該作何解釋?有學者提出存在兩個占卜機關來搪塞[4],這一點已被幾位學者利用“賓組”與“歷組”卜辭所卜事類的不同給予否定(詳見前述林小安文《武乙、文丁卜辭補正》《再論“歷組卜辭”的年代》[5])。因此,《屯南》2384 版卜辭對他們來説是把“雙刃劍”:它既是“歷組”卜辭提前的“最好的證據”,也是“兩系説”不能成立的“最好的證據”。再者,按着他們的分類原則,如果“歷組”卜辭是武丁至祖庚時期的卜辭,“歷組”卜辭應該有不少與賓組、出組同版的辭例纔對,“歷組”卜辭更不會脱離與“村北系”的賓組、出組的聯繫,而脱鉤跑到“村中、南系”去,等等。總之,“以字體分類”同樣詮釋不了“兩系説”的存在,同樣證明不了“歷組”卜辭的時代應該提前。

李學勤等人一再説他們對字體的分類是採用的考古學的“類型學”方法。“類型學”,即考古學家蘇秉琦、殷瑋璋説的“器物

① 董作賓:《甲骨學五十年》,大陸雜誌社,1955 年。

② 陳夢家:《殷虛卜辭綜述》,中華書局 1988 年版,第 137 頁。

③ 李學勤:《小屯南地甲骨與甲骨分期》,《文物》1981 年第 5 期。

④ 李學勤:《甲骨文中的同版異組現象》,《夏商文明研究》,中州古籍出版社 1995 年版。

⑤ 林小安:《武乙、文丁卜辭補正》,《古文字研究》第十三輯,中華書局 1986 年版。《再論“歷組卜辭”的年代》,《故宫博物院院刊》2001 年第 1 期。

形態學，又稱標型學或型式學”。“類型學”是指對發掘出土的器物進行分類、排隊、整理，以推斷其時代。蘇、殷二位先生指出：“一些學者在運用器物形態學時曾經出現過一些偏差。例如有的學者片面強調兩種形製不同的實物在一起找着，必定有一種形製恰居另一種之前。這就難免把排比器物以確定時間早晚和器物形製變化序列的工作絕對化，甚至爲做到這一點而加進主觀臆測的成分。這種方法表現出神秘而煩瑣的傾向。”以此對照前面我們揭示的李學勤等人的字體分類，其“絕對化”“主觀臆測的成分”和“神秘而煩瑣的傾向”，都未能避免。蘇、殷二位先生還特別強調：“運用器物形態學進行分期斷代，必須以地層疊壓關係或遺跡的打破關係爲依據。”① 而李學勤等人的字體分類，恰恰是沒有“以地層疊壓關係或遺跡的打破關係爲依據”，他們爲了使“歷組”卜辭的時代能够提前，創造出什麼“兩系說”，將“歷組”卜辭放在所謂“村中、南系”，與“村北系”第一期卜辭的時代平行，然後再臆測出所謂的“𠂤歷間組”卜辭，使“歷組”卜辭在字體上與第一期的𠂤組卜辭連接；同時將“歷組”卜辭放在無名組卜辭之前。這樣明顯的人爲主觀安排完全違背了八十多年來殷墟考古發掘的地層關係：一是在殷墟八十多年的歷次考古發掘中，都沒有在早期地層和灰坑中發現過“歷組”卜辭，也即從來沒有發現過“歷組”卜辭與早期的賓組、𠂤組、子組、午組卜辭在早期的一個灰坑中出現。二是多年從事殷墟考古發掘工作的學者們指出：“‘兩系說’將歷組卜辭放到了無名組卜辭的前面，是同田野考古中的地層關係相違背的。在1973年小屯南地的發掘中，無名組卜辭雖與歷組父丁類卜辭同出在中期一組，但歷組父乙類卜辭衹出在中期二組；且有多組中期二組坑打破中期一組坑。這說明，無名組卜辭的產生早於歷組卜辭，這是建立在確切地層關係上的

① 以上所引見蘇秉琦、殷瑋璋《地層學與器物形態學》，《文物》1982年第4期。

結論。"[1] 因此，李學勤等人不以"地層疊壓關係或遺跡的打破關係爲依據"的字體分類，就是沒有根基的主觀臆測，他們欲以字體分類來證明所謂"兩系説"的目的沒有達到。

五　關於非王卜辭

"非王卜辭"說最早的提出者是日本學者貝塚茂樹，他認爲殷墟卜辭中的"子卜辭"等是武丁時期的非王卜辭[2]。1956 年，陳夢家出版《殷虛卜辭綜述》一書（以下簡稱《綜述》）[3]，該書第四章"斷代上"分別論述了𠂤組、賓組、子組、午組及其他少數卜辭的出土地點、卜人與稱謂情況，卜辭的性質、特徵以及時代等。陳先生指出武丁時期的"賓組爲正統派的王室卜辭，因他所祭的親屬稱謂多限於即王位的父祖母妣，此在𠂤、子、午等組則擴張至未即王位的諸父諸祖諸兄諸子"（158 頁）。這表明，陳先生與貝塚茂樹不同，他不認爲子組、午組等是非王卜辭，仍把它們看作武丁時期的王室卜辭。

1957 年，即《綜述》出版後的第二年，李學勤發表了《評陳夢家〈殷虛卜辭綜述〉》（下文簡稱《評〈綜述〉》）一文[4]，反對陳先生將𠂤組、子組、午組和其他少數卜辭的時代定在武丁時期，贊同董作賓將它們定爲"文武丁卜辭"。他又將與𠂤組同是祭祀親屬稱謂"擴張至未即王位的諸父諸祖諸兄諸子"的子組、午組等少數卜辭，剔除於王室之外，稱它們是"非王卜辭"。1958 年，

① 劉一曼、曹定雲：《三論武乙、文丁卜辭》，《考古學報》2011 年第 4 期。

② 貝塚茂樹先後在 1938 年、1946 年、1953 年的著作中談到殷墟甲骨有非王卜辭。可參看《甲骨斷代研究法的再檢討》，［日］《東方學報》第 23 冊，1953 年。

③ 陳夢家：《殷虛卜辭綜述》，科學出版社 1956 年版。

④ 李學勤：《評陳夢家〈殷虛卜辭綜述〉》，《考古學報》1957 年第 3 期。該文在《李學勤早期文集》有收錄，河北教育出版社 2008 年版。但在收錄該文時沒有忠實於原作將文章全部錄出，而是將最後一段刪掉了，用"（下略）"示之。

李先生發表了《帝乙時代的非王卜辭》一文[①]，提出“‘午組’、‘子組’等是晚殷的非王卜辭”，即是殷代晚期帝乙時“貴族、貴婦的卜辭”，並將這幾組卜辭由文武丁時代改畫到了帝乙時期。1996年，李先生與彭裕商合作出版了《殷墟甲骨分期研究》[②]一書，其第五章是“殷墟非王卜辭的時代分析”，將“非王卜辭”細畫成“午組、子組、非王無名組、子組附屬、刀卜辭、亞卜辭等”[③]（該書313頁），他並將這些卜辭的時代由帝乙時期改畫到了武丁時期[④]。綜合上述，李學勤對午組、子組等所謂“非王卜辭”時代的認定，經過了文武丁→帝乙→武丁的變化過程。

李學勤步貝塚茂樹的後塵，提出子組、午組等是非王卜辭，很可能是受了陳夢家所說𠂤組、子組、午組等少數卜辭祭祀親屬稱謂是“擴張至未即王位的諸父諸祖諸兄諸子”的啓示。不過他採取雙重標準，祇接受了陳先生𠂤組是王室卜辭的意見，而將子組、午組與𠂤組分開，將它們剔出王室之外，稱它們是“非王卜辭”。李先生在《評〈綜述〉》文中批判了陳夢家分卜人組的斷代方法，但他在其後的著述中，自始至終都是使用的陳先生賓組、𠂤組、子組、午組、出組、何組等卜人組的名稱，這是自相矛盾的。

從李學勤上述著作中可以看到，他否定子組、午組等是王卜辭，稱它們爲“非王卜辭”，最主要的依據就是這些卜辭中的親屬稱謂。下面先看一下陳夢家對子組、午組等卜辭中親屬稱謂及其時代的研究，然後再看一下李學勤的反對意見，兩相比較，孰對孰錯，即可明了。

---

① 李學勤:《帝乙時代的非王卜辭》,《考古學報》1958年第1期。在該文中，李學勤提出“午”是祭名，不是貞人，故改稱爲“𠂈卜辭”。

② 李學勤、彭裕商:《殷墟甲骨分期研究》，上海古籍出版社1996年版。

③ 這幾種所謂“非王卜辭”，李先生在1958年發表的《帝乙時代的非王卜辭》一文中已有提及，不過他當時似乎認爲後四種卜辭仍屬於“子”卜辭。

④ 李學勤、彭裕商:《殷墟甲骨分期研究》，上海古籍出版社1996年版。該書又改稱“午組無卜人”。對這些卜辭屬於武丁的早、中、晚期，他們與陳夢家的意見不一致。

陳夢家在《綜述》第四章第七節、第八節詳細論述了子組、午組及其他少數卜辭的出土情況、卜辭内容、文例特徵、所屬時代等。[①] 下面介紹與判斷是否“非王卜辭”有關的出土坑位、時代認定、親屬稱謂等問題：

1. 子組、午組卜辭的出土坑位

陳先生說由《殷虛文字乙編》的出版得知：

（1）B119（298 版）和 YH006（207 版）兩坑是𠂤組、子組、賓組的混合。[②]

（2）E16 是𠂤組、賓組、子組、出組的混合。

（3）YH127 是賓組、子組、午組的混合，還有幾個小群。

2. 子組、午組卜辭的時代

陳先生說：“我們認爲子組𠂤組和賓組常常出於一坑，而同坑中很少武丁以後（可能有祖庚）的卜辭，則子組𠂤組應該是武丁時代的，YH127 坑中的午組及其他少數卜辭也是屬於這一時代的。”即陳先生從 YH127、B119、YH006、E16 等坑中，子組、午組和其他少數卜辭與賓組、𠂤組同坑而出，證明子組、午組及其他少數卜辭都應與賓組、𠂤組卜辭的時代一樣，屬於武丁時期。[③] 他又說：“我們所論的四組（筆者按：𠂤組、賓組、子組、午組），雖都是武丁時代的，然而也有早晚之不同，𠂤、子兩組大約較晚。”（166 頁）

3. 子組卜辭的稱謂係統

陳先生整理子組卜辭的祖先稱謂有 27 個（此不詳列，見《綜述》第 160—161 頁）。他將這些稱謂與賓組、𠂤組、午組中的祖先

---

① 陳夢家：《殷虛卜辭綜述》，第四章第七節、第八節，科學出版社 1956 年版。

② B119 和 YH006 兩坑出土甲骨數量見董作賓《殷虛文字乙編・序》，上輯，中央研究院歷史語言研究所，1948 年。

③ 1973 年小屯南地的發掘中，H102 出一片午組卜辭（《屯南》2698），H107 𠂤組與午組卜辭同出，兩坑均屬小屯南地早期。見蕭楠《略論“午組卜辭”》，《考古》1979 年第 6 期。

稱謂進行比對，將子組的稱謂分爲以下六類：

（1）同於賓組的：祖戊，妣甲，妣庚，母己，母癸，子䟽，伊尹。

（2）同於𠂤組的：父戊，小王。

（3）同於賓組𠂤組的：妣己，父甲，父乙，父庚，兄丁。

（4）同於午組的：祖戊，妣己，妣辛，妣壬，父戊，亞雀。

（5）同於子丁群的：妣丁，子丁。

（6）獨有的：龍甲，龍母，司癸，小己，諸帚（筆者按：即電帚、帚妊、帚妥、帚鼓）。

陳先生說："由此可見子組稱謂主要的同於賓、𠂤兩組，然而和午組子丁群所獨有的幾種稱謂也相同。龍甲和賓組的巴甲寫法有繁簡之異，很可能是一個字。"他又說："以上稱謂中有一條最重要：

己丑子卜貞子䟽乎出敦　《前》8·10·1與下片綴合

己丑子卜貞余又乎出敦　日本京都東方文化研究所

子䟽是武丁時人，下列各片記他伐基方：《乙》2108，《前》5·13·1内卜，《粹》1174桼卜，《佚》786𣪊卜。下列各片記他祭父乙：《續》1·28·5，1·28·9。因此可證子是武丁卜人。"（161頁）他又說："《前》8·10·1共有兩辭，其另外一辭和《金》622冎所卜者相同，而《河》519云'丙寅卜㚔貞卜冎曰……王曰……'，㚔是祖庚時代卜人，則卜冎也延到祖庚之世，此可證子䟽和冎似屬於武丁的晚世。"即子組卜辭的時代當在武丁晚期至祖庚時期。

4. 午組卜辭的稱謂係統

陳先生整理午組卜辭的祖先稱謂有37個（此不詳列，見《綜述》第162—163頁）。他將這些稱謂與賓組、𠂤組、子組卜辭中的祖先稱謂進行比對，將午組的稱謂分爲以下四類：

（1）同於賓組的：祖庚，妣己，妣癸，父辛，母丁，母戊，下乙，京妣己，庚，乙，戊。

（2）同於𠂤組的：祖戊，妣己，妣癸，父戊，父辛，母丁，兄己。

（3）同於子組的：祖戊，妣己，妣辛，妣壬，父戊，亞雀。

（4）獨有的：祖己，祖辛，祖壬，妣乙，父丙，父丁，父己，子庚，内乙、内己，司戊，外戊，石甲，天，武，美，子夢，帚石等。

陳先生說："此組的稱謂約有半數與賓、𠂤、子三組相同，而其中下乙一稱尤足證午組屬於武丁時代。午組稱下乙者凡九辭見於五版"（164 頁）。即《乙》4549（四辭），5113，5327（二辭），3521，6690 等片（163 頁）。

由以上陳先生對子組、午組卜辭中祖先稱謂的分析，可以看到，"子組稱謂主要的同於賓、𠂤兩組，然而和午組子丁群所獨有的幾種稱謂也相同"。午組的稱謂"約有半數與賓、𠂤、子三組相同"。也即子組、午組的祖先稱謂主要的甚至約有半數都同於賓、𠂤兩組，子組和午組的稱謂之中也有不少是相同的。尤其是午組五版九辭中有"下乙"一稱，而"下乙"是賓組中武丁對"祖乙"的獨有稱呼[①]，這些都證明子組、午組與賓組、𠂤組一樣是屬於武丁時期的王室卜辭。而子組、午組包括𠂤組那些與賓組不同的親屬稱謂，是因爲"在𠂤、子、午等組則擴張至未即王位的諸父諸祖諸兄諸子"的（158 頁）。賓組、𠂤組是李學勤也承認的王室卜辭，因此，稱謂主要或半數同於賓組、𠂤組的子組、午組卜辭理所當然也應該是武丁時期的王室卜辭。

子組、午組等卜辭屬於早期的武丁時期，經過學者們多年來從考古發掘的坑位關係和對卜辭本身内容的研究，現已成定論。[②]

---

① 胡厚宣：《卜辭下乙說》，載《甲骨學商史論叢初集》，成都齊魯大學國學研究所專刊之一，1944 年。

② 祇在屬於武丁的早、中、晚期的看法上尚有不同意見。

除了前舉的《乙编》證實的B119坑、YH006兩坑是𠂤組、子組、賓組的混合[①]，E16是𠂤組、賓組、子組、出組的混合，YH127是賓組、𠂤組、子組、午組的混合和幾個小群外，1964年，鄒衡先生發表《試論殷墟文化分期》一文[②]，從殷墟考古發掘的坑位來論證𠂤組、子組、午組卜辭的時代。如他舉出YH006，共出甲骨276片，“包含的甲骨，也是𠂤組、子組與賓組卜辭同出”。此後，這幾組卜辭屬於早期的觀點又被殷墟小屯南地發掘所證實，發掘者在1976年後相繼以“蕭楠”的筆名發表文章給予論證。[③] 此外，還有一些學者也作了這幾組卜辭屬于早期的論證。[④] 目前學者們對這幾組卜辭的時代問題已基本上取得了一致的意見。六十餘年的研究證明，陳夢家對“𠂤組”“子組”“午組”卜辭的斷代是正確的。

李學勤在《評〈綜述〉》《帝乙時代的非王卜辭》兩文，以及《殷墟甲骨分期研究》一書中[⑤]，多次述及子組、午組等少數卜辭的親屬稱謂不同於王室卜辭，反對陳夢家對子組、午組等卜辭性質的論定，認爲這幾組卜辭是“非王卜辭”。下面就看一下李先生對子組、午組等卜辭親屬稱謂的論述。

---

① B119和YH006兩坑出土甲骨數量見董作賓《殷虛文字乙編・序》，上輯，中央研究院歷史語言研究所，1948年。

② 鄒衡：《試論殷墟文化分期》，《北京大學學報（人文科學）》1964年第4期。收入《夏商周考古學論文集》，文物出版社1980年版。

③ 蕭楠：《安陽小屯南地發現的“𠂤組卜甲”——兼論“𠂤組卜辭”的時代及其相關問題》，《考古》1976年第4期。蕭楠：《略論“午組卜辭”》，《考古》1979年第6期。中國社會科學院考古研究所：《小屯南地甲骨》上冊“前言”，中華書局1980年版。中國社會科學院考古研究所：《殷墟的發現與研究》，科學出版社1994年版，第169—170頁。

④ 鄭振香、陳志達：《論婦好墓對殷墟文化和卜辭斷代的意義》，《考古》1981年第6期。謝濟：《武丁時代另種類型卜辭分期研究》，《古文字研究》第六輯，中華書局1981年版。

⑤ 李學勤：《評陳夢家〈殷虛卜辭綜述〉》，《考古學報》1957年第3期。李學勤：《帝乙時代的非王卜辭》，《考古學報》1958年第1期。李學勤、彭裕商：《殷墟甲骨分期研究》，上海古籍出版社1996年版。

李先生在 1957 年發表的《評〈綜述〉》一文中，沒有對午組、子組等卜辭的稱謂作出研究，衹是對陳夢家列出的三十四個午組稱謂進行批評。他說："這個稱謂係統無法適合於殷代任何王世。下乙雖見於武丁卜辭，但猶如卺尊、卣（《貞松堂集古遺文補》1·34、《小校經閣金文》4·59）的毓祖丁不是卜辭的毓祖丁（祖丁），這個下乙也不必是武丁所稱下乙（祖乙）。'子組'等也有類似情況。"他在否定了這些稱謂之後說："這些卜辭（筆者按：指子組、午組等卜辭）是殷代晚期貴族、貴婦的卜辭，其稱謂和殷銅器銘文中種種稱謂一樣，不在王世系之內。"這樣不加論證，輕率地就否定了陳夢家的研究成果，並且對學界已接受的胡厚宣先生論證的"下乙"是武丁對祖乙的特有稱呼，也一併輕率地給否定了。然後就斷言子組、午組等卜辭是"殷代晚期貴族、貴婦的卜辭"，即不是王室卜辭。他並提出"卜辭中的'婦'，前人多指爲王的配偶，我們則認爲是子婦。先秦文獻中，'婦'均訓子婦"，"王室卜辭中的婦必須是王的親屬。《綜述》以婦爲'一種婦女的身份'，是不妥的"。"'婦'是親屬稱謂，其本義是指子婦"，即"兒媳婦"①。他這是認爲，子組、午組等卜辭中的"婦某"都是非王室的"貴婦卜辭"。李先生提出"貴婦卜辭""婦女卜辭"的靈感，無疑是來自《綜述》中陳夢家的一段話："子組卜人㠱和巡（或與婦巡是一人）很像是婦人，該組的字體也是纖細的。第十五次發掘出土的（《乙》8691—9052）字體近子、𠂤、午組的，內容多述婦人之事，可能是嬪妃所作。"②（166—167 頁）

李先生在 1958 年發表的《帝乙時代的非王卜辭》一文中，首先舉殷墟第十五次發掘中，YH251、330 兩坑出土的幾版龜甲卜辭（收入《乙編》）說："這種卜辭內容所記基本上都是關於婦女的

① 一直到 1977 年，李先生仍堅持"婦"是指"兒媳婦"一說。見《論"婦好"墓的年代及有關問題》，《文物》1977 年第 11 期。

② 陳夢家：《殷虛卜辭綜述》，科學出版社 1956 年版，第 166—167 頁。

事情。辭中所見當時生存的人物多爲婦女，即多女和多婦”，“多女指與問疑者同輩的婦女”，“多婦是問疑者的子婦”，“這種卜辭中可以看到的婦名共有六個”（略），“這種卜辭所記祀典所祭親屬也絕大多數是女性的”，他舉的女性稱謂有：妣丁、妣戊、妣己、妣庚、妣辛、仲妣、庚、父丁、母庚、兄、仲女、又女、小女、小丁、子，說“這裏面只有父丁確定是男性的”，又說：“這種卜辭所卜問均爲有關婦女的事項，這表明問疑者是一個婦女。她的親屬係統不合於商王系，所以她不是商王的后妃或直系親屬。”

其次，他就 YH127 坑出土的卜辭，說該坑“除大多數是武丁前期卜辭外（筆者按：李先生將該坑大量的賓組卜辭稱作是武丁前期的卜辭），還存在五種非王卜辭”。說有一種卜辭（由後文知指的是子卜辭）“主要卜問關於許多婦女的事情”，他列出了十四個婦名（略），說“雷婦、肉婦是雷和肉的子婦”；“這種卜辭所記禮典所祭也以女性爲多”，他列的稱謂有：祖乙、妣丁、妣己、妣庚、妣壬、后妣甲（筆者按：“后”應是“司”。下同）、上妣己、后妣、父戊、父辛、母庚、仲母己、后母、兄丁、子丁、丁子。說“這種卜辭所記祀典又祭及下列諸人：伊尹、仲子、龍母、臀后、臀、亷甲、小己、后（司）癸”，他說：“使我們最感興趣的是祭及輔湯的小臣伊尹，這表示這種卜辭的問疑者和商初的伊尹有一定的關係。”並說他已找到了這種卜辭的五個卜者：子、我、衔、余、䦎。這是掠陳夢家之美，陳先生早在《綜述》中論述子組卜辭時就已指出子組有這幾個卜人（見《綜述》158—159頁）。他又論述了“與子卜辭有關的一些卜辭”，即刀卜辭、亞卜辭，說“卜者刀應即子卜辭卜婦的刀”。還論述了兩種少數卜辭，一種“不記卜者”（即後來他們命名的“非王無名組”），言這種卜辭所見的稱謂有：石甲、白乙、妣丁（丁妣）、妣己（己妣）、妣庚（庚妣）、子丁（丁子），說這三妣一子“也見於 YH251、

330 坑婦女卜辭和子卜辭，而且都是以妣庚爲最顯赫”。另一種是專用背甲“字體紊弱”的卜辭，也屬子卜辭。即他所說的刀卜辭、亞卜辭等都可屬子組卜辭。

最後，他討論了 YH127 坑的𠂤卜辭（筆者按：即午組卜辭）。他認爲午組衹有一個卜者𠂤，衹見於《合》305 一版卜辭。該組所見的先祖名號有：石甲、上乙、下乙、内乙、工乙、黑乙、天戊、内戊、外戊、后戊、内己、后己、上庚、乙、庚，共十五個。親屬稱謂有二十九個：祖丁、祖戊、祖己、祖庚、庚祖、祖辛、祖壬、三祖庚、四祖□、下祖、妣乙、妣丁、妣己、妣辛、妣壬、妣癸、京己妣、乙妻妣戊、父乙、父丙、父丁、父戊、父己、母戊、兄己、子庚、子妟、婦石、婦妌。總共有 44 個名號和稱謂。對其中的“下乙”一稱，他說：“武丁卜辭有時稱祖乙爲‘下乙’，此名到晚殷久已廢棄。……本種卜辭的下乙並非商王祖乙”，這是他繼《評陳夢家〈殷虛卜辭綜述〉》後第二次否定“下乙”一稱是指祖乙。他說𠂤組卜辭有石甲，所以和子卜辭有一定的親屬關係。

他定子組、午組等五種非王卜辭的時代在帝乙時期，衹依據兩點：一個是否定廩辛、康丁卜辭中的“小王父己”的“小王”和子卜辭裏的“小王”是指同一個人，他說“小王”（還有“中子”）衹是“名號”，“不限於一人”。二是說“子所隸小子多屬㠯龏。頤和園舊藏𠂤鼎（《三代》3. 35. 2）銘：王錫小臣𠂤湡責（積）五年，𠂤用作享大子乙家祀隮。㠯龏，父乙。”說：“小臣𠂤見於帝乙或帝辛卜辭《前》4. 27. 3”，“㠯龏衹見於殷末周初，與武丁卜辭及一些銅器中的龏是二非一”。

由李先生的《評陳夢家〈殷虛卜辭綜述〉》和《帝乙時代的非王卜辭》兩文可看到，他強调子組、午組等是“非王卜辭”，一個很重要的根據就是這兩組卜辭中有許多“婦女卜辭”，說這些婦女不屬於王室。他並沒有將這兩組卜辭的稱謂如陳夢家那樣逐一與賓組、𠂤組進行比對，就直接斷言其自成一係統，然後再否定掉一些商王稱謂如“下乙”等，就定這幾組卜辭爲“非王卜辭”了。

1996 年，李學勤與彭裕商合著《殷墟甲骨分期研究》[①] 一書，說非王卜辭“都各自代表着一個相對獨立的殷代家族，非王卜辭就是以這些家族首領爲其占卜中心的。”其討論的要點如下：

第一，午組卜辭。

出土地點：“本組卜辭村北、村南均出，而以村北所出爲多。”

卜人情況：“未見可確定的卜人。”（筆者按：李最早從陳夢家稱午組，後改稱衹有一個卜人𠂤，現在又說無卜人，但卻仍稱“午組”。）

稱謂情況：作者說“稱謂大多數是特有的，少數同於王室卜辭”。他們列出了三十七個稱謂，與陳夢家所列數目相同。比較二者所列的稱謂，相同的有二十二個：祖戊、祖己、祖庚、祖辛、祖壬、妣乙、妣己、妣辛、妣壬、妣癸、父丙、父丁、父戊、父己、母戊、子庚、下乙、石甲、内乙、外戊、后戊、内己。陳夢家總結午組稱謂同於賓組的有：祖庚、妣己、妣癸、父辛、母丁、母戊、下乙、京妣己、庚、乙、戊。同於𠂤組的有：祖戊、妣己、妣癸、父戊、父辛、母丁、兄己；同於子組的有：祖戊、妣己、妣辛、妣壬、父戊、亞雀。即使不算同於子組的，午組同於賓組和𠂤組的就有十八位。再加上當年陳夢家未見到，而爲李、彭二氏新發現的祖乙、父乙、母庚、天戊（即大戊）、盤庚、妣戊、南庚、外丙、天庚（即大庚），那麼，午組同於賓組、𠂤組的稱謂就達到了二十七位。遠遠超過了陳夢家說的午組“稱謂約有半數與賓、𠂤、子三組相同”，即使不算同於子組的，午組同於賓組、𠂤組的就已經過半了，這哪裏是李、彭二氏所說午組稱謂“少數同

① 李學勤、彭裕商：《殷墟甲骨分期研究》，上海古籍出版社 1996 年版。

於王室卜辭”，“稱謂係統與王室多異”。李、彭二氏面對有外丙、大庚、大戊、祖乙、下乙、祖辛、南庚、盤庚、父辛、父乙等先王系列稱謂和親屬稱謂，有小乙之配母庚、武丁之配母戊等女系親屬稱謂，明顯表明這幾組卜辭是武丁至祖庚時期的王卜辭，卻莫名其妙地得出結論：“南庚傳位於陽甲，本組祭祀南庚，其首领當與商王有親屬血緣關係，即南庚的子輩或孫輩。又，蕭楠先生認爲‘般庚’可能是盤庚，如此說不誤，則其與商王的關係當更近”，即他們說午組是南庚或盤庚後人首領的卜辭，是非王室卜辭。我們衹能說這個結論是不顧該組卜辭有祭祀系列商王稱謂，罔顧證據而臆造出來的，是爲了維護他們既有的觀點——殷墟小屯的子組、午組卜辭是“非王卜辭”。如果按照他們的思路來推想，有祭祀南庚、盤庚的賓組卜辭，也應該是非王卜辭了？

他們並再次強调，之所以要把午組（包括子組）卜辭定爲非王卜辭，是因爲其“家族主要成員有子某和婦某，有的還有婦某子”，“從占卜内容來看，子某和婦某子大都卜問其吉兇休咎或爲其舉行禦祭，婦某絕大多數卜生育之事”。試問，這樣的家族成員和卜問事項難道在賓組、𠂤組中不存在嗎？李、彭以有不同於王室卜辭的婦某、子某、婦某子爲據來證明其是非王卜辭，沒有說服力。他們自己所列的午組卜辭祭祀那麽多的商先王，確鑿證明午組卜辭必是王室卜辭，所謂在王室卜辭中未見到的婦某、子某、婦某子，陳夢家早已指出是由於𠂤組、子組、午組等卜辭所祭親屬稱謂不但有即王位的父祖母妣，還有“擴張至未即王位的諸父諸祖諸兄諸子”。“擴張”，不等於不祭祀即王位的父祖母妣，而是在祭祀即王位的父祖母妣之外，再擴大至“未即王位的諸父諸祖諸兄諸子”。李先生不以先王稱謂，而以婦某、子某來決定午組（包括子組）卜辭的性質，實屬宣賓奪主。他們爲了把午組、子組等卜辭剔除於王室之外，屢次不承認“下乙”一稱是武丁獨有的對“祖乙”的稱呼，就表現出不顧客觀事實，以主觀臆斷下結論的弊病。

對於午組卜辭的時代。李、彭二氏說："既然非王卜辭的稱謂係統與王室多異，故對其時代的分析主要是依靠考古學依據和卜辭間的相互聯繫兩個方面。"

關於考古學依據。他們說："本組卜辭出於 YH127 和 YH448 坑，前者同出有大量的賓組卜辭"，"1973 年小屯南地的發掘，殷墟一期灰坑 H102 和 H107 均出有本組卜辭"。[①] 由此得出的結論是："從建國前後的考古發掘材料來看，本組的……絕對年代相當於武丁中期。"他們對午組與賓組卜辭同出一坑，衹論其時代，不考慮王室賓組卜辭與所謂的部族首領卜辭同出一坑意味着什麽，將它們分爲王室卜辭和非王室卜辭是多麽不合情理。前已指出，李先生把王室卜辭分成南、北兩系，說兩系各有自己的占卜機關。那麽，按照他們的說法，YH127 等坑就是屬於王室的賓組、𠂤組卜辭與屬於部族首領的午組、子組等卜辭同出一坑，二者應該都有各自的占卜機關，我們不禁要問：兩個性質完全不同的占卜機關的卜辭怎麽會屢屢出現在同一個灰坑裏呢？

關於卜辭間的相互聯繫。李、彭二氏說："本組與賓組一類有聯繫，二者同出 YH127 坑，並且有類似的卜問"，舉賓組《遺》620（字體屬賓組一 B 類），午組《乙》4692 爲例。又說："本組提到的人物有不少是見於賓組一 B 類的，如戉、光、、阫、斦等，其中戉和光還是後者較多見的。"作者的結論是，本組"與賓組一 B 類有横向聯繫，年代大致相當於武丁中期或略偏晚"。他們的這些論述，不正證明了午組卜辭與王室的賓組卜辭是有密切關聯的嗎，午組卜辭怎麽就成了"部族首領"的卜辭了？

總之，李、彭二氏所舉的考古學依據和卜辭間的相互聯繫，

① 1973 年小屯南地的發掘中，H102 出一片午組卜辭（《屯南》2698），H107 𠂤組與午組卜辭同出，兩坑均屬小屯南地早期。見蕭楠《略論"午組卜辭"》，《考古》1979 年第 6 期。

都證明了午組卜辭與賓組卜辭是密不可分的王室卜辭。

第二，子組卜辭。

出土地點："本組卜辭衹出村北。"

卜人情況："卜人有子、余、我、巡、㱿五人，或以爲其中有的是爵稱或代名詞。"

稱謂情況：李、彭說子組"稱謂多爲特有，少數同於王室卜辭"（對午組稱謂也是如此評論），他們列出了二十一個稱謂，比陳夢家所列少六個，陳夢家說："子組稱謂主要的同於賓、𠂤兩組，然而和午組子丁群所獨有的幾種稱謂也相同。"比較二者所列的稱謂，相同的有十四個：妣丁、妣己、妣庚、妣壬、父甲、父乙、父戊、父庚、（中）母己、兄丁、子丁、小王、龍甲、小己。陳夢家列子組同於賓組的有：祖戊、妣甲、妣庚、母己、母癸、子𡦹、伊尹。同於𠂤組的：父戊、小王。同於賓組𠂤組的：妣己、父甲、父乙、父庚、兄丁。同於午組的：祖戊、妣己、妣辛、妣壬、父戊、亞雀。即使不算同於午組的，子組同於賓組和𠂤組的就有十四位。再加上當年陳夢家未見到，而由李、彭新發現的祖乙、父辛、母庚、盤庚、后（司）妣甲、母戊、小辛，那麼，子組同於賓組、𠂤組的稱謂就達到二十一個了，正如陳夢家所說"子組稱謂主要的同於賓、𠂤兩組"，哪裏是李、彭二氏所說子組稱謂"少數同於王室卜辭"。李、彭二氏面對有父甲、父庚、盤庚、小辛、父辛、父乙等先王系列稱謂，小乙之配母庚、武丁之配母戊的女系親屬稱謂，卻說："上舉稱謂同於王室的有盤庚、小辛、兄丁、小王、龍甲。並且《合集》21538 和 21539 父甲、父乙、父庚與盤庚、小辛所用祀典完全相同，且父甲、盤庚、父庚、小辛同版，故父甲、父庚、父辛、父乙應即是陽甲、盤庚、小辛、小乙。這種情況在賓組卜辭中也有，如賓組卜辭《乙》2113 父乙與陽甲同版，《乙》7767 父庚、父辛同辭。既然本組稱陽甲、盤庚、小辛、小乙爲父，可見其中心人物雖非商王，但卻與商王有很密切的親屬關係，推測有可能是商王的親弟兄，至少也應該是從父弟兄。”即他們在事實面前，作出了違背事實的結論。既然說“父甲、父庚、父辛、父乙應即是陽甲、盤庚、小辛、小乙，這種情況在賓組卜辭中也有”，爲什麽不承認子組與賓組一樣也是武丁卜辭（根據小王、母戊的稱謂，子組也應與午組一樣，延伸至祖庚之世），而他們卻說子組卜辭“推測有可能是商王的親弟兄，至少也應該是從父弟兄”的卜辭。這根本就是違背事實的臆測。

關於子組卜辭的時代：他們說子組卜辭出於：一、YH127 的較多。二、YH371“共出卜甲 7 片，《乙》9026—9032，其中《乙》9032 爲本組，其他爲非王無名組”。三、YH90，出本組 1 片，《乙》484。他們說“以上各單位均屬殷墟早期”。筆者認爲，既然子組（還有午組）卜辭出於有大量賓組卜辭和𠂤組卜辭的 YH127 等坑，那麽其時代無疑當與賓組𠂤組卜辭相同，其卜辭性質也應當與賓組𠂤組卜辭一樣屬於王室卜辭。

關於卜辭間的相互聯繫。李、彭二氏說：“在卜辭的相互關係上，本組與賓組有横向聯繫。《合集》21784 下部是本組字體的干支表，上部有賓組卜人爭的卜辭，字體近賓組一 A 類。”

他們的結論是：“綜上所述，本組在稱謂上應屬武丁時期；出土地層爲殷墟早期”，本組卜辭“與賓一 A 類有同版關係；提到的人物也是武丁時期的。……鑒於其與賓組一 A 類同版，推測其年代應彼此相近，即在武丁中期，可能略早於午組”。子組卜辭既然“在稱謂上應屬武丁時期”，“與賓一 A 類有同版關係”，“提到的人物也是武丁時期的”，爲什麽還要定子組是“非王卜辭”？子組卜辭與賓組卜辭不僅同坑而出，而且同版相刻了，如何解釋王室卜辭與首領卜辭刻於同一版甲骨的現象？兩個占卜機關的卜辭如何刻在同一版甲骨上了？

李、彭二氏還説：子組“提到的人物小王、子商、雀（亞雀）都分别見於武丁時期的𠂤組小字二類、賓組一類以及午組等卜辭”。而且，午組的“妣丁、妣已、妣壬、父乙、父戊又見於子組卜辭”。總之，子組卜辭與賓組、自組、午組卜辭都有聯繫。他們的上述論述，已明明白白地說明，子組卜辭應與賓組等組卜辭一樣，是武丁時期的王卜辭，但他們得出的結論卻與事實相違。

第三，非王無名組卜辭。

出土地點：“本組卜辭祇出村北，集中出於 YH251 和 YH330 坑。”

卜人：不記卜人。“字形結構多少與子組有些接近。”

稱謂情況：作者說該組“稱謂係統很特殊，以妣爲最重要”。他們列出十個稱謂，其中有四個妣稱：妣丁、妣已、妣戊、妣庚；三個母稱：母庚、小母、中母；三個男稱：父辛、父丁、子丁，他們說“諸妣中，對妣庚的祭祀最頻繁，其次是妣已和妣丁”。這些稱謂也見於午組、子組卜辭，“父辛”指小辛，“父丁”指武丁，“母庚”與“妣庚”分別是武丁、祖庚對小乙之配的稱呼，即所謂“非王無名組”卜辭的時代是在武丁至祖庚時期。但作者卻說“稱謂中沒有明顯與王室卜辭同指一人的，但也不排除會有某些王室祖妣”。這種莫棱兩可的說法恐怕是有難言之隱。

關於卜辭間的相互聯繫：作者指出，YH371 出卜辭 7 片，其中 1 片屬子組，其他爲本組。即子組卜辭與非王無名組卜辭出於一坑。YH265“大致是武丁晚期的，出土的兩片卜辭，《乙》8936 爲本組，另一片《乙》8935 屬賓組二類”，即非王無名組與賓組卜辭同坑而出。作者說 YH371、YH265“同出的其他卜辭也均是武丁時期的”。還說“本組與子組有聯繫，除同坑出土而外，還有……《乙》8818 同版之例”。即非王無名組卜辭與子組卜辭不僅同坑而出，而且有同版相刻的。

關於非王無名組卜辭的時代：作者說“本組的時代應在武丁時期並與子組相接近……其年代也應在武丁中期，可能也略早於午組”。筆者認爲，該組卜辭有母庚、妣庚稱謂，尤其“對妣庚的祭祀最頻繁”，表明該組卜辭的時代是在武丁晚期至祖庚時期。

第四，關於子組附屬、刀卜辭、亞卜辭。

1. 子組附屬卜辭

出土地點：主要出於 YH127 坑。

卜人情況：未見卜人。

稱謂情況：他們舉出 11 個稱謂：祖乙、祖己、妣丁、妣己、妣庚、妣戊、妣癸、母庚、母己、中母己、子丁。說：“稱謂上的特殊之處是往往干支日名在前，如妣丁或作丁妣、妣己作己妣等，這種情況也見於𠂤組小字類和𠂤歷間組。”又說：“本組與非王無名組稱謂中均無明顯的王室祖妣，但也不能由此斷言其中絕對沒有同於王室的，比如本組與非王無名組中地位顯赫的妣庚，應該就是王室先妣。”既然“子組附屬”卜辭的稱謂情況與屬王室卜辭的𠂤組卜辭相同，稱謂中“與非王無名組中地位顯赫的妣庚，應該就是王室先妣”，爲什麼還會得出“非王無名組”卜辭和“子組附屬”卜辭是“非王卜辭”的結論？

2. 刀卜辭

出土地點：出於村北的 E16 坑。

“本類卜辭的書體風格近𠂤組。”（《合集》放在𠂤組中）

卜人情況：刀。

關於時代：“推測其時代也大致在武丁中期。”

3. 亞卜辭

出土地點：出村北 YH127、YH006 和 E16 等坑。

卜人情況：亞。

關於時代：大致在武丁中期。

最後他們得出的結論是：“各非王卜辭的時代都大致在武丁中期。”

綜觀李學勤、彭裕商對所謂“非王卜辭”的論述，其立論的依據主要有五點：一是“忽視”與否定午組、子組等卜辭中諸多先王的稱謂，如外丙、祖乙、下乙、南庚、盤庚、小辛，最典型的是否認“下乙”是武丁對祖乙的特有稱呼。二是夸大子組、午組等卜辭中“擴張至未即王位”的親屬稱謂，將他們看作兩組卜辭的主體。三是夸大強调諸婦的稱謂，定其是非王室的“婦女卜辭”。四是莫視子組、午組等卜辭與賓組、𠂤組卜辭同坑而出，子組有與賓組同版相刻的事實。五是違背卜辭記録，隨意臆測卜辭性質。如對有祭祀陽甲、盤庚、小辛、小乙並稱他們爲父的子組卜辭，就“推測有可能是商王的親弟兄，至少也應該是從父弟兄”的卜辭；對有祭祀南庚的午組卜辭，就説是“南庚的子輩或孫輩”的卜辭。這樣的隨意臆測都是爲了使子組、午組等能成爲“非王卜辭”。這種論調是頗爲荒謬的：難道因賓組也有祭祀南庚、陽甲、盤庚、小辛、小乙，就可以定賓組卜辭也是“非王卜辭”嗎？作者這種罔顧事實的臆測，是絕對不能令人信服的。

對於子組、午組等卜辭中出現的少數不同於王室的親屬稱謂，還是應該如陳夢家所説：“我們稱賓組爲正統派的王室卜辭，因它所祭的親屬稱謂多限於即王位的父祖母妣，此在𠂤、子、午等組則擴張至未即王位的諸父諸祖諸兄諸子。”（158 頁）賓組卜辭所祭親屬稱謂“多限於即王位的父祖母妣”，“多限於”不等於説沒有祭“未即王位的諸父諸祖諸兄諸子”；𠂤、子、午等組卜辭所祭親屬稱謂“擴張至未即王位的諸父諸祖諸兄諸子”，“擴張”不等於説沒有祭“即王位的父祖母妣”。這些由前述各組卜辭中的親屬稱謂情况已得到證明。李學勤、彭裕商片面夸大強调子組、午組等卜辭中“未即王位的諸父諸祖諸兄諸子”稱謂，有意過多羅列強调這些卜辭中的婦女稱謂，“忽略”、否定衆多先王的稱謂，以此來定子組、午組等卜辭的性質，稱其爲“非王卜辭”，實屬本末倒置。

關於卜辭中“婦”的含義。李學勤在《評陳夢家〈殷虚卜辭綜述〉》文中批評陳夢家的“婦”是“一種婦女的身份”

的説法，認爲“婦”“是親屬稱謂，其本義是指子婦”，即“兒媳婦”①。他以此論定午組、子組等卜辭爲“婦女卜辭”，是非王卜辭。筆者在前文已引述張政烺先生對卜辭中“婦”的含義的精辟論證，張先生以文獻資料和卜辭材料證明卜辭中的“婦”是指女官。他說：“殷王周圍有些担任職務的婦女”，“帚對殷王不是固定的夫妻名義，其發生男女關係者是事實上的夫妻”；商代的“世婦之義與世臣同，當是累世常有之婦”。卜辭中的“多婦”與“多臣”地位相等，世婦是女官，其職責，《周禮・天官・冢宰》曰“世婦掌祭祀、賓客、喪紀之事……”《春官・宗伯》“世婦，掌女宮之宿戒及祭祀，比其具”。② 由此我們認識到，在商代的卜人裏面當有婦女担任卜官，子組卜辭裏的卜人帚、婦巡當是掌管祭祀的女卜官。女子在商朝的地位很高，王室中不但有如“婦好”這樣的女將帅，也當有如帚、婦巡這樣的女卜官，她們掌管祭祀的對象可能有“擴張至未即王位的諸父諸祖諸兄諸子”。李學勤將卜辭中的“婦”都解作親屬稱謂，是指妻子，是對其夫之母而言的兒媳婦，實屬臆測。因此，他用“婦某”定子組、午組等爲婦女非王卜辭是錯誤的。

李學勤、彭裕商還有一個重要錯誤，就是衹看所謂“非王卜辭”的出土地點而不看這些卜辭的出土坑位情況。在出土坑位上，前已列出陳夢家早已指出子組、午組等卜辭有與賓組、自組（包括出組）卜辭同坑而出的情況（這一點李、彭二氏也有指出），這足證子組、午組等卜辭與賓組、自組卜辭相同，當屬於王室卜辭。如果按李學勤所說，子組、午組等卜辭是王室外的部族首領的卜辭，那麽，他們的卜辭怎麽會和屬於王室的賓組、自組，甚至出組卜辭同坑而出呢？

除了稱謂、出土坑位可以證明子組、午組等卜辭是武丁時期

① 一直到 1977 年，李先生仍堅持“婦”是指“兒媳婦”的說法。見《論“婦好”墓的年代及有關問題》，《文物》1977 年第 11 期。

② 張政烺：《帚好略說》，《考古》1983 年第 6 期。《〈帚好略說〉補記》，《考古》1983 年第 8 期。

的王室卜辭外，還有一個很重要的證據，就是午組、子組等卜辭有與賓組、𠂤組卜辭同版而刻的證據。如下面四版卜辭：

第一，1963 年，姚孝遂發表《吉林大學所藏甲骨選釋》一文[①]，該文舉出吉林大學所藏的一版胛骨（即《合集》21784），該胛骨上部刻有兩條賓組卜辭，下部刻有兩行子組字體的干支表，由下往上刻的辭例是：

（1）己巳、庚午、辛未、壬申、癸酉。甲戌、乙亥、丙子、丁丑。（子組字體）

（2）癸未、甲申。（子組字體）

（3）癸卯卜，貞……（賓組字體）

（4）□□〔卜〕，争〔貞〕：〔旬亡〕囚。（賓組字體）

《合集》21784（圖 4—66）

這是子組兩行干支表與賓組兩條卜辭同刻於一版胛骨的例證，它證明與賓組同刻於一版的子組卜辭當屬於王室卜辭。李學勤、彭裕商亦曾舉過此版卜辭（見前文），但他們是用來證明子組的時代與賓組相同，沒有承認子組與賓組同刻於一版，證明子組應與賓組一樣是王室卜辭。

第二，《合集》21643，共有兩條卜辭，一條是子組卜辭，一條是𠂤組卜辭：

（1）戊申，子卜，貞：人歸。（子組字體）

（2）……㞢曰……（𠂤組字體）

《合集》21643（圖 4—67）

該版子組卜辭與𠂤組卜辭同刻於一版胛骨，𠂤組卜辭是王室卜辭，

① 姚孝遂：《吉林大學所藏甲骨選釋》，《吉林大學學報》（社會科學版）1963 年第 3 期。

李、彭二氏也是認同的。因此該版卜辭證明了子組應與𠂤組一樣，也是王室卜辭。

圖 4—66　《合集》21784

圖 4—67　《合集》21643

第三，《合集》22094（《乙》6690），共有十二條辭，十一條是𠂤組卜辭，一條是午組卜辭：

(1) 辛丑。

(2) 辛丑：畀其⿴囗夫。

(3) 壬寅卜，钔于石戊。

(4) 壬寅卜，巢亡𡆥。

(5) 壬寅卜，钔巢于下乙。

(6) 壬寅卜，钔巢于父戊。

(7) 壬……钔……

(8) 乙巳于𠫤。

(9) 钔石于安豕㞢𠫤。

(10) 隹祖钔。

(11) 乙巳，于𠫤癸。(以上爲𠂤組字體)

(12) 庚戌。(午組字體)

《合集》22094（圖4—68）

圖4—68　《合集》22094

這是𠂤組卜辭與午組卜辭同刻於一版龜腹甲的例證。它同樣證明了午組卜辭應與𠂤組卜辭一樣，屬於王室卜辭。

第四，《合集》22187（《乙》1428），共有兩條辭，一條是𠂤組卜辭，一條是非王無名組卜辭：

(1) 乙亥，貞：……用羊豖不。(𠂤組字體)

(2) 丁丑，亻卯夢自祖庚至于父戊。(非王無名組字體)

《合集》22187（圖4—69）

圖4—69　《合集》22187

這是非王無名組卜辭與𠂤組卜辭同刻於一版龜腹甲的例證。它證明了非王無名組卜辭應與𠂤組卜辭一樣，屬於王室卜辭。

以上所舉四版卜辭，第一版是子組與賓組同版，第二版是子組與𠂤組同版，第三版是午組與𠂤組同版，第四版是非王無名組與𠂤組同版。按李學勤的説法，子組、午組、非王無名組都屬於“非王卜辭”，即是部族首領的卜辭，那麽上述四版就是“非王卜辭”與王卜辭同版了，也就是説部族首領的卜辭與王室卜辭同版了。部族首領與王室肯定不會是在一個占卜機關内，那麽對上述同版現象該作何解釋？如按“歷組”卜辭是早期武丁至祖庚時期卜辭的學者的意見：“歷組”卜辭的風格等不同於賓組、出組卜辭，是因爲“很可能占卜機關的不同是造成這種差異的主要原因”，“歷組卜人和賓組、出組卜人大概分屬於不同的官署而已”。[①] 由此我

① 裘錫圭：《論“歷組卜辭”的時代》，《古文字研究》第六輯，中華書局1981年版。

們也可以推論："非王卜辭"與王卜辭更應該是分屬於兩個不同的占卜機關，那麼，兩個不同的占卜機關，特别是"非王卜辭"各部族首領占卜機關刻寫的卜辭，怎麼會與王室卜辭刻到一版甲骨上了？顯然，上述四版卜辭無疑也證明了子組、午組等卜辭與賓組、𠂤組卜辭一樣，是同屬於一個占卜機關的，也就是説是同屬於王室的卜辭，李先生説它們是"非王卜辭"，衹能是主觀臆測。更何況，李、彭二氏也屢屢指出所謂各"非王卜辭"與王卜辭均有繫聯情況：如對午組的繫聯，他們説："本組與賓組一類有聯繫，二者同出 YH127 坑，並且有類似的卜問"，舉賓組《遺》620（字體屬賓組一 B 類），午組《乙》4692 爲例。又説："本組提到的人物有不少是見於賓組一 B 類的，如戉、光、陕、斫等，其中戉和光還是後者較多見的。"又如對子組的繫聯，他們説："本組與賓組有横向聯繫。《合集》21784 下部是本組字體的干支表，上部有賓組卜人爭的卜辭，字體近賓組一 A 類。"再如對非王無名組的繫聯，他們説：YH265"大致是武丁晚期的，出土的兩片卜辭，《乙》8936 爲本組，另一片《乙》8935 屬賓組二類"（前面李、彭二氏説非王無名組與子組屬於武丁中期，這裏又説屬於武丁晚期，前後不一致），即非王無名組與賓組卜辭是同坑而出的。他們説 YH371、YH265"同出的其他卜辭也均是武丁時期的"。還説"本組與子組有聯繫，除同坑出土而外，還有……《乙》8818 同版之例"。即非王無名組與子組卜辭同坑而出，並且還有同版之例。

總而言之，從子組、午組等卜辭有與賓組、𠂤組（甚至出組）卜辭同坑而出，祭祀的先王、母、妣稱謂也多有相同，又有同版而刻的例證，並且與賓組、𠂤組有密切的繫聯來看，子組、午組等卜辭無疑應是王室卜辭。李學勤、彭裕商説其是部族首領的卜辭，爲"非王卜辭"，不能成立。

結　語

本書將一百多年來殷墟甲骨斷代標準研究分成四個階段：

第一階段由1899年甲骨文發現到1933年董作賓發表《甲骨文斷代研究例》之前，代表人物是羅振玉、王國維。此階段的甲骨均爲非科學發掘所得，所以，學者們衹能從卜辭本身進行斷代探討。羅振玉、王國維通過對卜辭中的親屬稱謂和商王世系的研究，認定甲骨文包含的時代是從武丁到帝乙時期。他們開闢了以稱謂和世系推定甲骨時代的先河。此時還不能提出係統的甲骨斷代標準，但已引出了用稱謂、世系推斷卜辭時代的端緒。羅振玉、王國維對甲骨斷代具有開山之功。

第二階段由1933年《甲骨文斷代研究例》發表到1956年陳夢家發表《殷虛卜辭綜述》之前，代表人物是董作賓。從1928—1937年，中央研究院對殷墟進行了十五次較爲科學的考古發掘，董作賓多次主持和參加了發掘工作。他結合考古發掘，對出土的甲骨進行了係統地研究，取得了前所未有的成就。他創立了“貞人說”；係統地提出了甲骨斷代的十項標準；並將甲骨按王世畫分爲五期。由於受到當時考古學發展水平和甲骨學研究水平的制約，十項斷代標準中的“坑位”還是指灰坑所在人爲畫分的發掘區裏的區位，故對斷代的作用有限；由於商代各時期同名者衆，所以“人物”標準對斷代的作用具有局限性。但董作賓開闢了甲骨斷代研究的新局面，意義十分深遠。他說殷墟甲骨的時代是從武丁之前的盤庚、小辛、小乙開始，到最後一王帝辛。證實了“自盤庚徙殷，至紂之滅，二百七十三年，更不徙都”。但他後來在1945年又提出“新派”“舊派”說，所謂拆穿了“文武丁卜辭的謎”，則是錯誤的。

第三階段由1956年《殷虛卜辭綜述》發表到1977年李學勤發表《論“婦好”墓的年代及有關問題》之前，代表人物是陳夢家。陳夢家批判地繼承和發展了董作賓的甲骨斷代學說，在甲骨斷代研究上做出了巨大的貢獻。主要有：其一，他將董作賓的十項斷代標準進行了分類、整理、歸納，濃縮成三大標準，指明利用三大標準斷代時的運作程序和必須嚴格遵循的規則，以及應注意的事項。他對董先生的所謂“坑位”標準提出質疑，指出董氏的“坑位”是指灰坑所在人爲畫分的發掘區裏的“區位”，用“區位”斷代具有局限性，他首次提出：“坑以外我們自得注意層次”。他拼棄了董氏斷代標準中的“人物”，認爲卜辭中各代之間同名者衆，故“人物”不能作爲獨立的斷代標準。其二，他創立了“卜人組”的斷代方法。建立了六個“卜人組”，對沒有卜人的康丁卜辭，衹有一個卜人“歷”的武乙（含文丁）卜辭，卜人沒有同版繫聯的帝乙、帝辛卜辭，都沒有建立“卜人組”。“卜人組”的斷代方法具有畫時代的意義。其三，他詳細論證了武丁至帝辛的各組卜辭的時代；首次分清了廩辛、康丁卜辭；論證了被董作賓分在第四期文武丁的𠂤組、子組、午組卜辭，實際上都是武丁晚期（至祖庚）的卜辭。其四，他告誡不能利用單獨的親屬稱謂如“父丁”“父乙”等進行斷代。其五，他證明了各“卜人組”的卜辭幾乎都有跨越王世存在的現象，即一個王世的卜辭可存在於上一王世的晚期，或可延續到下一王世的早期，其論斷蘊含着一個王世並不是衹有一種類型的卜辭，一種類型的卜辭也不衹屬於一個王世的觀點，克服了董氏五期分法的局限。其六，他還特别強調單純利用字體進行斷代是很靠不住的……這些研究成果都極大地推動了甲骨學與商代史的研究，在甲骨斷代學史上具有里程碑式的意義。

陳夢家的“卜人組”斷代方法，董作賓的五期斷代框架，經過七十多年的實踐證明，儘管有個别地方需要補充、修正、完善，但在整體上是科學的、適用的，至今仍然具有强大的生命力。

第四階段由1977年《論“婦好”墓的年代及有關問題》發表至今，已有四十餘年的時間，其提出斷代新觀點的代表人物是李學勤。他提出四個新觀點：一是“歷組”卜辭時代提前論。二是殷墟甲骨發展的“兩系説”。三是“先用字體分類，再進行斷代”。四是“非王卜辭”説。他的這些論説得到一些學者的贊同，但也遭到了以劉一曼、曹定雲爲代表的不少學者的反對[①]。至今，經過四十餘年的大論戰，學者們對上述問題仍然没有取得一致的意見。

關於“歷組”卜辭時代的問題。李先生提出“歷組”卜辭應該提前的論據，主要有四點：一、“婦好”是一個人的名；二、“歷組”卜辭中的“父丁”稱謂是指武丁，“父乙”稱謂是指“小乙”；三、“歷組”卜辭的出土“坑位”；四、“歷組”卜辭中的一些事項與賓組相同。對此，持“歷組”卜辭爲武乙、文丁卜辭的諸學者，給出了諸多充分且詳實的論據：一是論證了“婦好”不是一個人的名，“婦”是女官名，“好”是族名、氏名、國名，此論拔掉了“歷組”卜辭提前論的根基；論證了商代有“異代同名”的社會現象，很好地解釋了“歷組”與賓組、出組和其他組卜辭有衆多同名現象的原因。二是指出將“歷組”的“父丁”看作“武丁”，“父乙”看作“小乙”，都是没有根據的臆測；舉出諸多含有稱謂的“歷組”卜辭，證明“歷組”的“父丁”是指康丁，“父乙”是指武乙。三是指出李學勤舉出的所謂“坑位”證

① 學者們對“非王卜辭”説有不同意見。

據乃是延續的董作賓的“區位”，沒有科學性；考古學者舉出在八十多年的殷墟發掘中，都沒有在早期地層中發現過“歷組”卜辭，都沒有發現“歷組”卜辭與𠂤組、子組、午組、賓組卜辭共存於較早地層中的現象。因此，“歷組”卜辭的出土層位和坑位證明了它不是武丁至祖庚時期的卜辭，而是武乙、文丁卜辭。四是論證了“歷組”卜辭與賓組卜辭在一些事類上的不同：如對祭祀祖先的制度不同，對與諸方國的戰爭不同，對與諸與國的關係的不同等，證明了“歷組”卜辭與賓組、出組卜辭絕不可能屬於同一個時代；又對李先生提出的連接“歷組”卜辭與出組卜辭的所謂“卜王辭”的證據，提出諸多理由給予否定。總之，通過以上幾個方面的論證，坐實了“歷組”卜辭絕不可能是武丁、祖庚卜辭，其必定是武乙、文丁卜辭。“歷組”卜辭提前論不能成立。

關於“兩系說”。李先生提出“歷組”卜辭提前論後，遭到諸多學者的反對，特別是他對“歷組”卜辭與他組卜辭在地層上的關係無法做出解釋。於是爲了擺脱“歷組”卜辭在地層上遇到的困境，他就將“歷組”卜辭與無名組卜辭從傳統的發展序列中抽出，並將“歷組”卜辭放在無名組卜辭之前，弄出個“村中、南系”，原來的叫作“村北系”，臆構出所謂的殷墟甲骨發展的“兩系説”。“兩系説”經不起實踐的檢驗，學者們從六個方面予以否定：一、𠂤組卜辭的時代不早於賓組卜辭，從不見𠂤組與“歷組”在較早的坑層中出現，所以𠂤組卜辭不是“兩系”的共同起源。二、“村北系”的何組卜辭與黄組卜辭字體不能密接。三、所謂“𠂤歷間組”卜辭不存在。四、𠂤組卜辭在村北出土的數量比在村中、南出土的數量多得多，按“兩系説”者的分配原則本應畫到“村北系”，而不應是跨在兩系之首；無名組卜辭、“歷組”卜辭在村北、村中、村南都有出土，將其只列在“村中、南系”，與事實不符。五、無名組卜辭與“歷組”卜辭的出土地層證明，無名組卜辭的時代早於“歷組”卜辭，而不是相反。六、“無名組晚期”卜辭並沒有延伸到帝辛時期。這些證據都證明了所謂的“兩系說”，一是違背了考古發掘中各組卜辭出土的層位和坑位關係；二是違背了各組卜辭所反映的内在特徵。因此，所謂“兩系說”，是根本不存在的臆造。

小屯村北、村中、村南近在咫尺，殷墟甲骨卜辭的發展脈絡，經過八十餘年，幾代學者的考古發掘和對卜辭本身的研究，證明其確不可移的發展軌跡是：賓組（包括𠂤組、子組、午組）→出組→何組→無名組→“歷組”→黄組，即殷墟甲骨自始至終都是一系一脈相承發展的。

關於“先用字體分類，再進行斷代”。李先生提出“兩系說”後，爲了解釋“兩系說”，又提出“先用字體分類，再進行斷代”，將字體作爲斷代的第一標準。試圖通過對同一組卜辭的字體進行再分類再斷代，使“歷組”卜辭的字體與早期卜辭的字體能够連接上，並證明“歷組”卜辭的時代早於無名組卜辭，這種脱離了甲骨出土坑層的分類必然會摻雜進個人的臆斷。檢查李先生與彭裕商的字體分類，可以看到，他們往往是將同一版甲骨上的卜辭分在不同的類中，再對各類進行斷代。這樣就違背了甲骨斷代的最基本的規則，即在同一版甲骨上的卜辭絕大多數情況下都應該是屬於同一時代的；再檢查如此分類後再斷代的結果，其所得的結論往往矛盾重重。特别是如此分出的爲連接“村中、南系”各組卜辭的所謂“𠂤歷間組”“歷無名間組”“無名黄間類”卜辭，這些“間組”“間類”卜辭，都是沒有統一的分類標準。這種違背地層、坑位關係進行的所謂字體連接，根本沒有科學的根基，其臆測的成分在所難免，甚至得出了將一類卜辭斷爲跨越五個王世達百年時間的離譜結論。因此他們所分之類和所斷之代都是不能令人信服的。再通過分析徐明波、彭裕商對黄組卜辭的分類與斷代，可以看到，他們對字體分類，是不分卜辭事類、不分卜辭文例，將各種事類，各種文例的卜辭混雜在一起進行分類，往往會出現種種錯誤，斷代也呈混亂、前後矛盾的現象，甚至得出一個稱謂被判定爲是指兩個王的怪論。再檢查殷墟甲骨卜辭可以發現，有不少字的寫法，是從早期一直延續到晚期保持不變的；又有一些字在上一王世時是常見的寫法，但在下一王世的早期仍然是存在的，將這樣的字選作某一時代的特徵性字體，必然是不準確的。因此，將字體作爲斷代的首要標準是錯誤的。

我們還是應該遵循董作賓、陳夢家的斷代學說，在利用其他各種斷代標準分出各組卜辭的時代後，再探討各組卜辭的字體特徵及其演變情況，然後再利用這些特徵去考察那些不具卜人名，或沒有稱謂的卜辭的時代。這裏，特別需要強調的是，研究各組卜辭字體的演變，必須要緊緊地以卜辭的出土地層、坑位爲根基，絕不能僅憑個人的主觀臆斷，將地層關係相距較遠的兩組卜辭，依什麼特徵性字體，就將其生拉硬拽地扯在一起。總之，李先生將字體作爲斷代的首要標準犯下了本末倒置的錯誤。

關於"非王卜辭"說。1957年，李學勤在批判陳夢家的《殷虛卜辭綜述》時，指責陳先生將𠂤組、子組、午組卜辭定爲武丁卜辭是錯誤的，他從董作賓之說，認爲這幾組卜辭是文武丁卜辭。1958年，他又說其中的"午組""子組"等是晚殷的"非王卜辭"，他將這兩組卜辭的時代定在帝乙時期。陳夢家對這兩組卜辭的稱謂和出土坑位都進行過研究，證明了子組的稱謂主要同於賓、𠂤兩組；子組與𠂤組、賓組常常同出於一坑。午組的稱謂有半數與𠂤、賓、子三組相同，特別是與子組一樣，也有武丁獨有的"下乙"一稱；午組往往與賓、子、𠂤組同坑而出。現筆者又舉出一版子組與賓組卜辭同版，一版子組與𠂤組卜辭同版，一版午組與𠂤組卜辭同版，一版𠂤組與非王無名組卜辭同版的卜辭，證明子組、午組卜辭與王室的賓組、𠂤組卜辭是同版相刻的，它們都是屬於武丁時期的。因此，李學勤說子組、午組卜辭是"非王卜辭"，是不能成立的。

始自 1977 年至今四十餘年的殷墟甲骨斷代問題大論戰，涉及了甲骨學的方方面面，涉及了考古學的諸多知識，也涉及了商代社會的諸多制度，不但促進了甲骨學、商代史研究的發展，而且也促進了考古學科知識的應用與傳播。

百年來的殷墟甲骨斷代研究，學者們前赴後繼，取得了卓越的成就。羅振玉、王國維開闢了以稱謂和世系推定甲骨時代的先河。董作賓提出的“貞人説”和十項斷代標準，建立的五期斷代框架，開闢了甲骨斷代研究的新局面。陳夢家建立的“卜人組”斷代方法，突破了董作賓五期分法的局限，蘊含着一個王世不是衹有一種類型的卜辭，一種類型的卜辭也不衹屬於一個王世的新理念；他將董氏十項斷代標準經過分析、整理，歸納成三大標準，指出了運用三大標準進行斷代的程序和必須遵守的規則；他特别指出利用坑位斷代要注意其層次；因各代同名者衆，所以“人物”不能作爲斷代標準；也不能利用單獨的親屬稱謂進行斷代；他的這些貢獻將甲骨斷代研究推向於更加科學。他考定𠂤組、子組、午組卜辭的時代在武丁時期，糾正了董作賓的“文武丁卜辭的謎”的錯誤；他首次分出了廩辛卜辭和康丁卜辭；等等。這些成就將甲骨斷代研究推向了一個新的高度。自 1977 年始至今的四十餘年來，諸多跨甲骨學、考古學、歷史學的學者們加入到對李學勤提出的“歷組”卜辭的時代，以及伴生的“兩系説”和“先用字體分類，再進行斷代”的討論，参加的人數之多、討論的時間之長，在甲骨斷代學史上都是空前的。學者們的討論涉及甲骨學、考古學、古文字學、歷史學等方方面面的問題，促進了甲骨斷代研究向縱深發展，其中如張政烺先生考定商代的官制，指出“婦”是世代的“女官名”，他及多位學者先後舉出的數量可觀的甲骨文、金文例證，證明商代社會確實有“異代同名”的社會現象，此成果拔掉了“歷組”卜辭提前論的根基。又如學者們對賓組卜辭與“歷組”卜辭在祭祀祖先上所用禮儀的不同；與諸方國關係的變化；與某些方國的戰爭等方面進行對比論證，進一步證實了“歷組”與賓組、出組卜辭的時代絕不相同。再如引述考古學家蘇秉琦、殷瑋璋強調的考古地層學、坑位學在對考古遺物斷代中的所起的決定性作用，指出考定“歷組”卜辭的時代，論證“兩系說”的有無，利用“類型學”對字體進行的分類等，都必須要緊緊地建立在堅實的地層學、坑位學的基礎之上，否則所有的說辭都是沒有根基的臆說。還引述甲骨綴合大家桂瓊英的告誡，綴合甲骨也必須要注意各片甲骨是否爲同坑、同層而出，否則是不能保證綴合的正確的；由此推論對甲骨字體的分類，也必須要注意各片甲骨是否爲同坑、同層所出。可以說，在這一階段的甲骨斷代討論中，隨着考古學的發展，甲骨出土的地層和坑位被提到了前所未有的重要地位。而在運用地層學、坑位學進行的甲骨斷代討論中，考古學者劉一曼、曹定雲等人做出了重要貢獻，他們充分利用了親自參加的 1973 年小屯南地的發掘，1986 年、1989 年、2002 年、2004 年小屯村中、村南的發掘成果，又引述了 1928—1937 年間的考古發掘資料，從甲骨出土的地層疊壓關係、灰坑的打破關係上，詳細論證了“歷組”卜辭絕不是武丁至祖庚時期的卜辭，而應是武乙、文丁卜辭；“兩系說”是違背考古發掘的地層關係的；在“先用字體分類，再進行斷代”中，必須“要根據地層關係”，如果“僅憑某些個別‘字’的寫法變化，就去斷定卜辭的時代，是不可取的，也是非常危險的”①。他們是首先運用科學的地層學、坑位學進行甲骨斷代研究的考古學者，在甲骨斷代學研究史上做出了具有里程碑式意義的貢獻。

科學的地層學、坑位學被運用到甲骨斷代研究中，就真正提升了董作賓斷代十項標準中的第四項標準“坑位”在斷代研究中的重要作用。陳夢家曾指出“坑位對於甲骨斷代有相當重要的關

① 劉一曼、曹定雲：《三論武乙、文丁卜辭》，《考古學報》2011 年第 4 期。

係"[①]。但在董作賓從事考古發掘的年代，中國的考古學還處在不太成熟、不太發達的初創階段，當時董先生所認識到的"坑位"還衹是指灰坑所在發掘區的"區位"，"區位"對斷代的作用十分有限，故陳夢家告誡説："坑以外我們自得注意層次。"[②] 現在，隨着考古學的發展與成熟，已建立起了科學的地層學、坑位學斷代方法，陳夢家的期望終於得到實現。

筆者認爲，今後的甲骨斷代研究，仍然需要利用董作賓十項斷代標準中的九項（其中第四項"坑位"標準的含義已作修正；將第六項"人物"標準剔出），嚴格地遵循陳夢家整理、分類、歸納董先生斷代標準後提出的三大標準的運作步驟和程序。以世系、稱謂、貞人、坑層四大客觀標準爲主，以分"卜人組"的方法，結合方國、事類等其他標準，推定甲骨的時代；然後再探究各個時代字體的特徵及其演變情況，再利用這些字體特徵去解決那些客觀標準如稱謂、貞人、坑層不甚明確的甲骨的時代。而絕不能本末倒置地將字體作爲斷代的首要標準，以杜絕在字體分類中不可避免地加進主觀臆測的成分，從而導致斷代的錯誤。

李學勤在 1977 年説："1933 年董作賓先生提出的卜辭五期分法，早已陳舊了。"[③] 1996 年，他自詡自己的斷代方法是"自陳夢家先生'三大標準'以來，又有了重大進展，標志着該項工作取得了新的突破"[④]。但經過四十多年來衆多學者的論辯證明，李先生提出的所謂斷代新問題、新觀點、新方法是錯誤的，其諸多觀點都是不能成立的。相反，經過四十多年的論辯證明，董作賓、陳夢家的甲骨斷代學説儘管有需要補充、修正、完善之處，但其斷代理論是科學的、適用的，他們提出的斷代標準和斷代方法至

① 陳夢家：《殷虚卜辭綜述》，中華書局 1988 年版，第 139 頁。
② 陳夢家：《殷虚卜辭綜述》，中華書局 1988 年版，第 140 頁。
③ 李學勤：《論"婦好"墓的年代及有關問題》，《文物》1977 年第 11 期。
④ 李學勤、彭裕商：《殷墟甲骨分期研究》，上海古籍出版社 1996 年版，第 13 頁。

今仍然具有強大的生命力。李學勤的新觀點新方法確實是對董作賓、陳夢家斷代理論的一個反向大“突破”，但四十多年來的論辯證明其“理論”是不科學的，其方法在實踐上是行不通的，並不是什麽“高深理論”[①]，而是“以其昏昏，使人昭昭”（見《孟子・盡心下》），他們將甲骨斷代研究引入了煩瑣的、混亂的局面。由於李先生及其幾位支持者在學界頗有些名聲，所以他們的影響，特別是對那些不諳考古學的人的影響，是顯而易見的。正如甲骨學者陳煒湛1986年在長島古文字研討會上所説，對甲骨斷代問題有兩怕：“一怕煩瑣哲學，二怕有人把水攪渾，攪渾易，正本清源難。”[②]事實確實如此。由於甲骨斷代對甲骨學和商代史研究至關重要，所以儘管“正本清源”難也要堅持做到底，相信真理會越辯越明。筆者在此也願意坦承，通過四十多年來的甲骨斷代問題的大論戰，在客觀上確實也推動了甲骨斷代學研究向縱深發展，這無疑也是一大益事。

---

① 裘錫圭語。見陳煒湛《關於歷組卜辭論争的回顧與思考》，收入《三鑒齋雜著集》，中西書局2016年版。原文：“王宇信認爲方法應便於應用，認爲五期分法實在，易於掌握；裘認爲高深理論當然不易學，不易學者不等於不正確。”

② 陳煒湛：《關於歷組卜辭論争的回顧與思考》，收入《三鑒齋雜著集》，中西書局2016年版。

附表一　　周祭中的商先王先妣世次表

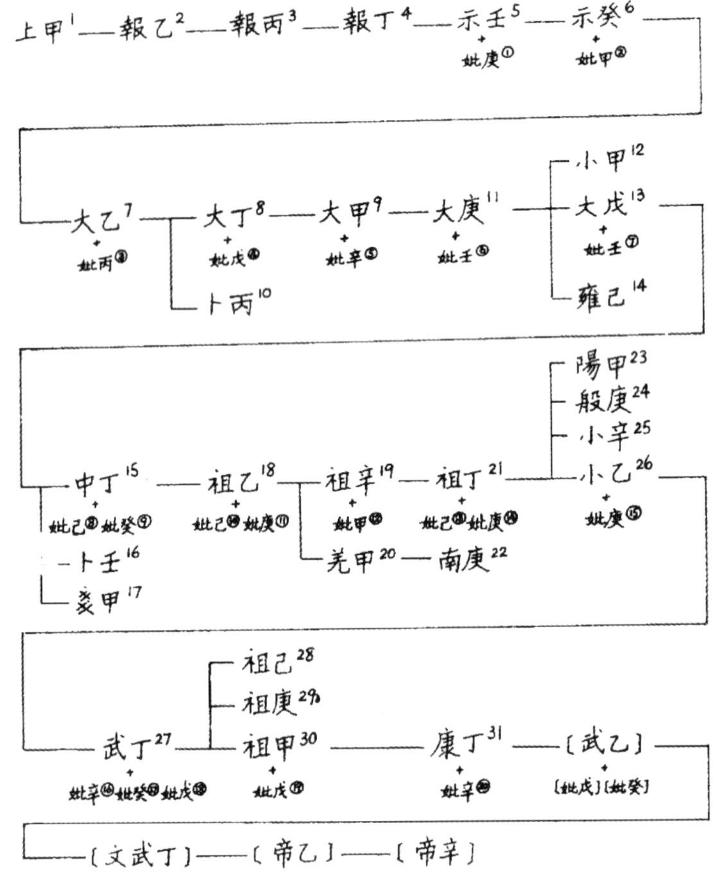

註：(一) 表中先王、先妣名右上角的數字分別表示先王、先妣在黄組卜辭中的祭祀次序。

(二)〔　〕號表示某王某妣不屬周祭系統。

附表二　《史記·殷本紀》中的商王世次表

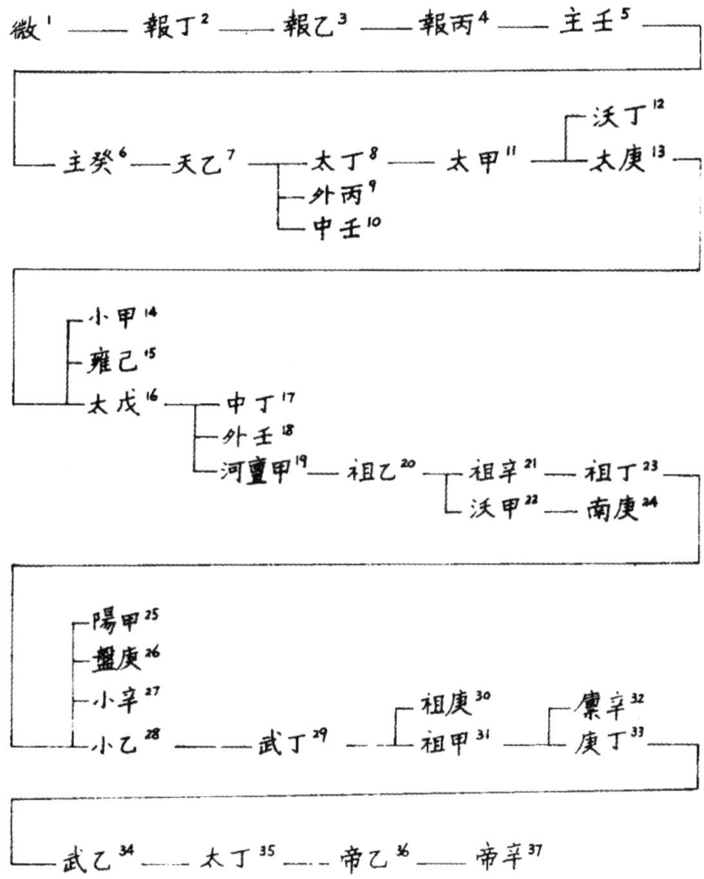

註：表中先王名右上角的數字表示他們的世次。

附錄一

說文武帝

——兼略述商末祭祀制度的變化

商代帝乙帝辛時期的甲骨卜辭中，有“文武帝”一稱。長期以來學術界對此稱謂有兩種不同的説法：一説是帝乙；一説是帝乙的父親文丁。

持前一説的主要代表是丁山和陳夢家。丁山根據商末銅器“䢅其卣”（“四祀䢅其卣”）銘文中有“文武帝乙”一稱，而説甲骨卜辭中的“文武帝”就是“文武帝乙”，亦即“帝乙”①。陳夢家除亦如此説外，還根據甲骨卜辭做了進一步的論證②；持後一説者多未闡明理由，祇有胡厚宣先生言：“帝乙、帝辛時卜辭稱文丁爲文武丁，亦單稱文武，則文武帝必亦指文丁無疑。”③ 以上二説，至今未成定論。本文試图通過對帝乙、帝辛時期祭祀卜辭的分析，並運用甲骨材料來進一步論證文武帝必爲文丁而絶非帝乙。

丁山、陳夢家立説的主要根據除了“四祀䢅其卣”銘文外，就是陳夢家所列舉的十條甲骨卜辭。關於“四祀䢅其卣”銘文我們放在本文之後討論，现在首先分析一下陳夢家的卜辭例證。這

① 丁山：《䢅其卣三器銘文考釋》，《文物周刊》1947年第37、38期，上海。

② 陳夢家：《殷虛卜辭綜述》，科學出版社1956年版，第421—422頁。

③ 胡厚宣：《殷卜辭中的上帝和王帝》（下），《歷史研究》1959年第10期，第91頁註③。

十條卜辭分刻在九片甲骨上，陳夢家的釋文如下：

（1）［甲］子卜貞王其又彳于文武帝升，其去夕又湕，于來乙丑令彭，王弗每。

（2）乙丑卜貞王其又彳于文武帝，其以羌五人正，王受又。

《簠·帝》143（《續》2·7·1）（《合集》35356）

（3）乙丑卜貞其又彳［于文］武帝□□三牢正，［王受］又。

《前》4·17·4（《合集》36173）

（4）□□卜貞大乙日王其又彳［于］文武帝升，正，王受又。

《前》1·22·2（同片有武乙）（《合集》36169）

（5）甲申卜貞……文武［帝］升……

《簠·帝》140（《合集》36167）

（6）……又彳于文［武］帝升，正。

《粹》362（《京》5069）（《合集》36172）

（7）……［文武］帝宗，正，王受又。

《續存·上》2295（《合集》38230）

（8）……睪婀，其［告］文武帝乎睪婀于癸宗，若，王弗每。

《龜》2·25·3（《通》769、《珠》84）（《合集》36176）

（9）□□卜貞丁卯……文武帝……睪婀……

《虛》308（《合集》36175）

（10）王其宜文武［帝］。

《前》4·38·2[①]（《合集》36179）

① 陳夢家：《殷虛卜辭綜述》，科學出版社1956年版，第421—422頁。

陳夢家的結論説："以上凡干支未殘者，皆於乙日祭文武帝，僅有一辭卜於甲日則可能是牢祭。如此文武帝應是帝乙，則舊説以文武帝爲文武丁是不確的。"① 這裏，陳夢家是要證明文武帝全於乙日受卜祭，它的日干名應從卜祭日"乙"，為乙名王帝乙。

但我們對上述卜辭檢查後發現：第（1）條辭（《簠・帝》143）中"甲子"的"甲"是臆補的，"來乙丑"的"乙"字，原辭中衹是個"〢"，並不能斷定它就是"乙"字（倒很像缺刻横畫的"丁"字）；第（4）條（《前》1・22・2）的"大乙日"實是"翌日"的誤釋；第（5）條（《簠・帝》140）所祭實非"文武帝"一稱，而應是"文武丁"（此點本文後面將作説明）。其他第（6）條（《粹》362）、第（7）條（《續存・上》2295）、第（8）條（《龜》2・25・3）、第（10）條（《前》4・38・2）則均無干支。因此，所謂"干支未殘者"實際上衹有三條，即第（2）條（《簠・帝》143）、第（3）條（《前》4・17・4）、第（9）條（《虛》308）。三條中前兩條的卜祭日爲"乙"日，後一條爲"丁"日，這就是説，文武帝並非皆於乙日受卜祭，所以這樣論證文武帝爲帝乙是站不住脚的。

對於上述卜辭，李學勤同志也曾做過分析，他並對《簠・帝》143（《續》2・7・1）、《前》4・17・4、《前》1・22・2予以重新釋讀②，他説："《續》2・7・1'來乙丑'是'來丁丑'的誤讀，《前》1・22・2'大乙日'是'翌日'的誤讀。文武帝仍應是文武丁"。③ 這裏，李學勤同志是要證明文武帝全於丁日受卜祭，它的日干名應從卜祭日"丁"，爲丁名王文武丁（即文丁）。但審查重新釋讀後的卜辭，可發現其結果仍是乙日［第（2）條、第（3）條］與丁日［第（1）條、第（9）條］兩種卜祭日並

① 陳夢家：《殷虛卜辭綜述》，科學出版社1956年版，第422頁。
② 李學勤：《殷代地理簡論》，科學出版社1959年版，第31—32頁。
③ 李學勤：《評陳夢家〈殷虛卜辭綜述〉》，《考古學报》1957年第3期。

存。所以文武帝的所指仍未得到解決。

通過以上分析可以看出：陳夢家所列舉的十條卜辭是無法證明文武帝的天干廟號的，因爲它們沒有統一的卜祭日。但這些卜辭排列在一起卻說明了一個道理，即不同文例、不同祭名的卜辭即使在祭祀同一個祖先時，也是沒有相同的卜祭日的。不僅如此，檢查祭祀卜辭可知：在祭祀同一個祖先時，如果僅卜辭文例相同而祭名不同，或者祭名相同而文例不同，都能使卜祭日不相同（後者有特例）。下面我們就通過對帝乙、帝辛時期最主要的幾種祭祀卜辭的分析來說明這個問題。

帝乙、帝辛時期有一種大量使用的所謂“王賓”卜辭，廣泛地適用於上甲至文丁的各受祭先王和示壬至文丁之配。它的文例，祭祀先王的爲：“干支卜貞王賓王名（廟號）祭名亡尤”的形式；祭祀先妣的為：“干支卜貞王賓王名（廟號）奭妣名（廟號）祭名亡尤”的形式。兩種形式完全相同，衹在祭先妣時在妣名前冠以所配之王名。在這種卜辭中，使用的祭名較多，而最常見的、大量使用的是彡（日）、翌（日）、祭、壹、𠨘（日）所謂五種祭祀，其次像𩱦、濩、彡夕等使用也較普遍。

首先看使用彡（日）、翌（日）、祭、壹、𠨘（日）五種祀典時卜辭的情況（爲了節省篇幅，每種祀典衹舉一條卜辭說明之）。祭祀先王的：

（1）甲申卜，貞：王賓大甲彡日，亡尤。

《前》1·5·6（《通》226）（《合集》35537）

（2）乙酉卜，貞：王賓大乙翌日，亡尤。

《南·師》1·196（《外》81）（《合集》35490）

（3）丙子卜，貞：王賓外丙祭，亡尤。

《前》1·5·4（《通》241）（《合集》35546）

（4）丁亥卜，貞：王賓大丁壹，亡尤。

《前》1·4·4（《通》243）（《合集》35511）

（5）戊辰卜，貞：王賓大戊𦝠日，亡尤。

《前》1·7·6（《龜》1·12·11）（《合集》35602）

辭中“賓”字爲動詞，“賓”即“儐”也，儐鬼神之義。[①]

五種祀典，“彡為鼓樂之祀，翌為舞羽之祭，祭則用肉，𡨦則用食（黍稷），𦝠為合祭，蓋於最後聯合他種祀典而一併舉行也”[②]。

上述卜辭均是卜問商王親自以五種祀典之一祭祀某先王是否吉利一事的。

祭祀先妣的：

（6）辛丑卜，貞：王賓大甲奭妣辛彡日，亡尤。

《前》1·5·8（《通》234）（《合集》36211）

（7）丙寅卜，貞：王賓大乙奭妣丙翌日，亡尤。

《前》1·3·7（《通》250）（《合集》36194）

（8）癸卯卜，貞：王賓中丁奭妣癸𡨦，亡尤。

《後·上》2·11（《通》192）（《合集》36225）

（9）己卯卜，貞：王賓祖乙奭妣己𦝠日，亡尤。

《簠·帝》49＋《簠·帝》229（《續》1·17·3）（《合集》36239）

辭中“奭”字即“仇”字，匹也[③]，在卜辭中皆用爲匹配之義。某王奭某妣即某王之配某妣。上述卜辭均是卜問商王親自以彡日、翌日、𡨦、𦝠日四種祀典之一祭祀某王之配某妣是否吉利一事的

① 郭沫若：《卜辭通纂》，第39片考釋，1933年。

② 董作賓：《殷曆譜》，上編卷一，1945年。

③ 張政烺：《奭字說》，《中央研究院歷史語言研究所集刊》第十三本，1948年。

（帝乙、帝辛祭祀卜辭中尚未發現以“祭”這種祀典祭祀先妣的辭例，故缺）。

通過以上以五種祀典祭祀先王和先妣的王賓卜辭，我們可以看到：以五種祀典祭祀先王時，卜祭日都與王名一致；祭祀先妣時，卜祭日則與妣名一致。由於在總共二百二十多條此類卜辭中，僅發現兩條卜祭日與王名不一致的例子[①]，未發現與妣名不一致的情況，就充分說明了卜祭日與王名或妣名一致是這種卜辭的特定規律。因此我們衹要掌握了這個規律，就可以在王名或妣名殘缺的情況下，根據卜祭日求得，或者在卜祭日殘缺時，根據王名或妣名求得。

上述規律也體現在以㕟、濩为祭名的王賓卜辭中，如：

（10）己未卜，貞：王賓雍己㕟，亡尤。

《合集》35624

（11）乙亥卜，貞：王賓大乙濩，亡尤。

《前》1·3·5（《通》246）（《合集》35500）

第（10）條㕟祭己名王雍己在己日（己未日），第（11）條濩祭乙名王大乙在乙日（乙亥日），兩種祀典也都使卜祭日與王名一致（此兩種祀典未見用於先妣之例）。未發現不一致的辭例就說明這也是一條特定的規律。同樣，掌握了這個規律就可以根據卜祭日求得王名，或根據王名求得卜祭日。

上面我們分析了使用彡（日）、翌（日）、祭、𡧊、𢆶（日）和㕟、濩之祭的王賓卜辭，發現在這種卜辭中，卜祭日是與所祭

① 一條是：“□午卜，貞：［王賓］雍己彡日，亡尤。”（《粹》208、《京》5018，即《合集》35621），因干支表中無“己午”日，故知此辭卜祭日與王名不一致。第二條是“丁未卜，貞：王賓南庚彡，亡尤”（《前》1·13·5、《通》125，即《合集》35729）。

的王名或妣名相一致的，並且肯定了這是它們所特有的規律。那麼，是否在所有的王賓卜辭中，不管祭名為何，其卜祭日都是與祖先名相一致的呢？答案是否定的。試看在以“彡夕”爲祭名時卜辭的情況：

(12) 癸酉卜，貞：王賓大甲彡夕，[亡尤]。

《續存·下》868（《合集》35538）

(13) 甲戌卜，貞：王賓祖乙彡夕，亡尤。

《京》5029（《合集》35677）

(14) 乙酉卜，貞：王賓外丙彡夕，亡尤。

《前》1·5·1（《通》227）（《合集》35552）

(15) 丙申卜，貞：王賓武丁彡夕，亡尤。

《京》5042（《合集》35841）

上面我們舉了以甲、乙、丙、丁爲日干名的四王受“彡夕”之祭的卜辭①，辭中祭甲名王大甲在癸日（癸酉日），祭乙名王祖乙在甲日（甲戌日），祭丙名王外丙在乙日（乙酉日），祭丁名王武丁在丙日（丙申日）。顯然，卜祭日都不與王名一致，但是這種卜辭也是有規律可尋的，我們發現其卜祭日均比王名的日干名提前一天，檢查所有此類卜辭，未發現一條例外。因此，卜祭日比王名提前一天是以“彡夕”爲祭名的“王賓”卜辭的特有規律。掌握了這個規律，也可以在卜祭日殘缺時，根據王名求得，或者在王名殘缺時，根據卜祭日求得。如殘辭：

(16) □卯卜，貞：王[賓]戔甲彡夕，[亡]尤。

《前》4·21·3（《合集》35664）

① “彡夕”之祭未見祭先妣的辭例。

這是一條“王賓”卜辭的殘辭，祭名爲“彡夕”，所祭之祖先爲戔甲，祭日殘了天干日。我們根據前面分析的以“彡夕”爲祭名的“王賓”卜辭，其卜祭日均比祖先名提前一天的規律，可知此辭卜祭日應是戔甲之“甲”的前一日“癸”日，因此這條卜辭的卜祭日是“癸卯日”，其全辭應爲：“［癸］卯卜，貞：王［賓］戔甲彡夕，［亡］尤。”再如殘辭：

（17）丙辰卜，貞：王賓康彡夕，［亡尤］。
《粹》355（《京》5171、《續存·上》2287）（《合集》35961）

這條辭衹殘“亡尤”二字，卜祭日爲丙辰日，祭名為“彡夕”，所祭之祖先名省日干名，衹單稱“康”。根據以“彡夕”爲祭名的王賓卜辭，卜祭日均比王名提前一天的規律，可知其祖先的日干名必是祭日“丙”的後一日“丁”，也就是說，“康”即是指“康丁”。由此得知，“康丁”在帝乙、帝辛時期又被單稱作“康”。

至此，我們分析了以彡（日）、翌（日）、祭、𡧊、𠭘（日）、𪓐、濩、彡夕為祭名的王賓卜辭，發現雖然這些卜辭的文例完全相同，都為“干支卜貞王賓王名祭名亡尤”的形式，但所選用的卜祭日卻不相同，有的卜祭日與祖先名一致，有的就不一致。造成這種情況的原因是什麼呢？很顯然，在這裏起着關鍵作用的是祭名，由於使用的祭名不同，導致了卜祭日的不同。使用彡（日）、翌（日）、祭、𡧊、𠭘（日）、𪓐、濩等祭名時，卜祭日就與祖先名一致；而使用彡夕爲祭名時，卜祭日就要比祖先名提前一天了。如前舉第（3）條卜辞（《前》1·5·4、《通》241）以“祭”祭外丙是在丙日（丙子日），卜祭日與祖先名一致；而第（14）條卜辭（《前》1·5·1、《通》227）以“彡夕”之祭祭外丙，卜祭日就不是在丙日，而是在“丙”的前一天“乙”日（乙酉日）了。這説明：即使在相同文例的卜辭中，祭祀同一個祖先時，使用的祭名不同，則卜祭日也是不相同的。

由陳夢家所列舉的祭祀文武帝的卜辭，我們得知：不同文例、不同祭祀方法的卜辭，其卜祭日是不相同的；現在我們又通過對王賓卜辭的分析得知：即使卜辭文例相同，但祭祀方法不同，則卜祭日也是不相同的。反過來，如果卜辭文例不同，而祭祀方法相同，卜祭日的情況又是怎樣的呢？一般地説，卜祭日也是不相同的，這一點我們將在本文後半部分介紹祭祀文武帝的卜辭時予以説明。

既然不同文例，或不同祭祀方法的卜辭，其卜祭日往往是不相同的，那麽，理應在不但文例相同，而且祭祀方法也相同的情況下，卜祭日纔能相同，這是不言而喻的。爲進一步説明這個問題，我們試對另一使用較多的卜辭類型“祊祭”卜辭進行分析。

所謂“祊祭”卜辭又可分爲三種類型：第一種爲“干支卜貞祖先名祊其牢”；第二種爲“干支卜貞祖先名衩祊其牢”；第三種爲“干支卜貞祖先名宗祊其牢”。三種形式基本相同，衹是第二種在“祊”前加一“衩”字，第三種在“祊”前加一“宗”字。

下面我們逐一來分析这三種形式：

第一種“干支卜貞祖先名祊其牢”共有以下幾種辭例：

（18）丙戌卜，貞：武丁祊，其牢。兹用。

《佚》981（《合集》35829）

（19）丙辰卜，貞：祖丁祊，其牢。

《龜》1·13·9（《合集》35861）

（20）癸巳卜，貞：祖甲祊，其牢。兹用。

《前》1·19·6（《通》68）（《合集》35932）

（21）丙申卜，貞：康祖丁祊，其牢。羊。兹用。

《前》1·12·7（《通》54）（《合集》35975）

（22）丙午卜，貞：康祖丁，其牢。𦍋。

《前》1·12·7（《通》54）（《合集》35975）

（23）丙子卜，貞：康祊，其［牢］。

《合集》35981

（24）甲辰卜，貞：武乙祊，其牢。兹用。

《簠·帝》118（《续》1·26·8）+《契》264（《合集》35837）

（25）甲辰卜，［貞］：武祖乙祊，其［牢］。

《合集》36065

（26）甲申卜，［貞］：武祊，其［牢］。

《前》1·18·2（《合集》36058）

（27）丙戌卜，貞：文武祊，其牢。兹用。

《前》1·11·1（《合集》36134）

（28）丙申卜，［貞］：文武丁祊，其［牢］。

《續存·上》2290（《合集》36138）

（29）壬子［卜］，［貞］：母癸祊，其［牢］。兹用。

《簠·帝》241（《續》1·43·5）（《合集》36325）①

（30）丁丑卜，貞：祖丁祊，其牢。兹用。

《安明》2882（《合集》35858）

（31）甲申卜，貞：祖甲祊，其牢。兹用。

《前》1·31·3（《合集》35914）②

（32）乙丑［卜］，［貞］：武乙［祊］，［其］牢。

《安明》2882（《合集》35858）

（33）丁未卜，貞：父丁祊，其牢。在［十］月又□。

① 另有《合集》36342也為“□□［卜］，［貞］：母癸祊，［其牢］”，過去多認為“祊其牢”卜辭不祭母、妣，今發現此兩條，知亦適用於母輩。

② 另還有一甲日祭祖甲的辭例：“甲午卜，貞：祖甲祊，其牢。”（《契》277，即《合集》35834）

茲用。隹王九祀。

《珠》391（《合集》37853）

由上述辭例可知，“祊其牢”一形式的卜辭共祭武丁、祖丁、祖甲、康祖丁、康、武乙、武祖乙、武、文武、文武丁、父丁、母癸十二個稱呼。其中第（30）條至第（33）條是僅有的幾條卜祭日與所祭之祖先名一致的辭例，即祭祖丁、父丁在丁日，祭祖甲在甲日，祭武乙在乙日。而大量的是第（18）條至第（29）條的形式，即祭丁名王武丁、祖丁、康祖丁、文武丁均在丙日進行；祭甲名王祖甲在癸日進行；祭乙名王武乙在甲日進行；祭母癸在壬日進行。這就是說，卜祭日均比祖先名提前一天。辭中有一省略“祊”字的例子［第（22）條，即《前》1·12·7］，但並不影響卜祭日與祖先名之間的關係。我們在近二百三十條此類卜辭中，祇發現一條卜祭日不是在祖先名前一天的例子①，因此可以斷定：卜祭日比祖先名提前一天是“祊其牢”卜辭的特有規律。根據這個規律，可知於丙子日受祭的“康”［第（23）條］即是丁名王康丁；於甲申日受祭的“武”［第（26）條］即是乙名王武乙；於丙戌日受祭的“文武”［第（27）條］即是丁名王文武丁。“康”“武”“文武”三稱都是省略了日干名的親稱。

一般地說，掌握一種形式卜辭的規律是很重要的，它對我們考察一些廟號（祖先名）或卜祭日起着決定性的作用。如第（26）條卜辭（《前》1·18·2）所祭的祖先衹單稱“武”，而見於卜辭的商王中“武丁”和“武乙”都帶有“武”字，如果不明瞭“祊其牢”卜辭中卜祭日與祖先名之間的關係，就很難確定此“武”究竟指誰。特別是“祊”字，在卜辭中與“丁”字一樣，皆寫作“□”，因此就很容易把“武祊”釋成“武丁”。如果我們

① “丙□［卜］，［貞］：武乙［祊］，［其］牢。”（《合集》36071）

懂得卜祭日比祖先名提前一天是“祊其牢”卜辭的特有規律，就可以正確地判斷出此條卜辭中［第（26）條］，於甲申日受祭的“武”的日干名應是“甲”的後一天“乙”，則“武”應是指乙名王“武乙”。

到此，第（18）條至第（33）條卜辭的十二個稱呼中，只剩下“祖丁”一稱究竟指誰的問題了。我們知道，商代除沃丁外，共有七個丁名王見於卜辭，即報丁、大丁、中丁、祖丁、武丁、康丁、文武丁（即文丁在卜辭中的稱呼，“文丁”一稱不見於卜辭）。因商代對祖輩以上的祖先都稱“祖”，所以帝乙對康丁以前的六個丁名王都可稱“祖丁”；而帝辛則對所有七個丁名王都能稱“祖丁”。那麼“祖丁”一稱究竟是指哪一個丁名王呢？可以用《後·上》20·5（重見於《通》57，即《合集》35803）說明：

（34）甲辰卜，貞：王賓求祖乙、祖丁、祖甲、康祖丁、武乙，衣，亡尤。

這是帝乙、帝辛時期的一條卜辭，其中祖甲、康祖丁、武乙是直係相連的三個王，由此推知祖乙、祖丁與此三王必也直係相連。因祖甲之父爲武丁，武丁之父爲小乙，所以此辭祖甲之前的祖丁必是指其父武丁，祖丁（武丁）之前的祖乙必是指其父小乙。則《後·上》20·5是一條直係五世合祭的卜辭，它說明了武丁在帝乙、帝辛時期又被稱作“祖丁”。

爲了更進一步說明祖丁必为武丁，我們再通過祭祀先妣的王賓卜辭來進行考察。前面談到，帝乙、帝辛時期的王賓卜辭，祭祀先妣時常常要在妣名前冠以所配之王名，所以如果我們把所有丁名王受祭的先妣與“祖丁”一稱受祭的先妣相比較，看看“祖丁”之配與哪一個丁名王之配完全相同，則祖丁就應是指哪一個丁名王。

商代見於卜辭的七個丁名王中，除了報丁無配偶被祭祀外，其他六個丁名王都有多少不等的配偶被祭祀。帝乙、帝辛時期各丁名王受祭的先妣分别爲：

大丁祇有一配妣戊被祭祀（《京》5077，即《合集》36205；《龜》1·12·1，即《合集》36204；《續》1·4·4，即《合集》36203；《合集》36206）。

中丁有兩配妣癸（《前》1·8·2，《通》194，即《合集》36233；《前》1·8·1，《後·上》2·12，《通》193，即《合集》36234；《後·上》2·13，《通》191，即《合集》36236）、妣己（《續》1·12·5，《佚》178，即《合集》36232）被祭祀。

祖丁（小乙之父）在帝乙、帝辛卜辭中多被稱作"四祖丁"①。四祖丁共有兩個配偶被祭祀，一個是妣己（《前》1·17·2，即《合集》36262；《後·上》3·11，《通》135，即《合集》36261；《合集》36257；《後·上》3·10，《通》134，即《合集》36260；《後·上》3·12，《通》137，即《合集》36259；《續存·上》2293，即《合集》36258）。另一個是妣庚（《簠·帝》67+《簠·帝》82+《簠·帝》89，《續》1·17·7，即《合集》36252）。

而稱"祖丁"者是有三個配偶被祭祀的：

(35) 辛酉卜，貞：王賓祖丁奭妣辛壹，亡尤。

《契》274（《合集》36270）

(36) 癸酉卜，貞：王賓祖丁奭妣癸𠭰日，亡尤。

① 陳夢家：《殷虛卜辭綜述》，第425—426頁。但在這裏，陳夢家把《續》1·17·7片中祭小乙之配妣庚和祭四祖丁之配妣庚的卜祭日弄顛倒了。原片中祭小乙之配是在庚子日，祭四祖丁之配是在庚辰日。而陳夢家引爲祭小乙之配爲庚辰日，祭四祖丁之配爲庚子日了。

《後・上》3・14（《通》138）（《合集》36274）[①]

（37）戊寅卜，貞：王賓祖丁奭妣［戊］亯，亡［尤］。

《掇二》215（《合集》36277）

第（35）條於辛酉日亯祭祖丁之配妣辛；第（36）條於癸酉日劦祭祖丁之配妣癸；第（37）條是於戊寅日亯祭祖丁之配的，辭中妣名已殘，但根據前面已揭示的在王賓卜辭中，以五種祀典祭祀先妣時，卜祭日與妣名必相一致的規律，可知此辭於戊寅日亯祭的祖丁之配必为"妣戊"。由第（35）條、（36）條、（37）條卜辭得知："祖丁"一稱是有名妣辛、妣癸、妣戊的三配偶被祭祀的。前面提到小乙之父祖丁（四祖丁）是有名妣己、妣庚兩配偶被祭祀的。因此，四祖丁與稱"祖丁"者的配偶不相同，則此"祖丁"非指小乙之父祖丁。

武丁是有三個配偶被祭祀的：

（38）辛巳卜，貞：［王］賓武丁奭妣辛亯，亡尤。

癸未卜，貞：王宾武丁奭妣癸亯，亡尤。

戊子卜，貞：王宾武丁奭妣戊亯，亡尤。

《後・上》4・7＋《後・上》4・8＋《後・上》4・9（《通》84＋《通》85＋《通》83）（《合集》36268）

這是一拼合版，共祭武丁的三個配偶：妣辛、妣癸、妣戊。[②]

康丁衹有一配妣辛被祭祀（《後・上》3・9，《通》61，即

① 其他祭"祖丁奭妣癸"的卜辭還有《後・上》3・13（《通》139），即《合集》36275。

② 其他祭武丁之配的卜辭還有：妣癸：《後・上》4・10，即《合集》36271、《粹》298，即《合集》36272、《合集》36273、《簠・帝》90，即《合集》36276、《前》1・17・4，即《合集》36269。妣辛：《前》1・37・4，即《合集》36267、《前》1・17・4，即《合集》36269。

《合集》36289；《後・上》4・14，《通》62，即《合集》36290；《合集》36291）。

文丁也衹有一配母（妣）癸被祭祀（《前》1・31・2，即《合集》36319；《龜》1・13・18，即《合集》36315，等）。

上文我們列舉了除報丁外，大丁、中丁、祖丁（四祖丁）、武丁、康丁、文丁各丁名王之配偶受祭祀的情況，又列舉了“祖丁”一稱的配偶受祭祀的情況。我們可以看到：“祖丁”受祭祀的配偶與大丁、中丁、四祖丁、康丁、文丁受祭祀的配偶都不相同，而與武丁受祭祀的配偶卻完全相同，都是名妣辛、妣癸、妣戊的三配偶被祭祀。因此，毫無疑問，“祖丁”與武丁必是一人，祖丁是武丁的另一稱呼。

考察出“祖丁”一稱是指武丁，則“祊其牢”形式的卜辭所祭的對象及其稱呼就全部清楚了：

武丁，又稱祖丁。

祖甲。

康丁，又稱康祖丁，還單稱康。

武乙，又稱武祖乙，還單稱武。

文丁，稱文武丁，還單稱文武，又一帝乙時卜辭［第（33）條，即《珠》391，也即《合集》37853］稱其爲父丁。

母癸爲文丁之配，帝乙稱其爲母。

這就是説，“祊其牢”卜辭所祭的祖先衹有武丁、祖甲、康丁、武乙、文丁五王和文丁之配母癸。這五王是直係相連的，而旁係祖甲之兄祖己、祖庚，康丁之兄廩辛則不受此種祭祀；並且除文丁之配外其他各王之配也均不受此種祭祀。這樣看來，“祊其牢”卜辭是對世係較近的直係祖先的一種特祭卜辭。在這種特殊祭祀中，各祖先還被付與多種稱呼。由這些稱呼可知：武丁、康丁、武乙都被加稱“祖”（祖甲本来就稱祖），五世連起來就是祖丁（武丁）、祖甲、康祖丁、武祖乙、父丁（文丁）、母癸。由對文丁不稱“祖”而稱“父”，對其配不稱“妣”而稱“母”來看，“祊其牢”卜辭應爲帝乙時所卜。

“祊即是廟，其訓廟門，又或訓廟門内，或訓廟門外，皆廟義之引申也。”① “祊其牢”卜辭均是卜問於某祖先之廟舉行用牢之祭是否吉利一事的。

“祊祭”卜辭的第二種形式“干支卜貞祖先名裸祊其牢”共有以下幾種辭例：

(39) 甲申卜，貞：武乙裸祊，其牢。

《簠・帝》125（《續》1・26・7）（《合集》36106）

(40) 甲戌卜，貞：武乙裸，其牢。

《安明》2908（《合集》36104）

(41) 甲子卜，貞：武祖乙裸祊，其牢。兹用。

《前》1・10・4（《通》51）（《合集》36103）

(42) 甲寅卜，貞：武祖乙裸，其牢。

《前》1・18・1（《通》37）（《合集》36115）

(43) 丙午卜，貞：文武丁裸祊，其牢。

《前》1・18・1（《通》37）（《合集》36115）

(44) 丙申卜，貞：文武裸祊，其牢。兹用。

《合集》36166

(45) 丙戌卜，貞：文武裸，其牢。

《前》4・38・3（《合集》36164）

由上述辭例可知：“裸祊其牢”一形式的卜辭共祭武乙、武祖乙、文武丁、文武四個稱呼，前面已說明“文武”即“文武丁”。這就是說，此種形式的卜辭所祭之祖先祇有武乙和文丁二王。

① 楊樹達：《積微居甲文說》，1954 年。

第（39）條至（42）條卜辭祭乙名王武乙均在甲日（甲申、甲戌、甲子、甲寅）進行，第（43）條至（45）條卜辭祭丁名王文丁均在丙日（丙午、丙申、丙戌）進行。這說明：在“㞢祊其牢”卜辭中，卜祭日也是比祖先名提前一天的。辭中“祊”字有時被省略掉［如第（40）條、（42）條、（45）條］，但並不影響卜祭日與廟號之間的關係。我們在所有“㞢祊其牢”卜辭中，衹發現一條祭文武丁不是在丙日的特例（此條卜辭下文即進行分析），其他卜祭日均比祖先名提前一天，因此可以肯定：與“祊其牢”卜辞一样，卜祭日比祖先名提前一天也是“㞢祊其牢”卜辭的特有規律。同樣，掌握了這個規律就可以在祖先名殘缺時，根據卜祭日求得，或者在卜祭日殘缺時，根據祖先名求得。

與“祊其牢”卜辭相比，“㞢祊其牢”卜辭所適用的範圍就更小了，它衹限於武乙和文丁二王，其他諸祖、諸妣則一概不祭。因此它是對世係更近的祖先的一種特祭卜辞。在這種特殊祭祀中，武乙和文丁也被付與多稱，武乙又被稱為武祖乙；文丁稱文武丁，又單稱文武。由對武乙称“祖”，對文丁不稱“祖”來看，“㞢祊其牢”卜辭應爲帝乙時所卜。

“㞢”字，葉玉森、陳夢家釋“升”，“疑當為禰，即親廟”[①]。于省吾先生釋“必”，謂“必亦作祕，金文作宓，均為祀神之室”[②]。總之，“㞢”即為神宮、廟室之義。與“祊”字一樣，也是指廟室之類的建築物。“㞢祊其牢”卜辭均是貞問於武乙或文丁的廟室裏舉行用牢之祭是否吉利一事的。

這裡需要提及的是陳夢家例證中的《簠・帝》140（即《合集》36167），這條卜辭陳釋為“甲申卜……文武［帝］升……”[③]，把它當成一條祭祀“文武帝”一稱的卜辭，這是不確的。按卜辭

① 陳夢家：《殷虛卜辭綜述》，科學出版社 1956 年版，第 470 頁。
② 于省吾：《雙劍誃殷契駢枝三編・釋必》，1944 年。
③ 陳夢家：《殷虛卜辭綜述》，科學出版社 1956 年版，第 422 頁。

行款及所存之字應釋成“甲申卜，［貞］：文武□𢍏□，□牢”（“𢍏”，陳釋“升”）。這分明是一條“𢍏祊其牢”卜辭的殘辭，上面我們已經證實“𢍏祊其牢”卜辭祇祭武乙、武祖乙、文武丁、文武四個稱呼，並不見祭“文武帝”一稱的。因此《簠・帝》140（《合集》36167）“文武”之後所殘一字不是“帝”字，而應是“丁”字，此辭所祭的祖先名應是“文武丁”，而不是“文武帝”。它的正確釋文應是：“甲申卜，［貞］：文武［丁］𢍏［祊］，［其］牢。”李學勤同志也曾指出其“帝”字是臆補的①，是完全正確的。還需指出的是：《簠・帝》140（《合集》36167）確屬一特例，因為按“𢍏祊其牢”卜辭的規律，卜祭日是比祖先名提前一天的，那麼祭丁名王文武丁應在丙日，但此辭卻是在甲日（甲申日），我們查遍所有“𢍏祊其牢”卜辭，均不見此種現象，因此《簠・帝》140（《合集》36167）確是個獨一無二的特例，或許“甲申”日是“丙申”日的誤刻也不無可能。

“祊祭”卜辭的第三種形式“干支卜貞祖先名宗祊其牢”共有以下幾種辭例：

（46）甲申卜，貞：武乙宗祊，其牢。兹用。

《簠・帝》132＋《簠・典》85（《續》1・27・1）（《合集》36081）

（47）甲寅卜，貞：武乙宗，其牢。

《簠・帝》114＋《簠・帝》134＋《簠・帝》239（《續》1・25・8）（《合集》36090）

（48）甲寅卜，貞：武祖乙宗祊，其牢。兹用。

《合集》36094

（49）甲辰卜，貞：武祖乙宗，其牢。

① 李學勤：《殷代地理簡論》，科學出版社1959年版，第31頁。

《佚》984（《合集》36089）

（50）丙戌卜，貞：文武丁宗祊，其牢。

《南·上》119（《綴二》85）（《合集》36154）

（51）丙午卜，貞：文武丁宗，其牢。

《龜》2·25·4（《珠》76）（《合集》36157）

（52）丙午卜，貞：文武宗，其牢。兹用①。

《虚》64（《合集》36159）

（53）丙午卜，貞：文宗［祊］，其［牢］。

《合集》36160（圖1）

圖1 《合集》36160

由上述辭例可知："宗祊其牢"一形式的卜辭共祭武乙、武祖乙、文武丁、文武、文五個稱呼。武祖乙即武乙，文武丁、文武即文

① 此辭"用"字錯刻成"㒳"字。

丁。第（46）條至第（49）條卜辭祭乙名王武乙均在甲日（甲申、甲寅、甲辰）進行；第（50）條至第（52）條卜辭祭丁名王文丁均在丙日（丙戌、丙午）進行。這就是說，卜祭日均比祖先名提前一天，辭中“祊”字有時也被省略掉，［如第（47）條、（49）條、（51）條、（52）條卜辭］，但也不影響卜祭日與廟號（祖先名）之間的關係。我們檢查所有“宗祊其牢”卜辭，均未發現違反這個原則的，因此，卜祭日比祖先名提前一天也是“宗祊其牢”卜辭的特有規律。按這個規律檢查第（53）條卜辭，可知於丙日（丙午日）受祭的“文”的日干名必是“丁”，“文”應是丁名王。商代丁名王中祇有文丁一人帶有“文”字的稱呼，因此“文”必是指丁名王文丁。

與“𰆋祊其牢”卜辭一樣，“宗祊其牢”卜辭所祭的對象也祇限於武乙和文丁二王[①]，其他諸祖、諸妣也無一受此種祭祀的，因此“宗祊其牢”卜辭也是對世係更近的祖先的一種特祭卜辭。在這種特殊祭祀中，武乙和文丁也被付與多稱，武乙又被稱為武祖乙，文丁稱作文武丁、文武，還被單稱作“文”。由對武乙稱“祖”，對文丁不稱“祖”來看，“宗祊其牢”卜辭也應為帝乙時所卜。

“宗”即“宗廟”，“宗祊其牢”卜辭均是貞問於武乙或文丁的宗廟裏舉行用牢之祭是否吉利一事的。

以上，我們詳細地分析了“祊祭”卜辭的三種類型。我們看到，由於這三種卜辭的形式完全相同，所以卜祭日與廟號（祖先名）之間的關係也就完全相同，即卜祭日均比祖先的日干名提前

---

① 陳夢家在《殷虛卜辭綜述》第470頁云：“乙辛卜辭日祭康丁至帝乙諸王，某某宗與某某升互見。”（“日”即“祊”，這裏陳從董作賓之說。“升”即“𰆋”）這個結論是不確的。由本文分析得知，某某宗與某某升（𰆋）祇限於武乙和文丁二王。不見有康丁宗（祊）、康丁𰆋（祊）、帝乙宗（祊）、帝乙𰆋（祊）之例。陳誤認文武帝爲帝乙，把《續存·上》2295（《合集》38230）“文武帝宗”誤認爲是帝乙宗，又把《簠·帝》140（《合集》36167）“文武丁𰆋”誤認爲是帝乙升所致。

一天，這是“祊祭”卜辭所特有的規律。這説明了：衹有在卜辭文例相同、祭祀方法也相同的情況下，卜祭日與廟號（祖先名）的關係纔能相同，也就是説纔有規律可循，我們根據這些規律纔能够正確地解決廟號（祖先名）或卜祭日的問題。因此，我們在利用卜辭解決文武帝的日干名時，就必須要遵循上述原則，找出一種既適用於文武帝，亦適用於其他祖先的卜辭，這種卜辭不但要文例相同，而且祭祀方法也要相同。我們首先從祭祀其他祖先的卜辭中找出卜祭日與廟號之間的特有規律，然後再用這個規律去考察祭祀文武帝的卜辭，從而就可以準確無誤地求得文武帝的日干名了，這樣文武帝的所指也就明白了。

有關祭祀文武帝的卜辭至今衹發現十多條，而且又多是殘辭，這就給我們的研究工作帶來很大的困難。但我們仍發現其中有與其他祖先使用相同文例的卜辭，這種卜辭的形式爲：“干支卜貞翌日干支王其又勺于祖先名录正王受又＝。”它不但適用於文武帝，還適用於武乙及妣癸。在這種卜辭中，卜祭日與祖先名的關係是怎樣的呢？現在，我們首先來分析祭祀武乙和妣癸的卜辭：

祭祀武乙的，共找到三條：

(54) 癸酉卜，貞：翌日乙亥，王其又勺于武乙录，正，王受又＝。

《前》1·20·7（《通》47）（《合集》36123）

辭中“癸酉”日是卜問之日，“翌日”在此為記時之稱，指未來日（但一般多指次日）。“乙亥”日是祭日。又、勺、正均是祭名。“录”即親廟。卜辭大意是説：癸酉這天占卜，貞問在第三天乙亥日，商王要親自到武乙的廟室裏去行又、勺、正之祭，王是會得到（上帝）保佑的吧？在這裏，乙名王武乙是於乙日受祭的，這就是説祭日是與所祭祖先的日干名一致的。

（55）［甲辰］卜，貞：翌日乙巳，王其又彳［于武］乙彔，正，王受又=。

《京人》2951（《合集》36124）

這條辭的卜日已殘，祭日是“乙巳”日，根據“翌日”一般多指次日的原則，可知其卜日應是乙巳日的前一天“甲辰”日；祭祀的王名殘了尊稱，但日干名“乙”猶存，由於除武乙一名乙名王外，未見有其他乙名王受此種祭祀的，故知所祭之祖先仍是武乙。此辭與上辭一樣，乙名王武乙仍是於乙日（乙巳日）受祭的，則祭日仍是與所祭祖先的日干名一致的。

（56）甲午卜，貞：［翌日］乙未，王［其又彳］于武彔，［正］，王受［又=］。

《前》4・38・5（《合集》36170）

此辭殘數字，但根據前兩辭可補全。辭中卜問之日是甲午日，祭日是甲午日的第二天乙未日。所祭之祖先省略了日干名，單稱“武”。我們在分析“祊其牢”卜辭時，已得知武乙又被單稱作“武”［第（26）條卜辭，即《前》1・18・2，也即《合集》36058］，所以，這條辭所祭的“武”就是武乙。與前兩辭一樣，武乙仍是在乙日（乙未日）受祭的，則祭日仍是與所祭祖先的日干名一致的。

祭祀妣癸的卜辭情況又是怎樣的呢？卜辭：

（57）［壬寅］卜，貞：翌日癸卯，王其［又彳于］妣癸彔，正，王受又=。

《龜》1・13・18（《合集》36315）

辭中卜日已殘，祭日為癸卯日，根據“翌日”一般多指次日的原則，可知卜日應為癸卯日的前一天壬寅日。所祭的祖先為妣癸。於癸卯日祭祀妣癸，則祭日是與所祭先妣名一致的。卜辭大意是說：在壬寅日進行占卜，貞問在第二天癸卯日，商王要親自到妣癸的廟室里去舉行又、勺、正之祭，王是會得到（上帝）保佑的吧？妣癸是文丁之配，帝辛稱其為妣，因此這條卜辭應為帝辛时所卜。

以上，通過對祭祀武乙、妣癸的卜辭的分析得知：在“干支卜貞翌日干支王其又勺于祖先名彔正王受又=”一形式的卜辭中，卜日是與祖、妣名沒有關係的，而祭日（即“翌日”之後的干支）卻是與所祭的祖名或妣名一致的，如祭武乙均在乙日，祭妣癸在癸日，未見有祭日與祖、妣名不一致的情況，就說明了：祭日與祖先名一致是這種卜辭的特有規律。特別能說明問題的是第（54）條卜辞（即《前》1・20・7，即《通》47，也即《合集》36123），辭中的卜日是癸酉日，貞問於第三天乙亥日祭祀武乙一事的。本来按“翌日”一般多指第二天的原則，其祭日應是癸酉日的次日甲戌日，但此辭卻跳過第二天，選在第三天乙亥日祭祀武乙，很顯然，這是爲了使祭日與王名保持一致而有意選擇的。這就說明了，在這種卜辭中祭日與祖、妣名一致是法定的，是不能違犯的規律。因此，我們衹要掌握了這個規律，就可以在祖先名殘缺的情況下，根據“翌日”之後的祭日來求得；或者在祭日殘缺時，根據祖先名來求得。而“文武帝”一稱正是因為缺少日干名纔引起了各家的爭論，現在我們就可以利用上面所揭示的規律來考察祭祀文武帝的同種形式的卜辭，辭中“翌日”之後的祭日為何，則文武帝的日干名也就應為何。

天津博物館有一藏骨，辭爲：

（58）丙戌卜，貞：翌日丁亥，王其又勺于文武帝，正，王受又=。

《合集》36168（圖2）

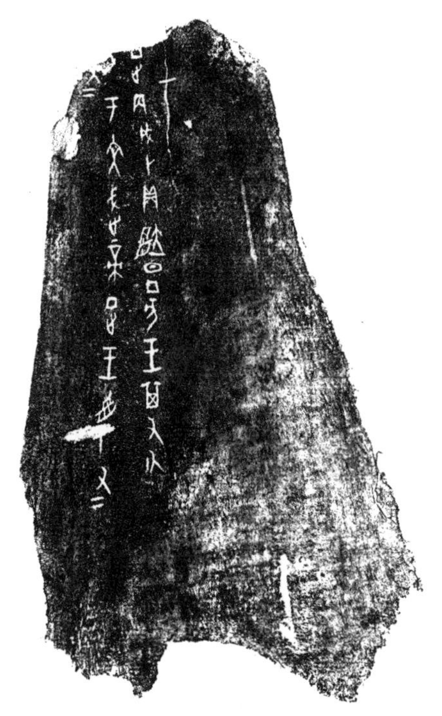

圖 2　《合集》36168

一看即知，此辭與前舉祭祀武乙和妣癸的卜辭形式完全相同，祇在祖先名後省略了一个“𡧊”字。我們在分析“祊其牢”“𡧊祊其牢”“宗祊其牢”卜辭時，均發現有省略“祊”字的例子，但都不影響卜祭日與祖先名之間的關係。而“𡧊”與“祊”意義相同，均指廟室等建築物，所以此辭省略“𡧊”字也不應影響祭日與廟號（祖先名）之間的關係。

辭中丙戌日是卜問之日，丁亥日是祭日。卜辭大意是說：於丙戌日占卜，貞問在第二天丁亥日，商王要親自到文武帝的廟室里去行又、𠂇、正之祭，王是會得到（上帝）保佑的吧？辭中文武帝是於丁亥日受祭的，按照前面我們所揭示的此種形式卜辭的規律是：卜日與祖先名之間沒有關係，而祭日是與祖先名一致的。因此，文武帝的日干名應從祭日為“丁”，也就是說，文武帝應爲丁名王。

同樣的例子我們還找到一條，它與前舉的第（56）條祭祀武乙的卜辭同版（即《前》4・38・5，也即《合集》36170），而且卜辭文例也完全相同。其辭為：

（59）丙戌卜，貞：［翌日］丁亥，王其［又𠂤］于文武［帝𩇨］，［正］，王受［又=］。

這條辭與第（58）辭完全相同，也是於丙戌日進行占卜，祭日也為丁亥日。同是貞問商王要在丁亥日親自到文武帝的廟室里去行又、𠂤、正之祭，王是會得到（上帝）保佑的吧？辭中文武帝的"帝"字已殘。何以知道"文武"之後必为"帝"字呢？我們可用同類型的卜辭加以印證，除了前舉第（58）條卜辭可做證外，尚有《前》1・22・2（《合集》36169）、《續存・上》2354（《合集》36171）可證此類卜辭所祭是文武帝一稱：

（60）□□卜，貞：翌日□□，王其又𠂤［于］文武帝𩇨，正，王受又=。①

《前》1・22・2（《通》38）（《合集》36169）

（61）□□［卜］，貞：翌日□□，［王其］又𠂤［于文武］帝，正，［王受］又=。

《續存・上》2354（《合集》36171）

以上二辭均因殘掉了干支而無法作為考證文武帝日干名的例證，但它們可證此類卜辭所祭"文武"之後必為"帝"字。又第（61）條（《續存・上》2354，即《合集》36171）所殘是"文

① 此辭的"翌日"，陳夢家誤釋為"大乙日"。見《殷虛卜辭綜述》，科學出版社1956年版，第422頁。

武”二字，而第（59）條（《前》4·38·5，即《合集》36170）所殘是“帝”字，因此這兩條辭又可以互為補證。總之，第（58）條、（60）條、（61）條卜辭都證明了第（59）條卜辭“文武”之後所殘之字必為“帝”字，所祭之祖先名必是“文武帝”一稱。

第（59）條卜辭（《前》4·38·5，即《合集》36170）與第（58）條卜辭（《合集》36168）一樣，也是於丁亥日祭祀文武帝。同樣，根據此類卜辭祭日必與祖先名一致的規律，則文武帝的日干名應從祭日“丁”，文武帝應為丁名王。由此我們還可以反證出第（60）條、（61）條卜辭所殘的祭日都應為丁日，文武帝都應在丁日受祭祀。

以上，我們根據“干支卜貞翌日干支王其又彳于祖先名彔正王受又=”卜辭的祭日與祖先名相一致的規律，求得了文武帝的日干名爲“丁”。那麼它是指商王朝的哪一個丁名王呢？查文丁以前的各期卜辭中均未有“文武帝”一稱，也就是說，康丁以前各丁名王均無稱作文武帝的，所以此文武帝必是指文丁。

“干支卜貞翌日干支王其又彳于祖先名彔正王受又=”一形式的卜辭祇祭武乙、武、文武帝、妣癸四稱。“武”即武乙；“文武帝”即文武丁，也即文丁；妣癸”即帝辛稱文丁之配。[①] 因根據“干支卜貞翌日干支王其又彳于祖先名彔正王受又=”卜辭祇祭武乙、文丁二王來看，它是一種對世係更近的祖先的特祭卜辭。而帝乙、帝辛時期對康丁以前諸王的配偶都不行特祭，祇對文丁之配“癸”舉行多種特祭，如前舉“祊其牢”特祭卜辭中，有祭母癸（帝乙時稱）的辭例；另外還有一種數量較多、專祭母癸的特

① 筆者後來對此觀點有所改變：認爲第五期卜辭中的不冠先王名的“妣癸”和“母癸”是武乙之配，“母癸”是文丁對武乙之配的稱呼，“妣癸”是帝乙或帝辛對武乙之配的稱呼。即她不是歷來所認定的文丁之配，而是武乙之配。詳見《祊祭卜辭時代的再辨析》，《甲骨文與殷商史》第二輯，上海古籍出版社 1986 年版。

祭卜辭，其形式爲“干支卜貞母癸祊叀羊”。由此看來，衹祭武乙、文丁二王的“干支卜貞翌日干支王其又𢆶于祖先名𡆥正王受又=”特祭卜辭，又衹祭一個“妣癸”，這個妣癸必是世係更近的祖先的配偶，而對帝乙、帝辛來說，世係更近（前一世、二世或三世）的祖先中，衹有文丁之配稱“癸”，所以此“妣癸”必是指文丁之配，帝辛時稱其爲妣，因此有“妣癸”的此類卜辭必為帝辛時所卜。由此又可證明，殷墟確有帝辛時卜辭，則帝乙遷都之說是不確的。

需要指出的是：卜辭中除了丁日祭文武帝外，還有乙日卜祭文武帝的例子，這就是陳夢家例證中的第（2）條（《簠·帝》143，《續》2·7·1，即《合集》35356）和第（3）條（《前》4·17·4，即《合集》36173），陳夢家的釋文欠妥，今重釋如下：

(62) 乙丑卜，貞：王其又𢆶于文武帝𡆥，其以羌其五人，正，王受又=。

《簠·帝》143（《續》2·7·1）（《合集》35356）

(63) 乙丑卜，［貞］：［王］其又𢆶［于文］武帝［𡆥］，三牢，正，［王受］又=。

《前》4·17·4（《合集》36173）

以上二辭與第（54）、（55）、（56）、（57）、（58）、（59）、（60）、（61）等諸條卜辭相比，雖然都有“王其又𢆶于”一語，但是很明顯，它們的文例是不相同的。首先這兩條辭在“干支卜貞”之後都無“翌日干支”一語，也就是說衹有卜日沒有祭日。而根據前面我們所分析的，在此種又、𢆶、正之祭的卜辭中，祖先名衹與祭日有關，而與卜日則無任何關係。因此，此二辭的文武帝一稱是與卜日沒有關係的，也就是說，我們是不能根據卜日來定文武帝的日干名的（或許此二辭是省略了祭日的辭例）。其次這兩條辭在

“王其又彳于文武帝彔”之後又分別加了“其以羌其五人”和“三牢”等字，一個是用人祭，一個是用牲祭。而根據本文已闡述的：不同文例的卜辭即使在祭祀同一個祖先時，其卜祭日往往是不相同的原則，則第（62）條、（63）條卜辭也是不會與第（58）條、（59）條卜辭有相同的卜祭日的。然而，這兩條辭與第（54）、（55）、（56）、（57）、（58）、（59）等條卜辭相比，卻說明了一個道理：即使祭名相同（都爲又、彳、正之祭），但如果卜辭文例不同，也是能使卜祭日不相同的。

再者，第（62）、（63）兩條辭又各成一種形式，而且這兩種形式均未見有祭祀其他祖先的辭例，因此我們對它們的廟號與卜祭日的關係無法進行比較研究。它們或許是屬於沒有統一形式的個別辭例，或許是出土者不多，那衹有待將來材料充足時再進行研究了。

總之，有乙日卜祭文武帝的例子絲毫也不影響我們對文武帝是丁名王的考證。因爲卜辭文例不同，或者祭祀方法不同都能導致卜祭日的不相同。如在“王賓”卜辭中，使用五種祀典祭祀丁名王武丁、康丁、文丁均是在丁日①，祭甲名王祖甲是在甲日②，祭乙名王武乙是在乙日③；而在各“祊祭”卜辭中，祭武丁、康丁、文丁等丁名王就是在丙日，祭祖甲就是在癸日，祭武乙就是

---

① 祭武丁的辭例：《前》1·18·3（《通》80，即《合集》35813）、《安明》2838（《合集》35812）。祭康丁的辭例：《前》1·23·8（《通》59，即《合集》35958）、《契》259（《合集》35959）、《寧》2·123（《合集》35960）、《粹》345（《合集》35953）、《續》1·26·10（《合集》35955）、《安明》2857（《合集》35957）、《書》55（《京人》2573，即《合集》35956）、《前》1·24·1（《通》58，即《合集》35889）。祭文丁的辭例：《簠·帝》141（《續》1·24·1，即《合集》36128）。

② 祭祖甲的辭例：《續存·下》870（《合集》35898）、《前》1·24·1（《通》58，即《合集》35889）、《龜》1·17·11（《通》66，即《合集》35894）、《寧》2·122（《合集》35910）。

③ 祭武乙的辭例：《續》1·27·2（《合集》36025）、《前》1·21·2（《通》46，即《合集》36026）、《簠·帝》124（《續》2·10·1，即《合集》36027）。

在甲日了。我們決不能因爲武丁、康丁、文丁有在丙日祭，祖甲有在癸日祭，武乙有在甲日祭的例子就定武丁、康丁、文丁為丙名王，祖甲為癸名王，武乙為甲名王。同樣，我們也決不能因爲文武帝一稱有在乙日卜祭的例子就定文武帝為乙名王。這些告訴我們：在利用卜辭解決祖、妣的廟號問題時，必須首先找出一種適用於幾個祖先的卜辭，這種卜辭不但要文例相同，而且祭祀方法也要相同，然後經過反復比較、印證，從中找出帶有規律性的東西，再用這個規律去考察同種形式的卜辭，這樣才能正確地解決祖、妣的廟號問題。而決不能衹簡單地看卜祭日為何，就草率地定出祖妣的日干名，這樣往往容易搞錯。

以上我們論證了文武帝是文武丁，亦即文丁。那麼“四祀𠨘其卣”銘文中的“文武帝乙”又是指誰呢？它和“文武帝”是指一個人嗎？為了回答這個問題，我們來看一下此卣銘文。銘文爲：“乙巳，王曰：障文武帝乙宜，在召大庿，遘乙翌日。丙午𩰫，丁未煮。己酉，王在梌，𠨘其賜貝。在四月，隹王四祀，翌日。”此卣為帝辛時所製，其銘文記載的是帝辛四祀四月，祭祀文武帝乙一事的。其中“遘乙翌日”之“翌日”是祭名，以後數日連祭，銘文末“隹王四祀，翌日”之“翌日”是記時之名。銘文開頭說逢乙巳日是以“翌日”之祭祭祀文武帝乙的日子。我們知道，“翌日”之祭是所謂五種祀典之一，在論述“王賓”卜辭時，我們已經指出：凡以五種祀典祭祀祖、妣時，其卜祭日均與祖、妣名相一致。現在需要進一步指出的是：五種祀典有其獨特的特點，即它是不受卜辭文例的影響的，它們在不同文例的卜辭中，都能使卜祭日與祖、妣名保持一致。如有一種“卜旬”卜辭，用以祭先祖時多適用於甲名先王①，在使用五種祀典祭甲名王時都在甲日舉行，如：

---

① 極個別的有祭乙名王大乙的，但祭名不為“彡日”，而是“彡夕”。又“卜旬”卜辭不適用於先妣。

（64）癸丑王卜，貞：旬亡禍。王占曰：吉。在六月，甲寅彡日上甲。

《合集》35422

（65）癸酉卜，貞：王旬亡禍。在十月，甲戌翌日大甲。

《續存・下》966（《合集》35402）

（66）癸巳王卜，貞：旬亡禍。王占曰：吉。在三月，甲午祭戔甲。

《續存・上》2687（《合集》35581）

（67）癸亥卜，貞：王旬亡禍。在三月，甲子壹象甲。

《珠》245（《合集》35749）

（68）癸卯卜，𢓊貞：王旬亡禍。在二月，甲辰⿱𦥑日祖甲。

《合集》35891

以上，我們對彡（日）、翌（日）、祭、壹、⿱𦥑（日）五種祀典在“卜旬”卜辭中祭甲名王的情況各舉了一例。由辭例可知：在“卜旬”卜辭中，五種祀典仍使甲名王都在甲日受祭，祭日仍與王名一致。這說明五種祀典是不受卜辭文例的影響的，無論在“王賓”卜辭中，還是在“卜旬”卜辭中，都使祭日與祖先的日干名保持一致。因此“四祀𠨘其卣”銘文說於“乙巳”日“翌日”祭“文武帝乙”，按照王名與祭日一致的原則，則“文武帝乙”應從祭日“乙”，爲乙名王帝乙（況且“文武帝乙”一稱本身已有日干名“乙”）。丁山、陳夢家認為“文武帝乙”即“帝乙”是完全正確的。但他們把卜辭中的“文武帝”也說成是“文武帝乙”，把“文武帝”與“文武帝乙”兩個截然不同的王名混為一談則是不對的。文武帝是文武丁即文丁；而文武帝乙則是文丁之子帝乙。

有關“文武帝乙”的卜辭在殷墟中尚未發現。[1]

總之，本文通過對帝乙、帝辛時期幾種主要祭祀卜辭的分析，不但論證了文武帝是文武丁，而且還得到了以下一些重要結論：

第一，從使用最廣泛的“王賓”卜辭也衹祭上甲以後的先王先妣來看，帝乙、帝辛時期對上甲以前的諸祖先已不再進行祭祀了。[2]

第二，從“祊其牢”卜辭衹選祭世係較近的武丁、祖甲、康丁、武乙、文丁直係五王和文丁之配、帝乙之母母癸，而對旁係如祖甲之兄祖己、祖庚，康丁之兄廩辛則不祭祀來看，它是一種對近世直係祖先的特祭卜辭；又從“彔祊其牢”“宗祊其牢”卜辭衹祭武乙、文丁二王，“干支卜貞翌日干支王其又彳于祖先名彔正王受又=”卜辭除祭武乙、文丁二王外，衹多祭一文丁之配“妣癸”（帝辛時稱）來看，這三種卜辭是對世係更近（前一世、二世、三世）的直係祖先的特祭卜辭。这些特祭卜辭表明：武丁、祖甲、康丁衹享受着“祊其牢”一種特祭；而武乙、文丁二王則享受着“祊其牢”“彔祊其牢”“宗祊其牢”及“干支卜貞翌日干支王其又彳于祖先名彔正王受又=”四種特祭；文丁之配（母、妣）癸享受着“祊其牢”“干支卜貞翌日干支王其又彳于祖先名彔正王受又=”和“干支卜貞母癸祊叀羊”三種特祭。這些表明了世係越近，則特殊祭祀就越多。

第三，對近世直係祖先不但舉行多種特殊祭祀，而且還賦予他們多種稱呼。如對武丁又稱祖丁，共二稱；对康丁又稱康祖丁，還單稱康，共三稱；對武乙又稱武祖乙，還單稱武，也是三稱；對文丁則稱文武丁，還單稱文武、文，又稱文武帝，共四稱。這

① 1977年在陝西省岐山縣鳳雛村發現的一片周原甲骨中有“文武帝乙”一稱。

② 《卜辭通纂》第349片（即《合集》38718）考釋說，此片（辭為：“庚申卜，貞：王賓熊，亡尤。”）的“熊”是指“仲熊”。今觀似不象。因王賓卜辭祭先祖時，在祖名後要附有祭名，成“干支卜貞王賓祖先名祭名亡尤”的形式，如此辭的“熊”是人名，就缺少祭名。我懷疑“熊”是祭名，不是祖先名。

表明，世係越近，則稱呼就越多。對近世祖先的加稱“祖”（祖丁[1]、康祖丁、武祖乙，祖甲本来已稱祖），是表示對他們的尊崇；而賦予他們的多種單稱，又表示了對這些近世直係祖先的格外親近。

從以上三點可以看出：帝乙、帝辛對自己的祖先不是一視同仁的，是有着親疏之别的。對上甲以前的遠世祖先一概不舉行任何祭祀則表示了對他們特别的疏遠；而對上甲以後的諸祖先也不是平等相待的，從特祭衹適用於近世直係祖先，而且是世係越近特祭也越多，就説明了這個時期是重近世而輕遠世，親直係而疏旁係。這種祭祀制度的變化是與商末王位繼承制的變化相符合的，商代末期由武乙到帝辛凡四世已廢除了兄終弟繼制而實行傳子制了，也就是説王位衹直係相傳而不再傳旁係了。

又從對先妣的祭祀來看，特祭實行得更嚴格，除文丁之配外，其他諸妣一律不給予特殊祭祀。我們已知，對先王的特祭可以上推到五世（至武丁），但對先妣的特祭則衹上推二世，這就説明到了商代末期，女性的社會地位是越來越低了。

對近世直係祖先的多種特祭和賦予他們多種稱呼，都説明到了商代末期，祭祀制度已有了很大的變化。

説明：本文最先發表於 1980 年出版的《古文字研究》第四輯（中華書局）。文中對第五期卜辭中不冠先王名的“妣癸”和“母癸”的所指與傳統看法一樣，認為是文丁之配。後來筆者在研究第五期“祊祭”卜辭的時代（見《祊祭卜辭時代的再辨析》，載《甲骨文與殷商史》第二輯，上海古籍出版社 1986 年版；又見本書附錄二）和周祭卜辭（《商代周祭制度》，中國社會科學出版社 1987 年版）時，改變了這個看法，認為不冠先王名的“妣癸”是

① 指武丁。

帝乙或帝辛對武乙之配的稱呼，“母癸”是文丁對武乙之配的稱呼，也即第五期中的“母癸”和不冠先王名的“妣癸”指的是武乙之配而不是歷來所認為的文丁之配。今為保持研究的原貌，也因為如要改動會牽涉全篇文字，故衹改動了個別文字，對上述觀點和由此觀點引述的關於卜辭的時代問題均沒有作變動。

附録二

祊祭卜辭時代的再辨析

祊祭卜辭是指董作賓甲骨分期中第五期裡專門刻在龜甲上的一種卜辭，其文例爲“干支卜貞祖先名（叏或宗）祊其牢”。我們過去曾根據其對武乙稱“祖”對文丁不稱“祖”的現象，斷定它們全爲帝乙卜辭。①

前不久，筆者爲寫一篇小文，曾就武乙、文丁祭祀的特殊性問題再一次檢閲了祊祭卜辭，結果發現過去我們把祊祭卜辭認作帝乙卜辭是不完全正確的，因爲從稱謂的共版關係和字體上，都可以看出祊祭卜辭應分屬兩個時代，而不是一個時代。但這兩個時代又不是自董作賓以來所認定的帝乙、帝辛時期，而應該是文丁、帝乙時期。下文就從稱謂的共版關係、字體的特徵及其演變兩個方面來對祊祭卜辭作進一步的辨別和分析，以求能正確地解決此種卜辭的時代問題和與之相關的其他問題。

---

① a. 關於筆者對祊祭卜辭的詳細分析請看《説文武帝——兼略述商末祭祀制度的變化》一文，載《古文字研究》第四輯，中華書局 1980 年版。b. “祊”字在卜辭作“□”，王國維、葉玉森、王襄、郭沫若釋“丁”，董作賓釋“日”，吴其昌、楊樹達、陳夢家釋“祊”，今暫從釋“祊”説。c. 日本學者島邦男對此種卜辭也曾作過研究（見《殷墟卜辭研究》第一篇第二章“禘祀”。趙誠同志釋文，載《古文字研究》第一輯，第 404—406 頁），但他的研究是存在問題的，詳見筆者《關於周祭中武乙文丁等的祀序問題》一文之註 28，載《甲骨文與殷商史》，上海古籍出版社 1983 年版。

一　稱謂的共版關係

過去我們曾總結出祊祭卜辭共出現以下一些稱謂：武丁、祖丁（武丁的另一稱呼）；祖甲；康丁、康、康祖丁；武乙、武、武祖乙；文武丁、文武、文；母癸；現在又發現其中的武乙（包括武）與武祖乙兩稱謂之間，武乙與文丁各稱謂之間，以及武祖乙與文丁各稱謂之間，在共版關係上是有一定的規律的。下文是按照武乙與武祖乙兩種稱謂分爲兩組的祊祭卜辭所揭示的情況。

第一大組：

（1）丙戌卜，貞：武丁祊，其牢？
　　甲申卜，貞：武乙宗祊，其牢？兹用。
《簠・帝》93＋《簠・帝》133（《合集》36082）（圖6）

（2）癸巳［卜］，［貞］：祖甲［祊］，［其］牢？
　　甲午卜，貞：武乙宗祊，其牢？
《合集》36085

（3）癸亥卜，貞：祖甲祊，其牢？
　　甲子卜，貞：武乙祊，其牢？兹用。
　　丙寅卜，貞：武丁祊，其牢？
《安明》2896（《合集》35818）

（4）甲辰卜，貞：武乙祊，其牢？兹用。
　　癸丑卜，貞：祖甲祊，其牢？兹用。
　　丙午卜，貞：武丁祊，其牢？兹用。
　　丙午卜，貞：康祖丁祊，其牢？兹用。
《簠・帝》118＋《契》264（《合集》35837）

（5）甲寅卜，貞：武乙祊，其牢？兹用。
　　丙辰卜，貞：康祖丁祊，其牢？兹用。
　　甲子卜，貞：武乙祊，其牢？兹用。

《前》1・21・1（《合集》36013）（圖4）

（6）乙丑［卜］，［貞］：武乙［祊］，［其］牢？
壬申［卜］，［貞］：母癸［祊］，［叀］羊？
甲戌卜，貞：武乙祊，其牢？茲用。
丁丑卜，貞：祖丁祊，其牢？茲用。
癸未卜，貞：祖甲祊，其牢？茲用。
甲申卜，貞：武乙祊，其牢？

《安明》2882（《合集》35858）（圖2）

以上六版卜甲中，第（1）版上武乙與武丁同見①，第（2）版上武乙與祖甲同見，第（3）版上武乙與武丁、祖甲同見②，第（4）版上武乙與武丁、祖甲、康祖丁同見，第（5）版上武乙與康祖丁同見③，第（6）版上武乙與祖丁、祖甲、母癸同見。④ 這些現象表明，武乙一稱是與武丁、祖甲、康祖丁、祖丁、母癸五稱同見於一版的，即與其前的直係三王武丁、祖甲、康祖丁共見於一版的。這是迄今爲止所見到的武乙一稱在祊祭卜辭中的共版情況。

這一組的六版卜辭的共同點是都有“武乙”這個稱謂，此外還有以下三個特點：一是對康丁稱“祖”，稱“康祖丁”；二是對武乙皆不稱“祖”（祊祭卜辭中是有“武祖乙”這個稱謂的）；三

① 武乙與武丁同見的還有《契》265（《合集》35831）、《簠・帝》96＋《簠・帝》131（《合集》36076）、《前》1・21・3（《合集》36078）、《前》1・22・3（《合集》36091）等。

② 武乙與武丁、祖甲同見的還有《掇二》218（《合集》35828）、《佚》981（《合集》35829），《通・別二》2・1（《合集》35931）、《安明》2883（《合集》36032）、《簠・帝》114＋《簠・帝》134＋《簠・帝》239（《合集》36090）等。

③ 武乙與康祖丁同見的還有《合集》35966、《前》1・21・4＋《後・上》25・4（《合集》36002）、《合集》36037、《合集》36101、《簠・帝》125（《合集》36106）、《粹》357（《合集》36108）、《契》276（《合集》36113）等。

④ 武乙與母癸同見於一版的還有《簠・帝》114＋《簠・帝》134＋《簠・帝》239（《合集》36090）、《寶》3・6（《合集》36330）、《前》2・25・5（《合集》35436）等。

是不見有文丁的稱謂。對康丁稱“祖”的可以是其孫文丁，也可以是文丁之後的帝乙、帝辛，但對武乙不稱“祖”的就衹能是其子文丁；而不見有文丁的稱謂，說明文丁不在祭祀之列，武乙是其中受祭先王最晚的一個。由此可見，帶有“武乙”稱謂的祊祭卜辭都是武乙之子文丁在位時占卜的，它們都是文丁卜辭。第（6）版（《安明》2882，即《合集》35858）上的“祖丁”就很可能是文丁對其祖父康丁的稱呼。①

從這種文丁卜辭中，還可以看到一個很重要的現象，就是到文丁之世時，對父輩祖先一般已不再稱“父某”，而是直稱其廟號了。

第二大組：

（7）甲申［卜］，［貞］：武［祖乙祊］，其［牢］？兹［用］。

丙戌卜，［貞］：武丁［祊］，［其］牢？

癸巳卜，貞：祖甲祊，其牢？兹用。

［甲］□卜，貞：［武］祖乙宗祊，［其］牢？

《簠·帝》52＋《簠·帝》99＋《簠·帝》112（《合集》35930）

（8）丙子卜，貞：康祖丁祊，其牢？羊。兹用。叀羊。

甲戌卜，貞：武祖乙宗祊，其牢？兹用。

《前》1·10·3（《合集》36080）（圖9）

（9）丙申卜，貞：文武祊，其［牢］？

甲辰卜，貞：武祖乙𢦏，其牢？

丙午卜，貞：文武丁𢦏祊，其牢？

① 筆者在《說文武帝——兼略述商末祭祀制度的變化》（載《古文字研究》第四輯）中曾論證“祖丁”是武丁的另一稱呼，但這裡的“祖丁”則應是文丁對康丁的稱呼。

甲寅卜，貞：武祖乙𤔲，其牢？

《前》1·18·1（《合集》36115）（圖 12）

以上三版卜甲中，第（7）版上武祖乙與武丁、祖甲同見，第（8）版上武祖乙與康祖丁同見①，第（9）版上武祖乙與文武、文武丁同見②。武祖乙一稱不但與其前的直係三王武丁、祖甲、康祖丁同見於一版，而且與其子文丁也同見於一版。這是迄今為止所見到的武祖乙一稱在祊祭卜辭中的共版情況。

這一組三版卜甲的共同點是都有"武祖乙"這個稱謂，此外，還有以下兩個特點：一是對康丁、武乙都稱"祖"，稱"康祖丁""武祖乙"，不見對武乙不稱"祖"的例子；二是對文丁不稱"祖"，而是稱"文武丁""文武"（《合集》36160 還稱"文"）。對武乙稱"祖"的可以是帝乙，也可以是帝辛，但對文丁不稱"祖"的就衹能是其子帝乙了。因此帶有"武祖乙"和"文武丁""文武"稱謂的第（9）版卜辭無疑是帝乙時的卜辭，衹有"武祖乙"稱謂，沒有文丁各稱謂，但是在字體上與第（9）版相近的第（7）版和第（8）版卜辭也都應是帝乙卜辭。就是說，帶有"武祖乙"和文丁各稱謂的祊祭卜辭都是武乙之孫、文丁之子帝乙的卜辭。

另外，還有下面一版卜辭：

（10）丙寅［卜］，［貞］：文武丁祊，其［牢］？兹［用］。

① 武祖乙與康祖丁同見的還有《粹》356（《合集》36105）。

② 文武、文武丁都是文丁在卜辭中的稱呼。又武祖乙與文丁各稱謂同見於一版的較多，除《前》1·18·1（《合集》36115）外，還有《龜》1·17·20（《合集》36083）、《簠·帝》135（《合集》36088）、《佚》984（《合集》36089）、《合集》36094、《虛》1680（《合集》36098）、《合集》36114、《前》1·11·1（《合集》36134）、《前》4·38·3（《合集》36164）、《龜》1·10·13（《合集》36165）等。

丙子卜，貞：武丁祊，其牢？

癸酉卜，［貞］：祖甲祊，其［牢］？

《簠・帝》95＋《簠・帝》113＋《簠・帝》139＋《簠・典》77（《合集》35822）（圖10）

卜辭中“文武丁”一稱與武丁、祖甲同見，對文丁不稱祖，雖然沒有“武乙”或“武祖乙”的稱謂，但前面已證文丁各稱謂不與“武乙”一稱同見於一版，都是與“武祖乙”一稱同見於一版的，所以此版卜辭應屬於第二大組（即使單從字體上看也應屬第二大組）卜辭，即帝乙卜辭。

由以上十版祊祭卜辭可以看到，“武乙”和“武祖乙”同是武乙的稱謂，但兩個稱謂從不在一版卜甲中出現。這種現象絕不是偶然的，它們是武乙的不同後代對武乙的不同稱呼，因而帶有兩種不同稱謂的卜辭，也不是同一個王世的卜辭，帶有“武乙”稱謂的應是文丁卜辭，帶有“武祖乙”和文丁各稱謂的應是帝乙卜辭。這種卜辭中又均不見有對文丁稱“祖”的例子，所以它的時代下限衹到帝乙時期。①

以上從稱謂的共版關係上分辨出祊祭卜辭應分屬文丁和帝乙兩世，下面再進一步考察這兩大組卜辭的字體，看其是否也能體現出時代性。

二　字體的特徵及演變

粗略地看，第五期卜辭的字體似乎無甚分別，字體都較小，筆畫都較細，書寫都很秀麗；但如果仔細審視，則是很有差異的。如在祊祭卜辭中，帶有“武乙”稱謂的文丁卜辭和帶有“武祖乙”、文丁各稱謂的帝乙卜辭，在字體的書寫風格和某些字的具體

① 祊祭卜辭的時代最晚不超過帝乙時期，證明推定第（7）版、第（8）版卜辭爲帝乙時期卜辭是正確的。

寫法上就各有特點。

在字體的書寫風格上，有“武乙”稱謂的文丁卜辭的字體較大，較方正，行欵較整齊；而有“武祖乙”和文丁各稱謂的帝乙卜辭的字體就較小，較窄長，有的行欵不太整齊，某些字刻寫得不太認真甚至較潦草，但另有一些字又有其獨特的藝術風格。

在字的具體寫法上，帶“武乙”稱謂的文丁卜辭和帶“武祖乙”、文丁各稱謂的帝乙卜辭也有較明顯的差異。祊祭卜辭所用單字不多，除了干支字和各王的廟號外，就是“貞”“祊”“其”“牢”“玆”“用”“叀”“㞢”“宗”等字。現舉其中的幾個比較如下：

“其”　在帶“武乙”稱謂的文丁卜辭中，“其”字的基本形衹有一種，即平底的，方方正正的。細分起來有兩種寫法：多數作，特點是上面的兩小橫向裡也出頭；另有少數作，特點是兩小橫於裡邊不出頭（兩種寫法同見於《安明》2896（《合集》35818），《簠・帝》118 +《契》264（《合集》35837）等版卜辭中）。此外再無其他形狀了。

但在帶“武祖乙”和文丁各稱謂的帝乙卜辭中，“其”字的其本形就有兩種：一種是沿襲文丁時期的平底“其”，不過一般已不寫得那麼方方正正，而是逐漸變得窄長了。兩小橫向裡也出頭的已極少見，於裡邊不出頭的則是常見的了；同時有的平底“其”裡面已不再寫成形了，如有的寫成形（《前》1・10・4，即《合集》36103［圖 14］），有的寫成形（《續存・上》2290，即《合集》36138）。另外，還出現了一種文丁時期所沒有的圓尖形底的“其”，外框呈形，兩小橫向裡均不出頭，裡面也很少寫成工整的，而是有多種寫法，如有的寫成形（《前》1・18・1，即《合集》36115［圖 12］），有的寫成形（《簠・帝》135，即《合集》36088［圖 11］），有的寫成形（《虛》1680，即《合集》36098），還有寫作形（《合集》36094；

《前》1・18・1，即《合集》36115［圖12］；《前》4・38・3，即《合集》36164；《龜》1・10・13，即《合集》36165等）和形（《佚》984，即《合集》36089［圖13］，《粹》356，即《合集》36105等）的。

總之，“其”字在文丁時期都寫成平底方形，以兩小横向裡出頭者爲多數，不出頭者爲少數；到帝乙時期，平底“其”不再寫得很方了，兩小横向裡出頭者已是極少數，不出頭者則是常見的了，同時出現了文丁時期所沒有的圓尖形底的“其”。

因此，“其”字的演變過程應是→→。

“牢”在帶“武乙”稱謂的文丁卜辭中，“牢”字的寫法主要有兩種：一種是形（《安明》2896，即《合集》35818；《掇二》218，即《合集》35828［圖1］；　《安明》2882，即《合集》35858［圖2］；《通・別二》2・1，即《合集》35931等）；另一種是形（《安明》2896，即《合集》35818；《佚》981，即《合集》35829［圖3］；《前》1・21・1，即《合集》36013［圖4］等），還有極少數作形（《安明》2883，即《合集》36032；《簠・帝》96＋《簠・帝》131，即《合集》36076；《簠・帝》114＋《簠・帝》134＋《簠・帝》239，即《合集》36090［圖5］）和形（《通・別二》2・1，即《合集》35931；《前》1・22・3，即《合集》36091等）的。

但在帶“武祖乙”稱謂和文丁各稱謂的帝乙卜辭中，文丁時期常見的形不見了，形也幾乎沒有了，而文丁時期極少見的形和形則多起來了；同時還出現了形，裡面的“牛”逐漸寫成形（《簠・帝》95＋《簠・帝》113＋《簠・帝》139＋《簠・典》77，即《合集》35822［圖10］）、形（《合集》36166）和形（《合集》36120）等，這在文丁時期是沒有的。

因此，“牢”字的演變過程應是、→、→。

“茲”　在帶“武乙”稱謂的文丁卜辭中，“茲”字一般寫作

□形（《安明》2896，即《合集》35818；《掇二》218，即《合集》35828［圖1］；《安明》2882，即《合集》35858［圖2］；《通·別二》2·1，即《合集》35931；《前》1·21·1，即《合集》36013［圖4］等）和□形（《簠·帝》96+《簠·帝》131，即《合集》36076等），衹發現兩版卜甲上作□形（《前》1·21·4+《後·上》25·4，即《合集》36002；《契》276，即《合集》36113），還有極個別的作□形（《合集》36037）。

但在帶"武祖乙"和文丁各稱謂的帝乙卜辭中，文丁時期常見的□形和□形少見了，□形也僅幾見（《虛》64，即《合集》36159；《續存·上》2291，即《合集》36131；《後·上》4·15，即《合集》36109；《京》5061，即《合集》36061等），大量的是文丁時期少見的□形（《合集》36094；《契》252，即《合集》36093；《合集》36114；《前》1·11·1，即《合集》36134；《契》267，即《合集》36153；《前》4·38·3，即《合集》36164；參看圖9、11、14等版卜辭）。

因此，"兹"字的演變過程應是□、□→□→□。

"用"　在帶"武乙"稱謂的文丁卜辭中，"用"字一般都寫作□（《安明》2896，即《合集》35818；《簠·帝》118+《契》264，即《合集》35837；《安明》2882，即《合集》35858［圖2］等），它的省筆有作□（《佚》981，即《合集》35829［圖3］）、□《掇二》218，即《合集》35828［圖1］，《前》1·21·1，即《合集》36013［圖4］，《簠·帝》96+《簠·帝》131，即《合集》36076）和□形（《安明》2883，即《合集》36032）的，變筆作□形（《簠·帝》93+《簠·帝》133，即《合集》36082［圖6］），衹有一版寫作□形（《前》1·21·4+《後·上》25·4，即《合集》36002），還有一版寫作□和□形的（《合集》36084），這些都是極少見的寫法。

但在帶"武祖乙"和文丁各稱謂的帝乙卜辭中，文丁時期常見的形幾乎不見了（祇發現《前》4·38·3即《合集》36164作此形，《簠·帝》135即《合集》36088［圖11］有省筆的形），代之而起的是文丁時期極少見的形（《簠·帝》52＋《簠·帝》99＋《簠·帝》112，即《合集》35930；《前》1·10·3，即《合集》36080［圖9］；《契》267，即《合集》36153等），而最突出的特點是以（災）字代替“用”字（或者說把“用”字錯刻成字。《前》1·11·1，即《合集》36134；《虚》64，即《合集》36159；《續存·上》2291，即《合集》36131等），有的還把寫成省筆的（《簠·帝》95＋《簠·帝》113＋《簠·帝》139＋《簠·典》77，即《合集》35822［圖10］；《前》4·38·4，即《合集》36149）。

因此，“用”字的演變過程應是→、（）。

“宗” 在帶“武乙”稱謂的文丁卜辭中，“宗”字有三種寫法。第一種爲（《簠·帝》132＋《簠·典》85，即《合集》36081）、（《前》1·22·3，即《合集》36091）、（《合集》36084）形，此形的特點是將示寫作；第二種為形（《簠·帝》114＋《簠·帝》134＋《簠·帝》239，即《合集》36090［圖5］、《簠·帝》96＋《簠·帝》131，即《合集》36076），其特點是將示寫作；第三種為形（《簠·帝》93＋《簠·帝》133，即《合集》36082［圖6］，《合集》36092），其特點是將示寫作，除以上三種寫法外，還有寫成省筆的（《前》1·21·3，即《合集》36078）的。

但在帶“武祖乙”和文丁各稱謂的帝乙卜辭中，文丁時期的形不見了，形僅一見（《前》3·23·1，即《合集》36158），形也不見了，形僅三見（《合集》36155，《合集》36141，《虚》1680，即《合集》36098），形也僅一見（《合集》36097）；大量的是新出現的文丁時所沒有的和形（《佚》984，即《合集》36089［圖13］；《南·上》119，即《合集》36154；

《契》252，即《合集》36093 等），此形的特點是已將示寫作了。

因此，“宗”字的演變過程應是、、→→→、。

“叀”　在帶“武乙”稱謂的文丁卜辭中，“叀”字一般都呈形（《安明》2896，即《合集》35818、《佚》981，即《合集》35829［圖 3］、《前》1・21・1，即《合集》36013［圖 4］等），衹見一例（《前》1・21・4 +《後・上》25・4，即《合集》36002）作形，一例（《合集》36037）作形。

但在帶“武祖乙”和文丁各稱謂的帝乙卜辭中，“叀”字就多寫作形（《簠・帝》95 +《簠・帝》113 +《簠・帝》139 +《簠・典》77，即《合集》35822［圖 10］；《前》1・18・1，即《合集》36115［圖 12］；《前》1・10・4，即《合集》36103［圖 14］；《前》4・38・4，即《合集》36149；《前》4・38・3，即《合集》36164 等）和形（《前》1・10・3，即《合集》36080［圖 9］；《前》1・18・1，即《合集》36115［圖 12］）了。

因此“叀”字的演變過程應是→、。

由以上對“其”“牢”“茲”“用”“宗”“叀”六個字具體寫法的分析可以看到，文丁時期和帝乙時期的字體多少都各有自己的特點，這說明祊祭卜辭的字體也體現出時代性，這證明前文利用稱謂的共版關係分祊祭卜辭為兩個時代是正確的。同時還可看到，某些字的同一寫法既存在於文丁時期也存在於帝乙時期。這是符合文字發展規律的，因為文字都是逐漸演變的。一種字形在前一王時使用很普遍，到後一王時被新的字形所取代，但舊的字形並不是馬上滅絕，而是仍有少量的保留。但這種保留又絕不是絲毫不變的。如“其”字，文丁時都刻成平底方形，帝乙時雖然出現了圓尖形底的“其”，但平底“其”依然存在，衹不過已變得窄長，上部兩小橫於裡面也不再出頭了。又前一王時極少見的字形，到後一王時往往使用就很普遍了。如“茲”字，文丁時普遍寫作和形，形是極少見的；到帝乙時，和形少見了，形卻成為普遍使用的字形了。又如“用”字，文丁時期極少見的形到帝乙時使用就很普遍了。這種文字的演變情況，在一版卜甲中同時出現兩個時期的形體，或一個字的一半屬前一時期的形體，一半屬後一時期的形體時看得尤為明顯。如《合集》30694，有“武祖乙”和“文武丁”兩個稱謂，可知爲帝乙卜辭，上面的“其”字，祭武祖乙的一條寫作帝乙時的形，祭文武丁的一條又寫作文丁時期的形了。又如《前》1·21·4+《後·上》25·4（即《合集》36002）版卜甲，上面所記時代最晚的先王稱謂是“武乙”，可知是文丁卜辭，其中祭康祖丁的一條“茲”字作，是文丁時的寫法，祭武乙的一條寫作，則是帝乙時的普遍寫法了。特別是《合集》36037、《虛》64（即《合集》36159）、《續存·上》2291（即《合集》36131）等版卜甲，一個“茲”字具有兩個時期的特點，左半寫作（是文丁時的普遍寫法），右半寫作（是帝乙時的普遍寫法），成形。由“茲”字的演變過程看，此種字體的卜辭很可能都是文丁晚年或帝乙初年時所刻的。總之，以上現象不但表明文字的發展是循序漸進的，而且還顯現了某些字的演變軌跡。

既然祊祭卜辭的字體也體現出了時代性，那麼如果掌握了每個時代字體的特徵，就可以在沒有稱謂或根據稱謂難以斷代的情況下，依靠字體來推斷其時代。如《簠·帝》92（即《合集》35830）版上有一辭：“丙戌卜，貞：武丁祊，其牢？茲用。”由於“武丁”一稱文丁和帝乙時都可以用，所以根據稱謂是無法判斷它的時代的，衹得依靠字體。辭中的“牢”字作，“茲”字作，“用”字作，“叀”字作，這都是帝乙時的寫法，所以此版卜辭無疑應是帝乙卜辭。又如《珠》66（即《合集》35944）有一辭爲：“癸亥卜，貞：祖甲祊，其牢？茲用。”還有兩殘辭為“丙辰卜，［貞］：武丁［祊］，［其］牢”和“□□［卜］，貞：

□□［祊］，其牢”，因爲“武丁”“祖甲”兩稱謂文丁和帝乙時都可以用，所以據稱謂也無法推斷其時代，也得依靠字體。辭中的“其”字作，“牢”字作，“茲”字作，都是文丁時的寫法，所以此版卜辭必爲文丁卜辭。

三 兩個問題

（一）關於“母癸”

第五期卜辭中的“母癸”一稱衹出現在祊祭卜辭中。在以往的甲骨學研究中，因爲都從董作賓之說，把第五期卜辭看作帝乙、帝辛卜辭，所以自然而然地把“母癸”看作帝乙對文丁之配的稱呼，把“妣癸”（祊祭卜辭中不見“妣癸”一稱）看作帝辛對文丁之配的稱呼，我們過去因把祊祭卜辭全定爲帝乙卜辭，所以也曾這樣認爲過。現在因確知祊祭卜辭應分屬文丁、帝乙兩世，所以對其中的“母癸”一稱的所指就要重新研究了。下面也從卜辭的共版關係和字體兩方面來進行考察。

在祊祭卜辭中，“母癸”一稱與其他稱謂共版關係的共見於七版卜甲，除前舉的第（6）版（《安明》2882，即《合集》35858）外，還有下面六版：

（11）甲寅卜，貞：武乙宗，其牢？
丙午卜，貞：武丁祊，其牢？
［癸］□卜，貞：祖甲［祊］，［其］牢？
癸亥卜，貞：母癸，叀羊？
《簠·帝》114＋《簠·帝》134＋《簠·帝》239（《合集》36090）（圖5）

（12）甲子［卜］，［貞］：武乙［祊］，［其牢］？茲［用］。
壬戌卜，［貞］：母癸祊，［叀羊］？茲［用］。

《寶》3·6（《合集》36330）

（13）甲午［卜］，［貞］：武乙［祊］，［其］牢？
壬寅［卜］，［貞］：母癸［祊］，［叀］羊？
乙未卜，貞：王賓武乙从伐，亡尤？
辛巳卜，貞：王賓上甲劦至于多后，衣，亡尤？
甲辰卜，貞：武乙祊，其牢？茲用。

《前》2·25·5（《合集》35436）（圖8）

（14）癸卯卜，貞：祖甲祊，其牢？茲用。
壬戌卜，貞：母癸祊，叀羊？
丙申［卜］，［貞］：武丁［祊］，［其牢］？

《簠·帝》102＋《簠·帝》110＋《簠·帝》240（《合集》35935）

（15）壬辰卜，［貞］：母癸祊，［叀羊］？茲［用］。
［丙］申卜，貞：［康］祖丁［祊］，［其］牢？

《京》5087（《合集》36321）

（16）丙子卜，［貞］：［康］祖丁［祊］，［其牢］？茲［用］。
甲申卜，貞：祖甲祊，其牢？茲用。
［壬］□卜，［貞］：母癸［祊］，叀［羊］？

《前》1·31·3（《合集》35914）

以上六版中的第（11）版、（12）版、（13）版以及前舉的第（6）版，"母癸"都是與"武乙"一稱共見於一版的，而前面已證"武乙"一稱衹出現在文丁卜辭中；又此四版中的"其"字作、，"牢"字作、，"茲"字作，"用"字作，"宗"字作，"叀"字作，都是文丁時的寫法。所以無論從稱謂上，還是從字體上看，這四版卜辭都應是文丁卜辭。第（14）、（15）、（16）三版卜辭中，"母癸"分別是與武丁、祖甲（14版），康祖丁（15 版），祖甲、康祖丁（16 版）同見於一版的，因爲各版中都未見“武乙”“武祖乙”或“文丁”的稱謂，所以根據稱謂是無法判斷它們的時代的，但其中“其”字作、，“牢”字作，“茲”字作，“用”字作、，“叀”字作，都是文丁時的寫法，因此第（14）、（15）、（16）三版卜辭也無疑都是文丁卜辭。其他沒有同版關係的專祭母癸的卜辭，如《續》1·43·4（《合集》36322），《龜》1·13·15（《合集》36323），《簠·帝》241（《合集》36325），《簠·帝》242（《合集》36326），《安明》2912（《合集》36335），《合集》36341，《合集》36342 等，辭中的“其”字都作，“牢”字作，“茲”字作，“用”字作，“叀”字作，都是典型的文丁字體，所以這些卜辭也都是文丁卜辭。

由以上分析可知，“母癸”一稱都是與“武乙”一稱共見於一版的，從不見與“武祖乙”、文丁各稱謂同見於一版的例子；而且有“母癸”稱謂的卜辭的字體以及與之共版的其他卜辭的字體又均爲文丁時的字體，這些都說明“母癸”一稱衹出現在文丁卜辭中。“母癸”一稱不同時出現在兩個王世的卜辭裡這一情況，再一次證明我們分祊祭卜辭屬兩個時代是準確無誤的。既然“母癸”一稱只出現在文丁卜辭中，那麼她就應當是文丁對其母的稱呼了，也即應是武乙之配了。下版卜辭可能就是關於武乙稱“癸”的配偶的記載：

（17）□□卜，貞：昔乙卯武𡕒从……癸亥其至于妣癸𡕒祊……

《南·明》785（《合集》36317）

卜辭前記“武”（即武乙的單稱），後記“妣癸”，或許能證明武乙有名“癸”的配偶。但是《緯簋》銘文又記“翌日，遘于妣戊武乙奭”（《三代》6・52・2），說明武乙還有名“戊”的配偶。對武乙之配稱妣的衹能是帝乙和帝辛，此“妣戊”在卜辭中未見。

（二）關於“父丁”

祊祭卜辭中還有“父丁”一稱，僅見於兩條卜辭：

（18）丁未卜，貞：父丁祊，其牢？在十月又□。茲用，隹王九祀。

戊午……妣己……

《珠》391（《合集》37853）

（19）丙寅……父丁……

□□卜，貞：……［祊］，其牢？

《珠》65（《合集》36132）

兩版卜辭裡的“父丁”與他王都沒有同版關係，所以僅據稱謂是無法推斷其時代的，但是其中的“其”字分別作、，“牢”字作，後者的寫法明顯地接近文丁時期常見的的寫法（見《安明》2882，即《合集》35858、《掇二》218，即《合集》35828，即圖2、圖1），衹是顯得更加窄、長。從帝乙卜辭中不見這種風格的“牢”字來看，此兩版卜辭不會晚到帝乙時期，但是也不可能是文丁卜辭。《史記・殷本紀》載文丁之父是武乙：“武乙震死，子帝太丁立。”“太丁”，《帝王世紀》亦曰“文丁”（《太平御覽》卷八三引）。文丁既然是武乙之子，那麼稱其父應爲“父乙”而不是“父丁”。又仔細審視其中字體，特別是第（19）版（《珠》65，即《合集》36132）字體，它們似乎都早於文丁時期，因此這兩版卜辭可以是武乙卜辭。如果確實如此，那麼其上的“父丁”就應是武乙對其父康丁的稱呼。而由第（18）版（《珠》391，即《合集》37853）的字體比較接近文丁時的字體來看，它很可能是武乙晚年時占卜的。辭中記有“隹王九祀”，“祀”即

“年”（《爾雅·釋天》説：“商曰祀，周曰年。”），“隹王九祀”即指王（武乙）九年。如果武乙九年是武乙在位的晚年，那麼關於武乙在位年數的記載，《尚書·無逸》所説的“或十年，或七八年，或五六年，或四三年”就較古本《竹書紀年》所載的三十四年或三十五年更接近於事實。

四　其他文例的文丁卜辭

（20）丁酉卜，貞：王賓[illegible]自上甲至于武乙，衣，亡尤？
《後·上》20·3（《合集》35439）（圖7）

這條卜辭是合祭上甲至武乙諸王的，判斷它的時代可根據此版上殘存的祊祭卜辭的“其”“茲”“叀”等字，這幾個字分别刻作[illegible]、𢆶、[illegible]，酷似《佚》981（即《合集》35829）（圖3），《安明》2882（《合集》35858）（圖2）等文丁卜辭的字體，而且辭中對武乙也不稱“祖”，因此它應是文丁卜辭。郭老説此辭爲“帝乙時所卜”（《卜辭通纂》第299片［即《合集》35439］考釋）是缺乏根據的。按照他所説的“自上甲廿世”是指“自上甲以下至武乙”的直係先王①，此辭就是祭自上甲二十世的，但此種字體的卜辭中從未見到有卜問“自上甲二十世”的，衹見有卜問“自上甲至于多后”的，如：

（21）癸亥卜，貞：王賓[illegible]自上甲至于多后，衣，亡尤？
癸丑卜，貞：王賓[illegible]自上甲至于多后，衣，亡尤？
丙子［卜］，［貞］：武丁［祊］，［其］牢？叀［羍］。茲［用］。

① 郭沫若：《殷契粹編·考釋》，科學出版社1965年版，第30頁。

《前》2·25·2+《前》2·25·4（《合集》35437）

(22) 辛亥卜，貞：王賓礿自上甲至于多后，衣，亡尤？叀［羊］。茲［用］。

《龜》1·27·4（《合集》35438）

以上兩版卜問祭“自上甲至于多后”的卜辭與前舉的第（13）版（《前》2·25·5，即《合集》35436）中卜問祭上甲至于多后一辭的文例相同。考定此兩版卜辭的時代，也得依靠所存的祊祭卜辭的殘辭。第（21）版中的“牢”字作，第（21）版、第（22）版的“叀”字皆作，“茲”字皆作，都是文丁時的典型寫法，所以第（21）、第（22）兩版卜辭應是文丁卜辭。而第（13）、第（21）、第（22）三版中的“自上甲至于多后”也都應是第（20）版卜辭所說的自上甲至武乙諸王。同時由第（13）、第（21）、第（22）三版卜辭可知，文丁時合祭上甲及以後諸王時所使用的王賓卜辭的文例是“干支卜貞王賓礿（）自上甲至于多后衣亡尤”（或“礿”在“上甲”之後）。

(23) 乙未卜，貞：王賓武乙彡伐，亡尤？

丙□［卜］，貞：……祊，其［牢］？叀［羊］。

《簠·帝》123（《合集》35375）

考定此版卜辭的時代，仍得根據其上的祊祭卜辭。此辭雖殘，但所存的“其”字作，“叀”字作（缺刻一横畫），是文丁時字體，又其中另一條祭武乙的卜辭對武乙不稱“祖”，所以從字體和稱謂上看，此版卜辭應屬文丁卜辭。這裡還值得注意的是“賓”字的寫法，“賓”字作，裡面是兩横。這表明文丁時期的“賓”字有、兩種寫法。

（24）甲辰卜，貞：王賓桒祖乙、祖丁、祖甲、康祖丁、武乙，衣、亡尤？

《後·上》20·5（《合集》35803）

此辭共祭五王，其中祖甲、康祖丁、武乙三王直係相連，則祖乙、祖丁二王必也與此三王直係相連。因爲祖甲前的直係先王是武丁，所以“祖丁”當指武丁；武丁前的直係先王是小乙，所以“祖乙”當指小乙。因此此版卜辭是一條對小乙、武丁、祖甲、康丁、武乙直係五王進行合祭的卜辭。辭中對武乙前的小乙、武丁、祖甲、康丁四王都稱“祖”，唯獨對武乙不稱“祖”，而對武乙不稱“祖”的衹能是其子文丁，所以此條卜辭也應是文丁卜辭。

又前舉的文丁卜辭［第（13）版］中有一條辭爲“乙未卜，貞：王賓武乙从伐，亡尤？”所以說文丁時對其父武乙還特別舉行“从伐”之祭。下版卜辭也是“从伐”祭武乙的：

（25）丁未卜，貞：王賓武乙从伐，亡尤？

貞：王賓叔，亡（尤）？

《後·上》4·11（《合集》35383）

這裡的兩個“賓”字皆作[illegible]，與第（23）版的“賓”字寫法相同，文字風格與第（13）版、第（20）版、第（21）版較相似，卜問的是對武乙的“从伐”之祭，又是對武乙不稱“祖”的，由這幾點看，此版卜辭必是文丁卜辭。如果此辭確爲文丁卜辭，又可以根據其中“貞：王賓叔，亡尤”一辭的字體推出許多其他文例的文丁卜辭。

五　結束語

以上，我們從稱謂的共版關係和字體的特徵兩個方面對祊祭卜辭的時代作了進一步的辨別和分析，得知祊祭卜辭應分屬文丁、帝乙兩世。按照此種方法，就可以把二百六十多版帶稱謂的和其他許多殘掉稱謂的祊祭卜辭的時代分辨清楚。過去我們雖然也根據稱謂推斷過祊祭卜辭的時代，但是由於沒有發現“武乙”與“武祖乙”兩稱謂之間，“武乙”“武祖乙”兩稱謂與文丁各稱謂之間的相互關係，致使斷代存在問題。

由對祊祭卜辭時代的分析，可以得到兩點啟示：一個是同一種文例的卜辭可以分屬兩個王世；另一個是殷人祭祀祖先使用的稱呼規定是很嚴格的，如武乙，文丁時稱“武乙”，帝乙時就稱武祖乙，即帝乙必須對其祖父武乙稱“祖”，因而能利用不同後代對同一個祖先的不同稱呼來分辨卜辭的時代。

從祊祭卜辭中有文丁卜辭來看，第五期卜辭裡確實包含有文丁卜辭。因此董作賓二十世紀三十年代提出的第五期卜辭全爲帝乙、帝辛卜辭的說法應當予以修正。

圖1　《合集》35828

圖2　《合集》35858

圖3　《合集》35829

圖4　《合集》36013

圖 5　《合集》36090

圖 6　《合集》36082

圖 7　《合集》35439

圖 8　《合集》35436

圖 9　《合集》36080

圖 10　《合集》35822

圖 11　《合集》36088

圖 12　《合集》36115

圖 13　《合集》36089

圖 14　《合集》36103

（本文原載《甲骨文與殷商史》第二輯，上海古籍出版社 1986 年版。這裡文字有些改動）

附錄三

本書所引著錄書目及通用簡稱

編著者	書名	簡稱
劉鶚	《鐵雲藏龜》	《鐵》
羅振玉	《殷虛書契》	《前》
羅振玉	《殷虛書契菁華》	《菁》
羅振玉	《殷虛書契後編》	《後》
明義士	《殷虛卜辭》	《虛》
王國維	《戩壽堂所藏殷虛文字》	《戩》
林泰輔	《龜甲獸骨文字》	《龜》
董作賓	《新獲卜辭寫本》	《寫》
商承祚	《福氏所藏甲骨文字》	《福》
容庚	《殷契卜辭》	《契》
郭沫若	《卜辭通纂》	《通》
羅振玉	《殷虛書契續編》	《續》
商承祚	《殷契佚存》	《佚》
黃濬	《鄴中片羽》	《鄴》

方法斂	《庫方二氏藏甲骨卜辭》	《庫》
郭沫若	《殷契粹編》	《粹》
孫海波	《甲骨文錄》	《錄》
唐蘭	《天壤閣甲骨文存》	《天》
金祖同	《殷契遺珠》	《珠》
李旦丘	《鐵雲藏龜零拾》	《零》
方法斂	《金璋所藏甲骨卜辭》	《金》
孫海波	《誠齋殷虛文字》	《誠》
董作賓	《殷虛文字甲編》	《甲》
董作賓	《殷虛文字乙編》	《乙》
李亞農	《殷契摭佚續編》	《摭續》
胡厚宣	《戰後寧滬新獲甲骨集》	《寧》
郭若愚	《殷契拾掇》	《拾掇》
胡厚宣	《戰後南北所見甲骨錄》	《南》
郭若愚　曾毅公 李學勤	《殷虛文字綴合》	《綴合》
胡厚宣	《甲骨續存》	《續存》
張秉權	《殷虛文字丙編》	《丙》
許進雄	《明義士收藏甲骨文字》	《安明》
貝塚茂樹	《京都大學人文科學 研究所藏甲骨文字》	《京人》
嚴一萍	《甲骨綴合新編》	《綴新》

郭沫若　胡厚宣	《甲骨文合集》	《合集》
許進雄	《懷特氏等收藏甲骨文集》	《懷特》
中國社會科學院考古研究所	《小屯南地甲骨》	《屯南》
李學勤　齊文心　艾蘭	《英國所藏甲骨集》	《英藏》
彭邦炯　谢濟　馬季凡	《甲骨文合集補編》	《合補》
中國社會科學院考古研究所	《殷墟花園莊東地甲骨》	《花東》
段振美　焦智勤　黨相魁　黨寧	《殷墟甲骨輯佚》	《輯佚》
中國社會科學院考古研究所	《殷墟小屯村中村南甲骨》	《村中南》
羅振玉	《三代吉金文存》	《三代》

附録四

殷墟甲骨斷代主要論著目

劉鶚:《鐵雲藏龜·自序》,抱殘守缺齋石印本,1903 年。

羅振玉:《殷虚書契考釋·自序》,1914 年。

王國維:《殷卜辭中所見先公先王考》,1917 年。

王國維:《古史新證》,《國學月刊》第 2 卷 8—10 期合刊,1927 年。

董作賓:《大龜四版考釋》,《安陽發掘報告》第 3 期,1931 年。

董作賓:《甲骨文斷代研究例》,中央研究院歷史語言研究所集刊外編第一種《慶祝蔡元培先生六十五歲論文集》上冊,1933 年。

董作賓:《殷曆譜》,中央研究院歷史語言研究所專刊,1945 年版。

董作賓:《殷虚文字甲編·序》,商務印書館 1948 年版。

董作賓:《殷虚文字乙編·序》上輯,商務印書館 1948 年版。

董作賓:《殷曆譜的自我檢討》,《大陸雜誌》1951 年第 2 卷第 10 期。

張政烺:《古代中國的十進制氏族組織》,《歷史教學》1951 年第二卷第三、四、六期。

[日] 貝塚茂樹、伊藤道治:《甲骨文斷代研究的再檢討》,《東方學報(京都)》第 23 冊,1953 年。

董作賓:《甲骨學五十年》,藝文印書館 1955 年版。

陳夢家:《殷虛卜辭綜述》,科學出版社 1956 年版。
丁山:《甲骨文所見氏族及其制度》,科學出版社 1956 年版。
李學勤:《談安陽小屯以外出土的有字甲骨》,《文物參考質料》1956 年第 11 期。
李學勤:《評陳夢家〈殷虛卜辭綜述〉》,《考古學報》1957 年第 3 期。
[日] 島邦男:《殷墟卜辭研究》,日本弘前大學文理學部中國學研究會,1958 年版。
李學勤:《帝乙時代的非王卜辭》,《考古學報》1958 年第 1 期。
李學勤:《殷代地理簡論》,科學出版社 1959 年版。
饒宗頤:《殷代貞卜人物通考》,香港大學出版社 1959 年版。
董作賓:《最近十年之甲骨學》,《大陸雜誌》1960 年第 21 卷第 1、2 期。
姚孝遂:《吉林大學所藏甲骨選釋》,《吉林大學社會科學學報》1963 年第 3 期。
鄒衡:《試論殷墟文化分期》,《北京大學學報(人文科學)》1964 年第 4、5 期。
董作賓:《甲骨學六十年》,藝文印書館 1965 年版。
許進雄:《殷卜辭中五種祭祀的研究》,臺灣大學中國文學研究所 1968 年版。
許進雄:《〈殷虛卜辭後編〉編者的話》,藝文印書館 1972 年版。
中國社會科學院考古研究所安陽工作隊:《1973 年安陽小屯南地發掘簡報》,《考古》1975 年第 1 期。
蕭楠:《安陽小屯南地發現的“𠂤組卜甲”——兼論“𠂤組卜辭”的時代及其相關問題》,《考古》1976 年第 4 期。
中國社會科學院考古研究所安陽工作隊:《安陽殷墟五号墓的發掘》,《考古學報》1977 年第 2 期。
李學勤:《論“婦好”墓的年代及有關問題》,《文物》1977 年第

11 期。
《安陽殷墟五號墓座談紀要》，《考古》1977 年第 5 期。
李伯謙：《殷墟五號墓的年代問題》，《考古》1979 年第 2 期。
蕭楠：《略論“午組卜辭”》，《考古》1979 年第 6 期。
李學勤：《關於𠂤組卜辭的一些問題》，《古文字研究》第三輯，中華書局 1980 年版。
中國社會科學院考古研究所：《小屯南地甲骨·前言》，中華書局 1980 年版。
蕭楠：《論武乙、文丁卜辭》，《古文字研究》第三輯，中華書局 1980 年版。
常玉芝：《說文武帝——兼略述商末祭祀制度的變化》，《古文字研究》第四輯，中華書局 1980 年版。
張永山、羅琨：《論歷組卜辭的年代》，《古文字研究》第三輯，中華書局 1980 年版。
中國社會科學院考古研究所：《〈小屯南地甲骨〉序言》，中華書局 1981 年版。
鄭振香、陳志達：《論婦好墓對殷墟文化和卜辭斷代的意義》，《考古》1981 年第 6 期。
李學勤：《小屯南地甲骨與甲骨分期》，《文物》1981 年第 5 期。
裘錫圭：《論“歷組卜辭”的時代》，《古文字研究》第六輯，中華書局 1981 年版。
謝濟：《試論歷組卜辭的分期》，《甲骨探史錄》，生活·讀書·新知三聯書店 1982 年版。
李瑾：《卜辭前辭語序省變形式統計——兼評“非王卜辭”說》，《重慶師院學報》1982 年第 1 期。
李先登：《關於小屯南地甲骨分期的一點意見》，《中原文物》1982 年第 2 期。
蘇秉琦、殷瑋璋：《地層學與器物形態學》，《文物》1982 年第

4 期。

李瑾：《卜辭“王婦”名稱所反映之殷代構詞法分析——再評“非王卜辭”說》，《重慶師院學報》1983 年第 3、4 期。

蕭楠：《小屯南地甲骨的鑽鑿形態》，載《小屯南地甲骨》下冊第三分冊，中華書局 1983 年版。

張政烺：《帚好略說》，《考古》1983 年第 6 期。

張政烺：《〈帚好略說〉補記》，《考古》1983 年第 8 期。

彭裕商：《也論歷組卜辭的時代》，《四川大學學報》1983 年第 1 期。

曹定雲：《論武乙、文丁祭祀卜辭》，《考古》1983 年第 3 期。

蕭楠：《再論武乙、文丁卜辭》，《古文字研究》第九輯，中華書局 1984 年版。

林澐：《小屯南地發掘與殷墟甲骨斷代》，《古文字研究》第九輯，中華書局 1984 年版。

李學勤：“序”，王宇信：《西周甲骨探論》，中国社會科學出版社 1984 年版。

李瑾：《論〈非王卜辭〉與中國古代社會之差異——三評“非王卜辭”說》，《華中師院學報》1984 年第 6 期。

陳煒湛：《“歷組卜辭”的討論與甲骨文斷代研究》，《出土文獻研究》，文物出版社 1985 年版。

刘一曼、郭振禄、温明榮：《考古發掘與卜辭斷代》，《考古》1986 年第 6 期。

温明榮、郭振禄、劉一曼：《試論卜辭分期中的幾個問題》，《中國考古學研究》，文物出版社 1986 年版。

常玉芝：《祊祭卜辭時代的再辨析》，《甲骨文與殷商史》第二輯，上海古籍出版社 1986 年版。

林小安：《武乙、文丁卜辭補證》，《古文字研究》第十三輯，中華書局 1986 年版。

林小安：《殷武丁臣屬征伐與行祭考》，《甲骨文與殷商史》第二輯，上海古籍出版社 1986 年版。

林澐：《無名組卜辭中父丁稱謂的研究》，《古文字研究》第十三輯，中華書局 1986 年版。

彭裕商：《非王卜辭研究》，《古文字研究》第十三輯，中華書局 1986 年版。

李學勤：《論小屯南地出土的一版特殊胛骨》，《上海博物館集刊》第 4 期，1987 年。

李學勤：《殷墟甲骨兩系說與歷組卜辭》（“附記”），收入《李學勤集》，黑龍江教育出版社 1989 年版。

嚴一萍：《歷組如此》，收入《萍廬文集》第二輯，藝文印書舘 1989 年版。

俞偉超：《關於“考古類型學”的問題》，《考古類型學的理論與實踐》，文物出版社 1989 年版。

林澐：《甲骨斷代商榷》，《出土文獻研究續集》，文物出版社 1989 年版。

李學勤、彭裕商：《殷墟甲骨分期新論》，《中原文物》1990 年第 3 期。

李學勤、彭裕商：《殷墟地層與甲骨分期》，《文博》1990 年第 6 期。

林小安：《武丁晚期卜辭考證》，《中原文物》1990 年第 3 期。

王宇信：《武丁期戰争卜辭分期之嘗試》，《甲骨文與殷商史》第三輯，上海古籍出版社 1991 年版。

黄天樹：《殷墟王卜辭的分類與斷代》（繁體本），文津出版社 1991 年版。

李學勤：“序”，黄天樹：《殷墟王卜辭的分類與斷代》，文津出版社 1991 年版。

范毓周：《殷代武丁時期的戰争》，《甲骨文與殷商史》第三輯，上海古籍出版社 1991 年版。
李學勤:《殷墟甲骨分期的兩系說》,《古文字研究》第十八輯,中華書局 1992 年版。
彭裕商:《𠂤組卜辭分類研究及其他》,《古文字研究》第十八輯,中華書局 1992 年版。
方述鑫:《殷墟卜辭斷代研究》,文津出版社 1992 年版。
李瑾:《殷周考古論著》,河南大學出版社 1992 年版。
曹定雲:《殷墟婦好墓銘文研究》,文津出版社 1993 年版。
中國社會科學院考古研究所:《殷墟的發現與研究》,科學出版社 1994 年版。
彭裕商:《殷墟甲骨斷代》,中國社會科學出版社,1994 年。
李學勤:《甲骨文中的同版異組現象》,《夏商文明研究》,中州古籍出版社 1995 年版。
劉夢溪主編:《董作賓卷》之《甲骨學六十年》,河北教育出版社 1996 年版。
李學勤、彭裕商:《殷墟甲骨分期研究》,上海古籍出版社 1996 年版。
曹定雲:《論上甲廿示及其相關問題》,《商周考古論叢》,藝文印書館 1996 年版。
郭振禄:《小屯南地甲骨綜論》,《考古學報》1997 年第 1 期。
裘錫圭:《論殷墟卜辭的"多毓"之"毓"》,《中國商文化國際學術討論會論文集》,中國大百科全書出版社 1998 年版。
曹定雲:《田野發掘是卜辭斷代的基礎》,《殷都學刊》1999 年第 1 期。
吳俊德:《殷墟第三四期卜辭斷代研究》,藝文出版社 1999 年版。
李學勤:《我和殷墟甲骨分期》,《學林春秋》三編上冊,朝華出版社 1999 年版。
王宇信、楊升南主編:《甲骨學一百年》,社會科學文獻出版社

1999 年版。

夏商周斷代工程專家組:《夏商周斷代工程 1996—2000 年階段成果報告(簡本)》,世界圖書出版公司。

林小安:《再論“歷組卜辭”的年代》,《故宫博物院院刊》2000 年第 1 期。

方述鑫:《𠂤組卜辭斷代研究》,《古文字研究》第二十一輯,中華書局 2001 年版。

彭裕商:《歷組卜辭補論》,《古文字研究》第二十一輯,中華書局 2001 年版。

葛英會:《祊、祔祭禮的稱謂係統——兼論黄組卜辭的時代》,北京大學考古文博學院編:《考古學研究(五)》,科學出版社 2003 年版。

王暉:《古文字與商周史新證》,中華書局 2003 年版。

林宏明:《小屯南地甲骨研究》,臺北,政治大學學位論文,2003 年。

曹定雲:《殷墟田野發掘與卜辭斷代》,《考古學集刊》第 15 集,文物出版社 2004 年版。

林宏明:《從一條新綴的卜辭看歷組卜辭時代》,《古文字研究》第二十五輯,中華書局 2004 年版。

李學勤:《一版新綴卜辭與商王世系》,《文物》2005 年第 2 期。

宋鎮豪、劉源:《甲骨學殷商史研究》,福建人民出版社 2006 年版。

徐明波、彭裕商:《殷墟黄組卜辭斷代研究》,《中國史研究》2007 年第 2 期。

李學勤:《帝辛征夷方卜辭的擴大》,《中國史研究》2008 年第 1 期。

謝濟:《甲骨文分期斷代兩系説不能成立——兼説〈夏商周斷代工程 1996—2000 年階段成果報告〉(簡本)商代後期年代學的隱

患》，收入吳鋭編《中國古典學》第一卷，海南出版社 2008 年版。

謝濟：《再論甲骨文分期斷代兩系説不能成立——再説〈夏商周斷代工程 1996—2000 年階段成果報告〉（簡本）商代後期年代學的隱患》，收入吳鋭編《中國古典學》第二卷《楊向奎先生百年誕辰紀念文集》，吉林大學出版社 2009 年版。

常玉芝：《商代周祭制度》增訂本，綫裝書局 2009 年版。

蕭楠：《甲骨學論文集》，中華書局 2010 年版。

劉一曼、曹定雲：《三論武乙、文丁卜辭》，《考古學報》2011 年第 4 期。

曹定雲：《“司母戊鼎”不可改名爲“后母戊鼎”》，《中國社會科學報》2012 年 2 月 27 日（A－07）。

葛英會：《商代大鼎的“司”、“后”之争》，《殷都學刊》2012 年第 1 期。

常玉芝：《是“司母戊鼎”還是“后母戊鼎”——論卜辭中的“司”、“毓”》，《中原文化研究》2013 年第 1 期。

黄天樹：《甲骨拼合三集·附錄三》，學苑出版社 2013 年版。

王宇信：《新中國甲骨學六十年》，中國社會科學出版社 2013 年版。

林澐：《評〈三論武乙、文丁卜辭〉》，《出土材料與新視野》，第四届國際漢學會議論文集，“中央研究院”，2013 年版。

劉風華：《殷墟村南系列甲骨卜辭整理與研究》，上海古籍出版社 2014 年版。

劉義峰：《無名組卜辭的整理與研究》，金盾出版社 2014 年版。

林澐：“序”，周忠兵：《卡内基博物館所藏甲骨研究》，上海人民出版社 2015 年版。

林澐、劉金山：《〈甲骨文斷代研究例〉在斷代中仍可發揮作用》，《古文字與古代史》第四輯，“中研院”歷史語言研究所 2015

年版。
鄭振香：《殷墟婦好墓與殷商禮制》，收入中國社會科學院考古研究所、首都博物館、河南博物院編：《王后母親女將》（紀念殷墟婦好墓考古發掘四十周年），科學出版社 2015 年版。
何偉：《陳夢家的絕路與漢字的生路》，《文獻學與思想史》，2015 年版。
陳煒湛：《關於歷組卜辭論争的回顧與思考》，收入《三鑒齋雜著集》，中西書局 2016 年版。
曹定雲：《論歷組卜辭中“小乙、父丁”稱謂及其相關問題——揭示歷組卜辭時代之確證》，《甲骨文與殷商史》新六輯，上海古籍出版社 2016 年版。
杜迺松：《司母戊鼎銘文形音義研究》，《中國文物報》2016 年 8 月 12 日。
張鵬：《青銅大師杜迺松深入考證古鼎之名——司母戊鼎名稱不容置疑》，《北京晚報》2016 年 11 月 1 日。
李維明：《司母戊鼎還有多少待解之謎》，四川人民出版社 2017 年版。
馬智忠：《歷無名間類卜辭再研究》，《出土文獻與古文字研究》第七輯，上海古籍出版社 2018 年版。
曹定雲、劉一曼：《四論武乙、文丁卜辭》，《考古學報》2019 年第 2 期。
常玉芝：《關於歷組卜辭的時代問題》，《甲骨文與殷商史》新九輯，上海古籍出版社 2019 年版。
劉一曼：《殷墟考古與甲骨學研究》，雲南人民出版社 2019 年版。
常玉芝：《殷墟甲骨“先用字體分類再進行斷代”說評議》，《殷都學刊》2019 年第 4 期。
林澐：《評〈四論武乙、文丁卜辭〉》，《出土文獻》2020 年第 1 期。

附錄五

干支次序表

甲子	乙丑	丙寅	丁卯	戊辰	己巳	庚午	辛未	壬申	癸酉
甲戌	乙亥	丙子	丁丑	戊寅	己卯	庚辰	辛巳	壬午	癸未
甲申	乙酉	丙戌	丁亥	戊子	己丑	庚寅	辛卯	壬辰	癸巳
甲午	乙未	丙申	丁酉	戊戌	己亥	庚子	辛丑	壬寅	癸卯
甲辰	乙巳	丙午	丁未	戊申	己酉	庚戌	辛亥	壬子	癸丑
甲寅	乙卯	丙辰	丁巳	戊午	己未	庚申	辛酉	壬戌	癸亥

後　記

本書在寫作過程中，得到我的同事孫亞冰研究員、馬季凡副研究員的熱心幫助。孫亞冰研究員多次幫我查尋資料，她對古文字資料，以及相關的文獻資料都非常熟悉，得到同事們的屢屢贊揚，她還幫我製作了部分甲骨文、金文電子圖版。馬季凡副研究員幫我製作了部分甲骨文、金文電子圖版，還多次幫我復印資料。王宇信研究員對本書的寫作和出版提供了多方面的支持和幫助。對上述各位先生的厚誼和熱心幫助在此一併表示衷心的感謝！这裏，還要特别由衷地感謝責任編輯安芳女士，她對這樣一部充滿了古文字，又是用繁體字書寫的研究甲骨文的書，不怕繁難，對本書做了精心的認真的編校，提出了很好的修改意見，付出了艱辛的勞動。

常玉芝

2018 年 11 月